国家社科基金重点项目资助（23ASH011）

中国人民大学研究生精品教材建设项目资助（21YJC053）

王智慧 等 著

运动社会学研究的
理论边界

HANDBOOK
OF
SOCIOLOGY
OF

PHYSICAL ACTIVITIES

社会科学文献出版社
SOCIAL SCIENCES ACADEMIC PRESS (CHINA)

运动的身体，隐喻着社会。

——王智慧

前　言

　　运动的身体，隐喻着社会。运动是社会文化的镜像，文化是社会变迁的适配体系。正如笔者所定义的"运动社会学是研究运动行为与社会秩序耦合机制的社会学分支学科，采用社会学视角和理论方法探究人类运动行为的内在规律，关注兼具生物性与社会性的身体在运动场域空间中的情境化表征，以及运动行为、社会与知识生产间的关系"①。运动包含但不局限于"体育"与"竞技"，还涵盖其他涉及体力、惯习、实践与知识要素的身体活动。本书之所以在前言部分秉持这样的观点开篇，主要基于两个方面的考量，一方面，是承继社会学传统研究主题"人性与社会秩序"，也可以说是在"现代性"背景下理解个人与社会的关系，进而达成对更为广阔的社会解释的学科传统的延续；另一方面，是为了使运动社会学在社会学母学科中找到应有的位置，并进一步明确运动社会学的研究主题和基本论域。从社会学的研究范式和基因承继来看，运动社会学隶属于社会学的子学科论域范畴，是具有明确的方法论范式、研究主题和理论边界的。但是如果从学科内部的知识再生产和社会理论解释限度来看，无论是运动社会学抑或是社会学，却又是没有严格的边界划分的。这也是本书命名为《运动社会学研究的理论边界》的初衷。就学科之术的研究规范、学术纪律，与社会空间和物理空间中的运动现象而言，运动社会学是有边界的。而在理论创新、知识的再生产之中人们可以突破界限的限制，延伸至浩渺无界的人类认知体系之中。

　　社会学从经典、现代到后现代的演进历程，正是无数先哲巨擘对社会运行机制认识的不断深入，促使社会理论知识不断跨越原有认知边界的结果。如果说社会学的诞生与众多思想家和研究者对社会变迁的思考和知识探索密不可分，那么社会学能够作为一门科学和学科存在，并不在于其研究对象，而在于

---

① 　王智慧：《运动社会学：身体生物性与社会性联结的谱系及范式》，《体育与科学》2024 年第 1 期，第 1~13 页。

其选定研究对象所采用的程序方法及其不同于其他学科的研究视角和理论解释力。迄今为止的 186 年（1838—2024）的社会学发展史正如萨基所指出的"是一部社会学思想史"，但这部思想史又不仅仅停留在社会学思想家和研究者的单纯智力游戏层面，而嵌在他们对人类所面临的文明危机做出的深刻预见，以及从不同的视角对社会变迁所衍生的社会问题做出的诊断与回应之中。尽管以马克思、涂尔干、韦伯、齐美尔以及帕累托等为代表的社会学家所秉承的理论和观点不尽相同，但是他们基于对社会的犀利洞察创造的理论却共同指向了社会何以可能这一问题。与此同时，基于宏观-微观和自然主义-人文主义两对理想类型所形成的社会事实、社会行为、社会批判和社会释义范式也为后继研究者提供了研究和分析问题的基本框架。这些思想家之间也存在着激烈的争辩：塔尔德与涂尔干所秉持"唯名论"与"唯实论"观点的争辩；涂尔干对滕尼斯"社区=有机的共同体，社会=机械的共同体"的解释的批判，以及滕尼斯对涂尔干《社会分工论》的反讽；等等。虽然思想家之间的争辩在某种程度上会对思想的传播造成影响和限制，但事物的发展都有两面性，这种论点和理论的争辩同时也促进了思想的进一步充实和完善，涂尔干和塔尔德的争辩就体现了这一点。之所以对上述内容进行回顾和交代，目的在于进一步明确社会学的研究主体范式和学科品质，为运动社会学的发展提供理论支撑和目标动力。

如果说社会学的诞生离不开 19 世纪以来西方资本主义的兴起及其引起的社会变迁的话，那么同样，在那样的一个时代，以现代奥林匹克文化复兴为表征的现代奥运会发展也标志着现代运动的勃兴。从此，运动也走向了现代社会的"前台"成为人类文明的重要组成部分，并深深嵌入社会文化的运行体制之中。如开篇所锚定的运动社会学研究主题一样，运动（体育）、身体以及二者耦合在现代性场域空间之下所衍生的一切社会现象和机制也成为运动社会学所关注的核心命题。今天的体育学似乎是以一种庞杂的"学科知识综合体"的形象而呈现的，那么如何在"学科知识综合体"中厘清运动社会学的研究对象和理论边界，如何进一步明晰运动社会学的研究范式和解释机制进而实现知识再生产，这正是本书的立意所在。

本书是集体智慧的结晶，西安电子科技大学的高鹏飞教授以及我的博士生赵妍、杨冠强、旸洁卓玛、于海渤、程不二、张忠石等均参加了编写工作。本书共划分十六个章节，具体分工如下：第一章、第二章、第三章王智慧；第四章高鹏飞；第五章、第九章、第十章杨冠强；第六章、第十一章于海渤；第七章、第八章、第十二章赵妍；第十三章、第十四章、第十五章旸洁卓玛；第十六章张忠石。此外，朱邱晗、邹佳辰、汪毅等也参加了部分资料的收集工作，全书由王智慧教授构思设计、统筹制订编写思路和提纲，并由王智慧、赵妍和旸洁卓玛统稿完成。本成果同时受到中国人民大学 2022 年度"中央高校建设世界一流大学（学科）和特色发展引导专项资金"支持。

概言之，既有理论对"液态现代性"及其所带来风险的解释力是有限的，但社会学想象力的拓展是无边界的。本书得以呈现，一方面是在当前时代背景下对上述问题的回应和解释，另一方面则是将学术作为志业的责任使然。当然，本书不可能代表运动社会学研究的全部，也不可能完全实现社会学理论解释与运动社会研究的耦合，就其作用而言，仅仅是运动社会学在理论分析框架和学科归属研究上迈出的一小步。同样，由于编写者的功力不足，书中可能存在这样或那样的问题，其理论解释力和实践应用效果如何，还有待进一步检验，欢迎诸位学者、读者不吝珠玉，批评指正。

王智慧

2024 年 6 月 9 日于中国人民大学

目　录

第一章　运动社会学的知识谱系与研究范式

本章要点

· 运动社会学是研究运动行为与社会秩序耦合作用机制的社会学分支学科，以社会学视角和理论方法探究人类运动行为的内在规律，关注兼具生物性与社会性的身体在运动场域空间中的情境化影响，以及运动行为、社会与知识生产之间的关系。

· 本研究从运动参与的本体性视角切入，关注运动的身体性载体的同时，将体育运动和竞技运动作为人类运动行为的组成部分加以考量，运动社会学的研究视域包含但不局限于体育运动和竞技运动。

· 运动是以身体为载体，涉及体力、惯习、实践与知识权力等要素的综合性社会文化行为，并由此包含着主动性的和被动性的身体活动。所以身体运动作为社会文化的一种"触发装置"，不仅制约着主体交往互动的形式，还在自我与他者之间建立了"具象化"的社会关系，彰显着个体与社会的连接。

· 身体运动的社会性安置将运动社会学的解释机制引向更加广义和深层的论域，研究主体不仅统合了运动、竞技与体育等多重以身体为载体的运动形式，而且在人与物的异质性对等关系的解释机制上构建了"社会的社会学"和"联结的社会学"之间的交互解释机制，在给出运动社会学另一种价值指向的同时，拓展了学科想象力的空间。

关键概念

运动社会学；运动行为；社会秩序；学科之术；价值理性；具身化实践

运动是人类社会中普遍存在的文化现象，在中西方语境下存在"竞技"（sporting）、"体育"（physical education）等诸多不同内涵和价值指向。尽管存在多元的释义侧重，但人类运动均以身体为根本载体。最初，身体在以笛卡尔为代表的西方哲学思想体系中被贬抑，后来，在尼采、马克思、齐美尔、韦伯、涂尔干、戈夫曼和福柯等先哲巨擘的思辨中逐渐出场，身体的社会性价值开始凸显，人们的身体认知得以丰富。身体研究由隐到显的态势转变促进了身体的生物性与社会性的共在研究，也推动了以身体为主线的运动行为与社会秩序间关系的研究发展。特纳曾以"我来到了，我随身带着我的身体"① 指明人与其身体的关系，人不仅拥有身体，而且身体就是人本身；同时，身体也是世界的、政治的和社会的，在社会场域空间中运动的身体，即运动中的人由此成为系统的、能动的以及具有主体性的社会文本。

由于受哲学"身心二元论"思想的羁绊，身体在社会学研究领域长期"隐身"，人们有关以身体为实践与意义载体的运动的思考也刚走向前台不久。社会学的诸多巨擘实际上曾或多或少地谈及运动，社会学奠基者之一的涂尔干很早就认识到运动提供了一个观察人类社会的"重要的生活窗口"②，韦伯和吉登斯也分别在《新教伦理与资本主义精神》与《英国的足球运动》中谈到了运动与社会文化的关联机制。不过，将运动和体育运动视为一种普遍的社会文化现象，并由此形成社会学的一个重要研究分支，则到晚近才开始。伴随全球性体育赛事的兴起以及人们参与运动意愿的增强，运动已成为人类社会不可或缺的社会文化形式，其含义也早已超出"竞技"和"体育"的范畴，"运动社会学"的研究论域也随之发生转向。人们的运动行为，与附着于个体、表征于结构与秩序的运动经验的流变，使运动社会学获得了充裕的理论空间，借此积蓄着可触发社会学范式革命的潜在巨能。鉴于运动社会学的理论潜能，以及亟待明确的学科概念、研究边界及范式，本章将重点围绕运动社会学的学科内涵，运动社会学研究的谱系与边界，以及运动社会学研究主体范式三个核心问题，思考中国运动社会学的发展。

第一节　运动社会学的合理性存在及其潜能

运动作为人类生活的一部分，与人类社会的演进和发展融为一体。虽然学界关于运动起源尚无统一答案，但人类学家基于早期人类社会资料的考察所得

---

① 布莱恩·特纳：《身体与社会》，马海良、赵国新译，沈阳：春风文艺出版社，2003，第61页。

② N. Besnier, et al., *The Anthropology of Sport: Bodies, Borders, Biopolitics* (Berkeley: University of California Press, 2018).

出的"游戏（play）和仪式（ritual）是人类运动起源不可或缺的要素"[1] 结论得到广泛认可。此时，"嵌入"（embedded）人类社会文化生活中的运动印证了涂尔干等社会学奠基者对运动可以作为观察人类社会生活的窗口的思考。借波兰尼《大转型》中的"嵌入"与"脱嵌"概念，运动在"嵌入"社会生活的同时，也逐渐从其中"脱嵌"[2]，需要说明的是，这里对运动"嵌入"与"脱嵌"的思考并非绝对意义上对二元对立的剥离，而是有机地呈现出构成运动的身体与社会要素间既关联互动又彼此独立的双重关系，运动本身与运动社会学也借此实现了由隐到显的转变，并获得了各自的基础议题。

一　一个朴素的问题：什么是运动社会学？

既然人类运动行为"嵌入"社会文化生活，那么当以身体为载体的运动成为一种文化、一种竞技形式、一种生活方式和一种娱乐行为时，运动本身被赋予不同的价值符码，并从泛化的社会文化中"脱嵌"出来。基于此，把运动理解为一种健身方式、一种价值观的传递或一种身体竞技都不足以涵盖其能指与所指。虽然人类行为的复杂性决定了运动参与行为的多样性及其结果的不确定性，但运动从人类社会文化中"脱嵌"所经历的理性化选择过程却有其必然性。要明晰当代社会背景下运动社会学的发展状况和趋势，首先需厘清"体育"、"竞技"与"运动"之间的关系。

首先，关于什么是体育。既有研究已明确体育是以资本主义文化为载体，在西方现代化进程中衍生而来，但从根本上讲，体育（physical education）是教育的一种，是以身体教育为主线的价值观传递过程。鉴于体育的教育属性以及教育过程的多元互动，体育必然是一个包含主客双方及其双向互动的过程。随着社会的发展，学界对体育概念的思考也不断扩展，在教育范畴之外，以奥运会为代表的竞技体育赛事提供了另一种思路。其次，关于什么是竞技。竞技（sporting）是人类在同一规则下以调动并发挥人的生物体潜能并无限接近人类身体极限为目标的对抗行动。不同的竞技活动通过特定的行为介质（运动器械）、行为标准（速度、距离、高度、重量等）以及身体对抗的行为方式等加以实现，其中，规则的制定本质上是人类社会从摩尔根意义上的蒙昧社会、野

---

①　K. Blanchard, *The Anthropology of Sports: An Introduction* (Westport, Connecticut and London: Bergin and Garvey, 1998).

②　范可：《现代体育运动的兴起与若干相关社会理论》，《西北民族研究》2022 年第 6 期，第 68~82 页。

蛮社会走向文明社会的标志，也是人类早期无序的身体对抗经过理性化过程而"脱嵌"为现代竞技运动的产物。最后，关于什么是运动。运动（physical activities）是一个相对宽泛的概念，是以身体为载体，涉及体力、惯习、实践与知识权力等要素的综合性社会文化行为，并由此包含着主动性的和被动性的身体活动。总之，"运动"不仅指涉体育运动和竞技，还涵盖了其他兼具体力、惯习、实践与知识要素的身体活动。明确这些概念，并非要将运动的研究范畴"帝国主义化"①，也并非在搞运动社会学研究的"巴尔干化"②，而是在明确三个概念的差异之后，秉承社会学经验研究的学科品质洞悉社会文化附着于身体运动的微观行为机制，以及与宏观秩序间的互动机制，凸显运动行为对社会结构和社会关系的形塑过程（见表1-1）。

表1-1 "体育"、"竞技"与"运动"概念要素辨析

体育（physical education）		竞技（sporting）		运动（physical activities）	
教育性	以身体教育、运动技能传授和体育文化价值观传递为主，常表现为技能习得，有目的地影响身心发展	竞争性	通过理性化的测度和公允的价值评判准则，以身体竞技为表征的对抗性社会实践活动	普遍性	人类社会普遍存在的，以身体为载体涉及体力、惯习、实践与知识权力的行为活动
多义性	存在传授者、受教育者及教育影响等多重要素的关系	单义性	以挑战人类和自然极限、追求结果的优胜为目的的专门性身体实践活动	整体性	运动的普遍性特征促使身体活动嵌入社会文化之中，并通过附着在个体之上的生平情境、社会身份与阶层等要素整体进入社会互动之中
阶段性	不同年龄和认知阶段的目标和价值取向不同，以满足个体社会化的要求	精英性	超出一般群体的身体优越性和竞技能力	终身性	表现为较强的主观能动性，并不断通过认知激活情绪和参与度，以不同的形式贯穿生命始终
工具理性优先	一种有目的地培养人的社会实践活动	目标理性优先	以获得比赛成绩或在竞争中取胜为目的	价值理性优先	通常以人的主体性存在为中心，体现不同个体对运动问题的理性思考

---

① "帝国主义化"是一种比喻说法，指的是某个领域的研究过度扩张，侵入并主导其他领域的现象，可能会导致学科界限模糊，甚至引起学科间的冲突和不平衡发展。

② "巴尔干化"是一种比喻说法，形容学科研究领域过度细分，导致各子领域之间缺乏有效沟通和整合，难以形成统一的研究视角和理论框架，可能削弱学科的整体性和研究效率。

不同于理论界关于运动的既有讨论，本书认为"运动"（physical activities）一般表现为主动性的身体活动参与，而"体育"（physical education）则通常表征为技能和价值观的被动性传递。整体上，运动可以作为一个照观人类社会的窗口，并且作为一种通用语言不断重塑着整个世界；具体地，运动也可为研究者通过个体行为透视社会关系、分工与分层体系、冲突与融合等提供可能。简言之，运动社会学是研究运动行为与社会秩序耦合作用机制的社会学分支学科，以社会学视角和理论方法探究人类运动行为的内在规律，关注兼具生物性与社会性的身体在运动场域空间中的情境化影响，以及运动行为、社会与知识生产之间的关系。当然，运动社会学虽提供了一种通过运动行为与现象理解社会的视角，但这并不构成运动社会学的全部内容，对其相关概念和内涵的认知将随研究的深入而呈现动态特征。

二 从边缘到中心：运动社会学研究的边界与潜能

正如社会学的产生源于思想家对 19 世纪以来人类社会的工业化转型的关注和思考，其分支学科的形成也是基于变迁社会的复杂性所引发的知识分化与增加。运动社会学作为社会学的新兴分支学科，同样源于社会理论界对变迁社会中运动行为的关注和思考。国内学界至今未对运动社会学的学科概念形成客观公允的定义，也还未出现特纳的《身体与社会》（1984）般身体社会学标志性成果的研究著述，同时，"运动社会学"与"体育社会学"目前也处于混用的局面。尽管如此，社会学对运动行为开展的微观或宏观研究并未受到影响。可以说，随着运动行为与秩序关系的研究日益丰富，运动社会学将逐渐成为费孝通在重建中国社会学时期所擘画的"五脏六腑"学科体系格局中的一支关键力量。在运动社会学由此实现的进一步"脱嵌"中，相关的学术共同体将随之凝聚，其社会学想象力也将在诸多的研究议题上被激发和扩展。本研究是从运动参与的本体性视角切入，关注运动的身体性载体的同时，将体育运动和竞技运动作为人类运动行为的组成部分加以考量，运动社会学的研究视域包含但不局限于体育运动和竞技运动。因此，在明确运动社会学概念的基础上，还需进一步厘清其研究范畴与学科边界，在凸显学科特征的同时也可以避免概念与内涵的混用。

一方面，关于如何界定运动社会学的研究范畴。虽然学界对人类运动行为的范畴和属性的具体界定一直存在争论，但普遍认同运动是以身体为载体的社会性实践活动，这为运动社会学研究范畴的界定提供了依据：运动社会学关注生物性身体与社会性身体在运动情境中的耦合机制，以及这种耦合形塑社会结构、知识生产和社会关系的多元文化机制。当从社会学的视角回应身体运动行为如何受到社会环境和文化影响时，运动社会学能同时发挥形塑和洞察社会运行的功能，从这个意义上讲，遵循社会学"学科之术"的运动社会学在其研究对象及方法设计上自有其边界，但在理论对话与知识产出层面则可以无限地进行想象力拓展。

另一方面，关于如何激发运动社会学的潜能。本书认为，激发运动社会学潜能与拓展其想象力，关键在于增强其对现代性背景下人类运动行为与秩序关系的理论解释能力。在现代性场域空间中，人类运动行为和秩序并非"脱嵌"出来的独立现象，而是涉及社会学诸多研究领域的复杂命题。目前，社会学的既有研究范畴中缺少运动社会学能直接借鉴的议程和理论模板，但这反而为其提供了发挥学科想象力、开拓其自有理论疆域的可能，既可以向制度文化、结构秩序等宏观视角展开探索，也可以就个体运动参与者的能动性、自为性与本体性的反思及存在意义等微观领域进行思考。结合韦伯和齐美尔等对现代性具有忧思意识的社会学家，对身体与现代性关系做出的"身体在'现代性'的社会学解释框架中难以避免"① 基本判断，以身体为主线的运动行为在"现代性"的社会学解释框架中，尤其在对运动（体育）与现代性关系的反思中同样不可或缺。

在已有研究中，结构功能主义、符号互动论、新制度主义、女性主义等被用于运动社会学的理论解释，社会分层、社会不平等、性别、权力等议题和假设也在运动行为参与的社会事实中呈现。总之，关于运动社会学的学科概念与研究范畴的思考，需要明确以身体为主线的运动不仅是社会的"容器"和"镜像"，而且还应将人的身体作为兼具生物性与社会性的个体存在的基础，以及构成社会的前提，以此为中心建立运动社会学的方法论并锚定范式革新的方向，才能激发运动社会学的潜在巨能。

第二节　运动社会学的构成要素、谱系及论域

身体运动与社会的关联为运动社会学学科及其研究提供了合理基础，有关

---

① 　兰佳豪、罗雯雨：《身体与秩序：口罩防疫的身体社会学探析》，《中国矿业大学学报》（社会科学版）2022 年第 5 期，第 133~150 页。

人类运动行为的解释机制呈现为静态和动态的交互，具体而言，身体与社会耦合的复杂性决定了二者的关联机制既涉及"社会的社会学"理论解释范畴，也适用于"联结的社会学"主体论域。从这个意义上讲，运动社会学关注的核心要素为生物性身体的社会情境化表征，接下来本章将以身体运动为主线，从"发生器"、"阅读器"和"转译器"三个核心要素展开论述。

一　"发生器"：身体运动作为"触发装置"制约着主体交往的形式

如上所述，以身体为载体的运动行为和现象有其自身的社会位置和功能，是运动社会学作为社会学分支学科存在的关键。虽然涂尔干、韦伯以及吉登斯等社会学家曾意识到运动与社会的关联，但与社会学关注的社会互动、社会不平等、社会分工和分层等显学不同，这种关联多以身体运动主体的"缺席"或"隐而不显"的形式存在。正如有学者指出，"人类学和社会学对仪式、认同构建和身体表演的分析，并没有给予运动和与运动有关的实践足够的关注"[①]。今天，伴随社会学学科的系统化、规范化、精细化与多元化发展，以身体为载体的运动行为如同身体本身一样，在"现代性"的社会学解释框架中不可或缺。在人类的运动行为中，身体运动通过整合生物性与社会性双重属性构成了人在现实社会的存在方式，身体也由此成为运动行为和文化的直接表达对象，即社会文化的"发生器"，作为一种"触发装置"制约着主体交往互动的形式。具体表现为两个方面：一方面，身体运动作为人类行为的微观叙事，隐喻着社会性与联结性的存在。如上文所述，涂尔干将运动作为洞悉人类社会的"重要生活窗口"，其本质是强调社会对运动的形塑作用，社会唯实论或社会建构主义视角下的这一思考，既突出了社会对个体运动行为的规训，也强化了运动的社会性。同时，人类运动行为暗含着人际互动关系，正如齐美尔所指出的，社会学要回答"社会何以可能"的问题，就需要对人与人之间的相互影响进行研究[②]。人类对运动行为及其本质的认知随着社会变迁不断变化，运动行为参与的个体性、广泛性与普及性也随之改变着人际互动模式，同时影响着社会交往和社会关系的构建方式，呈现一种新的社会性和联结性。另一方面，身体运动承载着社会记忆、

---

① E. P. Archetti, "The Meaning of Sport in Anthropology: A View from Latin America," *European Review of Latin America and Caribbean Studies* 65 (1998), pp. 91-103.

② 齐美尔：《社会是如何可能的》，林荣远编译，桂林：广西师范大学出版社，2002。

情感连接与身份认同。质言之，身体运动的物质性存在和社会性存在决定了运动社会学研究对身体的生物性和社会性的兼顾。以身体为载体的运动行为在嵌入社会空间时会因场域情境的差异而呈现异质性，其中，栖居在物质性身体中的"自我"（社会性身体）作为一种主体性存在，构成了社会的"镜像"和人际互动的基本要素。这种以身体行为与运动现象为载体的存在方式，既承载着基于个体连接而生成的社会记忆，也为身体与社会之间的互证互释提供了可能。

由此可见，身体运动作为社会文化的一种"触发装置"，不仅制约着主体交往互动的形式，还在自我与他者之间建立了"具象化"的社会关系，彰显着个体与社会的连接。这一点可从西方学界对身体运动作为社会互动"发生器"的思考中获得进一步理解。西方的运动社会学的最新研究可概括为两个指向。

一方面，通过身体运动呈现的经验性事实来考察个体之间、个体与特定社会情境的互动。例如，在性少数群体和女性相关的研究中（不局限于运动员，而且关注非运动员），Baeth 等人通过研究属于 LGBTQ[①] 群体的竞技运动发现，性少数身份在竞技运动中面临着挣扎及污名管理，认为这类并不进行身体展演的人群反而会随竞技运动愈加商业化而被进一步边缘化、去人性化，这种关注视角的扩展其实暗示着有必要关注身体展演与社会性别特征之间的暧昧关系。[②] Tulle 结合布迪厄的实践论与巴特勒的性别展演概念指出，在登山运动中女性低参与的背后，存在着时间要素与排斥性叙事结构的制约，反映了女性运动参与研究向女性主义理论之外探寻解释机制的转变。[③] 在体育运动之外，Tahhan 通过具身理论考察日本托儿所中照护教师与幼儿合睡（co-sleeping）中的亲密关系与身体触摸现象，认为这种合睡经验从家庭私密环境向托儿所公共环境的延续，能够使幼儿适应不同的空间与人际关系。[④] 着眼身体行为与社会情境间的互动关系，医美或者说整形手术这一极具消费社会特性的身体实践是

①   lesbian, gay, bisexual, transgender, queer, 即女同性恋者、男同性恋者、双性向者、跨性别者、酷儿。

②   A. C. Baeth, et. al., "It Was My Story to Tell and I Wasn't Ready to Tell It: Stigma Management Amongst LGBTQ+Sport Officials," *Journal of Sport and Social Issues* 47, no. 3 (2023): 228–255.

③   E. Tulle, "Rising to the Gender Challenge in Scotland: Women's Embodiment of the Disposition to be Mountaineers," *International Review for the Sociology of Sport* 57, no. 8 (2022): 1301–1320.

④   D. A. Tahhan, "Depth and Space in Sleep: Intimacy, Touch and the Body in Japanese Co-sleeping Rituals," *Body & Society* 14, no. 4 (2008): 37–56.

当下身体研究中的常见议题。与一些研究借福柯规训理论对医美的直接讨论不同，Heves 指出医美实践的合法性与普遍存在与身体畸形恐惧症（body dysmorphic disorder）这种个体心理疾病要素有关，并辛辣地指出这种心理疾病与医美实践的共谋关系。①

　　另一方面，从个体间的运动交往讨论身体运动的中介作用。伴随社会流动性的加剧，体育运动所具有的社会整合作用，日益获得西方运动社会学的关注。例如部分研究者从个体的身体运动经验出发，探讨运动参与在促进异质性文化理解与身份认同上的作用②，丰富了体育运动社会整合机制的研究。此外，随着网络技术的进步，电子竞技改变了传统共在式基于物理临近的身体运动互动情境，智能时代分在式、电子临近的身体运动参与形式逐渐引起研究者的关注。电子竞技中运动员身体的进一步缺席也为运动员在赛事观演互动中的存在形式，以及他们与自我身体的关系带来新思考。③ 聚焦身体这一核心，也有不少学者从体育之外的运动实践丰富着身体运动在人际交往中的中介性，其中，Ozawa 从藏医治疗实践中的医患关系发现一种既不同于笛卡尔意义上的身心二元论，又非一元论的独特身心观，在这种依托藏传佛教思想形成的观念引导下，藏医并不将患者还原为肉体或特定的疾病本身，而是将其作为基于身体而存在的完整的人，以此实现医者对患者身体病痛的"同理心"体验。谈及宗教，身体运动同样是这一文化形式存在与发展的关键中介之一，相关议题也一直为西方学界所关注。④ Belcher 讨论了基督教礼拜仪式的发展与仪式化身间的关系，认为基于身体惯习的礼拜仪式有着一定的稳定性，因而会限制宗教礼拜仪式的快速变迁，由此，可以通过对照中世纪的基督教礼拜仪式与当下美

---

① C. J. Heyes, "Diagnosing Culture: Body Dysmorphic Disorder and Cosmetic Surgery," *Body & Society* 15, no. 4 (2009): 73-93.

② R. Pringle, and L. Liu, "Mainland Chinese First-generation Immigrants and New Zealanders' Views on Sport Participation, Race/Ethnicity And The Body: Does Sport Participation Enhance Cultural Understandings?" *International Review for the Sociology of Sport* 58, no. 4 (2023): 725-745; S. Barrick, "It's Just About Having Fun? Interrogating the Lived Experiences of Newcomers to Canada in Introductory Winter Sport Programmes," *International Review for the Sociology of Sport* 58, no. 4 (2023): 703-724.

③ P. Riatti, and A. Thiel, "Using Panopticism to Theorize the Social Role of the Body in Competitive Gaming and Electronic Sport," *International Review for the Sociology of Sport* 59, no. 1 (2024): 163-181.

④ B. R. Ozawa-De Silva, "Mind/Body Theory and Practice in Tibetan Medicine and Buddhism," *Body & Society* 17, no. 1 (2011): 95-119.

洲、非洲与亚洲的身体仪式，来了解宗教礼拜仪式的殖民扩张历史。① 相似地，Stadler 发现了耶路撒冷玛利亚墓穴内一系列具身朝拜仪式中的"母性"内涵，这些仪式通过复原与生育和分娩等相关的母性实践，朝拜者在子宫般的墓穴内部进行亲吻、触摸、爬行、弯腰和其他模仿胎儿行为的身体朝拜，从而获得重生般的身体感知。② 近期，Zentner 的研究中也强调了宗教身体实践的中介性，他将基督教徒在濯足节（Maundy Thursday）进行的洗脚行为理解为教徒与上帝的一种变相的相遇。③ 整体来看，现代文化赋予人类运动行为特殊的价值，并使之成为社会生活中的重要组成部分。在人类社会现代性的推进中，随着身体运动作为社会文化"发生器"的功能被进一步挖掘，相信运动社会学的春天也将到来。

二 "阅读器"：身体运动的具身性体验是知识体系产出的原动力

今天看来，以身体为载体的人类运动行为背后复杂的"叙事文本"，为运动社会学何以可能以及何以可为提供了充分的前提，同时为身体社会学与运动社会学的交叉融合创造了条件，从这一角度看，人类的身体运动行为又发挥着社会"阅读器"的作用。借用渠敬东关于"社会"即"人世间"和"人间事"的观点④，可将运动社会学的主旨概括为：在个体间、个体与社会间的结构化互动中，以身体运动的经验事实，探究人世间各个层面或领域的形态、机制、结构及规范，并揭示其基本规律。回到运动的身体性基础，鉴于身体在社会学研究中的长时间缺席，对身体研究的相关理论与视角的局限进行根本性反思，对于以身体为主线的运动社会学而言，既是明确其理论范畴和研究边界的必要准备工作，也是该学科通过与身体社会学结合实现知识创新的进路之一。在马克思、涂尔干、韦伯以及齐美尔等先知巨擘那里，身体未被视为独特且自为性的本体⑤，即便莫斯提出了"身体技术"概念⑥，也未摆脱身体是社会意

---

① K. H. Belcher, "Ritual Systems, Ritualized Bodies, and the Laws of Liturgical Development," *Studia Liturgica* 49, no. 1 (2019): 89-110.

② N. Stadler, "Land, Fertility Rites and the Veneration of Female Saints: Exploring Body Rituals at the Tomb of Mary in Jerusalem," *Anthropological Theory* 15, no. 3 (2015): 293-316.

③ J. Zentner-Barrett, "Washed to the Edges: Renewing the Practice of Footwashing," *Studia Liturgica* 53, no. 1 (2023): 37-54.

④ 渠敬东：《山林与社会》，《社会》2023 年第 2 期，第 1~17 页。

⑤ 兰家豪、罗雯雨：《身体与秩序：口罩防疫的身体社会学探析》，《中国矿业大学学报》（社会科学版）2022 年第 5 期，第 133~150 页。

⑥ M. Mauss, "Techniques of the Body," *Economy and Society* (1973): 70-88.

义的容器这一涂尔干传统，过于强调身体技术习得的"社会化"。只从社会或结构角度研究人类运动行为容易陷入"外部化"和"表面化"的误区，进而导致基于运动行为本体具身性经验感知的知识生产往往在秉承社会实体论的研究中被忽视。

由此可见，运动社会学的知识生产和理论奠基呈现两种指向：一方面，过程论和实践论等理论为身体与身体运动的凸显奠定了基础。社会理论研究的多元化转向（尤其是过程理论的出现）和结构功能主义的式微（过程论者也是结构功能主义的叛逆者）在扩展了社会学思考空间的同时，促使身体与身体运动在社会学中现身。比如福柯、埃利亚斯、布迪厄以及梅洛-庞蒂等人的理论，其中，埃利亚斯的过程社会学和布迪厄的实践理论的贡献尤为突出，在前者看来，体育运动的发展是欧洲社会文明的重要组成部分①。埃利亚斯对"静止"（static）观念的"拒斥"，以及对长程观照（long-term perspective）的强调和对"文明进程"的呈现，以及后继的过程论社会学者对身体和情感的关注，为之后运动社会学的出现创造了条件。与埃利亚斯不同，法国思想家布迪厄批判地分析了体育运动所隐藏的社会角色，并将运动参与者的体质特征与社会身份联系起来②。布迪厄通过对法国精英教育的批评展示了现代体育运动的兴起、形成及其与教育的关系③，提出"具身化的文化资本"（在布迪厄看来文化资本体现为具身化、客体化和制度化三种形式），揭示了现代体育运动从"游戏"演化为"自治"的专门场域的内在机制。布迪厄的理论在运动社会学（包括体育社会学）领域得到广泛运用，有学者通过将布迪厄实践理论中的资本要素拓展为身体资本，来理解职业运动员服用镇痛剂以管理伤痛和疲惫背后的行动逻辑④，以及运动员退役后的职业选择⑤。另一方面，运动场域中的具身化实践为运动社会学的理论拓展提

① 诺贝特·埃利亚斯：《文明的进程：文明的社会发生和心理发生的研究》，王佩莉，袁志英译，上海：上海译文出版社，2017。
② P. Bourdieu, "How Can One be Sports Fan?" in *The Cultural Studies Reader*, ed. Simon During (London and New York: Routledge, 1999), pp. 427-440.
③ 范可：《现代体育运动的兴起与若干相关社会理论》，《西北民族研究》2022 年第 6 期，第 68~82 页。
④ D. Read, T. Smith, and J. Skinner, "Theorising Painkiller (mis) use in Football Using Bourdieu's Practice Theory and Physical Capital," *International Review for the Sociology of Sport* 58, no. 1 (2023): 66-86.
⑤ P. Longchamp, M. Braizaz, A. Tawfik, and K. Toffel, "Mondains and Oblates: Body Trajectories in High-level Sport," *International Review for the Sociology of Sport* 58, no. 1 (2023): 146-166.

供了可能。华康德曾在有关拳击手运动经验的讨论中指出，社会学家可以从肉身的具体运动经验中汲取社会学知识[1]，因为身体既是自我的存在形式，"也带着社会印记"[2]。近年来，西方运动社会学研究从具身运动经验中所推动的知识更新，既包括对既有理论的拓展，也包括对旧现象的新解释机制的探索。例如 Allen-Collinson 等人便结合梅洛-庞蒂的身体现象学理论，考察了运动体验中的主观性、感知、情感以及直觉等不同面向[3]，拓展了身体现象学的理论指涉和对身体经验的解释能力，并逐渐将有关具身性运动体验的思考引向主体与身体的关系。此外，除了上文述及的布迪厄实践理论，福柯的思想也一直是身体社会学和运动社会学研究中的常客。Nelson 等以福柯关于身体、文化、语言的不可分割性的观点，对举重运动员减重过程中的身体失调进行了讨论。[4] 在新解释机制的提出上，学者们从个体的具身运动经验出发，更新了有关个体的运动参与程度[5]、个体在运动中的身份认同[6]以及身体运动的时空基础[7]等议题的思考。由此可见，运动、社会与知识三者间形成的有机连接使人类身体运动作为洞悉社会的一种"阅读器"而参与到社会构建和交往互动过程中。

---

① L. Wacquant, "Homines in Extremis: What Fighting Scholars Teach Us about Habitus," *Body & Society* 20, no. 2 (2014): 3-17.

② 皮埃尔·布尔迪厄:《单身者舞会》,姜志辉译,上海:上海译文出版社,2009,第 93,206 页。

③ J. Hockey, and J. Allen-Collinson, "Grasping the Phenomenology of Sporting Bodies," *International Review for the Sociology of Sport* 42, no. 2 (2007): 115-131; J. Allen-Collinson, "Sporting Embodiment: Sports Studies and the (Continuing) Promise of Phenomenology," *Qualitative Research in Sport and Exercise* 3, no. 1 (2009): 279-296; J. Allen-Collinson, and J. Hockey, "Feeling the Way: Notes toward a Haptic Phenomenology of Distance Running and Scuba Diving," *International Review for the Sociology of Sport* 46, no. 3 (2010): 330-345; G. McNarry, J. Allen-Collinson, and A. B. Evans, "Doing Competitive Swimming: Exploring the Skilled Practices of the Competitive Swimming Lifeworld," *International Review for the Sociology of Sport* 56, no. 1 (2020): 3-19.

④ M. Nelson, and S. Jette, "Muscle Moves Mass: Deconstructing the Culture of Weight Loss in American Olympic Weightlifting," *International Review for the Sociology of Sport* 58, no. 5 (2023): 765-782.

⑤ S. G. Marie, S. Kari, and S. Åse, "An Eliasian Analysis of Students' Views on Guidelines against Sexual Harassment and Abuse in Sport," *International Review for the Sociology of Sport* 57, no. 7 (2022): 1078-1094.

⑥ F. Genovesi, "Spaces of Football and Belonging for People Seeking Asylum: Resisting Policy-imposed Liminality in Italy," *International Review for the Sociology of Sport* 59, no. 1 (2024): 81-100.

⑦ K. Poteko, and M. Doupona, "In Praise of Urban Walking: Towards Understanding of Walking as a Subversive Bodily Practice in Neoliberal Space," *International Review for the Sociology of Sport* 57, no. 6 (2022): 863-878.

三　"转译器"：身体运动的社会性安置是拓展学科想象力的根本

构成身体社会性存在的关键在于"自我"的存在，一种依赖于身体但又区别于身体生物性的社会性存在。本节所指的身体运动的社会性安置，并非对上述"唯实论"的重复，而是将运动社会学的构成要素和谱系引向微观的身体经验解释，并基于"联结"而建立另一种社会解释机制。在此，以拉图尔为代表的行动者网络理论提供了新的注脚，如果以拉图尔意义上的"转译"（translation）来理解身体运动的社会性安置，其关键就是行动者之间发生联系的过程，这里的行动者不仅是人，也可以是物或者信念和现象①。不过，这并不完全局限于"物"与"人"的异质性对称关系的论述，即拉图尔对先验论的舍弃，而是基于"社会的社会学"与"联结的社会学"共同建构的解释机制。借此，在从具身性运动经验中汲取社会学知识的过程中，不仅要注重对微观身体经验的解释，同时，还需将关注重点置于微观身体经验背后的社会秩序，这样才能激发出运动社会学在知识生产背后更为深层且关键的学科想象力。与之呼应，西方运动社会学界同样呈现出两种研究面向。

一方面，以提升理论能力为主，吸纳其他分支社会学的理论视角丰富身体运动的解释面向。21世纪初期，学者们多以实证研究范式探索经典社会学理论与运动社会学的结合。Giulianotti 很早就提醒我们齐美尔的社会学思想与运动社会学的联系，无论是其形式主义社会学思想，还是其关于"陌生人"与"冒险者"的类型分析，抑或是关于社会性的讨论，都能为运动社会学的具体议题提供解释基础。② Wulff 从爱尔兰人的舞蹈入手，结合保罗·康纳顿的记忆理论讨论身体与社会记忆建构之间的关系，以此揭示出社会记忆的流动性特征。③ 与之类似，Rogers 等人以舞蹈政治学的概念剖析了现代柬埔寨舞蹈行动中的身体所具有的国家意涵与民族性隐喻。④ 近年来，随着社会学研究的物质

---

① B. Latour, *Science in Action*: *How to Follow Scientists and Engineers Through Society* (Cambridge, Massachusetts: Harvard University Press, 1987), p. 184; Bruno Latour, *The Pasteurization of France*, pp. 41–48.

② R. Giulianotti, "The Sociability of Sport: Scotland Football Supporters as Interpreted through the Sociology of Georg Simmel," *International Review for the Sociology of Sport* 40, no. 3 (2005): 289–306.

③ H. Wulff, "Memories in Motion: The Irish Dancing Body," *Body & Society* 11, no. 4 (2005): 45–62.

④ A. Rogers, "Transforming the National Body: Choreopolitics and Disability in Contemporary Cambodian Dance," *Cultural Geographies* 27, no. 4 (2020): 527–543.

转向，新唯物主义等也开始出现在运动社会学的讨论中。Thorpe 等在新唯物主义视角下，将新冠疫情视为非人的能动之物，考察既有的生活秩序被这一非人之物中断后，女性在日常居家活动中对幸福感的再想象。① Ladewig 等则借拉图尔"人"与"非人"之物异质性对称的观点，将当下数字时代处处存在的数字屏幕作为具有触觉的非人主体，扩展了对触觉的既有认知，为数字时代思考身体和技术的关系提供新视角。② 与之类似，有学者以现象学理论分析了人们在社交媒体上发布的疾病体验，以此探究身体被"制造出来"的过程，并以此提出数字化时代身体的三种形态③。由此延伸，身体技术作为身体社会学的热点议题，相关理论同样为研究者提供了启发。身体社会学家 Crossley 对身体技术的考察触角很早就延伸至音乐领域，他借 Small 将音乐视为一种活动的观点④，分析了音乐乐动这种集体行为中观众与表演者的身体技术的作用⑤。Norrito 等借美国心理学家布朗芬布伦纳的生物生态学理论（情境理论），分析了难民足球运动员的职业转型，细化了个体身份转型中个体与社会结构的互动过程。⑥ 除了借用其他理论，也有学者结合其他社会学观点开阔了运动社会学的思考视角，如 Day 等便以身体社会学的视角反思了运动社会学有关身体经验疼痛-愉悦的二分逻辑。⑦

另一方面，以扩大研究议程为主，将身体运动置于不同的社会情境中丰富运动与社会的联结。自 20 世纪 80 年代，西方运动社会学便开始扩展体育运动与多元社会现象的勾连，如体育运动与社会阶级、意识形态和霸权理论

---

① H. Thorpe, A. Jeffrey, S. Fullagar, and A. Pavlidis, "Reconceptualizing Women's Wellbeing During the Pandemic: Sport, Fitness and More-Than-Human Connection," *Journal of Sport and Social Issues* 47, no. 1 (2023): 3-35.

② R. Ladewig, and H. Schmidgen, "Symmetries of Touch: Reconsidering Tactility in the Age of Ubiquitous Computing," *Body & Society* 28, no. 1-2 (2022): 3-23.

③ I. Groenevelt, S. de Haan, and J. Slatman, "Doing Bodies in YouTube Videos about Contested Illnesses," Body & Society 28, no. 4 (2022): 28-52.

④ C. Small, *Musicking* (Middletown, CT: Wesleyan University Press, 1998).

⑤ N. Crossley, "Music Worlds and Body Techniques: On the Embodiment of Musicking," *Cultural Sociology* 9, no. 4 (2015): 471-492.

⑥ A. Norrito, E. Michelini, R. Giulianotti, and C. Mason, " 'Refugee footballers': A socioecological exploration of forced migrants in the Italian and German elite football system," *International Review for the Sociology of Sport* 59, no. 1 (2024): 119-138.

⑦ J. Day, J. Burns, and M. Weed, "The Sentient, Skilled and Situated of Sustaining a Physical Activity Career: Pleasurable Interpretations of Corporeal Ambiguity," *International Review for the Sociology of Sport* 57, no. 7 (2022): 1061-1077.

的关系①，体育运动与社会性别、女性气质与男性气质②，体育与种族和民族③，结构化理论视域中的体育运动④，文明化进程中的体育运动⑤，体育中的暴力问题⑥，以及在社会学研究的后现代转向下关于运动社会学知识生产范式的再思考⑦。此后，西方学界逐渐出现关于运动社会学学科发展本身的思考，认为我们需要反思运动社会学如何在社会不平等⑧、社会参与、健康与可持续，以及民主与权力等⑨现代性议题上有所作为。近年来，西方学者们也相应地围绕个人运动行为实践和国家复兴与民族解放的关系⑩、对抗性运动背后社会文化系统对身体的剥削⑪、瑜伽教学中身体知识的社会转化⑫，以及少数族裔的工薪阶层女性通过舞蹈重构自我身体认知⑬等研究实践着上述反思。

---

① Jean-Marie Brohm, *Sport: A Prison of Measured Time* (London: Ink Links Ltd, 1978); H. Cantelon; and R. Gruneau (eds), *Sport, Culture and the Modern State* (Toronto: University of Toronto Press, 1982); R. Gruneau, *Class, Sport and Social Development* (Amherst: University of Massachusett, 1983); E. Hargreaves, "Sport and Hegemony: Some Theoretical Problems" in *Sport, Culture and the Modern State*, eds. H. Cantelon and R. Gruneau (Toronto: University of Toronto Press, 1982).

② M. A. Hall, "The Discourse of Gender and Sport: From Femininity to Feminism," *Sociology of Sport Journal 5* (1988): 330-340; J. Hargreaves, *Sporting Females: Critical Issues in the History and Sociology of Women's Sport* (London: Routledge, 1994); M. Messner, and D. Sabo (eds), *Sport, Men and the Gender Order* (Champaign, IL: Human Kinetics, 1990).

③ G. Jarvie, *Highland Games: The Making of Myth* (Edinburgh: Edinburgh University Press, 1991).

④ J. Horne, and D. Jary, "The Figurational Sociology of Sport and Leisure in Elias and Dunning: An Exposition and Critique," in *Sport, Leisure and Social Relations*, eds. J. Horne, D. Jary and A. Tomlinson (London: Sociological Review Monograph/Routledge, 1987).

⑤ N. Elias, and E. Dunning, *Quest for Excitement: Sport and Leisure in the Civilizing Process* (Oxford: Blackwell, 1986).

⑥ E. Dunning, P. Murphy, and J. Williams, *The Roots of Football Hooliganism* (London: Routledge, 1988).

⑦ T. Blackshaw, "The Sociology of Sport Reassessed in Light of the Phenomenon of Zygmunt Bauman," *International Review for the Sociology of Sport 37*, no. 2 (2022): 199-217.

⑧ R. Pringle, and M. Falcous, "Transformative research and epistemological hierarchies: Ruminating on how the sociology of the sport field could make more of a difference," *International Review for the Sociology of Sport 53*, no. 3 (2018): 261-277.

⑨ P. Donnelly, "Assessing the sociology of sport: On public sociology of sport and research that makes a difference," *International Review for the Sociology of Sport 50*, no. 4-5 (2015): 419-423.

⑩ A. Novoa, and R. Koch, "Argentina's National Style: Maradona, Peronism, and Metaphysical Football," *Journal of Sport and Social Issues 47*, no. 2 (2023): 158-181.

⑪ G. A. Torres Colón, "Fighting for Family and Glory: Hope, Racialization, and Exploitation in a U.S. Boxing Gym," *Journal of Sport and Social Issues 46*, no. 2 (2022): 156-175.

⑫ K. Underman, "The Social Transmission of Bodily Knowledge," *Body & Society 28*, no. 3 (2022): 30-62.

⑬ C. Stanger, "Bodies in a Frame: Black British, Working Class, Teenage Femininity and the Role of the Dance Class," *Sociological Research Online 18*, no. 2 (2013): 1-10.

概言之，身体运动的社会性安置将运动社会学的解释机制引向更加广义和深层的论域，研究主体不仅统合了运动、竞技与体育等多种以身体为载体的运动形式，而且在人与物的异质性关系的解释机制上构建了"社会的社会学"和"联结的社会学"之间的交互解释机制①，在给出运动社会学另一种价值指向的同时，拓展了学科想象力的空间。

第三节　运动社会学研究的方法与趋向

前已述及，运动社会学关注的核心要素为生物性身体的社会情境化表征，并以此为基础探究运动行为、社会与知识生产之间的关系。借此，从视角、方法与知识生产三个维度进行反身性思考并加以推进，将成为拓展运动社会学想象力，触发其潜在巨能的可能理路。

一　视角：走出宏观抽象经验主义误区或为拓展运动社会学想象力的关键

社会学自建立之初就将"人性与社会秩序"作为其研究的主体论域，当然我们也可以简要地将其称为人与社会的关系。研究主题的宽泛使社会学面临着相关概念模糊的问题，对此，社会学先辈们的解决办法是对人际的各种行动与互动构成的社会生活关系进行范畴划分，进而确定研究焦点和理论边界②。然而，由于学科归属的模糊性以及人类运动行为的复杂性等问题，对运动行为的解释机制始终表现为多学科交叉（尤其是体育学与社会学的不同视角），由此表现出宏观抽象经验主义的倾向。所谓宏观抽象经验主义，即将宏观社会现象和宏大主题叙事作为研究对象，造成理论与经验的脱节，具体表现为三个方面。

第一，运动社会学研究论题的宏观化和仪式化倾向。这种情形与历史背景和自主知识体系建构的缺失密切相关。一方面，我国的体育发展在近代以来始终与民族国家等宏大话语体系紧密相关，使我国一直习惯以"体育"一词涵盖"运动"的概念。这不仅在客观的经验事实中培养了内嵌于体育发展中的

---

① 王智慧：《奥运金牌的社会生命——关于金牌与行动者的交互性社会解释》，《社会学评论》2023 年第 4 期，第 137~165 页。

② 郑作彧：《物—人关系的基本范畴：新唯物主义社会学综论》，《社会学研究》2023 年第 2 期，第 72~92 页。

民族国家意识，而且在具体的学术研究层面也导致了围绕发展战略和重要历史事件进行的具有"跟风"性质的政策咨询性学术成果。另一方面，学科之术的不明晰以及自主知识体系的缺失，导致运动社会学相关研究呈外部化倾向。如上文所述，运动社会学的研究范式必须秉承社会学的学科之术。前者同样是秉承实证精神的问题之学，需以经验性的事实或材料来验证理论、假设和命题，实现理论对话和知识生产。然而，当前的运动行为与秩序研究常表现为"社会体育学"，这在某种层面上造成了学科区隔，限制了运动社会学与母学科接轨并对其进行反哺的能力。与此同时，秉承社会学学科之术的研究也同样面临对本土问题解释乏力的问题，受社会理论发展的西方化影响，当前社会理论同样带有明显的基于西方社会问题和背景的前提与预设，导致在解决本土性问题时一定程度上出现"水土不服"的状况，为此，着眼中国式现代化进程中面临的本土性问题建立自主知识体系迫在眉睫。

第二，微观运动行为与宏观运动秩序研究的盲区化倾向。一方面，既往针对微观运动行为的研究整体上呈现为关注"他者"的视角，研究者通常置身"客位"角色，在貌似微观的研究命题中停留在费孝通所说的"只见社会不见人"的状态。不过，近年来出现的口述史方法①，自我志、主体志以及个体运动行为志②等成果在一定程度上弥补了这种不足。另一方面，既往研究对宏观秩序（体育强国、校园足球、冰雪文化普及等）的讨论常从"顶层设计"视角出发，缺乏对"自下而上"的观照。

第三，运动参与的微观现象研究的片面化倾向。这一倾向表现在研究者往往将研究对象视为"理性经济人"，把"中位数"群体或抽样代表视为社会的真实，将个体或群体的运动行为归因于各种因素的组合，以类似于"物"的方式进行要素阐释，忽略了"人"的动态性和社会性。

综上，拓展运动社会学想象力的当务之急是走出宏观抽象经验主义的误区，朝着实现运动社会学自我范式革命的方向，尝试统合历史与现实，打通宏观理论视野与微观经验事实的壁垒。在关注运动行为与秩序的异质性的同时，聚焦宏观结构下的个体主动性和联结互动，并洞察裹挟在人身上的"小枷

---

① 王智慧：《记忆的创造与表达：口述史与体育记忆的建构机制》，《上海体育学院学报》2021年第8期，第41～51页；王智慧：《社会记忆的生成与书写：体育口述史研究的社会学路径及转向》，《西安体育学院学报》2021年第4期，第424～433页。

② 王智慧：《体育学的想象力：个体运动行为志研究范式的生成与书写》，《沈阳体育学院学报》2022年第1期，第122～130页。

锁"，即微观运动参与的经验性事实。

二　方法：探究生物性与社会性的融通解释机制是触发运动社会学潜在巨能的路径

生物性与社会性是社会学解释身体议题的两种路径，二者既界限分明又相互融通，对于以身体为载体的运动同样需要沿袭这两种路径展开解释。在社会学的研究视野中，身体运动受到社会结构的制约和形塑，丰富了身体与自我的理论内涵。相应地，以身体为载体的运动行为在整体上具有两种解释模式：其一，社会对身体运动规训的解释模式，即强调社会秩序、文化与结构对个体运动行为的影响与规束；其二，个体运动的能动性模式，即针对身体运动的活力，从身体运动本身理解运动行为。这两种解释模式既体现了人类运动行为的肉身性生物体验，也突出了身体在社会结构下的情境化表征。现代性情境下，嵌入社会文化中的运动行为呈现复杂化趋向，围绕运动行为与秩序的解释边界被不断拓展，并由此衍生出运动行为与身体技术、身体运动与自我、身体运动互联网化、身体运动数字化、身体运动与社会、身体运动与文化认同，以及身体运动虚拟化等诸多社会学研究议题。多样且复杂的议题以及解释边界的模糊化趋向增加了定义和解释人类运动行为的难度，以身体为载体的运动行为和秩序的确定性及其意义也变得扑朔迷离。运动社会学若停留在生物性与社会性两种解释框架内，恐难打破生物主义与文化主义决定论的窠臼，在克服与解决这些难题时将显得手足无措。如前所述，扩大运动行为与秩序的研究边界并非将运动社会学推向"巴尔干化"，而是回到"运动"的本源，从仪式、游戏、竞技与体育等多元运动形态中探究一种根源性的人类运动行为规律，由此更新社会学既有的研究范式与理论解释。

如今，运动参与已经成为一种普遍的社会文化现象，运动社会学在社会学学科体系中的地位已逐渐凸显。如何触发运动社会学蕴含的潜在巨能？本研究认为要从两个方面入手。首先，建立人类运动行为解释机制中的生物性与社会性的融通机制，在"社会的社会学"和"联结的社会学"之间寻找结合之处。人类运动本体的生物性感知与人的社会性嵌入并不是相互独立的，而是互为存在与发展的条件。本质上看，个体的运动行为具有韦伯意义上的"行动"指向，是与外在社会秩序不断交互的结果，激发运动社会学的潜在巨能，就是要沿着运动行为的身体这一主线，通过身体的规训态、支配态、镜像态与沟通态①多元面向在"社会"与"关系"之间寻找间性弥合机制。其次，倡导行动伦理分析，把"人"作为核心带回运动社会学。运动行为、运动现象与运动秩序的主体是"人"，不单指个体，也包括基于个体连接形成的群体，既有生命也有意识，同时受到价值观念和文化制度的支配。把"人"作为核心带回运动社会学，就是要围绕"人"的社会关系、场域空间、风格底色进行行动伦理分析，理解人的运动行为方式，在关注人的"通性之同"的同时，察觉"个性之异"，为人的发展和社会现实服务。之所以强调将"人"带回运动社会学，在于"人"的本质是社会和历史汇总而成的行动者，必须将其置于历史、社会以及错综复杂的关系中来理解②，这样才能摆脱运动行为与秩序研究的碎片化与变量化局面，并突破宏观仪式化、盲区化与片面化的束缚，强化社会学研究对实质且鲜活的社会过程的观照。这种方法论路径，于社会学学科本身而言，贴合其构建自主知识体系的整体要求，就现实层面来讲也有助于回应中国当下转型期的实际问题。

三　知识生产：避免"发明"与"发现"的滥用是建构运动社会学知识体系的根本

社会学之所以能够成为一门学科，源于近代社会工业化转型的剧烈变迁所引发的人类文明的智慧增加。扎根实际、提出理论并解决问题，是社会学学科的核心基因，对经验研究品质和实证性的追求，以及对现实和历史经验的总结和提升，是该学科知识生产的关键。正如应星所说，社会学的知识生产过程是一个不断"发明"和"发现"知识并积累和更新的过程③。众所周知，社会学的中国化发展经历了"欧风美雨东渐"的过程，作为舶来品，社会学不可避免地面临着"如何本土化"的问题。自从严复在 1895 年将"sociology"（社会学）译为"群学"以来，中国社会学家就开始思考社会学中国化的问题④，至今，学术界仍在不断努力探索。

①　A. Frank, "For a Sociology of the Body: An Analytical Review," eds. M. Featherstone, M. Hepworth, and B. Turner, *The Body: Social Process and Cultural Theory* (London: Sage, 1991), p.48.

②　C. 赖特·米尔斯：《社会学的想象力》（第 2 版），陈强、张永强译，北京：生活·读书·新知三联书店，2005，第 170 页。

③　应星：《从"发明"到"发现"：中国社会理论的两种概念生产方式》，《开放时代》2023 年第 3 期，第 28~37 页。

④　洪大用：《超越西方化与本土化——新时代中国社会学话语体系建设的实质与方向》，《社会学研究》2018 年第 1 期，第 1~16，242 页。

　　"本土化"的难题同样考验着运动社会学。一方面，就人类发展的整体层面来看，早期以游戏和仪式为表征的运动行为并无明确的东西方分野。在经历了埃利亚斯意义上的文明化进程之后，以现代奥林匹克运动为代表的现代体育运动在西方崛起的同时，我国也经历了"后发外生"式的运动认知和参与，此外，从西方的社会学理论和方法范式对人类运动行为以及奥林匹克运动的解释中，开始分化出身体社会学和运动社会学（体育社会学）等研究分支。另一方面，中国社会的现代化发展道路不同于西方，在研究社会文化场域空间中人类运动行为与秩序关系方面有独特的田野经验，这也意味着中国运动社会学的发展需要形成自己的方法论范式，虽然这对运动社会学的学科想象力具有挑战，但也为中国社会学自主知识体系的构建以及提升视角、方法与知识生产"三大话语"体系提供了前所未有的契机。

　　强调中国经验的特殊性并不意味着舍弃一般性知识，而是要从本土性实践经验中总结和提炼出普遍性认知，将人类发展的局部经验上升为整体认识。需要明确，这并非倡导对宏大叙事进行"选择性亲和"，也不是对抽象概念的盲目崇拜，在社会学理论的发展过程中已有相当多的前车之鉴，如米尔斯对帕森斯"宏大理论"的批判①，以及默顿的"中层理论"所陷入的碎片化困境②就说明了这一点。不过，中国的运动社会学在知识生产上面临的其实是基于学科区隔产生的三个问题。第一，"跟风"式的"知识生产"。以宏大的抽象经验主义或朴素经验主义倾向将运动行为、现象与秩序置于时事性、权宜性和短期性的政策语境下加以考量，将政策咨询与时事宣讲等同于学术创新，基于特定的重要历史事件衍生出一系列仪式性和口号性的"知识"碎片。第二，缺乏严谨的"学科之术"产生的"地方性知识"。"学科之术"是展开学科对话的前提条件，因此，社会学以及运动社会学有着可供学术界遵循的方法论体系，不能盲目创造方法与范式。学术研究的科学性不取决于研究对象，也不取决于研究方法，而是取决于生成研究结果的学科之术的规范性、科学性以及研究问题与方法的适配性。第三，"无中生有"和"生搬硬套"，理解不透，指向不明。理论与概念的从无到有就是研究的创新和"发明"的过程，这种创新和发明通常是站在前人的"肩膀"实现的，前人的终点就是我们研究的起点，

---

① C. 赖特·米尔斯：《社会学的想象力》，李康译，北京：北京师范大学出版社，2017，第33～68页。

② 应星：《经典社会理论与比较历史分析——一个批判性的考察》，《社会学研究》2021年第36卷第2期，第46～68，226～227页。

这要求研究者对研究主题相关的既有理论成果有清晰的把握。"旧瓶新酒"既是"发现"的过程，也是在已知中对未知的探寻，在某种意义上是打开"黑箱"的过程。一言以蔽之，运动社会学知识体系的构建必须建立在严谨的学科之术基础之上，建立在社会学理论的历史传承的基础之上，在加强知识谱系和脉络的积累与梳理的同时，结合当代中国场域空间中的运动行为、现象与秩序的实践经验，在不断的交流与对话过程中形成具有本土化特色的知识生产，实现自主知识体系的建构。

身体运动行为在人类社会的普遍性和不可或缺性，将处于第四次工业化背景之下的人类社会再次推向变革与反思的境遇。身处剧烈变迁的智能时代，人们是否还能像以孔德等为代表的社会学先驱一样，面对剧烈的社会变革提出多元的理论解释，由此推动一个学科的诞生和社会学研究的范式革命呢？就本书讨论的运动社会学而言，可谓喜忧参半，喜于运动社会学的重要性随社会学的不断发展而逐步凸显，忧于运动社会学至今还未形成自有的理论体系，同时面临着"巴尔干化"的困扰。不过，"巴尔干化"的倾向或许也能够以另一种方式促进运动社会学研究视角的多元并进，以及方法论与研究工具的多元交叉，实现实证研究与理论探索的交相呼应。

本书的立意并不是形而上的概念思辨和学科史梳理，而是在锚定运动社会学主体论域的前提下，提供一种解释人类运动行为与秩序关系的可能性思考。当然，基于人文社会科学的特殊性，即便如默顿所言，社会学领域无法找到属于自己的牛顿和爱因斯坦[①]，我们非但不能放弃对理论的深耕，更要继承社会学开拓者的心志、胆识和胸怀，与时代休戚与共，将大视野中的运动行为与秩序置于微观的社会生态描摹之中，深入经验事实的细微之处，在自身文明与现代世界的交流碰撞中激发思想动能，未来如何激发运动社会学的潜在巨能，将依赖更多学界同仁孜孜不倦地努力。

思考题

　　1. 什么是运动社会学？

　　2. "体育"、"竞技"与"运动"之间的区别是什么？

　　3. 运动社会学的构成要素有哪些？

---

① 　罗伯特·K. 默顿：《社会理论和社会结构》，唐少杰、齐心译，南京：译林出版社，2006，第 70 页。

4. 运动社会学知识生产的目标定位是什么？

5. 如何激发运动社会学的潜在巨能？

6. 如何拓展运动社会学的想象力？

推荐阅读书目

1. 布莱恩·特纳：《身体与社会》，马海良、赵国新译，沈阳：春风文艺出版社，2003。

2. C. 赖特·米尔斯：《社会学的想象力》，李康译，北京：北京师范大学出版社，2017。

3. 格奥尔格·齐美尔：《社会是如何可能的》，林荣远编译，桂林：广西师范大学出版社，2002。

4. 罗伯特·K. 默顿：《社会理论和社会结构》，唐少杰、齐心译，南京：译林出版社，2006。

代表性学者简介

1. 格奥尔格·齐美尔（Georg Simmel，1858～1918），犹太人，德国社会学家、哲学家。19 世纪末、20 世纪初反实证主义社会学思潮的主要代表之一。著有《历史哲学问题》、《道德科学引论：伦理学基本概念的批判》、《货币哲学》、《康德〈在柏林大学举行的 16 次讲演〉》、《宗教》、《社会学：关于社会交往形式的探讨》和《社会学的根本问题：个人与社会》。齐美尔的唯名论、形式主义、方法论的个体主义思想和理解社会学思想，直接影响到以后的德国社会学家，同时对美国社会学也产生了很大的影响。

2. C. 赖特·米尔斯（Charles Wright Mills，1916～1962），美国社会学家，文化批判主义的主要代表人物之一。主要著作有 1951 年的《白领：美国中产阶级》、1953 年与格斯合著的《性格与社会结构》、1956 年的《权力精英》和 1959 年的《社会学的想象力》等。其中，《社会学的想象力》是其最为重要的代表作，对开拓运动社会学的想象力有着深远意义。

第二章　运动社会学的历史背景与理论体系

本章要点

·在思想承继的脉络上，身体原始性及身心二元论奠定了社会事实与行为的研究思脉，身体"隐而不显"的连续性及身体竞技行为的社会性激发了运动与社会的耦合；经典社会学理论为运动社会学研究提供了思想之源，"问题之学"是运动社会学思想体系建立和想象力拓展的基础。

·在现代性场域之下，文化象征、社会建构、社会实践以及身体规训等研究指向构成了运动社会学研究的主题论域，身体"自表述"与"他表述"不对等的认知关系以及身体行为与秩序共同构成了一项表征现代性的议题。

·运动社会学关注生物性身体与社会性身体在运动情境中的耦合机制，以及这种耦合形塑社会结构、知识生产和社会关系互动的多元文化机制。借此，呈现两个方面的价值指向：一方面，对于运动社会学而言，兼顾经验性与理论性是运动社会学学术接轨和话语权力建构的基础，经验研究的品质是运动社会学的优秀基因；另一方面，对于中国运动社会学而言，基于中国经验与学科规范前提下的本土化问题阐释和理论推进，进而直面中国文明与世界的关系将是中国运动社会学想象力和话语权拓展的路径与根基。

关键概念

身体社会学；身体竞技；身体规训；社会行为；问题之学；现代性

个人是与人类整体不可分割的，是其中活生生的一分子。……而另一方面，社会整体也在某种程度上依赖每一个个人，因为每一个人都给整体生活贡献了不可替代的一部分。

——〔美〕查尔斯·霍顿·库利

之所以引用美国社会学家库利的观点作为开篇，是想借库利所倡导的"人性与社会秩序"的社会学研究主题论域，来划定运动社会学作为社会学分支学科的基因谱系。库利对人性与社会秩序的强调，是将微观的人类本性（或行为）和宏观的社会秩序（或结构）进行有机整合，其贡献在于简明扼要地锚定了社会学作为一门学科的核心命题。纵观社会学的发展可知，虽然思想家们的理论与观点等不尽相同，但相关研究均围绕一个核心命题展开。无论是圣西门率先创用的"工业社会"，孔德所强调的表征"社会静力学"的"秩序"和表征"社会动力学"的"进步"，斯宾塞笔下的"尚武社会"到"工业社会"的社会进化论基调，还是马克思指出的资本主义的异化危机，韦伯意义上的现代社会理性化趋势以及涂尔干阐释的社会失范，就其本质而言，它们均指向了对社会形态的诊断，并关注社会何以可能的时代命题。正是基于对上述命题的探索，社会学形成了区别于其他学科的方法论范式和理论基础。

如果说资本主义在 19 世纪的突飞猛进及其带来的社会问题促进了社会学的诞生，那么同时期的工业化进程则拉开了现代运动（体育）萌芽和演进的序幕。此后，以奥林匹克文化为表征和引领的现代体育运动，逐渐成为人们生活的一部分且紧紧根植于社会结构与文化之中，并以其能够突破种族、地域与国家的边界限制而成为全球范围内通行的文化符号。伴随历史演进和人类认知增量的"层垒"，运动社会学逐渐成了一种整合自然、人文与社会的学科知识综合体。之所以将运动社会学称为"学科知识综合体"，原因有二。首先，迄今为止尚未形成对运动的概念界定、内涵和价值的统一认知。从学术界既往对"运动"概念的讨论可知，基于不同学科背景和价值认知体系，"运动"的概念在理论层面尚且无法达成统一公允的认知。其次，运动社会学尚未形成有别于其他学科而独立存在的方法论体系，其方法论的实践应用通常要根据研究对象和目标借鉴相关学科的方法论体系，比如运动生理学与生理学、体育哲学与哲学、体育史学与历史学、运动社会学与社会学，等等。

长期以来，虽然运动社会学作为"学科知识综合体"呈现出较强的吸收力，能够博采众家之长，但是吸收其他学科的方法、规范等俨然不足以支撑这一学科的自主发展，过于依赖移植的概念范畴和方法论体系反而在一定程度上使其陷入封闭、狭窄的区隔境地。一门学科的真正品格，并不取决于它的研究对象和体制化的规范，而取决于研究过程中的提问方式以及选用的具体程序和方法论体系，目前我们对运动社会学的发展也有了新思考。本章将运动社会学划定在社会学的学科谱系下加以阐释和讨论，进而探求和揭示那些饱经历史长河的洗礼并围绕行为与结构主题生成的社会实在、身体参与的创造性经验，以及身体运动在现代性场域所面临的挑战。虽然社会学与运动社会学理论均形成于西方，但这并不意味着我们只能扮演追随者的角色，我们也可以找到相关学科本土化的发展道路。从社会学的理论和学科体系中萃取思想并获得启发和激励，进而发挥中国运动社会学的想象力，拓宽既有的理论和经验认知，实现知识再生产。由此，厘清西方运动社会学演进的知识谱系和思想基础，进而框定运动社会学的学科架构与基本范式，在增进知识积累的同时回应中国体育与社会发展的时代命题，成为运动社会学本土化、自主化发展的重要前提。

第一节 运动社会学的历史背景溯源

一 思脉追溯：身体原始性及"身心二元论"

身体以及与身体相关的活动自人类诞生就已经存在，但是人类对于身体以及身体行为的认知和反思却是伴随着人类意识的产生和文明的演进才开始的。对于人类本身而言，身体的现实存在构成了自我认知的首要前提，而后才延伸到思想和灵魂的精神境界。早在公元前776年的古希腊，人们就开始在奥林匹亚山举行的宙斯庆祝庙会（后发展为奥林匹克运动会）上进行以身体对抗为表征的竞技活动。虽然当时的竞技更多出于娱神祭祀的宗教仪式等目的，但崇尚体魄、身体至上的精神也同时得以提倡。此后，随着古代奥林匹克成为每四年举办一次的周期性赛事，古希腊人对"身体"的重视也得到了进一步彰显。

事物具有两面性，人对事物的认知也并非停留于一面，古希腊人对身体的思考同样如此。古希腊人重视"身体"的同时，也对"身体"进行了反思，其中比较具有代表性的便是哲学巨擘苏格拉底和柏拉图崇尚灵魂追求而贬抑肉体欲望的思维倾向。虽然灵魂与肉体之间的二元张力在苏格拉底和柏拉图的倡导下得到了广泛推广，但这一观点并非苏格拉底和柏拉图首创，此前，毕达哥拉斯就提出了灵魂可以存在于不同肉体的说法。甚至在更久以前，在被恩格斯称为"将希腊从野蛮时代带入文明时代主要遗产"[1] 的《荷马史诗》中所记载的关于"'冥界'的说法中就已经把人分为身体和灵魂两个部分"[2]。即灵魂作

---

① 马克思、恩格斯：《马克思恩格斯选集》（第2版 第4卷），北京：人民出版社，1995，第23页。
② 谢文郁：《身体观：从柏拉图到基督教》，《云南大学学报》（社会科学版）2010年第5期，第11~22、95页。

为一种身体的影响而持续存在，但这种死亡时的生命原则跟活人的情感、理智没有任何关系①。基于前人对灵魂与肉体的种种论断，柏拉图进行了吸收和改造，并将之概括为"人是由灵魂和身体组合而成，灵魂是神圣的、不朽的、非形体的"②。在柏拉图那里，灵魂被赋予了掌控和支配身体的权力，而身体则成为灵魂的寄居地，与此同时，灵魂作为身体的主宰也被赋予了身体活力、提升认知理念和掌控身体行为的使命。拥有能够认识理念的灵魂成为人之所以为人的关键，灵魂也就成为神圣的永生者，生命活力的根本在于灵魂③。以柏拉图的观点概括，便是"灵魂很像那神圣的、不朽的、智慧的、一致的、不可分解的，而且永远不可改变的。肉体呢？正相反，很像是凡人的、现世的、多种多样的、不明智的、可以分解的，而且变化无定的"④。虽然作为西方伟大思想家和客观唯心主义创始人的柏拉图，其思想的主旨并不在于对身体的贬抑，但其所提出的身心二分的诸种论说却为后续"身心二元论"思想埋下了伏笔。

在秉持机械论身体观的笛卡尔看来，"人的身体就好比一架机器，没有灵魂处于其中也能运行自如"⑤。笛卡尔认为，实现对真理的认知以及指挥身体行为是灵魂的重要使命。如果说身心不平等的论说由柏拉图拉开了序幕，那么笛卡尔则承担了建立身心对立二元论并将其推向"心灵霸权主义"一元论的角色。通过对古希腊身体观的梳理可知，西方哲学思想在本体论上的"身心二元论"既非一蹴而就的，也非一时一刻的，而是为后继的学科分化埋下了种子。基于此，笛卡尔主义的身心二元框架认知，也推动了社会学领域表征实证主义传统的"社会事实"与表征人文主义传统的"社会行为"等核心概念的发端和演进。

二　基础奠定：身体的连续性及身体竞技行为的社会性

伴随笛卡尔对柏拉图"身心二元论"思想的继承，以及身心对立说的建立，身体与心灵的异质化存在被进一步倡导。这种哲学思脉的奠基导致了身体

---

① B. Gundert, *Soma and Psyche in Hippocratic Medicine* (Oxford: Clarendon Press, 2000), p. 13.
② 柏拉图:《柏拉图对话集》，王太庆译，北京：商务印书馆，2004，第237~240页。
③ 李珇:《灵魂的陨落与身体的解放——试寻笛卡尔身心观之文艺复兴渊源》,《同济大学学报》（社会科学版）2018年第5期，第8~20页。
④ 柏拉图:《柏拉图对话录之一：裴多》，杨绛译，沈阳：辽宁人民出版社，2000，第42页。
⑤ 文军:《身体意识的觉醒：西方身体社会学理论的发展及其反思》,《华东师范大学学报》（哲学社会科学版）2008年第6期，第73~81页。

在后继的科学研究领域呈现了不同的价值指向。一方面，身体在主流社会科学特别是社会学研究领域曾一度被忽视。在传统的社会学认知体系中，"身体"和"个体"被视为客观环境的重要组成部分。在社会唯实论的理论体系之下，相关理论基于个体是构成社会的一部分，对社会的价值和意义的强调要明显超越个体。在社会行为研究范式中，虽然在一定程度上彰显了个体的"心理"以及行为的要素，但是其研究的主旨往往呈现较强的韦伯方法论色彩，即定位于行为背后的意义解释，忽视了人体自身的重要性进而导致"表层身体"的缺场①。另一方面，"身心二元论"的分异也进一步导致了以身体为研究对象的学科分化。生物性的身体成了医学、生物学等学科关注的对象，而以心灵或社会化身体为表征的身体则成为哲学、管理学和社会学关注的对象。这一指向在体育学科领域同样存在。运动生理学、运动生物力学和人体解剖学等学科论域关注生物性身体，体育哲学、体育社会学、体育管理学等学科论域关注社会化身体。

　　身体在传统社会学中的"缺席"并不意味着在社会学思想中有关身体的思脉就荡然无存，而是以一种"隐而不显"的方式表达了它的连续性存在。特别是自1896年现代奥林匹克运动正式兴起后，以四年为一个举办周期的奥林匹克赛事不但将身体竞技推向了世界舆论关注的中心，而且身体竞技的社会性也由此以一种"隐而不显"的方式持续存在。这一过程中的身体更是以"隐而不显"的方式为社会的演进提供了动力，如齐美尔所言，"身体是社会和文化形式的一个源头，反过来基于这些社会和文化，个体的个性才得以彰显"②。随着以身体竞技为表征的现代体育赛事的兴起，人们对于身体、运动（体育）与社会三者之间关系的反思进一步加强。在身体竞技的社会化趋势中，体育运动成为系统制造身体的实践过程，不但身体的主体地位进一步彰显，而且身体成为体育和社会文化的介质，这也为运动社会学作为社会学体系中的二级学科的建立奠定了基础。

　　今天看来，促使运动社会学从社会学舞台的边缘走向中心还要得益于以下四个方面的推动。第一，伴随着体育赛事的周期性举办，身体竞技行为的社会性特质越发凸显。第二，身体成为运动（体育）与社会文化的中介，以身体

---

①　文军：《身体意识的觉醒：西方身体社会学理论的发展及其反思》，《华东师范大学学报》（哲学社会科学版）2008年第6期，第73~81页。

②　G. Simmel, *Georg Simmel on Individuality and Social Forms* (Chicago: University of Chicago Press, 1972).

为表征的运动态身体抑或是体育态身体具有了社会学研究的微观与宏观视角。第三，在全球化进程中，身体运动作为个体叙事（行为）与文化（结构）对象的重要性进一步彰显。第四，身体运动是社会结构和文化的镜像，学术界对运动的关注度日益提升。社会学家逐渐认识到体育是当代文化、经济与政治等领域的一项重要议题，同时逐渐开始将身体运动问题化，并将其置于社会学学科和理论的宏大体系之中加以阐释。

第二节　运动社会学的思想体系建立

一　思想之源：哲学与经典社会学理论

社会学是社会变革的产物，与人类社会的文明化进程密切相关。社会学的思想遗产并不是某一个时期或某一个具体的人制定的，而是经历了从古希腊到18世纪的漫长历史演进过程动态生成的。这就不得不提及柏拉图以及他的学生亚里士多德，柏拉图在其著作中所阐释的"社会与有机体类比""人生来就不平等"两个假设，构成了其对社会问题的基本见解。柏拉图的高明之处在于，他将社会定位为一个由分工组成的功能互补系统[1]。有人基于此将其视为社会学的实际奠基人[2]。与柏拉图社会思想中的天才推演与大胆假设一样，亚里士多德关于人的本性和社会关系的论述同样具有社会学意义。被誉为"百科全书式科学家"的亚里士多德对社会学思想的影响可谓是多方面的，其主张的"人类在本性上，也正是一个政治动物"[3]，以及在其著作《尼各马可伦理学》中阐释的人类行为的交换论观点，都构成了现代社会理论中人的社会性存在和现代交换论的思维原点。

值得一提的是，以柏拉图和亚里士多德等为代表的古希腊先哲的思想在经历了长达近千年的中世纪之后，不但在基督教神学的系统化和逻辑化体系中被选择性地接受，而且在圣·托马斯·阿奎那和马基雅维利的手中得以继承和复兴。阿奎那所秉承的"人天然是个社会的和政治的动物"的观点，以及马基雅维利摆脱神学与伦理学的束缚所倡导的政治学与伦理学分异的主张，在奠定

---

[1]　周晓虹：《西方社会学的历史与体系》（第一卷），上海：上海人民出版社，2002，第5页。

[2]　W. D. 珀杜等：《西方社会学——人物·学派·思想》，贾春增、李强等译，石家庄：河北人民出版社，1992，第33~34页。

[3]　亚里士多德：《政治学》，吴寿彭译，北京：商务印书馆，1983，第7页。

其近代政治思想奠基人地位的同时，体现了对人类行为进行控制的最初见解。此后，相关观点在托马斯·霍布斯那里得到了不同程度的继承。与强调前社会时期不平等和冲突的马基雅维利和霍布斯不同，约翰·洛克强调"一切都是平等的，没有人享有更多他人的权力"①，而在启蒙运动代表人物之一的法国思想家让·雅克·卢梭那里"不平等则变成了一种罪恶，而契约则成为解决这种罪恶的方法"②。除此之外，亚当·斯密的古典政治经济学、孟德斯鸠的政治与民情、康德和黑格尔的普遍观念论和心理学有机论都可以视为社会学的前身。

如果说上述思想为社会学的出现奠定了基础的话，那么始于 18 世纪 60 年代的英国工业革命和暴发于 1789 年的法国大革命则充当了社会学得以建立的"幕后推手"。至此，以法国实证主义哲学家奥古斯特·孔德作为创始人于 1838 年率先提出"社会学"的概念为标志，一门有关社会的科学诞生了。此后，在以卡尔·马克思、埃米尔·涂尔干、格奥尔格·齐美尔以及马克斯·韦伯等为代表的经典社会学家所建构的思想体系中，以及在事实、释义、行为与批判研究范式的"规训"下，运动社会学以及运动问题获得了思想之源。虽然经典社会学领域的思想家也同样以"隐而不显"③的方式涉及身体与运动的论述，但身体至此已逐渐得到关注，也为运动社会学的兴起奠定了基础。比如韦伯在其著作《新教伦理与资本主义精神》中就通过新教徒的身体运动来揭示社会变迁④；涂尔干在《自杀论》中阐述了个体身体在强大的"社会事实"面前做出的极端反应；齐美尔则更关注现代生活中的身体体验，在"大都市型人格"中通过身体体验表达了人们对现代社会的抗拒⑤。与此同时，"结构功能主义""符号互动理论""冲突理论"等经典社会理论同样影响着运动社会学的问题呈现和研究实践，为运动社会学研究提供了思想之源。

二 建立基础：对"问题之学"的承继

伴随着社会的发展，运动（体育）作为一种文化现象早已嵌入社会文化

---

① 洛克：《政府论》（下卷），叶启芳、瞿菊农译，北京：商务印书馆，1964，第 59 页。
② 卢梭：《社会契约论》，何兆武译，北京：商务印书馆，1980。
③ 之所以说其隐而不显，是因为思想家的论述主题并不是专门围绕身体和运动展开的。
④ 孙睿诒、陶双宾：《身体的征用——一项关于体育与现代性的研究》，《社会学研究》2012 年第 6 期，第 125～145、244 页。
⑤ 格奥尔格·齐美尔：《时尚的哲学》，费勇、吴燕译，北京：文化艺术出版社，2001，第 120 页。

运行的体系之中，基于经典社会学理论所进行的有关身体运动的社会问题的研究也不断发展。鉴于经典社会学理论是在特定的社会文化情境中所形成的，相关情境的转变势必影响相关理论的适用范围与程度，仅仅以经典理论探讨现代问题俨然是不够的。随着时间的推移和社会的变迁，研究运动相关的问题也离不开现代与后现代社会学理论的支撑。为更好地解决当代运动问题，对隶属于社会学二级学科的运动社会学而言，有些基本问题是不能回避的，比如运动社会学的研究主题是什么，运动社会学有哪些与众不同的研究范式以及针对性的提问方式，等等。这些问题不仅决定了运动社会学何以可能，同时决定了未来运动社会学何以可为。面对这些问题，社会学的历史发展为我们提供了思路。

社会学之所以能够在 19 世纪脱离形而上学的束缚成为一门独立学科，与其生成背景有关。不同于哲学、政治学以及经济学等在古希腊时期就已经成型，社会学是在一个不同于传统社会的新社会里，以超越原有的知识图式的方式呈现的①。从这个意义上来讲，社会学的诞生与现代性的社会变迁有着密切的关系，或者更具体来说，与发轫于 17 世纪的欧洲并逐渐扩散至全球的社会变迁进程，以及由此带来社会组织模式、人类生活方式以及价值观念的巨变有关。事实上，社会学之所以能够将"社会"作为"逻各斯"（Logos）问题化方式呈现，是因为社会学的学科谱系始终以现代社会为研究内容，并建立了"关于现代社会生活的普遍性知识"②。也就是说，社会学的"学科之术"是建立在对社会问题的研究基础之上的，社会学之所以形成是由社会问题发端的，正如海德格尔所强调的"问之所问"是一切学问的存在论基础。直白地讲，社会学所蕴含的思想体系和学科基因是"问题之学"，这就是社会学鲜明的学科特色。

作为社会学的分支学科，运动社会学同样要秉承"问题之学"的学科谱系和知识基因。运动社会学之所以区别于与之并列的其他学科，并不是仅仅从表层上进行了曼海姆意义上的"连字符社会学"的嫁接和移植，其核心在于对社会学学科思想谱系与规范的承继，其学科立足点的关键在于基于现代性而引发的运动现象和行为的研究，并由此建立了基于运动与社会关系的共享性价值和知识体系，即围绕运动参与中的"行为"与"结构"而展开的社会学研

① 渠敬东：《学科之术与问题之学》，《开放时代》2022 年第 1 期，第 49~52 页。
② 杨敏、褚世伟：《中国社会学：百余年回眸与未来展望》，《江苏社会科学》2021 年第 1 期，第 24~35 页。

究。所谓"行为"既包含库利意义上的"人性"的层面，也包含个体参与并由此引发的个体与个体、个体与群体、个体与国家的相对微观互动机制。而"结构"则围绕着"秩序"抑或是"社会""文明""制度"等层面展开，不仅是对社会唯实论传统的延续，更包含基于社会心态、共同体意志、集体观念以及由此引发的诸多社会解释机制。

如果说以结构与行为为主线的整体架构，以及由此建立的纪律规训铸就了运动社会学的"学科之术"，那么，"问之所问"则构成了运动社会学的存在基础和学科生命力。也就是说，运动社会学思想体系来源于对社会学"学科之术"的承继；而运动社会学在现代性场域之中的想象力拓展，则要依靠对现代运动问题的研究，其之所以能够成为一门科学并不断发展学科的想象力则根植于"问题之学"。

第三节 运动社会学与现代性的关联

一 现代性场域空间中的运动社会学研究

（一）作为文化象征与社会建构的运动社会学研究

运动（体育）不仅是社会文化的重要组成部分，还表征了社会文化的镜像①。这是因为运动作为全世界不同民族、不同种族和不同文化的通用"语言"，承载着人类的过去、现在和未来；更重要的是作为身体竞技的直接展现形式，运动也促进了生物性身体与社会化身体的连接。从这个意义上来讲，一方面相对集中地整合了现代体育的奥林匹克文化，在世界范围的语境之下以其号召力促进了"更团结"的局面，同时在人类不同文化之间建立了"交集"；另一方面，基于不同民族文化所孕育的传统运动形式则构成了民族文化基因和民族性格传递的具象化的文化表达方式，即通过身体实践表征族群文化记忆。

在既往的运动社会学及其相关研究中，体育通常被看作一个象征系统和一套话语体系，作为社会的隐喻。比如：被誉为"法国最具国际影响的思想大师"皮埃尔·布迪厄，就曾运用其所提出的"场域""惯习""区隔""品味"等概念，对体育如何制造社会的合法性和阶层的区隔等问题进行了讨论②；而

---

① 王智慧：《乡土精英与族群边界的文化秩序——基于藏族三项民俗体育文化活动的质性考察》，《体育与科学》2022 年第 2 期，第 63~75 页。

② P. Bourdieu, "Sport and Social Class," *Social Science Information* 17, no. 6 (1978): 819–840.

埃利亚斯则使用过程社会学视角，分析了体育与社会变迁中政治制度和权力的分配，并阐述了民族国家的集体意志如何通过体育加以表达①。除此之外，作为文化象征的体育研究也受到了文化人类学的关注。虽然玛丽·道格拉斯、马塞尔·莫斯、马林诺夫斯基、兰德尔·柯林斯以及米歇尔·福柯等人类学和社会学家在著作中并没有把运动和运动现象作为主题加以讨论，但他们关注的"身体的社会性隐喻"、"身体自我技术"、"规训权力"以及"整体民族志"的文化叙事方式却为运动社会学领域中的文化研究以及阐释健身行为、运动暴力、伤病等诸多现代运动社会学议题提供了理论支撑和对话机制。

从社会学的学科传统来看，个人与社会的关系是社会学研究的基本问题。由此，寻求社会秩序实现的可能性解释便构成社会行动理论的核心。在经典社会学领域，虽然奥古斯特·孔德的"道德秩序"、埃米尔·涂尔干的"集体意识"、马克斯·韦伯的"世俗理性"、格奥尔格·齐美尔的"符号信任"、塔尔科特·帕森斯的"共同价值"、尤尔根·哈贝马斯的"沟通行动"以及本土社会学家费孝通所提出的"一体多元""和而不同"的社会共识体系，在理论解释机制上各有不同，但都隐含了对人类生活世界以及社会秩序的忧虑，以及对社会秩序何以可能命题的探索和回应。

对于这一命题的探索同样存在于运动社会学中，例如奥林匹克文化领域新近倡导的"更团结""一起向未来"便表征了对新秩序的呼唤。在新时期，承继社会学理论对秩序研究的传统也成为运动社会学研究的使命。整合了个体身体的自然性与形塑了个体身体的社会性的体育，在现代性场域空间之下也完成了个体与个体、个体与共同体和国家的连接，其核心在于建构行动者的行动意义，使人们在运动参与的过程中所使用的符号文本、仪式和实践发挥出特定的意义。人们在社会场域中的微观仪式互动、全球化背景下的运动参与、运动中的身体价值属性与性别特质、社会等级与阶层分异等论题不但深刻影响着运动社会学领域的研究，而且成为"常提常新"的研究命题。

（二）作为社会实践与身体规训的运动社会学研究

身体是运动参与的前提和基础，而运动则是集中展示身体及身体文化的重要舞台。无论是作为娱乐消遣的游戏抑或作为文化传承的竞技活动，运动的本质都是通过身体在场进而践行一种社会实践和身体规训。其间，在某种特定的

① 郭振：《埃利亚斯的过程社会学对体育社会学研究的启示》，《体育学刊》2010年第1期，第24~27页。

规则或秩序的限制和约束之下，社会成员的目的性达成一致。这就意味着社会成员的运动参与并不能在假定完全"目的随机性"之下进行，在相关游戏与竞技之中身体行动的目的性参与，是人们在日常生活中对身体意义的确认、生产、维护和呈现，而这也正是现代体育作为复杂社会研究对象的根本所在。一方面，运动文化是以身体为载体而呈现的。正是身体的生物性与社会性之间的耦合，促使个体与社会和国家之间建立起复杂的联系，这为运动社会学研究奠定了前提条件。另一方面，从运动的本质出发，运动是基于身体运动实践而形成的复杂社会惯习。这种内化于身体之中，外化于社会实践的惯习行为，不仅彰显了竞技场域之中或者身体竞技与社会行动之间的规范秩序，还体现了在运动实践场域空间之中涵盖目的、意图、功利观念以及欲望等的实际秩序。从这个意义上来讲，皮埃尔·布迪厄所秉持的实践社会学理论，及其所论证的"惯习""场域""资本""文化再生产"等概念，在运动社会学领域均得到了不同程度的运用和延伸。此外，基于运动的社会实践属性，运动参与行为也被理解为社会交往的微观互动仪式。借此，以欧文·戈夫曼和乔治·赫伯特·米德等为代表的"互动理论"在运动社会学领域得到了进一步的发展。

应该说，运动社会学研究的论域是伴随着现代性进程及其带来的运动与社会的复杂性加剧而逐渐延伸的。在这样的背景之下，运动社会学的理论边界也在不断拓展，身体社会学、性别社会学以及文化社会学等多元视角之下的运动问题研究已经成为一种趋势。在身体社会学领域，自布莱恩·特纳所著的具有奠基意义的《身体与社会》出版之后，受到启发的运动社会学者便试图从不同的视角阐释体育运动中身体的复杂性、矛盾性与不确定性[1]。基于身体的生物性、文化性和社会性，在社会实践中对身体进行规训成为必然。法国社会学年鉴学派的马塞尔·莫斯在这个领域创造性地提出了"身体技术"的概念，在他看来"我们打交道的是各种身体技术，身体是人首选的与最自然的工具……为了满足社会中不同生产环节的需要，人类要不断地通过训练来获得社会所承认的身体技术"[2]。莫斯关于身体技术的论述为当代的社会学和人类学研究身体提供了独特的视角和创作灵感。受其影响，福柯进一步阐述了他的身体观，并成为"身体转向"以及促进身体社会学及运动社会学领域身体研究

---

① 熊欢：《从社会身体到物质身体的回归——西方体育社会学身体文化研究的新趋向》，《北京体育大学学报》，2021 年第 8 期，第 113~121 页。

② 马塞尔·莫斯：《社会学与人类学》，余碧平译，上海：上海译文出版社，2014，第 301~304 页。

的重要推动者之一。福柯延续了尼采的系谱学方法，以身体作为参照梳理了人类的历史，认为身体的历史就是被压抑、宰制、规训以及被糟蹋的历史。社会对身体的规训手段并非是暴力的，而是采取了一系列的"身体技术"[①]。福柯以及莫斯对身体的独特见解在运动社会学以及身体社会学领域得到了广泛的拥护。此后，伴随着对体育与现代性的反思，作为社会实践与身体规训的运动社会学研究面临着共同体建构、物质性的身体、空间意义上的体育、技术化与监控化身体等更为多元的价值和理论转向。

二　运动社会学研究中包含着现代性议题

（一）身体的"自表述"与"他表述"

古希腊时期所形成的身体认知哲学思脉长期影响着运动社会学研究的论题选择和主体呈现方式。例如在笛卡尔的"身心二元论"影响下，秉承实证主义传统的"社会事实"研究和秉承人文主义传统的"社会行为"研究便支撑起了传统社会学研究的主题论域。在这种主题的遮蔽之下，身体曾一度在社会学研究领域被忽视，后期伴随尼采、梅洛-庞蒂以及胡塞尔等思想家的出现，"身体的在场"逐渐被社会学关注，特别是尼采在对"文明社会"中身体所遭受的奴役和压制现象的反思中不断关注和强调着身体，他认为"现世的生活要以身体作为准绳和中心"，并强调"我完完全全是身体，此外无有，灵魂不过是身体上的某物的称呼"[②]。尼采对身体在场的唤醒和强调，与现代奥林匹克运动创始人顾拜旦所提倡的"强健的肌肉是快乐、活力、镇定和纯洁的源泉"[③] 不谋而合。今天看来，尼采所论证的"竞争是增强权力意志的方式"与顾拜旦的"更快、更高、更强"的奥林匹克思想具有贯通性[④]。

当然这并不能说明二者之间存在着因果联系，之所以将二者的思想并置，是想说明，伴随着现代奥林匹克运动的兴起，基于认识论的基调在运动研究中呈现了生物主义和非生物主义的两种"他表述"假设。所谓生物主义的认识论假设是随着近代自然科学的兴起，以身体为表征和载体的运动被置于自然科

---

① 米歇尔·福柯：《权力的眼睛：福柯访谈录》，严锋译，上海：上海人民出版社，1997，第205页。

② 尼采：《苏鲁支语录》，徐梵澄译，北京：商务印书馆，1997，第27~28页。

③ 皮埃尔·德·顾拜旦：《奥林匹克宣言》，北京：人民出版社，2008，第147页。

④ 李传奇、李海燕、张震：《身体的觉醒与挺立——从尼采的身体哲学到顾拜旦的奥林匹克哲学》，《体育学刊》2017年第3期，第1~5页。

学研究视域，并在以观察、实验、科学主义和自然法则范式为主体的方法论引导下，身体以及运动中的身体成为被数字、符号、公式演绎代替的象征对象。而建立在非生物主义实证论基础上的社会学，对于身体的价值意义以及结构秩序要素的强调，同样造成了自我与社会的二分，这种传统在韦伯以及马克思那里尤为突出。综上，两种研究路径虽然表征了自然科学和社会科学的运动研究指向，表面上看似乎实现了生物性身体与社会性身体的兼顾，但本质却形成了以研究者作为主体、以运动中的身体作为研究对象的"他表述"境遇，并由此铸就了以经验总结和普遍性思维为表征的"模糊群像"。

伴随着后实证主义的兴起，特别是在人类学和社会学中对既往研究经验的反思，以"口述历史"、"自我民族志"以及"个体运动行为志"等方法范式为主线的"自表述"研究开始兴起。从口述历史对"真实小人物"的关注所带来的研究重心的转移，到马林诺夫斯基《一本严格意义上的日记》和德里克·弗里曼笔下的《玛格丽特·米德与萨摩亚——一个人类学神话的形成与破灭》，都引发了学界对人类学和社会学既往研究的反思与批判[1]。由此也引发了运动社会学从现象学和本体论出发，对个体身体运动经验和行为的思考。这种思考在秉承"个体经验问题化"研究宗旨的前提下，在进行个体行为微观研究的同时，也从不同的视角构建了"小人物"与"大叙事"、"个体"与"群体"、"行为"与"秩序"的生动画面。需要说明的是，"自表述"的"小身体"观并不等于"回到身体就是回到个体"的片面认知，虽然相较于"他表述"的"大身体"观，"自表述"的"小身体"观在学术体量上相差甚远，但它同样回应和反思了体育与现代性的时代命题。

（二）运动参与过程中的行为与秩序

现代性的本质是人类社会由传统社会向现代社会的转型，因此也可以说现代性是具有动态特质的。追溯历史可知，17世纪欧洲的社会转型及其带来的诸多社会问题不但促成了社会学等学科的产生，而且从某种程度上决定了现代性问题成为社会学研究的核心议题。如吉登斯所言，"在后封建的欧洲所建立而在20世纪日益成为具有世界历史性影响的行为制度与模式"[2]。今天看来，现代性的演进既是一个历时性的变迁过程，也是一个包含"全球化"的共时性

① 王智慧：《体育学的想象力：个体运动行为志研究范式的生成与书写》，《沈阳体育学院学报》2022年第1期，第122~130页。
② 安东尼·吉登斯：《现代性与自我认同》，赵旭东、方文、王铭铭译，北京：生活·读书·新知三联书店，1998，第16页。

过程。人类在这一过程中的认知和理性有限，但需要应对的风险却是无尽的。

在现代性的社会转型和变迁过程中，身体运动深深地嵌入社会文化的运行体系之中。从现代奥林匹克运动诞生伊始，身体运动就在紧跟人类历史演进的步伐中饱受现代性的洗礼。在现代性背景之下，在作为个体的运动参与者和作为整体的社会之间，因不同的历史背景、文化制度以及利益需求等，产生了诸如体育功利化、体育治理过度科层化、奥林匹克精神世俗化、体育伦理失范等诸多风险。这种具有"现代性"的风险认知不但改变了运动参与者的行为模式、欲望需求、价值认知和应对方式，而且通过个体与社会之间的连接互动而形塑了这个时代运动行为与秩序的演进轨迹和基本样态。

由此可见，运动早已超出了简单的身体竞技层面，成为涵盖复杂社会要素并充满不确定性风险的文化形式。首先，对个体而言，运动参与行为背后蕴含着复杂的社会解释机制。个体的运动参与既包含戈夫曼、米德和布鲁默意义上"自下而上"的"符号互动理论"微观解释机制，同时包括凡勃仑和布迪厄意义上休闲消费的阶级生活特征以及运动参与的文化资本属性。其次，对于秩序而言，运动具有多元的功能主义特征。运动参与具有社会秩序整合的功能主义理论视野，宏观上的运动与社会秩序不仅包含帕森斯和默顿意义上"社会制度对社会系统维持的平衡"的功能主义解释视角，而且包含韦伯意义上的"工具理性""价值理性"，以及哈贝马斯的"沟通理性"等社会行动理论解释视野。最后，对于社会（秩序）的身体（行为）与身体（行为）的社会（秩序）之间的耦合机制而言，运动反映了当代社会文化中的深刻问题，后结构主义对这一领域命题的解释具有明显的优势。

针对运动的身体自然状态假定，以及运动比赛中科学技术和兴奋剂的使用，法国思想家雅克·德里达的解构主义哲学被雪莉·考尔运用到运动社会学研究领域，在考尔看来"体育不再是纯器官性的身体活动，而是汇聚科学技术的非自然性人为创造"[①]。既然我们将视角转向了后结构主义，就不能越过对当代社会学产生重大影响的法国思想家米歇尔·福柯。尽管福柯本人并不赞同把其归为"后结构主义"和"后现代主义"的分类，但是在他的知识谱系中有关身体、知识和权力的论述却成了后结构主义运动研究的核心议题。相关理论在运动训练、身体规范以及女性主义等领域都得到了广泛应用。布迪厄曾

---

① C. L. Cole, "Addiction, Exercise and Cyborgs: Technologies of Deviant Bodies", *Sport & Postmodern Times* (1998): 261—276.

评价道"从福柯的角度来看体育训练就是一种对身体的'世俗禁欲'"①。当然，谈及运动与现代性的议题同样离不开被誉为"知识的恐怖主义者"的让·鲍德里亚。他在消费社会理论方面的独特建树，使他成为体育文化和体育产业等领域研究的启蒙者。需要说明的是，本书的着力点不在于对理论的褒奖和批判，而是试图呈现一种运动与现代性关联的复杂面向，进而倡导以具有社会学意蕴的创新视角审视和诊断运动发展中的问题，应对现代性议题下的复杂运动与社会实践。

第四节 运动社会学的理论构架和学科视野

一 运动社会学的理论传统与体系范式

（一）运动社会学的理论传统与时代使命

社会学的诞生包含着明确的时代使命。考察社会起源，进而理解一种因英国工业革命和法国大革命而产生的不同于传统社会的新兴社会形态，并做出回应与解释，是孔德和斯宾塞等社会学先驱思考的议题。作为社会学的奠基者，马克思、韦伯和涂尔干所论证的异化、理性化与失范，都是秉承这一传统，试图对当时的社会问题做出回应和预测。此后，托克维尔、帕累托和齐美尔同样沿着西方理性主义传统，思考了社会变革中人的行为属性以及社会建构演进的机制。秉承上述传统，后继以帕森斯的《社会行动的结构》②、安东尼·吉登斯的《现代性的后果》③、乌尔里希·贝克的《风险社会》④ 以及曼纽尔·卡斯特的《信息时代三部曲：经济、社会与文化》⑤ 等为代表，部分学者在延续对社会发展阶段的诊断和风险应对使命之下，将社会学研究的传统从经典时代带入了现代以及后现代的主题论域之中。

自孔德创立社会学（1838 年）至今（2024 年），这一学科经历了 186 年的历史。在这 186 年中，涌现出的社会学家如满天繁星，正是在他们的思想贡

---

① 熊欢：《身体、社会与体育——西方社会学理论视角下的体育》，北京：当代中国出版社，2011，第 229 页。
② 塔尔科特·帕森斯：《社会行动的结构》，张明德、夏翼南、彭刚译，南京：译林出版社，2012。
③ 安东尼·吉登斯：《现代性的后果》，田禾译，南京：译林出版社，2011。
④ 乌尔里希·贝克：《世界风险社会》，吴英姿、孙淑敏译，南京：南京大学出版社，2004。
⑤ 曼纽尔·卡斯特：《信息时代三部曲：经济、社会与文化》，夏铸九等译，北京：社会科学文献出版社，2003。

献下才有了今天社会学的学科地位。虽然思想家们不断提出新的思考，但社会学研究主题的"社会"属性却未曾改变，从这个意义上来讲，"在不确定的社会中寻找和发现社会发展的确定性"构成了社会学的研究传统①。与此同时，不但运动社会学理论在社会学的学科体系之下得以孕育，而且社会学的理论传统、理论机制和方法范式也在运动社会学领域中得到了广泛的应用。这也是本文开篇引用库利论述的初衷，为进一步明确运动社会学的研究主题和学科归属，在社会变革中的"人性"与"社会秩序"的不确定性中寻找社会的确定性，成为本书将社会学以及运动社会学定位为"问题之学"的原因所在。我们回顾社会学理论传统与时代使命的目的，就是在确立"学科之术"的规范下建立"问题之学"，这对今天面临着"巴尔干化"的运动社会学而言尤为重要。

综上所述，运动社会学研究的主题涵盖三个层面：运动参与中的行为、秩序以及由二者耦合衍生出的"身体中的运动与运动中的身体"。运动参与中的行为与秩序，既包含微观层面上的个体参与行为，也包括宏观层面上的结构与制度，是对传统社会学研究主题中"人性"与"社会秩序"的承继。对"身体中的运动与运动中的身体"的强调，不仅是对传统社会学"身体"研究的补充，对身体的物质性、运动的具身性、经验性和人文性的呼唤，同时也是对运动社会学研究学科特色的强调。

在这样的主题定位之下，运动社会学的重点关注领域同样集中在三个层面。首先，关注运动发展和运动参与中的经验事实。对经验事实的关注既是建立个体与结构要素的基础所在，也是秉承"问题之学"传统的根本所在。其次，关注运动发展过程中的异质性。这种异质性不仅包括个体的主观感受、技能惯习和参与行为微观层面上的异质性，而且包含宏观层面上文化发展、运动权利和性别特征的异质性。最后，统筹整合运动发展的宏观与微观面向，建立隶属于社会学传统的问题之学。这要求运动社会学的研究既要延续自上而下的宏观结构与制度视角，也要兼顾自下而上的底层应对逻辑。唯有具备上述要素，才是一个学科的理想形态。只有呈现真正的"问题之学"，运动社会学才能具有与其他社会学分支不同的关注对象和提问方式，进而实现不同以往的知识再生产。

（二）运动社会学研究的方法论体系与学术范式的再思考

运动社会学作为一个子学科得以呈现，来自两个方面的推动：首先，社会

---

① 尹广文：《在不确定性中发现确定性：社会学的研究传统与时代担当》，《宁夏社会科学》2021年第4期，第156~164页。

学学科和理论的发展及日益成熟为进一步的学科分化创造了前提条件；其次，体育自 19 世纪以来随着资本主义兴起以及工业革命的推进，成为全球性的文化现象，并逐渐进入社会学家的研究视野。运动社会学的方法论体系，离不开社会学母学科的支撑。社会学发展至今的历史，本质上就是不同的思想家就其所秉承思想观点的"论争史"，在这段历史中，无数社会学先哲巨擘围绕"人性与秩序"的主题提出了各种假设和解释路径。按照萨基的说法，"社会学的历史就是社会学理论流派蜂拥迭出的思想史"[1]。直至今天，这种争论的传统依然存在，而这也许就是社会学思想不断涌现的动力源泉。正如曼奈尔所指出的"在社会学较为高深的领域里，……并不存在公允的范式，往往社会学家会表现出不渴望追求这样一种范式，他们通常是以一种争斗不息的流派呈现的"[2]。虽然在社会学的历史上，不同的研究者一直尝试对各种思想和争论进行划分，但始终未能完全达成一致观点。

整体来看，相关研究方法经历了早期的"学派归纳"到"理想类型"再到"理论范式"的转变过程。早期的"学派归纳"方法在社会学领域内较为流行，当时声名显赫的美籍俄裔社会学家索罗金、美国社会学家默顿等思想家都做出了自己的论断。1928 年索罗金在《当代社会学理论》中将社会学划分为"地理学派、机械论学派、生物学学派、社会学学派、生物社会学学派、生物心理学学派、心理学学派"等诸多学派[3]。而默顿在《社会理论与社会结构》中则将社会学归纳为"对理论社会学的探讨、对社会和文化结构的探讨、对知识和大众传播的探讨以及对理论社会学的探讨"等类别[4]。受"学派归纳"法的影响，我国部分学者将现代社会学划分为结构功能、社会冲突、社会交换和符号互动等类别流派。除了"学派归纳"法，受韦伯"理想类型"概念的启发，威廉·卡顿的"泛灵论"与"自然主义"分类[5]、吉登斯的"实证主义社会学"和"解释性社会学"[6] 以及罗伯特·弗里德里希的"先

---

[1]　周晓虹：《西方社会学的历史与体系》（第一卷），上海：上海人民出版社，2002，第 23 页。

[2]　S. Mennell, *Sociological Theory*（New York：Praeger, 1974），p.3.

[3]　P. Sorokin, *Contemporary Sociological Theories*（New York：Harper & Brothers, 1928），p.21.

[4]　周晓虹：《西方社会学的历史与体系》（第一卷），上海：上海人民出版社，2002，第 24 页。

[5]　W. R. Catton, *From Animistic to Naturalist Sociology*（New York：McGraw-Hill Book Company, 1966）.

[6]　A. Giddens, *New Rules of Sociological Method：A Positive Critique Of Interpretive Sociologies*（New York：Basic Books, 1976）.

知"与"牧师"的"理想类型"划分①，也在当时社会学研究领域产生了一定的影响。后继，伴随着托马斯·库恩在《科学革命的结构》中"范式"概念（Paradigm）的提出②，社会学方法流派的"理论范式"划分开启。从乔治·瑞泽尔的"社会事实、社会释义和社会行为"范式的划分③，到哈贝马斯对"社会批判范式"的强调④，现代西方社会学理论整合了"社会事实"、"社会释义"、"社会行为"与"社会批判"四种范式的理论构建逐渐成形。虽然在社会学理论的演进过程中，这四种理论的划分不断面临着调整和重新阐释，但这种延续了社会学传统的理论划分却得到了大多数社会学研究者的认可。

如果说上文论及的理论构建，构成了现代社会学的理论传统和研究视角的话，那么促使这一视角成为学科特色，并使社会学迥然独立于其他学科的另一个推手，当属社会学所彰显的经验研究品质。这两个层面不仅影响了定性研究、定量研究与伴随着后实证主义兴起的混合研究方法范式的目标取向，还在更高的层面构成了当代社会学和运动社会学的基本学术传统，以至于美国社会学家 G. 米切尔直白地做出这样的判断，"以'发现事实'为主要特征的经验研究和以理论探讨为主要特征的思辨研究，共同构成了现代社会学的两大主要传统"⑤。即便今天的运动社会学研究，也仍然没有超越这种理论传统的概括，甚至对经验研究的社会学品质的继承尚有不足。这也是本节着重对社会学理论体系进行梳理，进而探讨运动社会学应如何继承传统与审视时代问题的原因。唯有做到这一点，才能走出运动社会学的"巴尔干化"，实现与社会学学科研究范式的接轨，才能够在更为广阔的时空之下拥有学科、学术和话语体系。

二　中国运动社会学的发轫与学科视野

（一）本土化与全球化视域下的运动社会学研究实践

运动社会学同其他社会科学一样都隶属于"科学"的范畴，与自然科学的区别在于，社会科学的研究对象是社会现象，而社会现象和人类行为的复杂

① R. Friedrichs, *A Sociology of Sociology* (New York: Free Press, 1970).
② T. Kuhn, *The Structure of Scientific Revolution* (Chiago: Chicago University Press, 1970), p.175.
③ G. Ritzer, *Sociology: A Multiple Paradigm Science* (Boston: Allyn and Bacon, 1975).
④ J. Habermas, *Knowledge and Human Interests* (Boston: Beacon Press, 1972).
⑤ G. Mitchell, *A Hundred Years of Sociology* (Chicago: Aldine Publishing Company, 1968), p.8.

性则注定了这门学科具有特殊性和复杂性特质①。回到库利的表述，人性和社会秩序不仅奠定了社会学的学科传统，也决定了这门学科的提问和解决问题的方式。运动社会学作为社会学发展过程中伴随着人类对复杂社会现象"求知增量"的产物，是用社会学的方法、规范以及理论体系研究运动现象，并通过不断地反思来拓展和更新既有知识，进而寻求具有普遍性理论解释的研究过程。从这个意义上来讲，运动社会学既具有规范的学科传统，又具有鲜明的研究特色和话语体系。本书之所以用较大的篇幅论述运动社会学与社会学的谱系关系，目的就是倡导以一种开放包容的心态促使运动社会学在社会学体系中找到适当的位置，而不是建立一种具有区隔化并且割地自居的运动社会学。

众所周知，社会学发轫于欧洲，其主流知识体系在向美国转移的过程中经由实用主义、个体主义以及定量统计等思想和技术的融合改造获得了学科的合法性②。如罗素所言，"西方文明的显著长处在于科学的方法；中国文明的长处则在于对人生归宿的合理理解"③。需要明确的是，学习西方的方法和理论并不代表我们就永远充当"追随者"的角色。一方面，我们要肯定西方社会由传统向现代社会的巨变，以及由此伴生的理论假设和解释机制，为我们研究和解释社会提供理论参考和学术规范。同时，我们也要明确"理论与方法的应用都必须要考虑到当下情境的结合"④，这就需要我们在反思批判的基础上学习借鉴欧美社会学理论⑤。另一方面，改革开放以来，中国社会类似"时空压缩"的现代化进程，以及由此创造的文化、经济和体育等领域的辉煌成就，为社会学以及运动社会学的"本土化"学术研究创造了条件。特别是在中国运动领域所形成的不同于西方发展的事实、经验，更是为运动社会学"本土化"研究提供了"试验场"。可以说，无论是中国运动发展的巨变，还是运动与现代性的发展逻辑，抑或是"中国经验"，都亟须社会学家做出本土性的解释。这不仅对中国，而且对世界运动社会学发展而言，都是一项巨大的贡献，更是发挥运动社会学的想象力、提升自身话语权的关键。

---

① 刘伟：《论哲学社会科学的特殊性》，《北京大学学报》（哲学社会科学版）2021 年第 6 期，第 5~11 页。
② 陈心想：《社会学美国化的历程及其对建构中国特色社会学的启示》，《社会学研究》2019 年第 1 期，第 1~28，242 页。
③ 罗素：《中国问题》，秦悦译，上海：学林出版社，1999，第 61 页。
④ 谢宇、姜洋：《奥迪斯·邓肯的学术成就：社会科学中用于定量推理的人口学方法》，《社会》2008 年第 3 期，第 81~105，224 页。
⑤ 胡翼鹏：《吴文藻社会学中国化思想的内在理路》，《社会学评论》2021 年第 2 期，第 31~49 页。

对于运动社会学而言，我们需要具有"全球化"的视域，同时也要兼具"本土化"的立场，即以本土的经验现象为基础，从全球化的意义上发展理论、建立学术对话体系。在本体、认识和方法上不断进行反思和与时俱进的调整①，把理解中国经验与推动学术规范相结合②，拓展并提升运动社会学的想象力和话语权。这需要我们在运动社会学研究的本体论上建立反思性意识，在认识论上兼顾历史信息和体育文化的具身性特质，在方法论上追求问题的契合性和内容选择上的多面性。唯有如此，才能消解西方社会学的话语霸权，进而参与全球社会学的话语分享，建立全球化体系下的中国社会学③。总之，中国的运动发展和社会转型实践不仅为中国运动社会学研究提供了本土特质和素材，而且也在世界话语体系和社会学学科体系下为运动社会学注入了鲜明的中国性格。

（二）直面中国与世界文明关系的中国运动社会学学科视野

现代体育是人类文明演进的缩影，同时也是人类社会为数不多的通用"文化符号"之一。现代运动发展的进程，总体上是与 17 世纪以来的西方社会变革保持一致的，也可以说现代体育是在西方萌芽并伴随着全球化不断发展的。虽然现代体育的竞技和表现形式是普世性的，但是其背后却是不同种族、不同国家和不同价值观之间的博弈，呈现出复杂化、多元化的发展趋势。以奥林匹克为代表的世界体育文化和文明演进的方式也面临着巨大的挑战，并发生了诸多改变。这对直面中国与世界文明关系的中国运动社会学提出了更高的要求。

首先，需要我们树立明确的问题意识，以人类命运共同体的学科视野和使命担当，探究文明演进中的体育问题。中国文明是人类文明的一部分，中国的运动（体育）同样是全球运动（体育）文化的一部分，在推动奥林匹克文化发展中发挥了积极作用，特别是经历了北京夏奥会和北京冬奥会"洗礼"的中国更是为奥林匹克运动做出了突出贡献。中国社会学和运动社会学是在引入借鉴西方社会学思想的基础上发展起来的，由上文提及的马克思、韦伯、涂尔

---

① 刘明明、盛昕：《本体·认识·方法：社会学本土化的三重反思》，《理论月刊》2020 年第 10 期，第 108~115 页。

② 王苍龙：《中国社会学本土化的两个立场与两条路径——兼与谢宇、贺雪峰教授商榷》，《社会科学》2021 年第 1 期，第 27~33 页。

③ 周晓虹：《社会学本土化：狭义或广义、伪问题或真现实——兼与谢宇和翟学伟两位教授商榷》，《社会学研究》2020 年第 1 期，第 16~36，243 页。

干、齐美尔、米德、库利、帕克、霍克海默、伯吉斯等社会学巨擘，以及后来吉登斯的结构化理论、亚历山大的新功能主义、鲍曼的"业态的现代性"、卢曼的"复杂性化约"、沃勒斯坦的"世界体系理论"、霍尔的"编码解码"、霍克希尔德的"情感劳动"、帕特南的"社会资本"、巴特勒的"性别研究"以及赛吉维克的"同性友爱"等一系列思想理论，共同构建的文明演进的多级样态，在推动我国社会学发展中均发挥了重要作用。

与此同时，在运动社会学领域中，诺贝特·埃利亚斯（Nobert Elias）与埃里克·邓宁（Eric Dunning）合著的《追求兴奋：文明化过程中的体育与休闲》（*Quest for Excitement：Sport and Leisure in the Civilizing Process*，*1986*）、埃里克·邓宁独著的《体育要事：体育、暴力与文明的社会学研究》（*Sport Matters：Sociological Studies of Sport*，Violence and Civilization）、加里·阿姆斯特朗（Gary Armstrong）与理查德·朱利亚帝诺（Richard Giulianotti）合著的《足球文化与身份认同》（*Football Cultures and Identities*，1999）、约翰·贝勒（John Bale）的《体育，空间与城市》（*Sport*，*Space and City*，1993），以及珍妮弗·哈格里夫斯（Jennifer Hargreaves）的《体育、文化与意识形态》（*Sport*，*Culture and Ideology*，1982）等同样为中国的运动社会学研究提供了启迪。对国际运动社会学研究的关注和借鉴不仅说明了中国社会学的包容性，也进一步展现了社会问题的复杂性、多元性演进趋势。对于中国运动社会学学科而言，要在选择性借鉴西方社会学理论的基础上，树立全球化的学科视野，以问题为导向、以学科规范为基础，关注作为人类文明演进的运动问题，处理好不同文化背景的民族国家之间的共同性与差异性、一致性与多元性的关系，为社会学和运动社会学的发展做出应有的贡献。

其次，不断拓展中国运动社会学的想象力，实现知识再生产。当前运动社会学由于学科定位、理论传统和方法范式等诸多问题正在面临着"巴尔干化"的困扰，如何走出困境、拓展运动社会学的想象力和话语权等，同样是中国运动社会学在发展中需要思考的问题。其中特别需要处理好两个方面的关系。一方面，需要统筹理论研究与经验研究的分野，增进理论研究与经验研究的结合，增进定性研究、定量研究以及混合研究方法论的结合，促进运动社会学理论与运动发展实践结合。另一方面，在协调科学性与人文性、历时性与共时性、理论性与实践性的基础上，深入细微之处，考察、探究和反思中国运动发展的关键节点以及社会行动机制，将中国运动发展的时代背景映射在微观社会形态与结构的描摹之中，进而通过历史信息和社会容量的整合，创新理论，明晰社会行动的解释机制，将思想的种子埋进土里再造民族复兴之路。

中国社会学自建立以来就担当起社会研究的使命，具有家国情怀，从早期吴文藻等"认识国情和改造社会"的主旨追求①，到以费孝通为代表的学者所践行的"学以致用"实用性学科品格②，都彰显了与时代背景相结合的社会学既有传统，并基于中国社会的本土实践贡献了新的社会理论认知。中国运动社会学学科想象力的根源同样植根于中国的运动发展实践，以及由此而引发的运动社会学论域。这就要求我们不能停留在技术移植、理论模仿等层面，而是要保持躬行田野、从实求知的经验研究品格，从问题和文化自觉出发，将中国运动发展实践上升到学理和人类文明的高度。

思考题

1. 哪些因素推动了运动社会学从社会学舞台的边缘走向中心？
2. 运动社会学区别于其他学科的核心是什么？
3. 现代身体运动作为复杂社会研究对象的根本是什么？
4. 运动社会学的重点关注领域主要集中在哪几个层面？
5. 如何在全球化、现代性场域空间中发展中国运动社会学？

推荐阅读书目

1. 安东尼·吉登斯：《现代性的后果》，田禾译，南京：译林出版社，2011。
2. C. 赖特·米尔斯：《社会学的想象力》，李康译，北京：北京师范大学出版社，2017。
3. 乔治·瑞泽尔：《现代社会学理论》（双语第 7 版），北京：北京联合出版有限公司，2018。
4. 齐格蒙·鲍曼：《社会学之思》，李康译，上海：上海文艺出版社，2020。
5. 索罗金：《社会变动论》，钟兆麟译，上海：上海社会科学院出版社，2016。
6. 塔尔科特·帕森斯：《社会行动的结构》，张明德、夏遇南、彭刚译，南京：译林出版社，2012。

---

① 李培林：《20 世纪上半叶社会学的"中国学派"》，《社会科学战线》，2008 年第 12 期，第 203~210 页。
② 赵旭东：《超越社会学既有传统——对费孝通晚年社会学方法论思考的再思考》，《中国社会科学》2010 年第 6 期，第 138~150 页。

7. 乌尔里希·贝克：《风险社会：新的现代性之路》，张文杰、何博闻译，南京：译林出版社，2018。

代表性学者简介

1. 塔尔科特·帕森斯（Talcott Parsons，1902~1979），美国社会学家，结构功能主义的代表人物之一。帕森斯生于美国科罗拉多，先后在美国安默斯特学院、伦敦经济学院、德国海德堡大学就读，主要学术生涯在哈佛大学度过，在发表《社会行动的结构》后迎来学术生涯转折。帕森斯一生著述颇丰，主要著作有《社会行动的结构》（1937）、《现代社会的结构与过程》（1960）等。

2. 乔治·瑞泽尔（George Ritzer，1940~　），美国社会家。瑞泽尔出生于美国纽约，现在是美国马里兰大学知名教授，因《社会的麦当劳化：对变化中的当代社会生活特征的研究》（1993）等著作而闻名于学界。瑞泽尔所著的《古典社会学理论》、《现代社会学理论》以及《当代社会学理论》等，不但被翻译为多种语言文字出版，而且被世界诸多高校选为教材。

3. 埃里克·邓宁（Eric Dunning，1936~2019），运动社会学学科的奠基人之一。邓宁既是诺贝特·埃利亚斯的学生，也是埃利亚斯的学术合作者之一，由二人合著的 *Quest for Excitement：Sport and Leisure in the Civilising Process* 是运动社会学具有"里程碑"意义的作品。除此之外，邓宁或独著或与他人合著的 *Sport Matters：Sociological Studies of Sport*，*Violence and Civilization*；*Barbarians，Gentlemen and Players：A Sociological Study of the Development of Rugby Football* 等也对运动社会学产生了积极影响。

第三章　运动社会学的身体属性与联结机制

本章要点

·既有的身体认知限制了运动社会学对身体全整经验的把握，拉图尔"学着受影响"的动态性身体观，启发更多学者从运动社会学出发思考联结身体双重属性的可能。

·拉图尔的身体讨论仅就身体与社会关系进行而未涉及身体内部，对此，借具体身体运动的讨论从身体内部维度补充了其动态性身体的运行逻辑。

·身体双重属性在事件转译下通过主客角色的交替重复建立的对称性联结，成为运动社会学突破过去身体认知局限的通路。

·身体双重属性联结背后的行动者网络，将被噤声的非人行动者带回运动身体经验言说的舞台，使运动社会学在人与非人行动者联结中窥见全整的身体经验，由此实现研究视野从模糊群像到个体特写的聚焦。

关键概念

运动社会学；生物性身体；社会性身体；拉图尔；转译社会学

关于运动社会学的身体属性与联结机制，本章尝试从体育与其他运动类型的身体活动本质出发，将"身体活动"置于研究视角的中心，相应地以"physical activities"对应"运动"，以运动社会学（sociology of physical activities）作为论述起点，并将已有的相关研究置于这一学科概念下审视，从而为运动社会学研究问题与范式的反思提供经验和启发。

身体社会学是展开运动社会学研究的智识基础，这也成为我们反思既有涉及身体运动的社会学研究的切口。按照希林的划分，当代社会学关于身体的论述呈现出三种指向①：秩序化身体的社会建构论、生命态身体的现象学思路，以及结构化理论中的身体观。前两种思路分别侧重从社会性身体和生物性身体的立场来认识身体的全貌，而以布迪厄与吉登斯为代表的第三种思路虽将人的身体置于联结个体与社会的核心位置，试图以互构思路联结身体的两种属性，但仍潜藏着滑向建构论的风险，因为其中的身体和社会"是从彼此的角度有效界定的"②，"身体血肉的规定性特征很快就会变成完全从社会角度来规定"③。可见，在当前社会学关于身体的三种认知中，身体的双重属性都被分割开来，或是"为了更好地获得意义、意图和规范而忽视了这些要素背后的主体与行动的具身性"，专注于社会性身体的形成机制和意义解读，或是"将意义、意图和规范等推向幕后"④，仅强调生物性身体在具身行动中的主体性。不过，身体活动并非身体某个单一属性的独自实践，而是生物性身体与社会性身体的耦合⑤，身体双重属性在研究视野中的分殊造成一种越界和冒充，身体的单一属性越过整体与部分的边界冒充身体的全貌，以其局部经验作为身体经验的全部内容，因此，上述三种以偏概全的身体认知，会从运动身体这个根源环节上限制运动社会学对身体运动经验的全面把握，束缚其对社会现象的解释能力。

面对这种局限，一种能够"同时关注社会生活的意义与具身性两个方面"⑥的身体观，成为身体社会学与运动社会学共同的认知需求。身体在拉图尔这里，被理解为一种吸纳异质性要素的能力和不断接受异质性要素影响的状态，即"学着受影响（learning to be affected）"⑦的持续过程，这种动态性的逻辑与既有身体认知的不同之处在于，它并非直接从外部的社会结构来明确身体是什么，而是将身体理解为一种不具有某个预设起点只强调过程的习得性实

---

① 克里斯·希林：《身体与社会理论（第二版）》，李康译，北京：北京大学出版社，2010，第220页。

② M. Archer, *Realist Social Theory* (Cambridge: Cambridge University Press, 1995), p. 87.

③ 克里斯·希林：《身体与社会理论（第二版）》，李康译，北京：北京大学出版社，2010，第74页。

④ N. Crossley, "Researching Embodiment by Way of 'Body Techniques'," *The Sociological Review* 55, no. 1 (2007): 80-94.

⑤ 王智慧：《本体·认识·方法：体育社会学的想象力与话语权》，《体育与科学》2023年第1期，第36~48页。

⑥ N. Crossley, "Researching Embodiment by Way of 'Body Techniques'," *Sociological Review* 55, no. 1 (2007): 80-94.

⑦ B. Latour, "How to Talk About the Body? the Normative Dimension of Science Studies," *Body & Society* 10, no. 2 (2004): 205-229.

践。鉴于上述三种主流身体认知在身体双重属性把握上的局限，本研究试图从不同以往的身体解释逻辑中，为运动社会学寻找能够联结身体生物性与社会性的可能，以及这种联结的具体机制。

第一节　传统运动社会学研究中身体双重属性的分界

既有的身体社会学在自然-社会二分逻辑下将身体分割为两个范畴：作为建构性实在的社会性身体与作为自然性实在的生物性身体。前者在秩序化身体观中被作为理解社会结构性力量的中介，后者成为生命态身体观讨论具身经验的基础，结构化的身体观则在两极之间寻找可桥接的通路，不过，"如果仅有自然和社会这两种存在物亘古长存，或者如果前者永远不变而后者仅仅是历史的产物的话"[1]，这种尝试将难以实现。当预设的范畴被作为解释身体的唯一起点，无论多么复杂的身体经验都只被粗粝地归因至其中某一个确定的本质上，最终，要么仅仅身体的生物性特征被发现，要么仅仅身体的社会性表征被展现[2]，身体经验的异质性与多元性成为盲区。对身体双重属性的认知分界延续到科学研究实践中[3]，社会性身体成为包括运动社会学在内的人文社会科学在身体议题上的主要关注对象[4]。从西方哲学身心二分且重心轻身的传统，以及这种传统对后来社会学身体认知定调的逻辑上看，关于身体不同属性分属于特定学科研究的认识有其合理性，但这只是就学科分化的整体层面做出的基本分类，未能揭示出传统运动社会学研究中身体属性分殊的具体情形，对此，需进入传统运动社会学研究内部，从不同研究指向中的身体角色以及解释逻辑上来把握，这也是后续思考运动社会学如何突破身体属性分割的限制，兼顾身体双重属性的必要前提。

一　被动性的社会性身体

社会性身体在既有运动社会学研究中被作为通过运动行为认识和解释社会

---

① 布鲁诺·拉图尔：《我们从未现代过：对称性人类学论集》，刘鹏、安涅思译. 上海：上海文艺出版社，2022，第167页。

② 布鲁诺·拉图尔：《我们从未现代过：对称性人类学论集》，刘鹏、安涅思译，上海：上海文艺出版社，2022，第168页。

③ 文军：《身体意识的觉醒：西方身体社会学理论的发展及其反思》，《华东师范大学学报》（哲学社会科学版）2008年第6期，第73~81页。

④ 王智慧：《本体·认识·方法：体育社会学的想象力与话语权》，《体育与科学》2023年第1期，第36~48页。

结构力量的中介。第一，在借用建构论身体观展开的研究中，福柯的思想像不会出错的理论工具箱，"规训""治理""驯化"等概念常见于阐释运动场域中的性别表征和社会权力的身体规训机制。这些研究大多表现为对福柯经典概念的取用，鲜有研究真正进入福柯的整体思脉来挖掘其身体认知潜能。第二，在借用结构化理论身体认知进行的研究中，布迪厄的"惯习–场域–资本"概念体系常被用来揭示运动惯习的形成与运行机制，以及身体资本再生产的问题，以至于有学者认为布迪厄的惯习概念已出现滥用迹象①。第三，尽管身体文化研究（Physical Cultural Studies，PCS）坚持以活动的身体（active body）为中心，但其旨趣并非身体本身，而是通过忠实地模仿文化研究的准则②来阐明权力与权力关系在身体活动上的运作经验，以此扩展文化研究的内容。虽然目前还鲜有借此新兴视角进行的经验研究作为借鉴，但根据从研究范式的层面对其方法论的既有思考③可以肯定，PCS 对社会结构与权力的关注远远"超过实实在在活动着的人，是 PCS 方法论与理论的共识"④。

　　从研究方法来看，定量研究被用于确定使社会性身体形成的结构性要素以及这种建构关系的规律，即回答"哪些结构性力量通过运动行为建构了社会性身体"的关系性问题⑤；而定性研究则用于揭示结构性力量建构社会性身体的机制，即解释"结构性力量如何通过运动实践建构社会性身体"的过程性问题⑥。在后一种指向下，需要谈到一种新兴的研究类型——身体文化研究。尽管 PCS 与传统运动社会学在"结构性力量如何建构社会性身体"的研究问题上达成共识，但二者关注的实践领域有所不同，传统运动社会学聚焦于体育运动，而 PCS 则从活动的身体（active body）出发，着眼于体育、舞蹈、身体

①　N. Crossley, "Habit and Habitus," *Body & Society* 19, no. 2 (2013): 136–161.

②　M. Silk, and D. Andrews, "Toward a Physical Cultural Studies," *Sociology of Sport Journal* 28, no. 1 (2011): 4–35.

③　M. Giardina, "Newman, J. Physical Cultural Studies and Embodied Research Acts," *Cultural Studies ↔ Critical Methodologies* 11, no. 6 (2011): 523–534.

④　K. Gibson, and M. Atkinson, "Beyond Boundaries: The Development and Potential of Ethnography in the Study of Sport and Physical Culture," *Cultural Studies ↔ Critical Methodologies* 18, no. 6 (2018): 442–452.

⑤　刘娜：《社区体育环境因素、父母支持因素对青少年非在校期间身体活动的影响》，《沈阳体育学院学报》2023 年第 1 期，第 79～86 页；S. Hanson, "Hidden Dragons: Asian American Women and Sport," *Journal of Sport and Social Issues* 29, no. 3 (2005): 279–312。

⑥　王健：《跑步健身中的身体管理与理性化———项基于马拉松跑者的质性考察》，《体育科学》2019 年第 12 期，第 34～42 页；谷玉良：《体育运动与农民生活变革——基于身体理论的分析》，《宁夏社会科学》2023 年第 4 期，第 155～163 页。

锻炼、休闲、娱乐以及与日常生产生活相关的多种身体活动①。这种差异源于 PCS 的关注焦点并不在于社会性身体在特定运动实践中的形成，而是社会性身体形成背后的权力关系。沿袭伯明翰学派文化研究思路的 PCS，将文化研究对社会权力建构中的文化角色进行批判性解释的思路纳入对身体活动的考察中，以此把握活动的身体如何在社会权力的运作中被组织、被呈现和被经验②。然而，从"社会权力运作于人类生活的各个层面"③ 的意义上讲，生物性身体必然无法脱离社会权力的作用，在此，PCS 实际上触及了联结身体的生物系统与社会权力的节点，即兼顾身体双重属性的可能。不过，这种联结需要跨学科（自然科学与人文社会科学）的解释来认识，比如，社会权力（社会性别、种族、性征等）如何影响生物性身体的运动表现，生物性身体如何在生理上回应社会权力等，而 PCS 其实并未朝这个方向推进。因为 PCS 的代表人物之一，大卫·安德鲁，曾明确说明这类研究的解释工具来自文化研究、经济学、历史、媒介研究、哲学、社会学和城市研究④，并未谈及自然科学，这意味着 PCS 仍更倾向于人文社会科学学科的视角，而无意于开拓跨学科思路，因此，打破身体双重属性区隔的可能性被扼制。

二 主动性的生物性身体

生物性身体在传统运动社会学中是被直接关注的对象。主要呈现为借现象学视角下生命态身体观展开的研究。现象学视角下，身体被理解为一种认知图式，我们据此感知外部世界，建立自己对世界的认知并反过来指导进一步的行为实践。不同身体运动因其实践方式、场景和对象不同，使人们能在不同的运动实践中形成相应的身体认知图式。由此，身体现象学常被用于考察运动技术习得中的身体自主性⑤，以及运动行为中的感官实践与外部世界的

① D. L. Andrews, "Kinesiology's Inconvenient Truth and the Physical Cultural Studies Imperative," *Quest* 60, no. 1 (2008): 45-62.

② M. Silk and D. L. Andrews, "Toward a Physical Cultural Studies," *Sociology of Sport Journal* 28 (2011): 4-35.

③ A. Bush, M. Silk, D. Andrews, and H. Lauder, *A Brief Genealogy of Cultural Studies and Sport, Physical Cultural Studies, and the McUniversity, in Sport Coaching Research: Context, Consequences, and Consciousness* (London: Routledge, 2013), pp. 80-82.

④ D. L. Andrews, "Kinesiology's Inconvenient Truth and the Physical Cultural Studies Imperative," *Quest* 60, no. 1 (2008): 45-62.

⑤ J. Allen-Collinson, "'Endurance Work': Embodiment and the Mind-Body Nexus in the Physical Culture of High-Altitude Mountaineering," *Sociology* 52, no. 6 (2018): 1324-1341.

联结①。其中，定量研究被用于把握既定情境下生物性身体的运动状况及归因，不过，此处谈及的并非运动生理学等自然学科中解剖学意义上的生理形态，而是身体运动行为的统计学表现，即"运动参与和身体形态、技能、素质等身体指标之间的关系"②；定性研究则用于理解运动行为的身体基础，解释"身体的生物性基础如何影响具体的运动行为或身体技术"③。

整体来看，自然-社会二分虽然通过"人类身体的运动实践来把握个体与社会和国家之间的复杂联系"④，但却将其拆解为了两个独立的部分，生物性身体经验中的个体与社会关系和社会性身体经验中的个体与社会关系，导致无法有效地回应学科的核心旨趣。如果从还原论者的角度来看，二者的叠加看似囊括了身体的全部经验，但这种叠加切除了两种身体经验之间的意义转换的可能，未能把握同一种身体经验背后的生物学机制与文化机制之间的联结过程。

第二节　身体的生物性与社会性的转译实践

一　拉图尔动态性身体观的认知逻辑

身体双重属性的分殊拆分了身体原有的完整性，关于这一问题的症结，拉图尔认为这是因为没有对身体进行动态的定义⑤。他认为直接定义身体并没有什么意义，因为这意味着通过赋予身体某种实质性地位而将其禁锢，进而限制着其主体性表达，传统的身体二元论即是如此。拉图尔的身体认知虽然呈现出

---

①　J. Allen-Collinson, and J. Hockey, "From a Certain Point of View: Sensory Phenomenological Envisionings of Running Space and Place," *Journal of Contemporary Ethnography* 44, no. 1 (2015): 63-83.

②　陶霞、王世友、汤长发：《我国冬季项目优秀运动员身体形态和年龄特征分析》，《武汉体育学院学报》2023 年第 7 期，第 87~94 页；张蓓、蔡旭旦、毛丽娟：《中国跨项目越野滑雪运动员身体成分特征及对我国备战 2022 年北京冬奥会的启示》，《中国体育科技》2020 年第 12 期，第 36~43 页。

③　G. McNarry, J. Allen-Collinson, and A. B. Evans, "'Doing' Competitive Swimming: Exploring the Skilled Practices of the Competitive Swimming Lifeworld," *International Review for the Sociology of Sport* 56, no. 1 (2021): 3-19；王骏昇、吴尽、尹军：《国家射箭队运动员不同技术环节的身体姿态特征研究》，《中国体育科技》2022 年第 11 期，第 3~6、37 页。

④　王智慧：《本体·认识·方法：体育社会学的想象力与话语权》，《体育与科学》2023 年第 1 期，第 36~48 页。

⑤　B. Latour, "How to Talk About the Body? the Normative Dimension of Science Studies," *Body & Society* 10, no. 2 (2004): 205-229.

动态性，不过，从其结合香水厂辨香师的"鼻子训练"经历的具体讨论来看①，拉图尔主要是从身体与社会关系的维度来阐释这种动态性，而并未从身体内部率先明确与社会进行对称性联结的身体本身处于何种状态。具体来看，拉图尔通过延续其人与非人之物对称性联结的思路，解释了身体的习得是如何通过征召一系列人与非人行动者要素得以实现。其中的各个行动者对于辨香师的鼻子而言，都属于来自外部社会的异质性要素，在这些要素的影响下，人们不断地"获得"身体，身体与社会之间也由之建立起了对称性的联结：异质性要素使人的身体成为感知中介的同时，外部社会也成为一种可感的世界。若从问题指向上来分辨，拉图尔已经阐明了身体与社会的关系，但未深入探讨什么是身体的问题。因此，运动社会学与这种身体观的对话并非简单以此理论解释运动身体经验，而是需要从中解读出拉图尔没有深议的那部分，即如何从身体的动态形成过程中发现身体的生物性与社会性的联结过程。

那么，究竟如何跳脱既有身体认知的身心二分，从联结（association）的逻辑上考察身体内部的状态？我们可以从拉图尔对传统社会学的建议中寻找线索。对于传统社会学在社会解释上的局限，拉图尔建议要"同时考察转译的工作和纯化的工作"②。拉图尔将传统社会学，或者说沿袭涂尔干传统的社会学思路看作是一种纯化（purification）实践，它预先将自然与社会作为仅存的两种实在，处于二者间的一切实体不过是本质空洞的传义者（mediator），仅作为传输和转移两极能量的中介而不产生任何新的物质，现象不过是两极要素间的相遇，并不影响二者既有实存的状态。这种解释逻辑在拉图尔看来并不能真正把握社会，因为纯化本身就是一种社会过程，被区分出的自然极与社会极作为这种过程的发明，是待解释的对象。身与心的分割就是这种纯化思路在身体认知上的体现，如上文有关运动身体讨论的回顾，人们预先拆分了身体双重属性，并基于自己在个体与社会关系的立场选择其中之一作为解释身体全貌的起点。而身体内部属性究竟是如何区分和确立的，既有的身体认知在这个问题上暧昧不清。对此，拉图尔的"转译（translation）"思路提供了解释。转译（translation）与纯化的区别在于解释方向与实体在其中的角色差异，在转译

---

① B. Latour, "How to Talk About the Body? the Normative Dimension of Science Studies," *Body & Society* 10, no. 2 (2004): 205−229.

② 布鲁诺·拉图尔：《我们从未现代过：对称性人类学论集》，刘鹏、安涅思译，上海：上海文艺出版社，2022，第 96 页。

中，曾被轻视的经验实体成为具有"原创性"[①]和本质地位的转义者（transla-tor）[②]，创造着所要传输的内容和扮演这一角色的实体，"奴隶变成了自由民"[③]，自然极和社会极以及堆砌在其上的一切要素被重新定义。换句话说，关于社会现象的解释方向被调转了，不再是从纯形式出发面向现象，而是从具体的事件经验朝向自然与社会两极[④]，对应于身体来说，身体的生物性与社会性从解释起点回归到它们最初待解释的位置。

拉图尔为何要将两种完全相悖的解释逻辑相结合？在他看来，现代制度或现代社会本身就是两种逻辑合力形成的结果，二者如互相垂直的线为作为杂合体（hybrids）的经验现象撑开一片生存空间，如果只看到纯化的工作，结果就如当下的身体认知，将杂合的身体经验归因至身心二元范畴中，而如果仅看到转译的工作，则将导向另一极端，即如遵循一元论的前现代人那样"无休止地着迷于自然和文化之间的种种关联"[⑤]，从而在复杂的身体经验的解释上无从下手，限制着杂合体在实践中的扩展。

至此，我们首先明确了拉图尔"学着受影响"的动态身体观的前提，他取消了身体与社会在相关经验解释中的固定位置，对二者均赋予了动态化。在他这里，身体问题的解释逻辑完全跳脱出了身体与社会之间谁建构谁的逻辑，而将二者都理解为一种"拟客体"（quasi-objects）的状态。在身体与社会的接触中，彼此都是一种异质性的存在，在具体的事件中，二者通过内折（fold）具体事件对对方相关要素的转译结果来记录（register）彼此的构成，随着内折的异质性要素越多，"身体"从拟客体不断增殖（proliferation）为真正的身体，依循这一增殖过程背后异质性要素联结而成的网络，身体变得清晰可述（articulated），而社会也相应地变得能为身体所感。

---

①　布鲁诺·拉图尔：《我们从未现代过：对称性人类学论集》，刘鹏、安涅思译，上海：上海文艺出版社，2022，第160页。
②　在刘鹏译的《我们从未现代过：对称性人类学论集》中，分别存在"转译"与"转义者"两种表述，这并非翻译错误，"转译"是作为行动素（actant）的实体所做的工作（translation）；而"转义者"是指作为行动素在拉图尔语境中的角色（translator）。
③　布鲁诺·拉图尔：《我们从未现代过：对称性人类学论集》，刘鹏、安涅思译，上海：上海文艺出版社，2022，第167页。
④　布鲁诺·拉图尔：《我们从未现代过：对称性人类学论集》，刘鹏、安涅思译，上海：上海文艺出版社，2022，第161页。
⑤　布鲁诺·拉图尔：《我们从未现代过：对称性人类学论集》，刘鹏、安涅思译，上海：上海文艺出版社，2022，第87页。

二 从运动身体经验中对拉图尔身体解释的补充

拉图尔关于身体的那篇具体讨论中[①]，不仅未从身体内部的维度展开，也并未以"拟客体"的概念进行。对此，我们试图结合运动身体的经验进行补充性的解读。接续其以"拟客体"打破固有主客关系的逻辑，深入身体内部来看，社会性身体并非如建构论身体认知中那样先验地处于被建构的客体地位，生物性身体也并非完全如身体现象学逻辑中那样处于建构者的主体角色。

首先，我们需要对拉图尔"内折"概念作更加细致的认识，这是转译实践的核心枢纽。在拉图尔那里，内折是说人和物在交流中将彼此的属性折叠到自身当中[②]，比如，辨香师能分辨不同香水是因为将不同香气内折到了鼻子可识别的气味范畴中；再比如，身份证件能代表个人是其内折了个人身份属性的结果。因此，内折的本质是将其他行动者的特性和功能内化为自身属性的过程。不过，我们可以结合拉图尔本身的转译概念扩展对内折的认识，人和物在交流中每次发生属性的相互内折后，各自的原有状态都被更新，从拉图尔的意义上，那些被内折的要素其实是改变了原有联结秩序的转义者，因此，如果越过人和非人的表现形态来看，可以从内折双方均为转义者的角度作另一番解释，即内折是转义者的互动。接下来我们将从非体育的身体运动和体育运动的情境中，从身体内部来讨论上述联结的机制。

某些宗教朝圣中，宗教信徒会依照教义通过磕长头、徒步转山等具身活动来践行"行道"法事[③]。在这种宗教性身体活动中，"信徒需要进行行道法事"作为具体事件，其实践是宗教信徒的生物性身体内折其社会性身体属性的结果，此时，同处于"拟客体"状态的宗教信徒社会性身体和生物性身体，在这一事件下被分别转译为暂时性的主体和客体，宗教信徒的社会性身体此时作为主体，向其生物性身体提出实践要求，需要通过具身的行道实践来维持其社会性身体的持存，这种暂时性的主客关系随着上述事件的达成而停止，身体的两种属性重回"拟客体"状态，等待新事件的转译实践。一般而言，宗教信

---

① B. Latour, "How to Talk About the Body? The Normative Dimension of Science Studies," *Body & Society* 10, no. 2 (2004): 205-229.
② 布鲁诺·拉图尔：《我们从未现代过：对称性人类学论集》，刘鹏、安涅思译，上海：上海文艺出版社，2022。
③ 张虎生：《转经：日常宗教实践与身体治疗仪式》，《青藏高原论坛》2014年第4期，第68~72页。

徒的行道法事实践关联着其信徒身份的表达，当宗教信徒的生物性身体对这些仪式化展演活动的实践程度出现差异时，宗教信徒内部会出现身份的区分，那些朝圣活动参与程度高的信徒会被视为虔信者，而那些从未进行过此类法事或参与程度低的信徒甚至会被怀疑其信徒身份，这种因生物性身体活动程度对宗教信徒的分层，是不同于上一重事件的内折过程，即宗教信徒的社会性身体内折了其生物性身体属性的表征，在这一阶段，信徒的社会性身体被"朝圣活动参与得越多就越虔诚"这个事件从拟客体转译为客体，而其生物性身体则成为主体，其具身实践决定着信徒社会性身体的分层归属。而当这种分层达到一定程度时，又会催生出对生物性身体更加细致的要求，以持续其社会性身体属性的差异性表达，比如，在空间维度上，宗教信徒进行行道法事的距离、空间位置的移动范围等，以及在时间维度上，行道实践的频次、时长等，由此身体的两种属性进入新一轮的要素互折。

在体育运动的情境中，竞技体育中的"冠军""纪录保持者"等社会性身体的表征，实际上是对相应的生物性身体运动能力的内折，即"冠军"的社会性身体，是其作为客体对身体运动能力最优的这一生物性身体属性的表征，当冠军身份确立，这种社会性身体及其对应的生物性身体随即均进入"拟客体"状态，"新的赛事及其冠军评比"作为新的事件，刺激着运动员试图打破纪录或夺冠，这时，运动员的生物性身体被这个事件从拟客体转译为客体，使其按照"冠军"的社会性身体的要求不断精进自身的运动技术。

需要明确的是，上述两种例子中，身体的两种属性得以对称性联结的基础，仍离不开每一个环节中的具体事件所征召的行动者网络，即相应地集结起能够让每一次转译实践得以运行的一系列包括人与非人之物在内的行动者要素。比如，就运动员获得冠军这一社会性身体而言，教练、训练计划、训练设备、比赛日程等，都是凝结在其生物性身体内折"冠军"水准这个过程中的要素。至此，我们能够从拉图尔的语境中，补充他本人未从身体内部对"什么是身体"这个问题的解答，概括来说，身体是其生物属性与社会属性相互内折的持续，其中，两种属性交替承担着属性相互内折的起点，也就是说，在具体事件的转译实践下，身体的两种属性沿着"……拟客体—主/客体—拟客体……"的逻辑进行主客角色的交替性重复，由此实现二者的对称性联结，呈现了完整的身体经验，并且，每一次事件都征召起相应的行动者网络以保证转译实践的进行。在此过程中，通过彼此属性的相互内折，身体的双重属性实现各自的增殖，即原有状态的更新，并成为彼此增殖轨迹的记录者，这也是

"学着受影响"的动态性在身体内部的具体表现。能够看到，这种交替并非机械式的重复，因为每次交替并不具有固定的起因和时间，而取决于具体事件的内容及其复杂程度，复杂程度越高意味着被征召的行动者越多，勾连起身体双重属性的行动者网络规模也就越大且越细密，交替的间隔也就越久。

从解释逻辑上讲，在拉图尔的思路中，我们得以跳出既有身体社会学依照自然-社会的二分向内寻找身体本质性要素的路径，从双重身体经验的混杂状态出发，沿着身体经验的动态轨迹在过程中把握身体的构成，通过具体的日常行为实践呈现出生物性与社会性两种身体经验的动态联结与转换。从认识论层面来看，身体的双重属性以彼此间要素互折为节点的对称性联结，呈现出不同于传统社会学在身体认知上秉承的社会建构主义和个体建构主义，而是表征出实践建构主义的逻辑，一切都围绕具体事件而生，事件成为新的建构者，身体的双重属性不再被先验地赋予实存地位，而是同等地以"拟客体"身份待命，等待被具体事件转译为暂时性的主体或客体。正是这种基于事件突生性而持续的循环"定义了我们的社会关系"①。在过去的身体认知中，社会性身体-生物性身体、主体-客体的划分被消解，它们从解释身体的起点离开，回到身体活动经验中待解释的终点，曾经的分裂之处成为联结之处，解释由此出发。

延伸来看，在转译实践中，当解释的方向被倒转，"拟客体"成为解释的起点，社会性身体与生物性身体不再具有先验的实存地位，而成为从具体事件中旋转出的结果。由此，就能理解既有运动社会学难以全面认识身体全貌的症结所在：这种解释模式只看到了互折的起点并将其固定为实质，而没有将目光延伸到起点之后依循相同逻辑发生的双重属性的互折。既有的身体认知按照赋予两种属性的实存地位，将身体内部属性相互内折的过程生硬地拆分，它粗笨地从围绕身体形成的行动者网络中截取了身体两种属性间的那条直线，却放弃进入那张由无数节点相连且处于动态的网络。拉图尔身体观帮助我们弥合了这种拆分，将全整的身体送回运动社会学的研究视野中，同时，鉴于对兼顾纯化与转译的强调，拉图尔是要试图建立一种既不徘徊于前者的二元论桎梏，也不深陷于后者一元论的多逻辑交织的社会解释模式，从这一点上，拉图尔的转译社会学实际上是对涂尔干"社会的社会学"与塔尔德"联结的社会学"两种社会解释模式的整合。

---

① 布鲁诺·拉图尔：《我们从未现代过：对称性人类学论集》，刘鹏、安涅思译，上海：上海文艺出版社，2022，第183页。

第三节　身体双重属性的弥合与运动经验的地方化

鉴于身体的双重属性的对称性联结通过具体事件的转译实践得以实现，而事件作为社会突生性的表现，意味着身体生物性与社会性的联结是身体与社会得以联结的核心枢纽。因此，从身体内部双重属性的弥合中，我们同样能够获得窥视身体与社会关系的窗口。更进一步来看，转译实践只有依托人与非人要素集结而成的行动者网络才得以运行，由此可见，我们窥探身体与社会关系的窗口是一种动态的网络化形态。

一　互喻：运动的身体与变迁的社会

当网络化成为窥视个体与社会关系的工具性视角，那些沉寂在经验世界尘埃中的非人行动者①得以显现，与人类行动者一同被征召进经验背后的行动者网络中，刻印于它们之上的痕迹被激活，成为细化个体生命与社会历史联结的枝蔓。沿着身体与社会的关系看去，传统运动社会学试图借体育运动勾连起二者并最终网络化地表达其内部关系的逻辑，被自然地消解在网络化的认知视角中，因为在网络化的视界里，转义者们承载的并不是身体或社会某一方的自我演变，而是二者属性相互内折的过程，勾连于身体与社会关系维度上的一切行动者在不同程度上都保有二者的联结痕迹，因而身体与社会借此已经自然而然地形成了你中有我我中有你的彼此互通，其互通网络中的每个行动者要素都可以是我们得以切近身体与社会关系的入口，区别仅仅在于景象的丰富程度，以及路径的幽长程度。这种互通性实际上意味着运动身体与变迁社会之间的相互隐喻。运动社会学在身体与社会关系的把握上由此获得了新的方向：通过互通网络中的蛛丝马迹追索二者间的互喻机制，既能从运动的身体中窥见社会变迁的轨迹，也能从社会变迁中察知运动身体的痕迹。两种路径也对应着发问起点与解释终点各异的基础议题，即"运动的身体隐喻着怎样的社会变迁"和"社会的变迁隐喻着怎样的运动身体"，这两个问题实际又分别对应着传统运动社会学和身体社会学的核心关注，从这个意义上说，在拉图尔的转译社会学及其身体观下，运动社会学通过整合两个社会学分支的论域扩展了自身的研究

---

① 拉图尔将非人之物称作行动者并非赋予其和人类同样的能动性，这仅仅是一种方法论原则，以理解这些非人行动者的转译能力。

视野，关涉运动身体经验但曾被忽视的那些细节与矛盾将在这样的扩展中被逐渐牵出。

根据运动身体与变迁社会之间的互喻关系以及对此互喻性的问题化剖析，我们其实能够从运动社会学的核心议题，即"兼具生物性与社会性身体的社会情境化表征"相应地解读出两个维度的问题：其一，（兼具生物性与社会性）身体中的社会表征，即以运动身体的经验为切口进入身体与社会的互通网络来认识社会；其二，社会中的（兼具生物性与社会性）身体表征，即以社会的变迁历程为脉络切进身体与社会之间的互通，以此把握运动的身体。比如，对于国内城市街头第三性别卫生间和无性别卫生间等社会公用空间的出现，可以思考这种现象背后运动身体与社会之间具体的属性互折过程，以此追索这种社会增殖对现代中国社会在社会性别的范畴、身体隐私与公用空间关系等问题上的心态隐喻，并通过捕捉这种社会心态的演进在运动身体上的表达来延伸运动社会学的研究思脉。可以看到，两种指向的区别在于视角与路径的朝向，这种差别之间的内在互补关系型构出运动社会学学科问题的完整内容。这里需要辨明的是，两种维度中运动的身体与变迁的社会分别被作为解释起始点与解释目标的逻辑，看似有着重蹈传统运动社会学纯化加传义的实践逻辑的嫌疑，即从身体或社会出发来认识对方，但事实并非如此。当下所谈论的仅仅是进入与离开相关行动者网络的端口，而并不涉及运动身体与变迁社会的关系解释，更未侵入谁解释谁的主客关系划定的界限。两种维度的行进与操作仍是在拉图尔实践建构主义的逻辑下，凭借身体与社会在具体事件的转译下交替承担主体或客体的动态过程，勾画出二者的行动轨迹，而究竟选择何种维度则取决于实际的研究目的，是要揭示运动的身体对变迁社会的隐喻还是相反。

对运动社会学研究主题的这种剖析有其必要，通过梳理在此新兴主题下的具体提问及相应的操作路径，可以进一步补充和细化已有的相关界定。可以说，两个维度的问题是对运动社会学学科问题不同层面的回应，但无论从哪一个维度展开，问题解释的关键都在于运动身体与变迁社会之间属性互折轨迹的捕捉，两个维度的问题通过解释起点以及解释对象上的差异与互补，分别呈现着运动身体与变迁社会互喻关系的不同方向。

二 聚焦：从模糊群像到个体特写

传统运动社会学研究对人类运动经验的观照常以群体形式进行，微观个体的运动实践和经验历程在性别、族裔、阶层、运动类型，以及特定场域的运动等类型化叙事中被遮蔽，成为模糊群像中难以被聚焦的灰点。针对这种失焦，近期"个体运动行为志"①的研究范式被提出，尝试通过自我志与主体志的结合来推进对群体运动经验中异质性个体的关注。不过，尽管强调以"我看我"与"他看我"双重视角的交叠来实现对个体运动经验的客观认识，但并未就如何"看"，或者说具体的"志书"逻辑做出明确说明，在这一点上，新的智识逻辑与解释模式进一步帮助运动社会学对个体运动行为志做出必要补充，并在此基础上通过吸纳这种研究范式来更新传统运动社会学视野中身体运动经验的表现形式，从模糊群像的概览转向个体特写的深描，也借此作为对人类学与社会学研究个体化转向②的积极回应。本节的讨论也将从运动社会学对个体运动行为志具体叙事逻辑的补充出发，并围绕身体运动的认知逻辑展开二者对话。

首先，新的运动社会学为个体运动行为志提供了去人类中心主义（de-anthropocentric）的可"志"之路。从运动社会学的主张来看，身体活动的完整实践是人类行动者与非人行动者所联结网络的具身化表征。因此，若忽视非人行动者轨迹而仅仅依照人类行动者之间的串联作为追溯个体运动经验的主线，即人类中心主义的叙事逻辑，个体运动行为志的内容只是个人就运动体验的自我言说，缺少非人行动者要素及其转译实践的旁证。同时，个体运动经验本身联结于非人行动者要素的那部分由于失去了与人类行动者和整体网络的联系而沦为无稽之谈，飘散在人类言说的回声中。最终，这种单向叙事将与拉图尔对传统社会学的批判一样，走向只以人类经验代替身体运动整体经验的不对称误区，进而在个体经验来源的层面上就难以实现个体运动行为志对个体运动经验客观把握的追求。在去人类中心主义的逻辑下，人的言说不再是运动经验阐释的绝对中心，非人行动者要素在围绕身体运动的行动者网络中进行的转译实践被带回运动经验的考察与阐释范畴中，个体运动行为志借此能够搭建起人类行动者与非人行动者双叙事主体间的互诉，在彼此的对谈与互证中对称性地、真正客观地描画出个体运动实践的全整经验。

其次，去人类中心主义的可"志"之路扩展了个体运动行为志的可"志"之限。微观个体运动经验的"微"不单指个体在结构中所占位置的微小，更

---

① 王智慧：《体育学的想象力：个体运动行为志研究范式的生成与书写》，《沈阳体育学院学报》2022年第1期，第122~130页。

② 徐新建：《自我民族志：整体人类学的路径反思》，《民族研究》2018年第5期，第68~77，125页。

强调个体运动经验的深邃与内容的精细。延续上文，运动社会学对去人类中心主义叙事逻辑的主张，并不意味着转向其对立面，即非人类中心主义，而是兼顾人类行动者与非人行动者，在网络化的视角下进入运动主体的异质性经验世界，从关键事件出发，沿着行动者之间的联结回忆式地追索出个体的运动经验史。在这种追索与回忆中，牵连于过往运动实践的更多细节与矛盾逐渐被串联起来，个体运动行为志所"志"之事的信息密度与深度由此被推进，个体运动经验所隐喻的社会变迁历程也愈加清晰。

最后，可"志"之限的扩展深化了个体运动行为志的可"志"之度。在兼顾人与非人行动者的网络化视角中，个体运动经验中的各种矛盾和转折将在双叙事主体的经验互证中不断浮出表面，这些复杂情境对于不同个体而言或许有着相似的事件化表征，但不同个体在彼此相异的生命经验中培植出的特定生命情感使他们身处这些情境时表现出不同的抉择与行动，在这一点上，人类与非人行动者视角的结合能够事件化地把握个体在运动实践中的异质性特征。从个体运动行为志所主张的"以我入志"①的意义来说，这种镜像映射般地把握异质性个体运动经验的过程，就是以增强"我"的可述性来推进"志"的深刻性。具体地说，依托"我"在本质为社会突生性表现的运动事件中的情境化行动，挖掘更多凝结在"我"身上的行动者要素，并对诸多要素进行事件化组建，那些与"我"相关的运动经验线索将由此不断细化，且因其事件化来源而保持着其针对性和索引性。借此，不仅"我"的个体运动经验史变得愈加清晰可述并由此逐渐区别于其他个体，"志"也将相应地从普遍经验的复述深化为"地方性"经验的记述。同时，通过布陈"我"的运动经验所处的情境和"我"在情境中的行动轨迹，"我"的运动经验史被活化了，而这正是运动社会学对"把人带回社会学研究"的应有回应。从网络化思路来理解，将"人"带回社会学并非简单地将个体作为叙事的中心，或将单薄的个人经验言说直接放在社会情境中解读，而是以网络化视角首先看到个体运动经验所处的小情境，进而将这种"地方化"的小情境带入社会的大情境中，在微观情境与宏观情境的联结与互动中摸索小故事与大社会之间的牵扯，理解个体的运动经验与社会变迁之间的关联。

---

① 王智慧：《体育学的想象力：个体运动行为志研究范式的生成与书写》，《沈阳体育学院学报》2022年第1期，第122~130页。

借拉图尔的一段表述①，现在并不存在两个问题，生物性身体的问题或社会性身体的问题。而是一个单独的问题，如何让身体为自己说话。过去的运动社会学对人类运动身体的把握一鳞半爪，既表现在身体本身的认知上，也涉及身体与社会关系的解读，两重不对称性的叠加使其在自身学科议题的回应上常常力不从心。

通过拉图尔身体观与运动社会学的对话，既从身体内部的维度补充了拉图尔关于身体的讨论，也由此为运动社会学提供了联结身体双重属性的通路。除此之外，关于运动社会学的研究范式与未来议题，也有以下两点反思。其一，基于身体的习得是生物性与社会性相互内折的结果，运动社会学在身体认知上打开了跨学科知识生产的可能通路。着眼于身体双重属性的互折，需要借助生理学和物理学等自然学科的相关知识来理解身体生物性层面的属性内折实践，包括向内吸纳身体社会性的过程与反应，以及向外对社会性身体提出实践要求的原因。而人文社会科学（历史学、人类学、民族学、文化研究等）则用于解释社会性身体层面的属性内折实践，同样包含内外两个方向的具体过程。由此，运动社会学实际上在身体认知的层面发现了打通自然科学与人文社会科学壁垒的可能。其二，拉图尔的身体观能够为运动社会学提供解读现代个体能动性、生命赋魅与冒险精神等议题的新渠道，使之成为从身体运动层面思考现代性与个体关系的关键论域。

总的来说，运动社会学能够在拉图尔身体观及其转译社会学的引导下，改变对社会的解释逻辑，将过去那种从既定的实存表征出发解释现象的方向倒转，转为从现实的现象出发来解释各种表征的生成与内涵，这种倒转能够将曾被噤声的非人经验主体带回言说的舞台，进而帮助运动社会学在人与非人行动者的联结中窥见真正且全整的身体经验，以此有效回应自身的学科疑思，承担作为社会学分支的学科使命。

思考题

1. 运动社会学在拉图尔身体观及其转译社会学的引导下对社会的解释逻

---

①　原文为"现在并不存在两个问题——一个是科学代表方面的问题，另一个是政治代表方面的问题——而是一个单独的问题：我们如何让我们以其名义谈论的那些人来为他们自己说话？"（参见布鲁诺·拉图尔《自然的政治：如何把科学带入民主》，麦永雄译，河南大学出版社，2016，第 138 页）。此段观点在原书中是对科学与政治关系的探讨，认为应当将科学和民主对称性地联系在一起思考，主张同等对待人类的政治代表和非人类的自然代表。本章节也是从这个意义上进行引申，意在同等地对待身体的生物性和社会性，以及同等地对待身体和社会。

辑做出了哪些改变？

2. 身体的生物性与社会性是如何完成转译实践的？

3. 运动社会学如何突破传统社会学中身体属性分割的限制，其弥合逻辑是什么？

4. 运动社会学对个体运动行为志具体叙事逻辑进行了何种补充？

推荐阅读书目

1. 布鲁诺·拉图尔：《我们从未现代过：对称性人类学论集》，刘鹏、安涅思译，上海：上海文艺出版社，2022。

2. 布鲁诺·拉图尔：《自然的政治：如何把科学带入民主》，麦永雄译，郑州：河南大学出版社，2016。

3. 克里斯·希林：《身体与社会理论》（第二版），李康译，北京：北京大学出版社，2010。

4. M. Archer, *Realist Social Theory* (Cambridge：Cambridge University Press, 1995).

代表性学者简介

布鲁诺·拉图尔（Bruno Latour, 1947～2022），法国哲学家、社会学家、人类学家，STS（科学、技术与社会）巴黎学派的创立者，被誉为社会科学的伟大创新者之一。曾任巴黎政治学院（Sciences Po）社会学研究中心教授、副院长，2013年获得霍尔堡国际纪念奖。学术代表作有《实验室生活：科学事实的建构过程》（1979）、《科学在行动：怎样在社会中跟随科学家和工程师》（1987年）和《我们从未现代过：对称性人类学论集》（1991）。

第四章　功能主义理论与运动社会学[*]

本章要点

·达尔文的生物进化论对于社会学研究的启蒙，孕育出结构功能主义的雏形，在孔德、斯宾塞、涂尔干等社会学奠基者的推动下，功能主义快速发展。

·帕森斯、默顿的系统维持与戈夫曼的微观社会秩序，在拓展至运动社会学研究的过程中，不断深化了运动社会学研究的内容。

·结构功能主义视角下运动社会学研究分析了运动系统内各部分的结构功能，同时也阐述了运动在整个社会系统中发挥了什么功能，结合了宏观和微观的叙事特征。对于大部分运动社会学家而言，基于功能主义的运动社会学研究，在研究内容与视域上正不断开拓与延伸既有功能主义的边界。

·在肯定结构功能主义显著社会学地位的基础上，还要看到其对于运动社会学研究的局限性，表现为：将运动作为一种社会整合的方式；具有目的论的缺陷；在回应社会冲突和社会变迁方面显得无力。

关键概念

功能主义；生物进化论；社会整体观；微观社会秩序；道德共识

第一节　功能主义理论内容与思想渊源

一　功能主义的缘起与奠基

查尔斯·达尔文的"生物进化论"作为 19 世纪最伟大的成就，让生物学

---

[*]　社会学的奠基者孔德和斯宾塞深受生物学知识与进化论思想的影响，借鉴生物学的视角来解析社会现象，进而提出功能主义，这被视为结构功能主义的思想渊源。结构功能主义作为现代西方社会理论中的关键流派，其核心在于探究结构与功能的交互作用，以及二者如何共同维系社会系统的稳定与变迁，进而对社会体系的诸多核心议题进行剖析与探讨。

在世界范围内获得空前的地位与声望。伴随生物学的影响，早期的社会学思想家自然地把生物学概念迁移到社会学中。社会学的奠基人奥古斯特·孔德批判性地承继空想社会主义思潮和启蒙思潮，较为敏锐地发现生物学对于社会学研究的巨大意义。因为"我们可以在生物学中将整体的结构剖解成为器官、组织、元素，而在社会的机体中也同样存在这样的情形"①，所以生物学上的这种认识论为孔德建立有机的社会整体观奠定了科学基础。基于生物学的整体论认知，孔德提出，只有认识社会整体结构才可以进一步了解各个组成部分。并且孔德将社会定义为每个构成部分同整体有机地、和谐地组成的机体。在此基础之上，孔德认为社会实际上同生物体一样，是一种秩序与进步、功能与结构、动态与静态的统一体。他将社会学划分成"社会动力学"与"社会静力学"两个类别，前者侧重不同社会类型间的更替与发展，主要使用历史方法，以探寻社会的推进规律为目的，而后者则强调研究社会内部的各组成部分之间的联系状态，也即结构之间的功能关系，主要使用比较方法，以达致社会系统的和谐状态为指向。

功能主义作为人类学和社会学最古老的理论传统之一，曾主导着社会学的发展，也被称为"功能分析"、"功能方法"、"功能定位"、"功能理论"和"结构－功能主义"等②。虽然反功能主义对于现今社会具有一定的影响力，但不可否认的是，功能主义曾经在运动社会学中也取得了主导范式的地位。孔德作为社会学之父，率先使用了功能主义一词，在孔德的领导下，赫伯特·斯宾塞和埃米尔·涂尔干支持社会的有机模式，并以类似于研究生物结构和功能的方式分析了社会的结构和功能。斯宾塞将达尔文进化论思想和有机体的相关概念引入社会学领域，在斯宾塞看来，人与生物之间尽管存在一定的差别，但是二者之间也存在着诸多的相似之处。因为人作为生物是长期进化的结果，同时人本身也是一种生物有机体以及作为生物进化链条上最为重要的一环。随后，斯宾塞的线性进化论表示，人类社会如同生物有机体一样，从简单的形式朝着更为复杂的形势发展，处于一种不断复杂化和不断扩展之中。因此，在不断运动与变迁的过程中，人类社会就从原初的蒙昧阶段进化至文明时代。斯宾塞在此基础上提出社会进化的模式与理论，认为社会的进化是一种自发的、自动的

---

① 艾伦·斯温杰伍德：《社会学思想简史》，冯克利译，北京：社会科学文献出版社，1988，第41页。

② I. M. Zeitlin, *From Rethinking Sociology: A Critique of Contemporary Theory* (New York: Appleton Century-Crofts, 1973), p. 3.

完成过程，同生物进化的过程一样，社会进化也要通过生存竞争。他指出：有生命力的种族与个人只能在竞争中存在，没有生命力的种族与个人会逐渐被淘汰甚至消亡。斯宾塞强调进化是一种社会的自然提纯过程，对于进化过程只能让其自发完成，却不能采取人为的阻挠，否则会导致社会走向腐朽与僵化。实际上，斯宾塞的以上观点凸显了"历史-进化方法"同"结构-功能分析"相结合的有机整体社会观，也进一步延伸了孔德的实证主义，但是斯宾塞与孔德一样，认为社会的阶级划分属于自然现象，社会的演进需遵循自然的规律。

涂尔干对斯宾塞的社会学思想提出了批评，但他还是运用了斯宾塞的一些观点，形成了他的功能主义概念。特纳和玛丽安斯基认为涂尔干是"第一个提倡一套明确有效的功能性假设的人"，其以颇具代表性的社会学研究方法对于人类学的结构主义和功能主义产生了较为深远的影响。走进涂尔干所生活的年代，我们发现"科学与宗教"的矛盾异常尖锐。1895 年，涂尔干清楚地认识到宗教在社会生活中所发挥的资本作用，这是涂尔干第一次找到了一种从社会学的角度来处理宗教研究的方法。到了 1902 年，涂尔干被图腾所吸引，在他看来"所有有关图腾主义的东西都必然会影响到社会学的所有领域"。在此观点上，斯宾塞与涂尔干持的思想发生了碰撞，斯宾塞预言，一旦人类欣赏到人类自身创造力中的"更高的情感"，宗教就会终结[1]。涂尔干反驳了这一观点，他写道，事实不可能如此，"或只要人们住在一起，他们就会有一些共同的信念，是我们无法预见的，且只有未来才能决定的，是这种信仰将被象征的特殊形式"[2]。因此，涂尔干试图建立一种"科学的宗教"用以维护协调一致的社会。涂尔干认为，每个社会都表现出并需要保持与过去的连续性来赋予个人和群体身份，这让我们将集体记忆视为社会生活的基本形式之一。这被视为宗教仪式的延续，是确保共享道德和社会凝聚力的一种手段[3]。涂尔干提出著名的"自杀理论"，虽然他承认自杀是个人行为的结果，但他认为最好把自杀解释为一种社会现象。他特别感兴趣的是解释一些关于自杀的经验，比如，他发现在各种人群中，天主教徒的自杀率都低于新教徒。默顿正式总结了涂尔干的理论假设：社会凝聚力为遭受急性压力和焦虑的群体成员提供了心理支持；自杀是人们遭受无法缓解的焦虑和压力时具有的功能；天主教徒比新教徒有更

---

① H. Spencer, *From the Principles of Sociology* (New York：D. Appleton. 1885), p. 163.

② É. Durkheim, "Review Herbert Spencer—Ecclesiastical Institutions：Being Part VI of the Principles of Sociology", *Routledge and Kegan Paul 9*, no. 3 (1975)：13–23.

③ B. Misztal, "Durkheim on Collective Memory", *Journal of Classical Sociology 3*, no. 7 (2003)：21–36.

大的社会凝聚力；因此，天主教徒的自杀率应该比新教徒要低①。在劳动分工的研究中，涂尔干主要关注个人和社会之间的关系。他写道："如何在工业社会中让个人变得更加自主的同时，越来越紧密地依赖于社会？他们怎么能在变得更独立的同时，又与社会更紧密相连呢？"②他指出，一旦劳动分工不仅被视为一种经济体系，而且是对一种新型社会团结的适应，这一矛盾就被解决了。然后他提出了两种类型的社会团结，象征着两种法律：原始社会的压制性法或刑法，以及发达社会的恢复性法或契约法。涂尔干认为，从"机械团结"到"有机团结"显著的标志是社会分化的产生，包括分工的发展，而"生存斗争"是社会分化的主要原因。简言之，机械团结是指在几乎没有职业分化的社会中，社会关系依赖于将个人功能融入集体意识，而有机团结是在职业专业化的社会中，社会关系依赖于功能的相互依赖。由于人们的交往深度和广度不断拓展与延伸，为生存进行的斗争也愈加激烈；而社会分化是生存斗争得到和平解决的办法，进而促使人的分化，使个体安分守己、坚持岗位。涂尔干从"个人-集体"关系视角考察社会的方法论在之后被马林诺夫斯基、拉德克利夫-布朗等学者广泛运用在人类学相关研究中，马林诺夫斯基和布朗以各自代表性的著作《西太平洋上的航海者》和《安达曼岛人》踏上人类学的舞台一同创设了功能主义人类学，对北美运动社会学的研究与发展产生了深远影响，同时也为中国运动社会学研究的开展提供了认识论与方法论基础。

二 结构功能主义的理论双塔：帕森斯和默顿的功能主义理论

虽然孔德、涂尔干、斯宾塞开创了结构功能主义的先河，但当代社会学界谈及的结构功能主义是与塔尔科特·帕森斯联系在一起的。帕森斯的《社会行动的结构》一书被认为是结构功能主义的经典著作。正如著名社会学家刘易斯·A.科瑟所说："这部著作（《社会行动的结构》）对于美国社会学的一般发展，特别是社会学理论的发展，起到了一个分水岭的作用。这部著作也可以说是一座里程碑，它开辟了一条新的道路，即功能分析的道路。这条道路从20世纪40年代初期到60年代中期一直指导着社会学理论的发展方向。"③

帕森斯对结构功能主义最显著的贡献之一是他的"一般行动理论"，根据

---

① R. K. Merton, *From Social Theory and Social Structure*（Glencoe, IL: Free Press, 1975）, p. 75.

② É. Durkheim, *From the Division of Labor in Society*（New York: Free Press, 1893）, p. 102.

③ 刘易斯·A·科瑟：《社会学思想名家》，石人译，北京：中国社会科学出版社，1990，第635页。

帕森斯的说法，"行动包括人类形成有意义的意图的结构和过程，并或多或少成功地在具体情况下实施它们"。帕森斯将所有一般的人类行动系统概念化为由四个主要的行动子系统组成，即：行为有机体、人格、社会系统和文化。此外，帕森斯还描述了一个系统应对与生存相关的问题所需的四个功能先决条件[①]。

①适应（adaptation）：这些行动创建和维持与内部和外部环境的关系，并将资源带入系统，以换取在系统中创建的资源。

②目标实现（goal-attainment）：这些行动设定了系统的目标，并管理所需的资源以实现目标。

③整合（integration）：这些行动协调系统。

④模式维持（latency）：这些操作代表了组织的符号和文化。

上述四个功能的先决条件常缩写为 AGIL，也被称为是行动系统的"功能必要条件"。这种行为系统"以动机的形式积累和分配能量"，这些功能可以推广到所有层次的分析（个人、群体、活动、网络、组织和社会）以及所有类型的系统。这些行动子系统相互依赖，创造了一个能量和资源相互交换的过程，并反过来支持整个行动体系。帕森斯坦言，这主要是通过使用交换媒介来实现的，而这种媒介在本质上就是金钱和权力，换言之，金钱和权力代表了经济和政体之间交换的普遍媒介[②]。在帕森斯看来，人类社会的各系统是相互关联和相互依赖的，并且存在一定的界限，社会正是由这些系统组成的复杂总体。在这些系统中，某一个要素的变动将会影响其他甚至整个系统发生变化。因此，社会的变迁并非由单一的因素所致，而是由多重的因素促成的，诸如环境、人口、遗传、文化等因素[③]。

帕森斯的学生默顿也是结构功能主义的主要代表之一。他认为过去的功能主义理论"在太多的知识战线上发展"，"支离破碎而不深入"。默顿的功能主义形式是通过剖析涂尔干、布朗和马林诺夫斯基在人类学中提出的功能分析的普遍假设而形成的。根据默顿的说法，功能主义的人类学形式建立在三个错误

①　T. Parsons, *From Societies: Evolutionary and Comparative Perspectives* (NJ: Prentice-Hall, 1966), p. 5.

②　T. Parsons and F. Robert, *From Working Papers in the Theory of Action* (New York: Free Press, 1953), p. 48; T. Parsons, "On the Concept of Political Power", *Proceedings of the American Philosophical Society* 14 no. 2 (1963): 232-262.

③　T. Parsons, *From the Social System* (Glencoe, IL: Free Press, 1951), p. 78.

的假设之上："第一，标准化的社会活动或文化项目对整个社会或文化体系都具有功能；第二，所有这些社会和文化项目都具有社会学功能；第三，这些项目的社会学功能都是不可或缺的。"① 此外，默顿指出，这三个假设，包括单独的和集体的，都包含了"功能分析不可避免地涉及某些意识形态下的共同指控"的来源。然而，通过批判这些假设，默顿并没有"把婴儿和洗澡水一起扔出去"。相反，他为他认为站得住脚的功能分析开创了一个新范式，默顿范式中一个关键的、持久的元素是他在"明显的"和"潜在的"功能之间的区分，即提出了"显功能"与"潜功能"两个重要概念——成为其对结构功能主义的最大贡献。显功能指有意造成并且是可认识到的后果和影响；潜功能指并非有意造成的且不被认识的后果与影响。在进行功能分析时，因为可能出现针对某一个系统存在某种功能的事项，却对另一个系统不具备这样的功能，所以需要裁定分析对象系统的限阈和性质。这也就表明功能具有正负两分，导致群体破裂的是负功能，而对群体的内聚与整合有利的是正功能。所以，默顿还倡导根据功能的正负来权衡和考察社会文化。除此之外，默顿还引入了"替代性功能"的概念，即某一个功能项目被另一个功能项目置换后，仍然满足社会的需要。最后，社会制度抑或社会结构对于主体的行为影响也是默顿众多学术成果中的主题之一。在默顿看来，社会追求的既定目标由社会价值观念所确定，社会规范也界定出达到目标的手段，而文化结构之间一旦出现脱节，便会引发社会的越轨行为与失范状态。

20 世纪 50 年代到 60 年代中期，帕森斯的结构功能主义一直主导着美国的社会学发展，其理论充斥着整体主义和宏大叙事的理论风格与特质。与帕森斯的剖析视角不同，欧文·戈夫曼的人际互动研究常常被视为一种微观社会学的范畴，皮埃尔·布迪厄称其是"无限细微之发现者"②。从戈夫曼的著述中表现出来的功能主义，也反映了当时结构功能主义在美国学界的支配性地位。戈夫曼的社会学研究与传统的功能主义存在重要的差异性，以戈夫曼为代表的社会学研究表达了这样一种研究取向——摒除自启蒙运动以来社会学宏大叙事的逻各斯中心主义。实际上，戈夫曼同帕森斯和涂尔干一样，也提出了霍布斯式的社会秩序问题，不同的是，戈夫曼在微观互动层面上提出这一传统命题并

---

① R. K. Merton, *From Social Theory and Social Structure* (New York: Free Press, 1949), pp. 72 - 128.

② P. Bourdieu, and O. Goffman, "Discoverer of the Infinitely Small," *Culturand Society* 6, no. 1 (1983): 126-143.

加以解答。戈夫曼将其研究的面对面互动领域称之为"互动秩序",并认为该领域首选的研究方法应该是微观的分析。他的研究实际上揭示了在日常生活中的形式主义功能的必要性,并且在互动秩序的观念里重新修正由传统功能主义内部发展来的模型。他对互动秩序一直强调要凸显其功能主义特质,可以说,互动功能主义是戈夫曼用以研究互动系统重要的理论。虽然戈夫曼与帕森斯剖析社会的视角不同,但作为一名后帕森斯时代的代表,他并没有直接批驳帕氏关于稳定、秩序以及一致性和均衡的思想,因为在戈夫曼的系统性观念中找不到泾渭分明的界限,相反,在戈夫曼互动秩序的社会系统中,每一个子单元都具有动态性与流动性,不易通过形式来辨识。戈夫曼也不像帕氏那样彰显社会秩序和模式化适应的功能必要性,他认为社会行为规则存留在潜意识之中,当生活的现实世界处在危机笼罩以及社会行为规则被侵犯和违反的时候,才会上升至意识层面。可见,戈夫曼强调的是行动者的欲望、意图和反思性的行动,而这些要素在价值共识中一直存在持久性的张力,因此,他将社会系统视为那种具备知识能动者的集合体,进而与传统的功能主义者思想,即常常把社会视为认真履行他们"地位-角色"高度社会化的个体集聚而成的理论相异[①]。

功能主义理论认为对社会系统的分析必须始终考虑特定子系统所满足的系统的生存需求或命令。现代社会学中的功能主义与19世纪孔德的作品一起出现,并由斯宾塞和涂尔干进一步发展。在二战后,功能主义在一般社会学中达到顶峰。但是,功能主义在获得理论霸权地位的同时也受到了攻击,它在20世纪40年代开始衰落,20世纪60年代和70年代社会学界对功能主义的攻击达到高潮。极为反讽的是,当功能主义在社会学界遭受最猛烈的攻击时,它在运动社会学中却打下了坚实的根基,对20世纪60年代和70年代初的北美运动社会学的早期发展发挥了关键的作用。

第二节　结构功能论视角下运动社会学
研究的应用与发展

20世纪60年代,运动社会学家尝试将运动作为一种整体的社会系统来研究,他们始终相信,功能主义是最本原的且占主导地位的理论,但是,Gerald Kenyon对运动社会学文献进行了回顾后得出结论,"基于明确的功能主义方法

---

① P. Manning, *From Erving Goffman and Modern Sociology* (Cambridge: Polity, 1992) p. 95.

的重大贡献是罕见的"。因此，运动社会学中功能主义的主导地位一直是一个充满争议的话题。

一　涂尔干：社会团结、宗教仪式与运动社会学

孔德与斯宾塞都在相应的社会有机概念中信奉着结构的原则，但是涂尔干作为"第一个提倡一套明确功能假设的人"①，其理论的主要贡献首先体现在对现代劳动分工与社会秩序的理解上。涂尔干认为，原始社会通过一种"机械"的社会团结方式来实现社会融合，其中各个团体成员分享类似的角色、工作、信仰和理想，他们拥有一种共同的道德秩序或"集体良知"。工业社会需要一种"有机"团结来整合社会，"有机团结"的主要特征是更细的专业分工和横跨劳动力分工的"功能性的相互依存"关系②，这对运动领域的团队项目尤其重要。涂尔干的另一个重要理论贡献在于他对宗教功能的解析。积极的宗教仪式强化族群的行为规范，反之亦然。"图腾"在现实社会仅仅是具体的人或物，但是当它被赋予一种象征意义时，就成了神圣的标志。换句话说，尽管动物是一种世俗的东西，但当它们变成祭品时便成为神圣的标志③。正如历届奥林匹克运动会的吉祥物本是世俗的，但是当其被选为吉祥物时，就被赋予了神圣的意义。据史料记载，最早的游戏就是古代宗教仪式的一部分，它们深刻体现着社群的宗教信仰体系，现代运动所具有的严格的组织结构、清晰的管理制度和明确的奋斗目标等特征与新教的价值观有异曲同工之处④。此外，将运动概念化为一种仪式，可能有助于建立运动在社会中的意义的历史连续性⑤。从现代运动的演化过程来看，运动规则和运动精神的产生确实和其嵌入的文化环境有着紧密的关联。布伦伯格在《论足球的世界观与宗教观》一文中就足球仪式和宗教仪式进行了考察，阐释了二者的相关性，这样的分析同样适用于在各个国家开展的其他身体运动，比赛的各个细节，如入场、开球等，

---

① 约瑟夫·马奎尔、凯文·扬：《理论诠释：体育与社会》，陆小聪译，重庆：重庆大学出版社，2012，第33页。

② É. Durkheim, *From the Division of Labour in Society* (Glencoe, IL: Free Press, 1964), p. 172.

③ A. Giddens, *From Capitalism and Modern Social Theory* (Cambrige: Cambridge University Press, 1971), p. 126.

④ 熊欢：《身体、社会与体育：西方社会学理论视角下的体育》，北京：当代中国出版社，2011，第35页。

⑤ S. Birrell, "Sport as Ritual: Interpretations from Durkheim to Goffman", *Social Force* 60, no. 3 (1981): 173–194.

有着强烈的宗教痕迹①。而运动的这种宗教性使其对维持社会团结做出了巨大贡献。从本质来看，体育明星具备了图腾的特质：他们虽然与其支持者一样居住在尘世间，但是在某种场合中就被符号化为人们敬拜的对象。同样，涂尔干把一个社区的现象扩展到国家，就是我们所看到的民族主义的兴起，而代表国家的民族主义已经成为现代领土范畴的集体主义。罗贝拉认为身体运动和民族主义均被视为强化社会团结的有机组成部分②。比如赛前唱国歌、赛后升国旗等都可以被视为一种人们进行"国家"崇拜的宗教仪式。但我们也看到，不同的信仰体系和文化认知所产生的冲突也在动摇着社会秩序的稳定，这种现象深刻地体现在运动系统外在的、更广泛的社会系统之间存在的复杂的机构性关系中。虽然涂尔干从实证主义的角度出发把社会当作一个独立的有其自身规律、自身发展和自身生命的有机事实来研究，但却鲜少涉及基于文化冲突的运动理念冲突的问题，这也是传统的功能主义理论需要完善之处。

二　帕森斯和默顿：由宏观到中层的运动系统的维持与发展

帕森斯的理论不仅受到涂尔干的影响，还受到了韦伯、马克思等人的影响。他的理论聚焦于"社会制度对社会系统维持的平衡"。体育作为运动的表现形式之一，是古往今来学者们普遍关注的对象之一，如帕森斯的 AGIL 模型理论常常被学者们用来探讨如何维护运动系统的平衡并实现其社会功能；除此之外，帕森斯的理论也试图回答个人如何在运动系统中实现社会整合的问题。海涅尼拉在其作品中使用了帕森斯的 AGIL 的模型理论，他将足球描述为一个"社会系统"，其游戏规则"出乎意料地符合帕森斯的功能要求"。海涅尼拉声称，足球的技术规则促进了目标的实现；训练规则具有适应性的功能；竞争规则和资格规则保持价值模式；而裁判规则有助于整合③。在帕森斯"社会系统"理论的框架中，宏观运动社会学主要是把运动作为一项整体社会行动、组织、机制、体系来进行分析。1967 年，德国社会学家顾瑟·卢森发表在 *International Review for the Sociology of Sport*（IRSS）的一篇名为《论体育与文化的互相依赖关系》的文章中阐释了体育作为一种集合行动制度是如何运转并

①　C. Bromberger, "Football as Word-View and as Ritual", *French Culture Studies* 6, no. 2（1995）: 293.

②　J. Lobera, *From the God of Modernity*（Oxford: Berg, 1994）, p. 110.

③　K. Heinila, "Football at the Crossroads", *International Review of Sport Sociology* 5, no. 4（1969）: 14.

对社会和文化起到积极和消极作用的；同时他也讨论了体育和文化是如何在这种社会过程中互相影响并发展和演变的①。卢森认为史前体育的功能是普遍的并常常表现出宗教性、集体性、战斗技术性的特征，而现代体育的功能更加体现在它对社会秩序的维持以及整合的作用中，即体育系统反映出了基本的人类社会制度，体育中的竞争性和分级制就是我们现代社会的一个缩影。克里斯托弗·史蒂文森和他的导师约翰·尼克松对社会体育的功能分析做出了早期贡献，他们确定了体育在社会层面上具有的五项基本功能：社会情感功能、社会化功能、整合功能、政治功能和社会流动功能，认为体育是一种资源，社会成员可以通过这种资源来提升自己的社会地位②。

不可否认的是，帕森斯的结构功能主义理论对研究运动秩序和社会系统维持等方面提供了有力的理论依据，同时我们也发现，帕森斯理论假设的基础是社会系统能够在整体上有效地自动运行，而实际上，运动圈层中的秩序、系统等常存在管理、经济、人员流动与冲突等方面的问题。而默顿的中层理论通过研究社会系统内部特殊要素对整体系统的影响，从更谨慎和实际的角度修正了帕森斯的结构功能主义③。默顿认为中层理论应该试图解释社会生活特定领域的社会模式，特别是，他们可能会关注围绕社会行为预期的和意想不到的后果（明显的和潜在的功能），以及这些后果如何与社会结构的维持相关（如社会阶层分化）。此外，他在批判帕森斯结构功能主义的基础上，利用功能主义框架提出了失范理论，确定了社会和文化结构的两个关键元素。"第一个成分由受文化限定的目标、目的及兴趣组成；是全体成员或广泛分布于社会各界的成员所持的合法目标"，"第二个成分规定、适应并控制着实现这些目标的可以接受的方式，每一个社会群体都总是将自己的文化目标同植根于习俗或制度的规则、同实现这些目标所允许的程序的规则联系起来"④，默顿关注制度化的目标和手段，实际上将社会视为一个融合程度不同的社会体系，将注意力从帕森斯的宏大社会理论转向了中层理论。他认为，当制度化的目标和手段之间有

---

① G. Lüschen，"The Interdependence of Sport and Culture"，*International Review of Sport Sociology* 2，no. 1（1967）：127–142.

② C. Setvenson，"Sport as A Contemporary Social Phenomenon：A Functional Explanation"，*International Journal of Physical Education* 11，no. 4（1994）：8–14.

③ 熊欢：《身体、社会与体育：西方社会学理论视角下的体育》，北京：当代中国出版社，2011，第39页。

④ 罗伯特·K. 默顿：《社会理论与社会结构》，唐少杰、齐心等译，南京：译林出版社，2006，第225页。

一个令人满意的平衡时，一个社会制度就达到了平衡。然而，结构性的不平衡导致社会制度的一体化不佳，个人对制度化的目标和手段采取不同的适应方式。简言之，"社会结构产生了一种导致社会失范和反常行为的压力"。为此，默顿提出了个人应对制度化目标和手段的五种类型①。

①服从——个人同时接受文化目标和实现这些目标的制度化手段。

②创新——个人认同文化目标但不接受达到这些目标的首选或合法手段。

③遵守规则——个人遵守制度化手段，但不追求崇高的目标，如美国梦中提出的目标，强制遵守制度化的规范，如与新教职业道德有关的规范。

④回避——个人拒绝文化目标和制度化的手段。

⑤反抗——个人感到与当前的文化价值观和规范手段相疏远，并认为它们纯粹是武断的，就用其他激进的方式来反对文化目标和制度化手段。

默顿用他的类型学来回答这个社会学问题——为什么在社会结构或文化中，对成功的主导目标的强调越来越脱离对寻求这些目标的制度化程序的重视？但其并没有进一步解释这种社会回应存在的原因和复杂性。默顿虽然批判了帕森斯的宏大理论，但其与帕森斯一样都强调功能主义视角下的社会秩序与社会需求的重要性，而对于社会系统内部各个团体之间存在的冲突问题退避三舍，由此也为运动社会学理论拓展提供了研究指向。

三　戈夫曼：互动社会秩序模型与运动社会学

戈夫曼对社会分析的主要实质性贡献是他坚持关注社会现实中一个被忽视的方面：日常性的、常规化的、通常是微不足道的互动。他关注各种形式的社会接触，认为日常互动是社会秩序的基础。正如戈夫曼所指出的，"我的终极兴趣是将面对面互动的研究发展为一个自然有边界的、分析连贯的领域——社会学的一个子领域"。他将涂尔干的社会学理论发展到一个新的阶段，与涂尔干的宏观社会学视角不同，戈夫曼主要从社会交互影响的微观层面对社会功能进行分析。

戈夫曼的互动社会秩序模型支撑了他所有的研究。在他的职业生涯中，他提出了戏剧模型（角色理论）、战略互动模型（博弈论）、语言模型等。戏剧模型是戈夫曼最广为流传的理论模型，戈夫曼使用戏剧的语言，将互动描述为

---

① R. K. Merton, *From Social Theory and Social Structure* (Glencoe, IL: Free Press, 1957), pp. 147-189.

戏剧表演，在戏剧表演中，"剧本"通常由轮流扮演演员和观众角色的参与者表演，演员拥有大量的角色，且要从这些角色中选择合适的，在该角色中做出可信的和理想化的表现，并遵循互动的规范脚本。戈夫曼认为，现代社会中每个人的"面子"都是"神圣的"，因此，在等待自己的演员角色时，观众必须对他人的表演做出适当和赞赏的回应。在这个比喻中，社会生活发生在公共场合、"舞台上"，在更有趣的"后台"领域，演员通过"面子"或"印象管理"来为表演做准备——有意识地保持角色可信度的行为①。以此作为出发点，戈夫曼对体育明星的行为也做了分析，戈夫曼认为，因为体育明星的面孔家喻户晓，所以体育明星的"面子"更加具有"神圣性"，因而他们的交往活动中会带有许多正面的和负面的礼节。例如，作为公众人物的体育明星在接受采访时就需要对自己进行"形象管理"，如言语不能激进、不能破坏国家的和平与安全，同时伴随着体育的商业化与政治化发展，体育明星尤其要注意自己的政治立场以及服饰鞋帽的穿戴等，以避免向社会传递不利于国家安全和损害自身声誉的信息。戈夫曼的人际互动的微观社会学研究引发很多的学者持续研究，一些学者用功能主义理论的视角从微观层面对体育团体及团体之间的关系进行了研究。比如洛伊分析了体育团队中领导角色及被强加上的社会功能；罗格·芮丝和玛丽·赛格尔研究了体育团队中领袖是在怎样的团队结构及社会过程中被选出来的。除了分析领导角色和行为，戈夫曼的微观功能主义理论还被大量地运用到体育团队内和团队间的竞争、冲突以及协作的研究中。戈夫曼的"战略互动"模型使用游戏作为理解互动动态的中心隐喻，这种模式特别适用于运动社会学领域的研究，即竞争者通过欺骗和误导来增强其竞争优势，显而易见的是运动中的失范行为，比如越轨、欺骗、药物滥用以及兴奋剂等问题。戈夫曼对社会秩序和社会等级制度在日常互动中产生的方式提供了敏锐的见解，他所有的作品都探讨了支配社会交往的规则，以及秩序产生和维持的社会的细微差别。大多数互动都是支持性的，也就是说演员一起努力，就会产生一种流畅或"支持性的互动"。它们尊重有关适当程度的参与规则，它们通过分享与情况有关的信息来防止误解，并对其他行动者表示适当的尊重。

戈夫曼对运动社会学的直接影响有限，但是其间接影响却是广泛的。首先，戈夫曼的戏剧模型（角色理论）的有效性应该是显而易见的，因为运动既是表演又是竞争。运动在棒球场、篮球场、足球场的"舞台"区域，以及

---

① R. Giulianotti, *Sport and Modern Social Theorists*（Palgrave Macmillan, 2004）, p. 51.

"后台"更衣室和练习场进行的互动有利于社会和道德秩序的建立。其次，戈夫曼对行为举止的概念是他深入研究性格的基础。伯雷尔强化了"性格是对行为举止的夸张描述"的观点，在戈夫曼的模式中看到了涂尔干仪式模式的延伸。她在运动参与的背景下，探索了戈夫曼的四种性格主题——勇气、游戏性、正直和沉着。伯雷尔和图罗维茨在对女性体操运动员和职业摔跤手的比较研究中探讨了戈夫曼对性格测试的概念化。但遗憾的是，鉴于历史上对运动作为性格塑造的强调，人们并没有对戈夫曼的动作场景的兴趣给予更多的关注。最后，戈夫曼对运动亚文化研究的间接影响最为明显。起初，这些研究使用了个人的"职业"概念（从最初的参与到退休），特别提到了戈夫曼的"道德生涯"概念，后来的研究包括摔跤手、马术运动员、台球运动员等。运动亚文化研究借鉴了戈夫曼作品中更具体的方面，关注身份（及其与角色的联系）、情感和角色。哈特利用戈夫曼的污名化概念来探索给女性贴上不合适的运动员标签是如何有助于证明她们被排除在身体运动之外是合理的。污名化是描述20世纪60年代早期身体运动中性别关系状况的一个理想概念。污名化的概念承认，社会地位不同的个体，必须在某些环境中实施自我呈现不成比例的权力。哈特对戈夫曼理论的运用以及她对身份的社会建构的承认，证实了她是早期运动社会学中最社会学的女权主义者之一，并指出了戈夫曼的工作有可能奠定更多批判性分析的基础。

　　无论是宏观功能主义还是微观功能主义，就像杰·科克利所指出的，"运动功能主义者们大多是站在统治者以及运动决策集团的立场上的"[1]。而处于统治地位的集团更喜欢用运动功能主义来美化现有社会、避免社会矛盾和激进的社会运动，来最大限度地维护他们已有的特权和社会影响[2]。简言之，学者们通过对功能主义视角下由运动所构成的社会进行分析，旨在探讨运动是如何促进社会的团结与和谐，促进社会、社区、组织与团体内部有效地运行，同时也从微观层面讨论了个人该如何为社会平稳健康发展做出贡献。当然，在新功能主义的倡导下，功能主义的分析模式冲破了原有的局限。新功能主义试图接纳或综合不同的观点，克服传统功能主义的"反个人主义""忽视变迁""保守主义"等缺点，更加适合对新时期出现的更多复杂的运动现象进行分析。

---

[1]　J. Coakley, *From Sport in Society: Issues and Controversies* (New York: McGraw-Hill, 2007), p. 37.

[2]　熊欢：《身体、社会与体育：西方社会学理论视角下的体育》，北京：当代中国出版社，2011，第47页。

第三节 运动的宏观功能与微观功能

一 宏观功能主义：运动对社会的统合功能，进一步确立运动社会学的现实地位

早期的西方运动社会学基于功能主义的整体方法论视角，将运动视为一种"社会制度"，并更进一步地把运动看作社会整体与其他机构复杂关联的反映。而这对于运动来说，无疑实现了借助功能主义赐予的极其强大的"武器"来驳斥运动社会学家从事"不足道哉之学术追求"的指控。同时，极具反转意义的是，当结构功能主义在社会学中遭受猛烈攻击的时候，它却在运动社会学中获得强大的立足点。尽管之后的运动社会学家放弃了"运动作为社会观点的一面镜子"的观点，但是，运动作为日常生活的一种制度的含义依然获得了持续性的关注。我们能够在哈里·爱德华兹、卡列维·海尼拉、冈瑟·卢申、克里斯托弗·史蒂文森和塔塔诺的相关著作中看出运动最明确的功能主义。在这些运动社会学的代表人物中，卢申在构建功能主义运动社会学的框架中发挥了极为重要的作用。在他的第一篇论文《体育和文化的相互依赖》（刊发在 1967 年的 IRSS 上）中，卢申基于动作系统的框架参考，对运动进行了考察，并且讨论了运动在社会和文化中的功能及功能障碍，且进一步对运动与文化的演进进行了推测。他指出，运动的功能通常是较为普遍的，并且凸显宗教性质，以集体为导向，并且作为训练技能的代表以及有关成人与战争的技能，而现代运动的功能则被称为特定的模式整合与维护[1]。后期，卢申在对运动进行的结构分析中，则主要关注运动外部系统，而结构分析也将运动体系概念化成社会和人存在的基本结构模式。

斯蒂文森与他的导师约翰·尼克松也对早期的社会运动功能分析做出了卓越的贡献，因为他们确定了运动在社会层面上的五项基本功能：①政治功能——体育被用于意识形态的目的；②社会情感功能——运动有助于社会心理稳定的维持；③社会流动功能——体育是向上流动的来源；④整合功能——体育有助于不同群体的和谐；⑤社会化功能——使个体适应社会环境。[2] 爱德华

---

[1] G. Luschen, "The Interdependence of Sport and Culture", *International Review for the Sociology of Sport* 1, no. 2 (1967): 127–141.

[2] J. Coakley, and E. Dunning, *Handbook of Sports Studies* (London: Sage Publications, 2000).

兹也倾向于支持社会层面上的运动功能主义观点，但是由于其政治激进以及对于美国种族主义的批判性评论和被外界认为与功能主义固有方面的保守主义观念相悖，所以很少有人认为他是功能主义者。戏剧性的是，爱德华兹是美国功能主义典型代表帕森斯的直系学术后裔。爱德华兹的代表作品《运动社会学》（1973）作为北美第一本运动社会学的教科书，凸显了对冲突功能主义的强调。爱德华兹在该书中，依据其导师对于美国社会功能主义的分析，用了一章叙述运动是作为一个社会机构存在的，并提供了一个借用运动原始功能来阐释球迷热情的路径。作为一个社会机构，运动的主要价值在于维护社会化的功能，它给球迷提供了在日常社会生活的世俗领域中，重申既定信仰与价值观念的解决方案和手段，并且特定的价值观模式可以借助运动活动的某些内在特质来表达。这两方面的解释，不仅回答了球迷热情的影响机制，还回答了为什么男性是运动的主要追随者。相比较而言，塔塔诺与海尼拉的功能主义观点最初在英语运动社会学家中默默无闻，这实际上是因为他们大多数的学术作品主要以他们的母语日语和芬兰语发行，但是从 IRSS 第一卷的一篇名为《国际运动中群体间冲突的笔记》的论文中可以发现海尼拉的功能分析模式，他还进一步探讨了运动在意识形态之中的善意功能重要性。而日本学者塔塔诺，其最为正式的运动功能主义分析是刊发在 1981 年 IRSS 上的《体育模型——体育作为文化的构建：一篇旨在对体育进行系统分析的工作论文》，他着重强调了运动的符号重要性，此文是继帕森斯之后对于符号进行的三重分类：表达性的（expressive）、认知性的（cognitive）和评价性的（evaluative）运动符号。[1] 在塔塔诺看来，运动系统并非一个封闭独立的系统。因此，我们可以系统分析其复杂的运动现象，更为重要的是，可以借此揭示运动系统与其他系统间的结构功能的相互关系机制。

　　质言之，从宏观功能主义角度而言，运动功能主义的研究主要聚焦于运动在社会与文化中的功能、运动服务与意识形态目的、作为缓解社会情绪的安全阀、形成社会流动的动力以及实现群体与个体二元对立的转化、作为一种社会机构甚至是作为一种联结运动之外系统的符号等。但是，从现实角度来看，对于运动功能主义的研究特征整体上呈现为将运动作为社会中的动力发生机制，侧重于社会层面的体系统合与维持，其出发点多是基于运动的有利一面，但是

---

① 　H. Tatano，"A Model-Construction of Sport As a Culture. A Working Paper Toward a Systematic Analysis of Sport"，International Review of Sport Sociology 16，no. 1（1981）：5-28.

不可否认，已有部分学者在运动功能主义分析过程中发现了运动功能系统的冲突与缺陷。

二 微观功能主义：聚焦运动社会群体的研究范式，不断揭示其内在的功能属性

卢申和洛伊在运动队之间的群体动力学分析中提供了"功能主义模型"，他们的模型在一定程度上反映出帕森斯、谢尔斯、贝尔斯之间的理论联系。卢申的运动模型强调从功能问题、结构层次以及行动的子系统之间剖析运动的群体，而洛伊的运动模型则强调从工具层面以及表达层面解析领导者角色的差异性[①]。玛丽·西格尔与罗杰·里斯则进一步提供了为数不多的运动队中领导者角色分化的实证调查研究。里斯与西格尔考察了美国大学的两支橄榄球队，并分析其中的任务产生以及社会情绪团队领导的结构与过程。他们把任务领导者定义成团队里最好的成员，正如他们所认为的那样，能力和技能是选择一个任务领导者重要的条件，而多年的经验是决定团队情绪的领导者最为重要的条件[②]。除了领导行为，有学者还对运动环境中的群体冲突和群体竞争进行了相应的功能分析。在科瑟的《社会冲突的功能》（1956）中，他用了16个理论命题研究社会冲突的意义，其中有4个命题同运动情境中的冲突研究紧密相关：群体的约束功能、释放敌意的安全阀功能、获得联盟的功能、寻找敌人"替罪羊"的功能。[③] 邓宁和埃利亚斯对于运动中的紧张关系和冲突进行了较为详尽的理论分析。在他们看来，他们并非功能主义的社会学家，而是比喻性的社会学家，但是，功能主义的暗示却出现在他们的作品中，如在邓宁的一篇题为《民间运动和现代体育的结构-功能特性：社会学的分析》的论文中，诠释了运动的社会发展，此外，邓宁与埃利亚斯还共同研究了足球运动团体的动态，具体而言，他们关注竞赛两队之间的整体极性、进攻与防守的极性，两队合作与紧张的极性、各队内部的合作与竞争的极性。总之，邓宁与埃利亚斯的文章显示了对于维持运动员与观众之间的紧张平衡的结构与过

---

① J. W. Loy, "The Study of Sport and Social Mobility," *Chicago Journal Athletic Institute* 32 no. 2 (1969): 57-76.

② C. R. Ree, and M. W. Segal, "Role Differentiation In Groups: The Relationship Between Instrumental And Expressive Leadership", *Small Group Behavior* 15 no. 6 (1984): 109-123.

③ J. W. Loy, J. E. Curtis, and J. H. Sage, "Relative Centrality of Playing Position and Leadership Recruitment in Team Sports," *Exercise and Sport Sciences Reviews* 27 no. 1 (1978): 257-284.

程的功能主义分析。同样，洛伊、麦克弗森和凯尼恩①指出，在运动的亚文化、业余爱好、运动职业中也面临着功能问题，包括①模式维护：招聘和社会化新成员，通过奖励、诱导成员，维护文化元素（例如，规范、价值观、信仰、符号、语言、服装、传说、传统、技术）；②整合：如学习与工作有关的技能和道德属性、任务以及功能专业化、结构内的社会地位和流动路径（职业基准）、通过仪式建立互惠的关系；③目标的实现：如控制亚文化特有的信息认知，运动技能的获得和展示；④适应：比如主导文化和"外人"的差异关系。有意思的是，多数的运动亚文化的功能主义分析都集中在异常行为，如卢申对作弊、犯罪、药物滥用和兴奋剂进行的功能分析。而对于运动亚文化研究，最为深入的研究如"对密尔沃基少数民族足球俱乐部成员的结构同化的分析"，发现"少数民族足球俱乐部的俱乐部政策抑制了成员的结构性同化"②。

概言之，运动在微观功能主义的研究中，主要集中于群体竞争与冲突、领导行为以及运动的亚文化功能层面等，并且在运动社会学发展的早期，功能主义是作为指导其研究的多重范式之一。这也使得早期的运动社会学家将运动视为某种社会制度，甚至将其视为整体社会的表征，且致力于研究运动同其他社会制度的内在关联，但伴随功能主义遭受的攻击，之后的运动社会学家转而关注运动作为日常生活中的一种制度这一领域。

第四节　功能主义理论视角下运动社会学研究的反思与批判

一　功能主义理论视角下运动社会学研究的贡献

在社会学和人类学中，功能主义由来已久，它运用一种"系统"方法解释社会。在功能主义学者那里，社会是一个有组织的系统，并且通过个体之间产生的共识、价值共享，使得相互联系的部门整合起来。功能主义的起源可以追溯至孔德时期，从历时性视角看，功能主义的前身便是社会学开创初期的"生物有机论"，后经社会学家涂尔干、马林诺夫斯基和布朗等人的发展，这

---

①　W. Loy, B. Mcphe, and S. Kenyong, *From Sport and Social Systems* (MA: Addison-Wesley, 1978), p. 135.

②　J. Coakley, and E. Dunning, *Handbook of Sports Studies* (London: Sage Publications, 2000).

个新生的理论逐渐在西方社会学的理论研究中占据主导地位，又由于功能主义在社会学研究中的突出地位和深远影响，所以对于运动社会学研究也产生了较大的影响，将身处学科边缘的运动研究逐渐向社会理论研究的中心牵引，奠定运动研究在社会系统中的重要地位，强化运动在社会系统整合中的积极作用。尽管功能主义的理论观点不尽一致，但是它们都不约而同地强调社会"整合""均衡"，即社会各个部分的协调与一致。为此，功能主义又被称为"社会整合理论"或者"均衡论"。早期的西方运动社会学引导学者运用功能主义进行运动与政治、经济、教育的关系等研究，这也客观上建立起学界对于运动社会学这门学科合法性的认知。如在北美的运动社会学研究中，他们强调工具实证主义、客观性、价值无涉等，从而奠定了功能主义的工具性的实证主义地位，这对于西方运动社会学研究的影响极为深远。其中，最为清晰地运用功能主义分析运动的西方学者，有吕申、卡列维·海尼拉、哈里·爱德华兹、克里斯托弗·史蒂文森。吕申是一位德国的运动社会学家，他长期定居美国，在运动社会学的研究中较多地采用了功能主义理论框架。他的第一篇论文，《体育与文化的相互依赖》(The Interdependence of Sport and Culture) 发表于 1967 年的 IRSS，其中就呈现出帕森斯主义者的观点。在这篇具有代表性的文章中，吕申从"行为系统"的参考框架出发研究运动，讨论了在文化与社会之中的运动的功能与反功能，并从功能主义的理论视角出发，将社会群体的运动问题作为社会系统的一部分来研究。

可以说，从 20 世纪 30 年代末到 60 年代初，功能主义理论框架在北美运动社会学研究中一直处于主导地位。到了 60 年代，一些学者对这种理论在运动社会学研究的方法、逻辑、意识形态以及政治态度方面提出了批评。典型的如在 1970 年华盛顿大学社会学家古尔德纳写的《西方社会学面临的危机》直接批判了当时美国主流的社会学，据叶启政回忆："当时，此书一出，轰动一时，洛阳纸贵，我们系里研究生几乎人手一本，学生中谁再自称是帕森斯的信徒，就会被嘲笑是落伍，但是直到 70 年代中期，美国主流大学还是由实证主义结合美国本土的结构功能论与象征互动论所掌握。"[1] 由此，不难看出功能主义的影响和地位，其对于运动社会学研究的突出贡献是值得肯定的。

---

[1] 周晓虹：《重建中国社会学：40 位社会学家口述实录（1979—2019）》，北京：商务印书馆，2021，第 125 页。

二　功能主义视角下运动社会学研究的局限

（一）功能主义片面强调运动的社会整合功能

功能主义视角下的运动社会学研究，存在一种将运动"青睐"为社会整合的手段和途径的倾向。在这种研究逻辑理路下，功能主义运动社会学研究很容易滑向功利性运动社会学研究的轨道。功能主义运动社会学研究过分强调了"标准"，从而难以避免地夸大了运动的稳定性、统一性和在整个社会系统的和谐地位，进而无限扩大了运动的积极作用，这也就不可避免地忽略甚至遮蔽了运动所存在的问题，其中就包含着"社会冲突"。在功能主义看来，社会生活背后的驱动力，其目的是维持社会系统的平衡，进而实现其持续性的运作。实际上，在社会的主要领域中，社会群体如果形成了共同价值与共识，那么这种平衡就会相应地达到。在功能主义那里，对运动的分析存在这样一个假设——社会共同价值和共识决定社会秩序，即在既有的社会中，运动促进社会的共同价值与共识。所以，基于这一预设，运动社会学家们在利用功能主义阐释社会现象时，他们往往聚焦于"运动如何'适应'日常生活，促进社会稳定进步"，进而在这一逻辑演绎下不断追寻运动所能满足社会系统的基本需要与方式。除此之外，对于功能主义运动社会学家而言，运动还是一种"社会制度"，因为它不仅可以向运动爱好者们传递某种价值观，而且在此基础上还维持着社会秩序。但是，需要注意的是，运动对社会产生的功能必须在同社会要素结合的前提下方能体现出来，如宗教、教育、家庭等。功能主义者还认为，运动是一个次文化体系，它可以教会人们基本的社会价值观念，以达到相应的道德标准。总之，功能主义探讨运动在社会层面如何实现社会组织与团体的平稳运转，与此同时，也在追问个体在运动参与过程中如何做出社会贡献。诚然，功能主义运动社会学视角可以解释中国许多的运动现象，如政府为什么发展体育经济和社会体育文化、中国的体育制度与其背后的因素、中国社会文化对运动参与者的影响等。同时，功能主义有助于回应与阐释中国运动社会，以及如何利用运动来维持社会秩序，如何通过影响个体行为实现社会系统的整合。但是，由于功能主义倾向于将运动作为社会整合的方式，难免引发功利性的追逐倾向，片面强调功能性、正向性，进而逐渐遮蔽功能主义的不足。功能主义对社会需求一致性的假设、对社会不同运动群体利益的忽略、对社会多元化的忽视，都会限制我们对当今中国社会转型期出现的一些运动现象的深入了解和阐释。

（二）功能主义目的论导向的缺憾，暴露为对运动社会问题历时性的考量

科学家历来就是依据以往的原因去回应现在与预测未来，目的论者则以未来的终极原因与目的来阐释过去和现在的事情。因此，目的论与人类的科学准则是相互背离的。功能主义对于运动认同的目的在于"一厢情愿"地把运动置于对社会起正向功能的层面。实际上，其理论假设都是现行社会体系的合理性，在这一前提下，运动在社会中的存在是合理的，但却忽视了它可能存在的负面影响，如运动带来新的经济增长点，但是其裹挟的愈加浓厚的铜臭气息，使得运动变成商人攫取金钱的手段。这一点对竞技体育的影响尤为严重，如黑哨、地下赌球。围绕职业体育与业余体育"是否应该有偿参与训练"这个话题的讨论，业已使二者变得水火难容。对于功能主义者来说，他们未能在自己的理论中提出并处理一个充满冲突和需要改革的当代社会的主要问题。人们之所以对功能主义进行批判，主要是因为功能主义对于社会问题的漠视，当功能主义者热衷用抽象的概念来构造理论时，社会却需要对社会事务的道德关怀。运动中的社会系统在平衡状态下的自然整合以及利益冲突与功能主义的假设也并不一致，它忽视了运动作为一种社会建构更多有利于社会阶层较高的群体，由此带来的负面影响甚至会逐渐加剧社会的不平等。

功能主义作为一般性的社会理论，它是否在为资本主义辩护不置可否，但就其理论来看，它也的确对资本主义的困难提出了一种理解。功能主义将这种资本主义的困难看作历史迈向更加稳定与整合的方向的一部分。尤其是宏观功能主义，往往为了凸显功能而严重依赖某个节点上的结构体系，忽视当前的结构如何发展而来，缺少一定的历时性视角，强调当代性而忽略了社会变迁和历史性。功能主义的理论框架建立在现代社会所出现的问题基础之上，并没有充分反映社会变化的历史过程。功能主义者假设当前所发生的事情同以前没有联系，因此他们对于社会问题的研究只考虑"眼前的因素"，而不推敲"历史"对此事的影响①。虽然有学者指出，在涂尔干、帕森斯、默顿等进行理论建构时，考虑到了关于社会历史演变的因素，而且之后的学者似乎也注意到这个问题，例如在海尼拉对于足球的研究过程中运用帕森斯的功能主义分析模型，揭示足球从业余转向职业过程中内含的统一标准等如何形成

① I. M. Zeitlin, *From rethinking sociology: a critique of contemporary theory* (New York: Appleton-Century-Crofts. 1973), p. 25.

并影响足球运动的发展①。但是这种辩解方式，正是在不断延伸功能主义的解释域的基础上而产生，并且功能主义的局限依然存在。

（三）功能主义对运动现象阐释的无力

功能主义的另一局限在同社会冲突论的对比之下凸显出来。功能主义倾向于接受被社会普遍接受的秩序，继而观察社会的有序变化，强调社会的一致性，导致进一步夸大社会的整体性与稳定性，忽视社会的冲突。然而，社会冲突论却强调某些社会群体被其他人控制，并观察次要群体推翻统治群体过程中的无序、快速的社会变化。面对美国社会 20 世纪 60 年代以来层出不穷的冲突与社会问题，功能主义开始受到驳斥，并且迫切需要新的理论。这种思潮在 20 世纪 60 年代到 70 年代初期引起了西方学界关于社会的矛盾性与统一性的争论。在功能主义看来，社会是一个统一体，每个社会成员拥有一定的道德观和行为标准，社会秩序建立在群体一致默认的标准之上，社会变迁缓慢有序。而社会冲突论却认为社会成员只不过是被划分为统治群体与被统治群体，社会秩序建立在统治群体对被统治群体的控制和操纵基础之上，社会变迁便是由这种控制与操纵催生出来的反抗所造成的，因此，社会变迁也是激进和无序的。功能主义的统一性和社会冲突论的矛盾性争论，同样波及运动社会学研究。实际上，我们可以通过比较麦克尔·诺瓦克的《体育的欢乐》② 和简-玛丽·博姆的《体育：时间的监狱》③，以及部分社会体育焦点问题窥一斑而知全豹。在《体育的欢乐》一书中，作者认为"体育具有一种信仰服务的功能，信仰反映出人们的一种无意识的文化需求，而体育恰恰符合了这种需求"④，而在博姆那里，体育却是一种抽象的监狱。以棒球为例，风靡全球的棒球运动最初反映的是一种乡土文化，随着西方资本主义全球扩张而逐渐传播到世界各地。通过观察棒球运动，我们能够发现棒球比赛的基本单位是每个独立的队员，但队员之间却存在相互鼓励的协同关系，这也自然符合美国（乡村）的文化追求。然而，在橄榄球中却反映出其与现实生活极高的契合度，在橄榄球运动中，各种突破、防守与反击、暴力竞争等特点都是美国移民者的真实生活写照。篮球运动则集中体现出黑人城市的文化特质。实际上通过这些类比，不难

---

①　K. Heinila, "Football At The Crossroads," *International Review of Sports Sociology* 4, no. 3 (1969): 5-30.

②　M. Novak, *the Joy of Sports* (New York: Harcourt, Brace & World, 1976), p. 21.

③　Jean-Marie Brohm, *Sport: A Prison of Measured Time* (London: Ink Link, 1978), p. 46.

④　M. Novak, *the Joy of Sports* (New York: Harcourt, Brace & World, 1976), p. 29.

看出运动与宗教的功能极为相似，它反映出人们如何维持对某一文化的信仰。同时，运动也可能在职业化，甚至是娱乐化进程中逐渐失去这种功能。发端于英伦三岛的现代运动逐渐混淆和遮蔽了阶级冲突，在资本主义集团的控制之下，运动逐渐被用来掩盖阶级压迫、去政治化、培养劳动力并进而宣扬一种新型的商品关系。对于正处在转型期的中国而言，如何通过运动化解社会冲突并应对各种社会变迁带来的风险和挑战，成为一个极具现实性和理论性的问题。

思考题

1. 如何理解帕森斯功能主义视角下的运动社会学？

2. 功能主义在回应社会阶层化过程时为什么乏力？如何理解当前我国的阶层化尤其是在运动领域中的阶层化现象，这种现象的出现有没有其他的解释路径？

3. 什么是微观社会学？它对于剖析功能主义视角下的运动社会现象具有什么样的优势与不足。

4. 在中西方语境下，功能主义对于解读运动社会学现象需要做出哪些调整？在中国转型时期，如何更好地延伸功能主义理论进而发展运动文化？

5. 在社会变迁视角下，如何更好地去理解当前社会中所出现的运动现象？

推荐阅读书目

1. 埃米尔·涂尔干：《社会分工论》，渠东译，北京：生活·读书·新知三联书店，2000。

2. 罗伯特·K. 默顿：《社会理论和社会结构》，唐少杰、齐心等译，南京：译林出版社，2006。

3. 欧文·戈夫曼：《日常生活中的自我呈现》，冯钢译，北京：北京大学出版社，2016。

4. 周晓虹：《重建中国社会学：40 位社会学家口述实录（1979—2019）》，北京：商务印书馆，2021。

5. A. Giddens. *Studies in Social and Political Theory*. New York：Basic Books, 1977.

6. E. Dunning. *The Structural-Functional Proper Ties of Folk-Games and Modern Sports：A Sociological Analysis*. Sportwissenschaft, 1973.

7. É. Durkheim. *The Rules of Sociological Method*. Glencoe, IL：Free Press,

1895.

8. I. M. Zeitlin. *Rethinking Sociology*：*A Critique of Contemporary Theory*. New York：Appleton Century-Crofts，1973.

9. J. H. Turner. *The Structure of Sociological Theory*. Homewood，IL：Dorsey Press，1974.

10. R. K. Merton. *Social Theory and Social Structure*. Glencoe，IL：Free Press，1957.

11. T. Parsons. *The Social System*. Glencoe，IL：Free Press，1951.

12. T. Parsons. *The System of Modern Societies*. Englewood Cliffs，NJ：Prentice-Hall，1971.

代表性学者简介

1. 埃米尔·涂尔干（Émile Durkheim，1858~1917）。生于法国孚日省埃皮纳勒。青年时代放弃了宗教信仰，走上实证科学的道路。1887~1902年，在波尔多大学教书，并在那里创建了法国第一个教育学和社会学系。1891年，被任命为法国第一位社会学教授。1898年，创建了法国《社会学年鉴》。围绕这一刊物形成了法国社会学年鉴学派。主要著作有：《社会分工论》（1893）、《社会学方法的准则》（1895）、《自杀论》（1897）、《宗教生活的基本形式》（1912）等。

2. 勃洛尼斯拉夫·马林诺夫斯基（Bronislaw Malinowski，1884~1942），英国社会人类学家、功能学派创始人之一。在英国人类学家詹姆斯·乔治·弗雷泽的《金枝》启发下对人类学产生兴趣。1924年，任伦敦大学社会人类学讲师；1927年，任伦敦政治经济学院教授；1936年，代表伦敦大学和波兰学院去美国参加哈佛大学一百周年纪念，被授予荣誉科学博士学位；1939年，在美国耶鲁大学任教。代表作有：《西太平洋上的航海者》（1922）、《两性社会学》（1927）、《文化论》（1944）和《巫术科学宗教与神话》（1948）等。其中，《文化论》是其功能主义理论比较全面和系统的总结，其学术思想，尤其是关于实地调查的方法论，对西方人类学和民族学产生了重大影响，他和另一位英国人类学家阿尔弗雷德·拉德克利夫-布朗一起创立了英国功能学派。

3. 罗伯特·金·默顿（Robert King Merton，1910~2003）。出生于美国费城南部的一个平民家庭。1931年获坦普尔（Temple）大学学士学位，之后进入享誉世界的哈佛大学，师从著名社会学家索罗金、帕森斯和科学史家萨尔顿。1936 年获得社会学博士学位。1941 年默顿去了哥伦比亚大学，在那里度过了他此后全部的社会学生涯，并先后担任过哥伦比亚大学社会学系的系主任、应用社会研究所副所长、美国社会学协会主席（1956～1957）、美国东部社会学协会主席（1968～1969）、美国科学社会学研究会主席（1975～1976）、社会科学研究院院长（1975）等职。1979 年在哥伦比亚大学退休并荣膺特殊服务教授和荣誉退休教授。科学社会学的奠基人和结构功能主义流派的代表人物之一。代表作有：《17 世纪英国的科学、技术与社会》（1938）、《大众见解》（1946）、《社会理论与社会结构》（1949）、《站在巨人的肩上》（1965）、《理论社会学》（1967）、《科学社会学》（1973）、《现代社会学》（1959）和《建立科学评价体系》（1978）等。

第五章　社会进化论与运动社会学

本章要点

　　·厘清进化论的思想脉络与形成的社会背景。自进化思想提出以来，无论是达尔文的生物进化论还是以斯宾塞为代表的社会进化论，对于人和社会的进化与发展问题都进行了深入的探讨。马克思的社会进化观点则进一步强调了物质的作用，主张生产力推动了社会形态的变革。进化论对进一步审视运动场域中人与人和人与社会的关系提供了新颖的视角。

　　·运动社会学在人的进化方面主要关注人的生物性竞争、道德规范和人的全面发展三种理论学说；生物性的差异导致了民族主义的产生，体育竞赛为消解种族歧视和性别歧视提供了一个平台；竞技运动的发展历程是社会进化和文明进步的缩影。

　　·通过社会进化论和运动社会学理论的学习，能进一步解释运动中存在的社会现象，并发现背后的社会运行机制。在进化论的理论中思考运动问题时，要重视一些非文明现象，如技术对生物体的过度介入，个体社会化中文化要素的忽略等问题。

关键概念

　　进化论；全面发展；偏离行为；身体工具化；文明进程

第一节　社会进化论形成的社会背景与理论内涵

一　进化论思想形成的背景

物种进化一直是西方思想家、生物学家和社会学家关注的对象。14 世纪的欧洲，随着手工业和商业的不断进步，城市开始发展，并出现新的城邦与国家，带动了经济、文化与科学水平的进步，并改变了人们关于宇宙和物种起源的认知，由此引发新学说和科学思想的出现，不断冲击着以《圣经》为真理的教会政权的权威。关于物种的起源和进化问题，可以追溯至古希腊哲学家的思想和观点。亚里士多德在《听诊术》中使人们相信物种具有典型的形态，这种形态通过生殖一代代地延续下去。在以教会神学为主的基督教历史中，托马斯把亚里士多德的学说与基督教思想相结合，开辟了基督教神学发展的新道路，其间也接受了托勒密的地心说①。在基督教看来，人是上帝根据自己的形象创造的，而日月星又是上帝为了人而创造的，因此，人居住的地方理应在宇宙的中心。这种观点与托勒密的地心说相符。基督教思想与托勒密理论的结合，形成了"地球在宇宙中心，上有天堂、下有地狱"的构想。

在达尔文提出进化论之前，一些地质学家和天文学家对于地球乃至整个宇宙的设想可以看成是对"上帝创造人"的神学的挑战。意大利航海家哥伦布在1492年发现新大陆后，哥白尼于1543年出版的《天体运行论》一书中提出"日心说"，认为太阳是宇宙的中心，地球只不过是距太阳第三远并围绕太阳运转的行星。虽然他打算借助这种观点来说明宇宙的和谐，但他的后继者却认识到，通过打破地球与天际的界限，哥白尼已经建立起一种新的、非阶层体系的、由恒定的动力学法则控制的宇宙模型。这一学说的提出，推翻了基督教会长期奉为圣典的托勒密学说，直接反驳了"地球不动，太阳在动"的说法。

后来，一些追随者继续探讨哥白尼"日心说"的含义而不断形成新的假说。笛卡尔在机械论原理的基础上，将天文学和物理学结合形成一种合理的宇宙哲学观。新的宇宙哲学为探讨地球的起源提供了一个明确的框架，同时对传统的自然观和基督教神学发出了挑战。自此，《圣经》的创世学说已经不能解释人类的起源，且已经证明世界经历了一个更加漫长的发展时期。关于人的起源和社会发展的讨论，达尔文的进化论思想抛弃了任何对世界进行超自然干预的看法，它主张仅凭自然力本身就足以创造出新物种。简言之，哥白尼使人类离开了宇宙的中心位置，而达尔文的理论则要求重新解释在创世中我们人类的角色。

---

① 哥白尼：《天体运行论》，李启斌译，北京：科学出版社，1973，第1页。

二　生物进化论的形成与发展

在生物学学科中"进化"一词最早用于描述子宫中胚胎的生长，认为这种生长是地球上生命发展一般历程的缩影[1]。进化的思想主张世界中事物的结构和序列都是自然变化的结果，在关于自然进化的问题上，博物学、生物学等不同领域的科学家提出了不同的解释路径和范式。特别是进入 18 世纪以后，他们在科学理性的基础上通过大量的解剖和实验资料来进一步考察物种进化的机制。随着科学的进步和新的宇宙哲学思想的发展，包括布封和拉马克等被视为进化论先驱的科学家们更加大胆地对传统宗教进行抨击，不断探寻生命的起源，他们几乎构建了现代理论的轮廓。布封在其著作《自然史》中提出发生理论学说，强调物种是通过生殖维持的类群，并分析环境对物种造成的影响，同时对世界如何能成为现在这个样子进行因果解释，为那些相信人类可以发现万物自然原因的人提供了一个解释框架[2]。拉马克相信生命是物质的产物，物种构成了一个复杂且具有等级序列的结构，而且这种等级序列代表了生命曾经经历的历史图景。今天最复杂的生物是最早出现的简单生物经多代演变而来。在《动物学哲学》中，拉马克以长颈鹿为例，提出"用进废退"的进化机制，但是这并不意味着动物单凭意志力就可以发展出它所需要的新器官，而是需要决定了生物如何使用它的身体，用与不用的结果造成有些部分发展，有些部分退化，进一步而言，环境产生了动物的需要，而动物的需要又决定了动物如何使用身体。

拉马克的进化论比早期一些思想家的理论有了更大的进步，但是也受到了一些学者的挑战与批判，尤其是乔治·居维叶借比较解剖学的技术，描述和比较了他所得到的各种动物的结构，并根据化石遗骸复原了灭绝的物种。1859年《物种起源》问世，达尔文对物种进化论的思想进行了全面系统的论述，他认为，所有生物的一切肉体器官和思维器官，是借助自然选择的途径以及使用习惯的作用发育出来的，换言之，是由于其所有者在同其他生物进行竞争时可以取胜而形成的[3]。"生物高速率繁殖的倾向导致了生物的生存竞争"[4]，按

---

[1]　皮特·J·鲍勒：《进化思想史》，田洺译，南昌：江西教育出版社，1999。

[2]　布封：《自然史》，王恩茵译，江苏：凤凰出版社，2017。

[3]　达尔文：《达尔文回忆录》，毕黎译注，北京：商务印书馆，1982，第 53 页。

[4]　达尔文：《物种起源》（修订版），周建人、叶笃庄、方宗熙译，叶笃庄修订，北京：商务印书馆，1995，第 49 页。

照达尔文的理解，物种生存所依赖的自然资源是有限的，而物种数量的增长必然导致生存竞争，由此产生一种"自然选择，适者生存"的进化规律和机制。达尔文的进化观以科学和客观的事实为依据，为进化从一种抽象的哲学观念转变为彻底唯物的科学理论奠定了坚实基础。

进入 20 世纪，随着科学的不断进步，自然科学和社会科学出现了综合发展的趋势。统计生物学和群体遗传学为自然进化论的进一步发展奠定了牢固的基础，有关进化的思想和观点更加丰富和系统，并进而形成一种综合的进化理论。作为当代社会生物学的奠基人，威尔逊继承了达尔文的生物人性论并结合自然科学和社会科学两个方面进行研究，在现代综合进化论的基础上，威尔逊提出了自然选择的单位既不是个体也不是群体，而是基因。基因是自私的，唯一的目的就是生存，通过借基因解释人类社会中的利己行为和利他行为，两类科学不再处于二元对立的状态，而是获得了统一的基础①。

威尔斯、朱利安·赫胥黎与小威尔斯合写的《生命之科学》（1930）全面介绍了达尔文生物进化论的思想。随后在综合了博物学、生物学、遗传学的基础上，赫胥黎在《进化：现代综合》（1942）中对综合进化论的思想做了进一步论述。20 世纪 70 年代，德国科学家哈肯创立协同学理论，在揭示系统从无序到有序的进化机制过程中，提出了重要的协同思想，"不是最适者也能生存，并专门创造自己的生态小环境"。② 在协同进化过程中，对立的双方也在适者生存的进化中，自然界形成的生态系统是"既竞争又合作、既斗争又妥协"的协同进化结果。1994 年，美国科学家霍兰提出了比较完整的复杂适应系统理论，他把经济、生态、免疫系统、胚胎、神经系统及计算机网络等称为复杂适应系统，认为存在某些一般性的规律控制着这些复杂适应系统的行为，而具有适应能力的主动个体，可以根据环境的变化改变自己的行为规则，以求生存和发展③，可进一步将此观点理解为，人有意识的选择要比通过机遇和偶发事件的自然选择更为重要。

三　社会进化论的形成与发展

社会进化论思想可以追溯到英国维多利亚时期的启蒙思想家的构想，认为

---

① 米满月：《达尔文和威尔逊：生物人性论的奠基及其在当代的演进》，《湖南师范大学社会科学学报》2009 年第 2 期，第 33~35、45 页。

② 赫尔曼·哈肯：《协同学：大自然构成的奥秘》，凌复华译，上海译文出版社，2005，第 62 页。

③ 查英青：《达尔文以来的进化思想辨析》，《中共福建省委党校学报》2010 年第 10 期，第 96~101 页。

自由竞争的资本主义是最"完美"的社会形态。妨碍社会进步的是一些"低等"的社会组织，只有经过长期的社会发展才能被清除。并且只有消除这些旧有的阻碍，社会形态才能改变，社会才能进步。这种社会图景是稳定的，可以进一步将其应用到进步的人类社会中。然而，在社会达尔文主义看来，人类的所有特性都是自然进化而来。它按照自然选择的方式解释利我与利他行为，并认为人类特有的生物特性决定了人类区别于其他生物所具有的高级别特征，即，将进化理解为精神和物质的产物。

英国社会学家斯宾塞将进化理论所主张的"适者生存"应用在社会学上，尤其是教育及阶级斗争中，这可以看作是生物进化论在哲学社会科学领域的延伸。虽然达尔文在发表《物种起源》（1859）之前，就提出了社会进化论的思想，但斯宾塞的观点是受拉马克进化思想的影响。为了探究社会的运行，斯宾塞进一步深化了孔德的社会静力学和社会动力学观点，认为进化是一个普遍的规律，社会同生物一样是一个有机体，在生物和社会两种有机体之间存在着许多相似之处，并主张将"适者生存"的思想运用到社会的发展之中[1]。社会的秩序和进步分别代表了静力学和动力学两个面向。孔德还提出人类进步法则，强调人类心灵发展与解放的阶段与相应的社会组织、社会秩序和物质条件的发展相适应且相互联系[2]。

达尔文的支持者托马斯·赫胥黎早期对解剖学和考古学比较感兴趣，并且坚信科学应该独立于神学。在达尔文的《物种起源》出版后，赫胥黎对进化论的观点表示支持，或者说他至少认识到进化论是真正的科学理论，认为它能够经受事实的检验，只要有证据就能获得支持，同时，他还深信进化论会受到公平对待。但具体来说，他的立场是要确保进化论会对该理论支持者的专业工作有所帮助。赫胥黎的社会进化论思想完全不同于斯宾塞的论断，他认为人类社会进化的过程和自然进化的过程是不同的，特别是人类的道德情感和伦理不同于自然的生命过程。人类伦理的产生得益于人类社会的相互感通，人类社会存在竞争，但人类的伦理道德可以抑制激烈的竞争。赫胥黎的进化理论也被称为"互助进化论"[3]。威尔逊的新的综合进化论对于人类社会来说，具有明显的象征体系和社会组织特征，在很大程度上应归于文化的传承，在个体上表现

---

[1]　赫伯特·斯宾塞：《社会静力学》，张雄武译，北京：商务印书馆，1999，第 5 页。
[2]　刘易斯·A. 科瑟：《社会学思想名家》，石人译，北京：中国社会学科出版社，1990，第 7 页。
[3]　张士欢、王宏斌：《究竟是赫胥黎还是斯宾塞——论斯宾塞竞争进化论在中国的影响》，《河北师范大学学报》（哲学社会科学版）2007 年第 1 期，第 121～126 页。

为人的社会化过程，在社会整体上表现为人类文化、制度等象征体系的发展，而人的社会化过程和人类制度文化的继承和变迁，则是社会学研究的主要对象①。

关于社会的发展，在马克思看来，两种对立的力量维持着社会的运转，力量之间的冲突和竞争导致了社会的变革和前进。人类从出现开始，为了生存就开始与大自然进行竞争，进而扩展到人之间、族群之间的竞争。当一种需求得到满足后，新的需求产生。在不断满足需求的过程中，人类社会摆脱了原始的蒙昧阶段，分工和阶级出现，在为社会进步而进行的斗争中，个人作为一个基本单位服从他所属的阶级。与孔德和黑格尔强调精神和观念的进化是人类进化的观点相比，人类物质条件的进步成了马克思思想的出发点。人类社会的文明形态都是由生产力的发展推动的。自进化思想提出以来，无论是达尔文的生物进化论还是以斯宾塞为代表的社会进化论，对于人和社会的进化与发展问题都进行了深入的探讨。拉马克"用进废退"的机制强调了物种的功利性生存的一面，在功利性的需求中产生了物种的竞争生存。关于物种的生存机制能否在社会的发展中适用的问题，一些学者强调了道德情感在人类社会中的重要地位，认为用"适者生存"的观点解释社会存在一定局限。马克思的社会进化观点则进一步强调了物质的作用，生产力推动了社会形态的变革。可以看出，进化论思想的形成和丰富是对神学创世观念的挑战，为人类更好地认识自身的进化和社会的变革提供了理论基础，同时，进化论的观点对进一步审视运动场域中人与人和人与社会的关系提供了新颖的视角。

第二节　社会进化论在运动社会学研究中的发展与应用

工业革命促进了西方社会形态的变革，同时使自然科学和人文社会科学得到了进一步的繁荣和发展。运动社会学也伴随着科学技术的进步和自然与人文社会科学的融合发展成为一种新兴的学科，并且西方运动社会学的理论基础和研究范式成为当今运动研究的主流。西方运动社会学主要是借鉴社会学的理论范式和研究方法，将身体运动作为社会和文化中的一个现象进行研究和阐释。

---

① 卢启文：《现代综合进化论和社会生物学》，《北京大学学报》（哲学社会科学版）1988年第3期，第69~77页。

在社会进化论的视角下梳理有关运动社会学研究，需要对社会进化论的相关理论内涵和研究面向做进一步梳理。运动社会学不是关心特定的个人和群体，而是关注与运动有关的所有个人和群体，关注相关运动群体的社会结构、社会形式和社会组织。[①] 在生物进化论思想的影响下，如何提高运动成绩和最大限度地提高人体的机能成为体育学领域主要关注的对象，而在运动社会学领域则是基于人的生物性研究，逐步扩展至人的社会性研究。人的生物性研究主要是通过运动生物力学、运动解剖学和生物化学的技术方法来审视人的主体活动，基于运动主体在身体结构、性别、肌肉组织等方面的不同来解释运动成绩及其变化原因。在此基础上开展人的社会性研究，从人体所处的社会环境，以及运动对于社会环境的适应和影响，进一步关注运动与人的发展、种族的发展和社会文明的发展等问题。

一　关于运动与人的发展研究

人是社会发展和进步的主体性因素，没有人也无从谈起社会。早期进化论理论中并没有直接对身体运动进行论述，关注的往往是人的身心发展问题。人成为社会进化论研究的起点，从亚里士多德关于物种形态的哲学思想到达尔文生物进化论中"适者生存"的观点，在社会进化论的争论中，始终没有脱离关于人的讨论。基督教神学将人类视为上帝创世最后的产物，由上帝创造的人类具有无限的特权，能够统治宇宙中所有的事物。

基于自然选择的观点，拉马克通过长颈鹿的进化进一步假定通过生物的活动所产生的结构变化会反映在遗传物质中，并可以传递给下一代，长颈鹿脖子就是长期适应生存的结果。在此基础上，他提出了"用进废退"的进化观来代替自然进化观，这意味着个体由于适应性造成的身体结构变化会遗传给下一代，一个物种可以调节自身结构，使其具有适应环境的功能，这种用进废退机制有一种功利主义的倾向。受此影响，斯宾塞认为，社会中个体的发展必须坚持一种功利主义去关心个体利益的自由竞争系统。这种功利性的用进废退遗传学说遭到以魏斯曼为代表的种质学说的反对，认为种质与携带种质的生物体完全不相融合。身体的结构，即"体细胞"，是根据亲本种质细胞提供的信息构建的，身体对于环境所做出的反应不能遗传下去。个体如何进化？是否应该坚持自由竞争的生物进化的观点？我们的个体如何适应社会？针对以上问题，一

---

① 仇军：《西方体育社会学：理论、观点、方法》，北京：清华大学出版，2010，第 24 页。

些学者给出了自己的观点。赫胥黎认为道德情感是人类区别其他生物的重要标志，是人类行动的准则，也是人类人性的重要组成部分。个体发展必须坚持道德准则，不能以自然进化的法则套用人类的发展，必须打破"适者生存"的生物进化思想的禁锢，在道德情感的框架中保护弱者，以免被社会淘汰。赫胥黎的个体发展思想强调了要在竞争中恪守道德准则，这不仅是为了确保人类的进步，更是为了坚守人的生存底线。达尔文《人类的由来》将人性视为进化的产物，他认为人性中最基本的属性是自然性、动物性，人的智力、行为以及品质都是基于此而发展起来的。基于人性而生成的"道德选择"概念指的是同时具有利己的自然情欲和社会性本能的人所做出的一种以群体福利为价值目标，在特定社会舆论的作用下发生的对利己与利他这两种相反的行为动机的自觉抉择，它是人的社会性本能能够发展到良心的关键性步骤①。在运动中，竞争与对抗是重要的特征，也是运动员运动能力的体现。这种竞争与对抗不是盲目且不加约束的，而是在特定的规则限制下进行的，运动员对于规则的遵守至关重要，同时，规则的遵守也进一步促进运动员身体行为和道德价值的提升。皮亚杰通过游戏这一身体活动分析了儿童道德发展中的规律。游戏可以使儿童潜移默化地养成遵守规则的习惯，形成规则意识。此外，在运动中提升个体道德素养还需要发挥运动自身的教育功能。正如拉马克主义支持者所坚持的观点，以国家控制教育才能实现文明的个体再造，而个体为了自己的需要也要进行主动干预，不应该完全遵循自然竞争的规则，当意识到通过教育的方式可以使自身达到一个新的认识水平时，就需要借助教育有意识地实现进化目标。运动的教育功能，不仅仅是对个人身体技术的提高和促进，更多的是对个体道德素质的塑造。正如一些教育专家提倡的那样，为了儿童以及青少年的智力、情绪及社会适应能力的发展，选择肌肉性活动的重要性不能忽视，以此在运动中提升运动技术和道德品质②。作为运动中的个体，当意识到自己的不足时，就需要从运动中实现自身能力的提升。

可以看出，在人的进化中，功利性的自由竞争主义和道德规范决定论形成了鲜明的对比。利己本能、社会本能和性本能是人的三大本能。达尔文利用自然进化的观点论证了人的利己本能是人在社会生活中展开各种利己主义行为的人性基础，同时把社会本能当作人的道德感和利他的道德行为的人性基础。达

---

① 徐艳君：《试析达尔文"道德选择"思想》，《伦理学研究》2012年第6期，第130~132页。
② 仇军：《西方体育社会学：理论、观点、方法》，北京：清华大学出版，2010，第177页。

尔文认为利己的自然情感和乐群感、同情心、爱等情感所构成的社会本能之间存在张力。道德的主体是具有这种张力的人，随着社会的发展，道德的主体开始从小的家庭走向社会。处在利己本能和社会本能张力间的个体如何进一步发展？在自由竞争和道德规范学说的两个框架之内，马克思提出了人的全面发展学说，他在《德意志意识形态》中指出，"个人的全面发展，只有到了外部世界对个人才能的实际发展所起的推动作用为个人本身所驾驭的时候，才不再是理想、职责等等，这也正是共产主义者所向往的"。① 何为全面发展？马克思认为，人要发展成为一个全面完整的人，不仅意指"全面"，而且包含着"自由、充分、和谐发展"。人是自然因素、社会因素和精神因素的统一体，人的本质就是人的个性②。

人的全面发展学说对于身体社会学研究产生了重要的影响。要实现人的全面发展，人的健康的生物性是最基础的保障，世界卫生组织在 1948 年认为健康不仅指没有疾病，而是身体、心理与社会适应都处于一个完好的状态（Health is a state of complete physical, mental and social well-being and not merely the absence of disease or infirmity），可以看出这与马克思的人的全面发展观不谋而合。在社会进化论的影响下，运动社会学对运动促进人的全面发展和完善的问题进行了广泛的研究，其中一些研究受到功能主义理论范式和研究假设的影响。例如，合适的身体运动以及合理的膳食等可以促进身体健康；运动可以有效地强化脑细胞的生理功能，使大脑皮质增强，同时促进人的心肌发达、心壁增厚、容量增大、每搏输出量增加；促进人的呼吸肌发育，呼吸深度增大，肺活量增大；增加骨密度，提高肌肉弹性。在个体的生物性基础上，参加运动还可以养成良好的生活习惯，学会处理人与人、人与社会的关系，提高社交能力，增强社会责任感，实现身体、心理和社会适应的全面发展③。从功利的个体竞争主义发展观到人的全面发展观，为运动社会学在关注人的生物性因素的同时，发现运动中个体的社会化因素奠定了基础。生物性是运动个体的基础，生物性进一步受到社会性的制约和塑造，当两者能够协调发展时，才能使运动个体的双重属性得以彰显，实现人的全面发展。

---

① 马克思、恩格斯：《马克思恩格斯全集》（第三卷），北京：人民出版社，1974，第 330 页。
② 吴向东：《论马克思人的全面发展理论》，《马克思主义研究》2005 年第 1 期，第 29~37 页。
③ 耿业进、陈玉：《体育与人全面发展的人类学思考》，《体育与科学》2002 年第 3 期，第 9~10，8 页。

二 关于运动与种族的发展研究

19世纪后期"社会达尔文主义"为种族和社会等级的进化提供了思想基础。恩斯特·海克尔的观点认为，有史以来的进步都是依靠优越种族对近邻的控制取得的。[①] 斗争必须继续下去，才能确保不断进步，一个种族或者族群要强大，就必须要统一和实行集权管理，种族之间的竞争仍然是推动进步的重要力量。只有提高所有种族个体的素质，才能将他们铸造成一个强有力的群体。关于什么是种族，一直是颇有争议的话题，学界也一直没有达成共识，但是体质形态上的某些共同遗传特性成为区分种族的一个常用依据。由于生存环境和遗传因素的影响，不同种族在肤色、面部形态等方面产生差异。

在现代民族国家形成之后，由于历史、文化与现实政治需要等原因，种族歧视逐渐演变成一国内部某些特权种族对无权种族的一种统治手段，比如，少数白人对多数黑人的颐指气使，人数上处于优势的白人对有色人种的绝对统治[②]。在进化论的影响下形成的"种族逻辑"具有明显的种族歧视以及种族主义特征。以欧洲白人最优的种族学说为例，它始终以肤色作为划分人种的重要标准。菲利普·拉什顿提出了他独特的进化行为论学说，认为欧洲人和非洲人的血缘关系和行为的类似性要比东方人和非洲人的血缘关系和行为的类似性近得多。这一观点遭到了白人至上主义者的反对和质疑，随着科学的进步和跨文化研究的不断深入，越来越多证据表明这种以肤色划分人种的荒谬性[③]。在列维-斯特劳斯看来，种族是指一个或所有由于某些基因出现频率最高或最低而有别于他者的群体。需要结合文化的多样性来理解种族进化，每个种族都创造了自己的文化，但这些文化属于整个人类[④]。列维-斯特劳斯的观点强调了族群的生物性特征，主张种族是由相对等位基因频率来确定，和种族主义无关，这凸显了人类基因的统一性。[⑤] 在有关种族进化的争论中，虽然很多学者反对

---

① 孙尧天：《跨文化语境中的〈人之历史〉——重审早期鲁迅与海克尔、泡尔生的思想联系》，《东岳论丛》，2020年第1期，第87~97页。

② 汪诗明、王艳芬：《种族歧视·种族主义·种族和解》，《史学集刊》2016年第2期，第89~99页。

③ 孙可一：《东方人的生理和心理特征及种族比较——评〈种族、进化与行为：生活史观〉一书》，《国外社会科学》2004年第3期，第65~66页。

④ 克洛德·列维-斯特劳斯：《种族与历史·种族与文化》，于秀英译，北京：中国人民大学出版社，2006，第69页。

⑤ 尼古拉斯·韦德：《天生的烦恼：基因、种族与人类历史》，陈华译，北京：电子工业出版社，2015。

种族主义，但是我们永远回避不了因种族歧视导致的不平等现象。族群和性别差异导致的歧视现象一直是社会学关注和研究的重要内容，同样也是运动社会学关注的问题。在斯宾塞看来，种族的进化决定了个体心理的发展，特别是随着社会的发展，个体的心理也在发生着变化。当个体能够达到社会的要求并适应社会时，个体就是完美的，个体的强大也意味着种族的强大。

运动中的个体和种族不平等，可以从性别问题展开讨论。奥林匹克运动虽然一直强调族群和性别的平等，但是在具体实践中并没有得到充分的彰显。运动是检验人类最原始、最基础生物能力的文化形式。关于种族的运动能力，有学者通过分析第 25 届奥运会的奖牌分布发现，将近 30 亿的亚洲人只能拿到 16.93% 的奖牌，而只占总人口 20% 的欧美人却拿走了 74.97% 的奖牌。占欧洲人口 95.21% 的欧罗巴人种以其高大的体态特征，在田径、球类、游泳和力量（如投掷）项目比赛中占据着天然优势[1]。此外，运动赛场上的男女性别差异也是重要的关注对象。从奥运赛场到世界杯以及各种洲际和区域的体育赛事，男性运动员都是媒体关注的焦点。一些学者从官方的《运动图鉴》研究发现，文本中对于男性运动员的关注要远远超过对女性运动员的关注，并且对于女性运动员关注的重点并不是运动表现，而是运动员的身材和容貌[2]。这样的情况在奥运赛场同样存在，虽然奥运会上女性参赛者逐渐增多，但是在媒体的宣传中却依旧是男性占有绝对的统治地位。在国际以及区域的体育组织管理层面，一些学者也发现了性别差异现象，20 世纪 90 年代的美国女子职业网球和高尔夫组织全部由男性管理。受遗传等因素的影响，一些学者认为运动项目对于不同性别也会有不同的影响，迈克尔·梅斯纳研究了美国 30 名不同种族和社会阶层的男子运动员，发现运动为他们建构了各种向导和关系，具备了与美国社会主流形态一致的性别差异的观念，特别是有组织的竞技运动项目对于男性气质的塑造以及男性身体的忍受力要优于女性，由于男性天然的本能性特征，拳击、橄榄球等运动项目对于男性所带来的权力和征服能力也是比较巨大的[3]。此外，道格·福利通过体育赛事与社区社会化的研究发现，运动可以使一些人

---

[1]　李力研：《人类种族与体育运动》，《中国体育科技》2001 年第 6 期，第 4~9 页。

[2]　A. Lumpkin, D. L. Williams, et al. "An Analysis of Sports Illustrated Feature Articles, 1954 - 1987," *Sociology of Sport Journal* (1991).

[3]　M. A. Messner, "Power at Play Sports and the Problem of Masculinity," *Medicine & Science in Sports & Exercise* (1994).

改变社会秩序，进一步造就了基于种族、收入和阶层的新的不平等①。因种族和性别造成的不平等问题在黑人运动员中更为普遍，特别是黑人女性运动员，由于遭受着双层的压制，她们只能参与篮球、田径等项目。不仅仅是女性运动员，整个黑人运动员群体同样受到族群的差异性待遇，在美国的职业棒球和橄榄球的比赛中，黑人运动员很少成为比赛的核心力量或在比赛结构中处于中心位置。除了在运动参与方面受歧视，他们升学和社会流动的机会也相对较少。随着竞技体育的发展，种族之间的歧视并没有消除，在英国足球运动中，白人族群仍然存在种族主义思想，并且对黑人给予污名化的标签②。在英国的足球场上，英国的亚裔运动员同样需要积极地调整好自己的位置与白人运动员相处，体育仍然是种族知识进行再生产的重要场所③，而运动的价值理性优先属性则能够在一定程度上弥合种族间的壁垒。

因种族主义造成的不平等问题一直是西方社会中存在的一个重要社会现象。可以看出种族优势的逻辑学说，很大程度上受到了生物进化论、优生学和遗传学的影响。运动成了打破种族歧视和实现自我认同的一个平台。一些有色人种通过运动竞赛实现了社会地位和阶层的跨越，但是运动赛场不仅仅是运动员独自拼搏的舞台，同时受到了竞赛组织管理、运动器材和训练技术的影响。一些重要的职位往往被白色人种垄断，造成有色人种获取竞争的机会大大减少。在一些学者的关注和呼吁下，特别是奥林匹克的新格言"更快、更高、更强、更团结"为进一步消除性别歧视和种族不平等提供了可能，未来的运动赛场将会成为不同族群共同竞争的舞台。

三　关于运动与社会文明的发展研究

进化论思想除了在自然界产生了重大的影响，同时也冲击了宗教、政治等社会形态。达尔文的学说从根本上摧毁了宗教，同时也改变了人们对于社会的认识。在斯宾塞看来，社会的发展是生物进化的必然延续，人类正是由低级的生物发展和进化而来。人的生存结构需要营养、循环和神经三个系统，社会的生存也依赖三个系统：营养、分配和调节，由此，他提出了社会有机体的观点。低等社会和低等生物一样没有组织分化和结构大规模的发展，高等社会具

①　D. E. Foley, *Learning Capitalist Culture* (Philadelphia: University of Pennsylvania Press, 1990).

②　C. King, *Offside Racism: Playing the White Man* (Oxford: Berg, 2004).

③　B. Carrington, *Sport and Politics: the Sporting Black Diaspora* (London: Sage, 2010).

有组织复杂分化和大规模的发展①，可以看出人类的社会发展和文明进步是一个不断进化的过程。马克思在关于人的发展理论基础上，进一步发展了自己的文明观。人的全面发展和解放成为人类文明发展的目标。1756 年米拉波侯爵在他的著作《人之友》中首次把文明界定为一个实体、一种先进的状态。文明的发展史也是人类摆脱野蛮和自然状态的历史。受启蒙运动的影响，在社会文明进程的研究传统中形成了"法国优势文明论""摩尔根人类实证论""傅立叶、欧文空想社会主义文明论"三种重要的研究路径。马克思在综合已有的文明研究理论基础上，从人与社会的内在联系来把握文明的内涵、基础和发展进程，力图通过对现代文明的考察和剖析，超越自然权利学说文明论，进而寻找一条实现人类解放和人的全面发展的现实道路②。

埃利亚斯在《文明的进程》中详细地描述了文明社会的起源问题，并进一步发展了文明进化理论，其理论打破了各个学科之间的藩篱，使其相互贯通，并认为人类社会处于不断发展之中，人类文明是人际关系不断分化和整合的过程③。埃利亚斯将文明理解为个体表现自我的一种形式，可以通过人类的行为举止体现出来。人类是文明的载体，随着社会的进步，人类的就餐行为、言语行为和亲密行为越来越理性化，人类的个体行为经历了宫廷礼仪、礼貌、文明的进化过程，一些本能、冲动和情绪化的行动逐步被自我调控的习惯替代，文明的进程如同个体的社会化进程④。在《文明的进程》中，通过对人类文化的历史进程进行分析，埃利亚斯提出了形态社会学，主张身体是人类文明进化中的关键性产物，包括对暴力和情绪的监控、约制，都是人类社会变迁的结果。他还运用形态社会学的理论范式对英国足球球迷扰乱社会秩序的行为进行分析，认为之所以会发生球迷骚乱是因为现代社会中存在暴力文化，而这种文化主要存在于下层的劳工阶层，他们在近代社会的文明化过程中没有被完全文明化⑤。同时，埃利亚斯以人与人之间不断变化的关系来进一步探讨和理解

①　李本松：《斯宾塞的社会有机体思想探解》，《石家庄经济学院学报》2008 年第 6 期，第 121～124 页。

②　邓佳：《文明与人的发展：马克思文明观的人学意蕴探析》，《山东社会科学》2021 年第 12 期，第 88～94 页。

③　袁志英：《横跨两个世纪——埃利亚斯和他的〈文明的进程〉》，《德国研究》2002 年第 2 期，第 57～62，80 页。

④　杨正联：《埃利亚斯的文明进程理论》，《社会科学家》2003 年第 4 期，第 68～72 页。

⑤　仇军、钟建伟：《论体育社会问题》，《首都体育学院学报》2009 年第 6 期，第 641～650，675 页。

个人与社会之间的有机关系。在文明化的进程中，社会对于暴力控制的持续加强，可以进一步使社会成员感到紧张和压力，在社会从自由竞争到垄断的发展过程中，拥有不同文化的社会，会依其社会习性发展出不同形式的身体活动，通过有规则的体力竞争消除社会成员因社会文化带来的压力，这也是运动产生的重要原因。埃利亚斯认为，在运动的过程中，各种竞赛规则为每个参与的主体提供了一个公平的竞争机会，在参与运动的过程中，也增强了自我的约束和管控能力①，展现了社会与运动的相互影响和促进，同时对于思考运动如何促进人类社会文明的进步有着重要的意义。

第三节　社会进化论视域下运动社会学研究的特征

达尔文的自然进化论引发了学者们关于社会演变的思考。社会赋予了运动文化的意涵，对于运动的认知是随着不同区域的文化背景和社会情境改变的。西方的运动文化具有较强的理性特征，形成了以竞技对抗和敢于冒险为特征的运动项目；而东方的运动文化则更注重感性，强调人和自然的融合协调，形成了以吐故纳新、调理身心为目的的养生运动项目。虽然不同区域和不同时期的身体活动形式以及运动规则存在差异，但它们都具有服务社会的功能。运动改变了社会，同时社会的进步和文明的演进也重塑着运动。个体的运动参与、运动与社会化进程以及运动对于整个人类文明的作用都是运动社会学关注的内容。

一　关注个体的生物性结构，科学技术促进个体运动成绩的提升

生物性和社会性是身体的两重属性。在进化论思想中，人的生物性机能和社会性属性如何得到提升和拓展是个体存在的基础。工业革命创造了巨大的物质财富，同时带来了机器和资本家对于工人阶级的压榨，引起了马克思关于人的异化批判。此时，人如何从异化的劳动中走出来获得健康的身体和自由，是个体生存的需要。运动成为促进个体健康的重要方式和途径。运动在现代社会已经成为一种健康的生活方式，并且已经打破了阶级的束缚。目前，从个体健康促进到运动水平的提升，在运动中总能发现技术的参与，从中也可以窥探技

---

①　仇军：《西方体育社会学：理论、观点、方法》，北京：清华大学出版社，2010，第57~58页。

术与人的关系。

　　在关于技术与人类文明发展关系的讨论中，始终存在着超验论和实在论两种理论传统。超验论者感受到了技术对于人类主体性的威胁，他们看到了技术与人之间的冲突；而在实在论者眼中，技术是一种好东西，他们在现代技术的发展中看到了技术对于人的力量的肯定，技术可以帮人类消除灾难①。在实在论的影响下，使用科学的方法提升运动水平一直是科研工作人员追求的目标。随着科学健身知识的普及，大众的认知能力也开始发生变化，科学的运动参与增强了个体的身体机能，同时也提升了整个族群的健康水平。在竞技运动领域，竞技体育被视作测试和挖掘人体潜能的舞台。运动员的成绩是竞技体育运动的核心因素，以人体结构和生理机能为科学基础设计竞技手段，并通过有效的工具精确测量运动成绩。在科学技术的进步中，科研人员从来就没有放弃过科技在提升运动员训练水平的应用。在训练方法上，运动医学、运动化学和运动力学的科研团队，从运动员的技术监控、饮食结构甚至身体控制等方面进行了尝试，如模拟低氧训练方式提高血液红细胞数量从而提高运动成绩，这种提高成绩的训练方式需要运动员长期处于人工低氧空气中进行训练，如果训练控制合理，则可以大大提高运动员血液中血红蛋白含量，增强氧运输能力进而改善耐力②。为备战 2022 年北京冬奥会，我国的体育科研团队融合数字视频识别的人工智能技术、基于 UWB（超宽带）的精准定位技术和加速度传感技术等多项科技手段，开发了一套跳台滑雪动作技术分析与反馈生物力学系统，并在国家跳台滑雪队的日常训练中得到了应用③。在运动器材研发上，鲨鱼皮泳衣可减小摩擦阻力 2%~3%，使运动员游得更快。高科技材料的运动装备为运动技术的提升和人类运动潜能的开发提供了动力，如美国和澳大利亚等国都建造了可对运动员动作技术进行生物力学分析的风洞微型游泳池④。科学技术对于生物性身体的改变成为社会进化论关注的一项基本内容。

① 　E·舒尔曼：《科技文明与人类未来：在哲学深层的挑战》，李小兵等译，北京：东方出版社，1995，第 61 页。
② 　胡海旭、李少丹、万发达：《竞技手段分类与应用的一种后现代性反思》，《上海体育学院学报》2012 年第 6 期，第 87~90 页。
③ 　刘宇：《科技助力冬奥——神经生物力学增能技术及其应用》，《医用生物力学》2021 年第 36 卷第 S1 期，第 15 页。
④ 　张爱平、孟宪林：《科学技术对提高悉尼奥运游泳成绩作用的研究》，《广州体育学院学报》2001 年第 3 期，第 11~13 页。

二 关注个体的社会化进程，运动使个体更加适应社会

因生物性身体机能的改变，健康个体的社会化进程成为社会学进一步讨论的话题。个体的社会化主要是指生物性的人转变成社会性个体的过程。从社会化的作用机制上讲，人的生物机能属性是个体社会化的基础，人的不断进化使人类超越动物的大脑思维意识和智力水平，进而发明了劳动工具、语言，产生了各种适应社会的能力，这些能力始于原始本能，并最终在社会活动中逐渐形成[①]。人类自身的遗传基因表现出来的各种适应社会生存的身体机能为社会属性的转变提供了可能。运动社会学关注的是运动社会化的生成逻辑和作用机制，即个体为什么要参与运动，运动给予个体的回馈是什么，这种机制又是什么，运动不仅是一个组织性系统，包括运动员、裁判、教练员和组织管理人员，而且更多的是一个包含各种关系的社会世界。在运动世界里，包含了运动个体和社会连接的生活方式与思维方式。

参加运动对于个体融入社会具有极大的推动力，人们在运动中获得和社会沟通的纽带与桥梁，在与不同群体的互助中建构个体的社会关系网络，实现个体的社会化和社会的文明化进程。原始的身体活动或者最初的身体运动来自宗教活动、军事训练和社会日常的民俗活动，一些运动项目也被赋予了更多的社会文化意味，如太极拳体现了东方的阴阳文化。在一些重要的宗教节日或者重要的纪念日，通过举行球赛和舞蹈等庆典活动使个体联结在一起。在社会化进程中，人类主动地接受教育和学习，掌握社会科学知识，并不断地认识和理解社会，积极承担社会中的特定角色，在社会运行的规则下不断地增强个体的社会属性，进而实现个体的社会化。正如埃利亚斯所言，运动使人类之间的竞争更加文明化。个体参与运动社会化的过程是怎么样的呢？一些学者基于克里斯·斯蒂文森的研究发现，运动参与社会化经历了赞助性招募（sponsored recruitment）和培养认同的过程（developing a commitment）。第一个过程强调了社会关系的作用，这些社会关系帮助个体发现了运动项目。第二个过程包括了自我评估、建立参与运动小型关系网络和逐渐获得认同与声望三个阶段[②]。这个过程主要基于个体主动性的发现，参加运动获得的社会支持也不是理所当然

---

① 黄立：《论个体社会化的机制》，《杭州教育学院学刊》（社会科学版）1988 年第 3 期，第 25~28 页。

② 杰·科克利：《体育社会学——议题与争议》（第 6 版），管兵、刘穗琴、刘仲翔、何晓斌译，刘精明审校，北京：清华大学出版社，2003，第 110 页。

的，而是需要他们主动地参与。每个人在参与过程中也影响着他人，这是一个互动的过程。关于运动员社会化，要想加入一个运动项目需要获取知识、建立联系、设定运动期望和群体接纳几个环节，各个运动项目中都存在着个体的进入、接纳和支持的过程，如果没有这个过程，将无法实现运动对人的社会化塑造。参与运动可以延伸自己的生活触角，在别人面前显示自身能力，但是在个体主动参与运动的社会化过程的同时，社会进化中也有一种"适者生存"的淘汰机制，一些运动员会因为一些原因而不得不终止职业进程。通过一些精英运动员的访谈发现，他们之中存在"劳累过度"的现象，原因在于除了运动员的身份，他们再无别的身份进行生活控制，因此失去了对于运动的兴趣，甚至产生运动抵触，导致精力缺乏①。这些研究表明，运动为个体提供了一个社会体验的场所，运动的社会化是通过社会关系发生的。年轻人在运动中学到知识取决于他们是谁，来自哪里，为什么参加运动以及和谁一起参加运动等因素。在这个运动提供的场所里，要想更多地关注和理解整个社会化的过程，需要进一步理解运动员的社会世界，并且深知不同文化之间的联系，才可以理解运动员的思想和行为的意义。

三 关注人类的种族研究，有利于促进人类平等相处

在运动促进个体社会化的过程中，生物机能和社会资本造成的个体差异直接影响到个体的发展，尤其受种族逻辑的影响，如性别、种族等因素带来了种族歧视和不平等，运动能否消除这种差异，实现人类的平等相处，引发了学者的关注和讨论。种族歧视可以追溯到原始社会中形成的部落主义，家庭是社会组成的基本单元，以家庭为点，基于血缘关系形成的部落和族群在社会的发展中扮演着重要的角色。在没有形成国家之前，个体、家庭和族群之间为了繁衍后代和控制自己的领地，不断地进行竞争。随着社会的发展进步，一些超级大的族群开始形成城邦，并有了自己的文明以区别于其他的族群。这种超越家庭血缘关系的发展模式，逐渐拉开了区域的差异，发展快的地区文明程度要高于落后地区，后者被视为落后和野蛮，甚至不文明。

种族主义者认为优等种族和劣等种族的差异自古以来就存在，这种现象一

---

① J. Coakley, "Sport and Socialization," *Exercise and Sport Sciences Reviews* 21, no. 1 (1993): 169-200.

直是社会发展中不可回避的问题。从身体社会学和运动社会学角度来看，运动最初是一种对抗的身体活动。作为提高个体战斗技能的身体活动是古代身体运动的雏形，如摔跤、拳击、射箭和马车等项目，相比于现代的运动项目来说，充满了暴力和对抗。为了保护家庭和族群中的弱者，这些运动项目不允许儿童、妇女和老人参加。关于女性不能参加早期的运动的原因，一些学者认为在古代希腊文化中，男性具有勇猛的特征，女性参加不符合人们的认知取向，并且还会威胁到男性的形象，不过，当时的女性可以参加纪念赫拉女神的比赛。在古罗马，家庭分工更加明确，在家庭地位上女性归属于男性，女性被限于家庭范围之内的分工，超出后将会严格受到限制。家庭地位之外，阶层也是影响社会产生不同运动群体的重要原因，一些社会精英阶层掌握着重要的资源和权力，并且被尊为贵族或者高等族群，在运动中这些群体依靠着社会权力和资本进一步强化了自己的族群特征。如在中世纪罗马的马上比武仅限于贵族阶层参赛，如果贵族阶层和低下的阶层通婚，将会受到处罚并被取消比赛资格①。在西方社会中，存在着欧洲文明论的传统以及白色人种优于黑色人种的观念，尽管黑人运动员在田径等项目上表现优异，但白人从遗传基因决定论出发认为这是黑人更具有动物属性，依然没有脱离种族歧视逻辑。以达尔文进化论为基础的种族差异逻辑始终主导着西方白色人种关于种族的认知。在美国，这种认知对社会文化和主流意识形态的长期影响造成了黑人的"生活危机"，黑人被贴上只能从事枯燥和耐力运动的标签。除了黑色人种，在美国一些黄色人种也面临着同样的种族歧视。自达尔文的生物进化论学说提出以来，所影响到的种族进化学说，造成了种族的隔离和对抗，同时也产生了性别歧视。

随着社会的发展进步，人类已经进入到信息化社会，大家也在不断思索如何能够弥补和消除种族隔阂，实现人类平等。尽管种族和性别歧视是由政治、文化、经济、社会等多种复杂的原因综合造成的，但是并没有阻挡人们关于消除种族和性别差异的思考。尤其是现代奥林匹克格言从"更快、更高、更强"到"更快、更高、更强、更团结"的转变，让我们感受到团结对于人类的重要性，只有消除隔阂，实现平等，才能使人类的文明更加多彩。

---

① 杰·科克利：《体育社会学——议题与争议》（第6版），管兵、刘穗琴、刘仲翔、何晓斌译，刘精明审校，北京：清华大学出版社，2003，第82页。

第四节　社会进化论在运动社会学研究中的贡献与局限

一　为人类运动机能的提升提供理论支撑，但忽略了身体的工具化趋势

随着社会的进步和技术的发展，科学技术在我们日常生活中已经占据了重要的位置。在人的吃穿住行中都可以发现技术的痕迹。技术的进步也极大地提升了人的奔跑、跳跃、投掷和攀爬等机能，从生物进化论的视角看，生物性机能的提高也预示着个体具有更强的竞争能力。如奥林匹克格言代表着个体对自身生物潜能的不懈挑战，个体的生物极限在技术的赋能下被不断地突破，背越式跳高技术让我们跳得更高，在 2009 年柏林世锦赛上博尔特完成了 100 米 9 秒 58 的壮举。这些数据被认为是人类身体机能进化的表现，但是技术为我们人类提供帮助的同时，也出现了对于人类及其未来的威胁。技术正在变成全球性的力量，并且向人类社会注入了极不稳定的因素，反思技术应该成为我们迫切需要开展的工作。身体与技术的关系，成了身体社会学思考的对象。德国的哲学家恩斯特·卡普从人与技术的关系出发提出了"器官影子学说"（organ-projection），认为工具是人类器官的延伸和投影，人不断地通过工具创造自己，凸显了技术中"人"的属性[①]。齐美尔通过分析望远镜和眼镜在人们日常生活中的使用，认为身体的生活界限可以通过技术得以拓展和延伸。唐·伊德以现象学的方法通过分析涉身性与周遭生活世界的关系，在物质的身体和文化的身体上进一步提出了技术的身体，对于技术身体的涉身性把握让我们更理性地掌控技术。当技术过度地延伸身体的界限，身体会面临被取代的危险。医学技术的进步使人们可以进行器官移植，为残障人士发明了假肢，还有一些增加社会资本的美容修复等技术，特别是互联网时代的到来，使人的身体再次走向远方，面对技术对身体的控制，社会学家席琳发出了"不要忘记身体"的呼喊。

科技的发展在一定意义上促成了人的社会性对自然性的化约。随着人工智能、克隆技术等高科技的应用，生物基因技术给经济社会的外在形态带来许多革命性变革，也推动了对人体，甚至对人的重新界定。在运动领域，科技运动

---

① 卡尔·米切姆：《技术哲学概论》，殷登祥等译，天津：天津科学技术出版社，1999，第 5~7 页。

已是现代运动的象征与应用趋势，它甚至是运动实现其功能的物质前提。在以"量化指标"为主要评判标准的竞技运动中，"更快、更高、更强"成为运动科研人员和运动员追求的最高目标。高科技的应用，让运动员的身体被过度地开发，身体被科技奴役，成为科技的工具，引起了体育科技与体育伦理之间的张力。科技越发达，对人的控制越紧密，关于科技引发的身体伦理问题，一直被超验论者关注。面对科技带来的威胁，伦理既是对内在生命的看护与整饬，也是对外在秩序的诉求和表达，是对生命感觉的梳理和现实生存的规范，而这种梳理和规范又是以身体的在世生存为起点的①。一些学者认为高科技成果深入到运动领域，导致人类对科学技术的过度依赖，再加上对成绩和利益过分强调，导致人类自身的异化②。为了更好地发挥身体机能，一些刺激神经系统的药物很早被应用到运动领域中，17~18 世纪，滑冰和长跑选手开始服用药物来提高运动成绩。甚至到现在被用来提高睾酮素的类固醇药物仍然在一些运动人群身上不断被检测出来，这种被称为"没完没了的科学捉迷藏"的游戏从来没有停止过。即使在现代奥林匹克运动会上，仍旧出现了因服用兴奋剂而被禁赛的现象，如温哥华冬奥会中 30 人因涉兴奋剂被禁赛。奥林匹克运动坚持的公平竞争的理念正在逐渐被科技侵蚀，关于科技与竞技公平之间的关系问题也引发了我们的思考。

二　强调了个体社会化中的单一动因，淡化了社会文化因素影响

个人不可能在社会之外，个体的社会化进程需要置于社会的框架之内。个体的运动社会化主要是通过参与身体运动的社会关系发生的，与运动相联系的社会关系比参加运动本身更重要。例如在棒球对于青少年男性特征的影响研究中发现，打棒球并不是产生男子气质的原因，棒球只是男孩子发展男性观念的一个活动，而棒球中那种被社会广泛认可的侵略和竞争的男性气质却能够在运动过程中形塑运动者的气质。再如一些对抗性的运动项目，并不是项目具有的攻击性技术促进了个体的社会化，而是这些项目的礼仪规范和社会道德起到了重要的作用，空手道和跆拳道的精英运动员并没有强烈的攻击行为，是因为这些运动项目的规则，如跆拳道强调"礼义廉耻、尊师重道、忍耐克己、百折

---

① 唐健君：《身体作为伦理秩序的始基：以身体立法》，《学术研究》2011 年第 10 期，第 141~146，160 页。

② 王智慧、王国艳：《体育科技与体育伦理辨析》，《体育文化导刊》2012 年第 6 期，第 146~148 页。

不屈"，武术项目则强调武德。罗克·华康德对于拳击运动的研究也发现，拳击运动并不在于如何进攻别人，而是学会自律、自尊和保护自己[1]。这些格斗项目中的礼仪和道德规范来自一个社会中的文化，它要求尊重别人，尊重健康，养成良好的社会生活方式，正是这些道德规范真正塑造了一个文明和社会化的运动员。

在个体社会化的历程中，一些学者基于进化论的观点强调了个体的生物特性，引起了种族差异的相关讨论，正如前文所言，一些学者对于黑人和白人运动员的生物性差异导致的运动社会化的差异进行了大量的研究，发现个体生物性因素的影响被过度强调，即假设黑人或者白人群体中的每个人在遗传上是相同的。因为一些运动员超强的运动能力和技术仅用肤色进行解释是毫无意义的，更重要的是需要培养和表现机会。此外，一些种族理论认为肤色深的人身体技能的高表现是智力低下和发展束缚造成的，这是一种错误的基于简化的达尔文的进化模式的观点。[2] 正如在一些运动赛事上，瑞士的白人滑雪选手和加拿大的白人冰球选手获得优异成绩时，一些持种族逻辑的人则认为这是白人的优势，而从来不去关注遗传因素，但是当黑人运动员获得优异成绩时，情况则相反。运动员获得成功除了身体的因素，还取决于地域环境、社会文化和主流思想观念。在黑人运动员中过度地强调肤色和人种差异势必会导致对于社会观念和历史文化因素的忽视，这种种族逻辑思想在西方的种族差异中一直占主流位置。如美国的黑人运动员获得成功，除了身体优势的基础，更多是由于希望获得一个体面的工作或在同一族群中通过比赛胜利而赢得尊重，这和当地的社会文化紧密相关。贝尔和桑通过研究肯尼亚的长跑运动员，对于种族逻辑进行了批判，认为应该回到肯尼亚的社会文化中去寻求答案[3]。

三　展现了人类文明的演进，但缺少对运动偏离行为的关注

在进化论理论的影响下，运动社会学的相关研究过度强调了运动在人类文明进程中的作用，而忽略了一些导致社会失范的行为，或者说文明社会中的不

---

[1]　Loïc J. D. Wacquant, "The Pugilistic Point of View: How Boxers Think and Feel about Their Trade," *Theory & Society* 24, no. 4 (1995): 489-535.

[2]　杰·科克利:《体育社会学——议题与争议》（第 6 版），管兵、刘穗琴、刘仲翔、何晓斌译，刘精明审校，北京：清华大学出版社，2003，第 316 页。

[3]　J. Bale, and J. Sang, *Kenyan Running: Movement Culture, Geography, and Global Change* (London: Routledge, 1996), p. 324.

文明现象。如一些徒手对抗的运动项目，运动员利用相应的规则进行身体对抗，在这种运动中培养了运动员的近身格斗实战技术能力。但是如果这些对抗的行为，发生在运动场域之外，就会成为一种暴力行为，影响到社会的团结和文明化进程。作为进化论支持者的英国社会心理学家波得·马什通过英国的球迷行为研究发现，足球比赛为运动个体提供了一个合法竞争的平台，在这个仪式对抗场中，不管是运动员还是球迷的攻击和暴力行为都得到了进一步的释放，这样就会使社会环境中的攻击行为有所下降，但是在运动社会化的过程中，文明化的运动行为可能出现偏离或者越轨现象。对于参与运动可以降低社会中的犯罪行为观点，有些学者提出了反驳，认为占支配地位运动形式的暴力与特定的社会暴力水平密切相关。[1] 一些学者分析了既有研究中绝对主义和相对主义两种范式的不足之处，指出这两种研究范式忽视了对规则的过度遵守这一问题，以及未能充分考虑运动员在其所处的文化环境中，依据特定规范来评价自己和他人的行为。[2] 上述过程被称为"偏离行为"，并且分为正向偏离和负向偏离。一般来说运动员的运动行为处在一种合理分布的区间之内，负向偏离就是控制不足，在违反规则的基础上产生的非正常行为，这种现象比较常见，也经常引起人们的关注。如违反运动规则产生的越轨行为，没有按照训练时间出现，没有遵守训练规则而受到惩罚等。正向偏离就是控制过度，在无条件接受规则的基础上产生的非正常行为，也是就是说将比赛成绩奉为自己最高的目标，为了比赛可以牺牲一切。如通过对健身运动员和长跑运动员的跟踪研究发现，对于运动规则的过度遵守，会产生对家庭、生活和身体健康的消极影响，但是这些选手对于自己的非正常行为并没有产生怀疑和反思。

在这些正向偏离行为的背后，并不是金钱和物质奖励的诱惑，而是对运动信仰和价值规范的绝对遵守而产生的信念和动机。为了达到运动员的标准，宁愿牺牲家庭、生活甚至自己身体的健康，去实现自己的目标。正向偏离行为不是个人所能控制的，而是需要从整个社会的层面去发现问题本质，这是一个复杂的过程。运动可以激起运动员的激情，但是也会产生一种侵蚀运动员的副作用，我们要避开胜利和荣耀，去探寻背后隐藏的秘密，才能更好发挥运动在人类文明进程中的巨大动力。

---

[1]　E. Dunning and C. Rojek, *Sport and Leisure in the Civilizing Process* (Buffalo: University of Toronto Press, 1992), p. 121.

[2]　杰·科克利：《体育社会学——议题与争议》（第 6 版），管兵、刘穗琴、刘仲翔、何晓斌译，刘精明审校，北京：清华大学出版社，2003，第 185 页。

思考题

1. 如何理解运动中人的全面发展？

2. 在人类文明发展进程中运动起到了什么作用？

3. 如何看待运动领域中人的工具化倾向？

推荐阅读书目

1. 诺贝特·埃利亚斯：《文明的进程：文明的社会起源和心理起源的研究》，王佩莉、袁志英译，上海：上海译文出版社，2009。

2. E. Smith ed. *Sociology of Sport and Social Theory*, Champaign, IL：Human Kinetics, 2010.

3. J. Coakley and E. Dunning. *Handbook of Sports Studies*, London：SAGE, 2000.

代表性学者简介

1. 查尔斯·罗伯特·达尔文（Charles Robert Darwin, 1809~1882），英国生物学家，进化论的奠基人。曾经乘坐贝格尔号舰进行了历时 5 年的环球航行，对动植物和地质结构等进行了大量的观察和采集。1859 年，出版《物种起源》，提出了生物进化论学说，从而摧毁了各种唯心的神造论以及物种不变论。除生物学外，他的理论对人类学、心理学、哲学的发展都有不容忽视的影响。其他代表作品有《动植物在家养下的变异》和《人类由来、性选择》等。

2. 诺贝特·埃利亚斯（Norbert Elias, 1897~1990），德国著名社会学家，一生致力于"人的科学"的研究，试图整合社会学、心理学、历史学等学科，并以"形态社会"来整合微观社会学与宏观社会学、"心理发生"层次与"社会发生"层次的问题，被誉为 20 世纪百科全书式的人物。《文明的进程》是其成名之作，出版后轰动西方世界，成为畅销书。其他代表作品有《宫廷社会》、《个体的社会》、《圈内人与圈外人》、《德国人研究》、《什么是社会学？》、《知识社会学论文集》（上下册）与《莫扎特的成败：社会学视野下的音乐天才》等，此外还留有众多手稿。2005 年，19 册的全集由 Suhrkamp 出版社出版。

3. 杰·科克利（Jay Coakley），出生于美国芝加哥，1972 年获博士学位，现任美国科罗拉多大学社会学系教授。科克利教授的研究兴趣十分广泛，在运动社会学、闲暇、大众文化、种族关系与社会心理学方面都有较深的造诣。1983 年，他倡导创办了《运动社会学杂志》（*Sociology of Sport Journal*），并一直担任主编到 1989 年。科克利教授曾担任过美国健康联盟的运动社会学学会主席，并于 1996 年当选为美国运动机能学与体育学会会员。代表作品有《体育社会学——议题与争议》。

第六章　结构主义理论与运动社会学

本章要点

· 通过结构主义视角的分析，不但为我们探寻身体运动、运动教育、运动符号、运动文化等方面的发展提供了思路，而且为我们宏观整体思考相关文化何以可能提供了路径。

· 虽然关于结构主义的看法在不同学科有着不同指向，但结构主义的整体性、同一性、中心性则被广泛认同，由此也使得结构主义视角下的运动社会学研究呈现出对整体、同一、中心的思考，同时由于忽视了主体性、局限性、差异性等而呈现出研究局限。

关键概念

结构主义；运动文化；运动符号；社会结构；叙事

第一节　结构主义理论溯源与发展

"结构"一词虽然在人类文明中出现时间较早，但有关"结构"的系统化、理论化研究则是在工业革命以后，并循序渐进发展出了系列研究。从孔德提出的结构范式，到涂尔干对孔德整体化研究的继承，以及马克思基于社会结构分析所开展的系列研究等，可以看到"结构"长期受到学者的关注。自索绪尔的结构语言学形成后，人类学、精神分析学、社会学等学科在其基础上对"结构"加以研究和运用。列维-斯特劳斯基于索绪尔的结构语言学等提出的"结构主义"，因在方法论上打破了传统理性主义和经验主义的对立，在 20 世纪中期获得广泛关注。① 在列维-斯特劳斯、巴特、拉康、福柯等人的推进下，结构主义迎来了发展高峰。虽然在 20 世纪 70 年代伴随后结构主义的转向，结构主义在学界的地位逐渐式微，但从社会实践论等当代社会理论中可知，结构主义对当代社会学研究的影响仍不容忽视。因此，探讨结构主义及其在运动社会学的应用等，不但为我们从不同视角了解当代社会理论，而且为我们更好地把握运动社会学相关研究提供了思路。

一　古典社会理论中的"结构"之思

自法国哲学家、社会学和实证主义的创始人奥古斯特·孔德在《实证哲学教程》中首次提出"社会学"之后，社会学逐渐作为独立学科发展起来，并形成了系列理论与思考，其中"结构"自社会学发展之初便受到孔德等的关注。作为结构范式的先驱，孔德主张摒弃个人的主观因素，从宏观的结构入手对社会现象进行客观的描述。② 孔德认为"所有系统必须由具有共同本质的基本要素构成，科学精神防止我们把社会看作是由个体组成的，真正的社会单位无疑是家庭"③。在孔德的研究中，将家庭而非个体视为社会单位进行探讨的背后，实则也反映了孔德的整体主义思考。虽然孔德未对整体主义进行系统论述，但其相关思想仍对后世的"结构"研究与探讨产生了深远影响。

部分继承了孔德思想的法国犹太裔社会学家埃米尔·涂尔干，认为社会之于个体是先在的。在涂尔干看来"一切行为方式，不论它是固定的还是不固定的，凡是能从外部给予个人以约束，或者换一句话说，普遍存在于该社会各处，并具有其固有存在的，不管其在个人身上表现如何，都叫社会事实"④。简言之，"一种社会事实的决定性原因，应该到先于它存在的社会事实之中去寻找，而不应到个人意识的状态之中去寻找"⑤。通过涂尔干对社会事实的系列论述可知，在其看来，社会事实作为外在于行动者的存在，以外部约束对个体产生影响，而非依附于个体。

同孔德、涂尔干一样在社会学中产生了重要影响的德国哲学家、思想家、

---

① 高宣扬：《当代社会理论》（第2版），北京：中国人民大学出版社，2017，第710页。
② 张兆曙、蔡志海：《结构范式和行动范式的对立与贯通——对经典社会学理论的回顾与再思考》，《学术论坛》2004年第5期，第61~65页。
③ 乔治·瑞泽尔：《古典社会学理论》，王建民译，北京：世界图书出版公司，2014，第115页。
④ E·迪尔凯姆：《社会学方法的准则》，狄玉明译，北京：商务印书馆，1995，第34页。
⑤ E·迪尔凯姆：《社会学方法的准则》，狄玉明译，北京：商务印书馆，1995，第125页。

经济学家、政治学家、社会学家卡尔·海因里希·马克思，认为"人的本质不是单个人所固有的抽象物，在其现实性上，它是一切社会关系的总和"①，"每一历史时代主要的经济生产方式和交换方式以及必然由此产生的社会结构，是该时代政治的和精神的历史所赖以确立的基础，并且只有从这一基础出发，这一历史才能得到说明"②。除此之外，在经济与政治的探讨中，马克思所提出的"物质生活的生产方式制约着整个社会生活、政治生活和精神生活的过程。不是人们的意识决定人们的存在，相反，是人们的社会存在决定人们的意识"③。这种"社会存在决定社会意识"的观点，也体现了马克思对社会结构的思考。

当然，在孔德、涂尔干、马克思之外，诸如马克斯·韦伯、格奥尔格·齐美尔、马塞尔·莫斯等均对"结构"表现出了关注，并在相关内容探讨中为后世结构主义的诞生与发展提供了启发。整体来看，有关"结构"的探讨自社会学形成之初便受到学界关注，虽然基于"结构"与"行动"之间彼此作用等的探讨呈现出不同观点，但不容否认，正是古典社会学家的探索为后期结构理论的发展奠定了基础。

二 结构主义理论的兴起

在追溯结构主义的形成与发展中，绕不开的一位人物便是瑞士籍法国语言学家费迪南·德·索绪尔。索绪尔的《普通语言学教程》不但为列维-斯特劳斯的结构主义提供了重要启发，而且被后世视为结构主义的奠基之作，被结构主义者广泛研读。虽然《普通语言学教程》并非索绪尔本人所著，而是由其学生夏尔·巴利和阿尔贝·塞谢哈耶整理而成，内容主要是索绪尔的部分授课记录以及少量文献，但其中的索绪尔结构语言学思想仍为结构主义的发展与探索提供了重要启发。索绪尔所论述的言语与语言、能指与所指、共时与历时等构成了结构主义的重要思想来源。在索绪尔看来"语言学必须把语言结构作为其主要关注的对象，把所有其他的语言现象与此相联系"，"一种语言在我们头脑中的积累只是无数言语经历的结果。正是言语最终导致语言的发展形成。从倾听他人说话而获得的印象会限制和修正我们的语言习惯。于是，语言

---

① 马克思、恩格斯：《马克思恩格斯文集》（第1卷），北京：人民出版社，2009，第501页。
② 高放、高哲、张书杰主编：《马克思恩格斯要论精选》（增订本），北京：中央编译出版社，2016，第104页。
③ 马克思、恩格斯：《马克思恩格斯选集》（第2卷），北京：人民出版社，1995，第32页。

本身和言语之间就存在着一种相互依赖关系，前者既是后者的工具也是其产物"。"能指和所指之间的联系是任意的。既然我们所说的符号是能指和所指相联结而产生的整体，我们就可以更简单地说：语言符号是任意的。"① 在索绪尔看来，一旦语言学的具体研究对象（语言）被确定下来，语言学就获得了科学身份，言语、主体和心理学的浮渣必须加以清除②。

受索绪尔的结构语言学启发，法国哲学家、人类学家克洛德·列维-斯特劳斯在自己以往所开展的研究基础上系统提出与发展了结构主义。回顾列维-斯特劳斯的学术生涯可知，列维-斯特劳斯得以系统呈现与发展结构主义的因素中，除了与他在学术成长过程中受到了涂尔干、马克思等思想的影响有关，还与他在 1939 年因战争而被迫离开法国去往美国纽约的社会科学研究新学院，并在那里结识俄国语言学家罗曼·雅各布森后逐渐了解结构语言学有关。基于索绪尔及雅各布森等学者思想的启发，列维-斯特劳斯对结构主义展开了系列研究。从被视为奠定了结构主义理论基础的《亲属关系的基本结构》（1949），到标志着结构主义理论纲领出现的《结构人类学》（1958）以及《神话学》（1964~1971）等著作的发表，不但确立了列维-斯特劳斯的结构主义人类学家地位，而且为结构主义发展提供了重要支撑。在列维-斯特劳斯看来，社会关系是用来建立能够显现社会结构本身模型的原材料。因此，社会结构在任何情况下都不可归结为可在一个既定社会里观察到的社会关系的总和……"我们实际上认为，模型必须满足以下四个条件，才可被称为结构：首先，一个结构表现出系统的特征。对于它的某一组成成分做出任何变动都会引起其他成分的变动。其次，任何一个模型都隶属于一组变化，其中每一种变化都对应于同类模型内的一个模型，以致所有这些变化加起来便构成一组模型。再次，上述特质使我们能够预见，当模型的某一成分被更改的时候，该模型会如何反应。最后，模拟一个模型应当使其运行能够解释全部被观察到的事实。"③ 有关结构主义，列维-斯特劳斯认为"结构主义研究方法的宗旨就是探求不变的事物，或者说是从表面歧异分疏的众多事物当中，追索出其不变的成分"④。"重要的问题并不

① F. Saussure, *Course in General Linguistics* (London: Duck Worth, 1983/1994), pp. 9-67.
② 弗朗索瓦·多斯：《结构主义史》，季广茂译，北京：金城出版社，2012，第 63 页。
③ 克洛德·列维-施特劳斯：《结构人类学》，张祖建译，北京：中国人民大学，2006，第 297~298 页。
④ 克洛德·列维-施特劳斯：《神话与意义》，杨德睿译，郑州：河南大学出版社，2016，第 17~18 页。

在于像历史主义者那样，尽可能完备地去描述连续发生的事件，也不是依据什么所谓的'历史规律'去预见或预设自己的思想和行为的未来规划，而是在于重建那些依据表面偶然因素所决定的游戏活动轨迹。"①

三　结构主义的发展及社会学延伸

继列维－斯特劳斯提出"结构主义"并被其他学者关注之后，"结构主义"在人类学、语言学、社会学等学科得到了进一步发展。其中，与列维－斯特劳斯同时期的罗兰·巴特、雅克·拉康、米歇尔·福柯等便在促进"结构主义"的发展中发挥了重要作用，并见证了"结构主义"的"巅峰时刻"。虽然随着20世纪70年代的后结构主义兴起，结构主义逐渐走向式微，部分结构主义者逐渐转向后结构主义，但列维－斯特劳斯对结构主义的长期坚守及部分学者对结构主义的继承等则表明结构主义虽然式微但并未消失，结构主义思想对当代社会理论发展的影响仍不容忽视。在社会学领域中，福柯、布迪厄等学者早期便受到结构主义影响。例如在一段时期内，福柯曾被称为结构主义"四个火枪手"中的一员，由此足见福柯在推动结构主义发展中的重要地位。虽然后期福柯、布迪厄等随着各自学术研究的推进，对结构主义进行了再思考与批判，但通过阅读其相关著作仍可见结构主义的影子。整体来看，虽然结构主义的兴盛时间并不长，但其对社会学所产生的影响却不容忽视，甚至部分现代社会理论是在对结构主义及其他理论等辩证思考中提出的，由此探讨结构主义在社会学的延伸便也具有了重要意义。

在"结构主义"发展中，法国作家、思想家、社会学家、社会评论家和文学评论家罗兰·巴特发挥了重要作用，甚至被部分学者称为"结构主义之母"。巴特在1953年发表的《写作的零度》、1966年发表的《叙事作品结构分析导论》等，便呈现了其结构主义思想。巴特指出，"结构主义是什么？它既不是一个学派，也不是（至少现在还不是）一个运动，因为通常与该词有关的大多数作者丝毫感觉不到他们之间有什么学说或论争联系"②。需要说明的是，与列维－斯特劳斯对"结构主义"的长期坚守相比，巴特在后期研究推进中产生了后结构主义的转向。

同罗兰·巴特、雅克·拉康等一样，与列维－斯特劳斯同时期的法国哲学

---

①　高宣扬：《当代社会理论》（第2版），北京：中国人民大学出版社，2017，第804页。

②　罗兰·巴尔特：《文艺批评文集》，怀宇译，北京：中国人民大学出版社，2010，第254页。

家、社会思想家米歇尔·福柯同样在"结构主义"发展中占据着重要地位。虽然福柯拒绝一切标签，但同罗兰·巴特等学者一样，福柯对"结构主义"的推进也不容忽视。福柯早期发表的《疯癫与文明》和《词与物》等著作，被结构主义者广泛推崇。福柯曾在接受采访时表示："多亏了结构这一观念。按照迪梅齐研究神话的理路，我试图在稍作调控的前提下，在所有的层面上，发现可以确定其形态的某种经验的结构规范。"① 受结构主义影响的《疯癫与文明》在 1961 年发表，罗兰·巴特盛赞福柯有关疯癫的研究，认为它第一次把结构主义运用于历史，"米歇尔·福柯描述了结构性的历史，而这个结构性历史本身又是双重结构性的：它的分析是结构性的，它的方案也是结构性的"②。

结构主义在社会学中的延伸，除了可以从福柯相关思想中窥见一二，法国思想大师皮埃尔·布迪厄早期的结构主义研究同样不容忽视。回顾布迪厄的"结构主义"之路可知，其对"结构主义"的态度呈现变化趋势。虽然布迪厄在 20 世纪 70 年代后逐渐与结构主义保持距离，并对其中的"结构"与"行动"二元对立观等展开了批判，但作为将结构主义引入社会学的代表性学者之一，通过追溯其在 20 世纪 70 年代以前的学术思想可知，布迪厄在早期受到了结构主义的深刻影响。即便在 20 世纪 70 年代后逐渐保持距离，但其《区分：判断力的社会批判》《实践的逻辑》等著作中仍具有部分结构主义特征。

在布迪厄之外，"结构主义"同样引起了其他社会学者的关注。一段时期内，受"结构主义"理论影响的社会学研究，围绕"结构"与"行动"二元对立的传统模式展开。虽然伴随部分社会学者对行动者作用的探讨，一些学者对"结构"的研究同样呈现"后结构"的转向并提出了系列理论，但不容否定的是，部分相关理论是在对结构主义、结构功能主义等辩证探讨的基础上建构的。例如英国社会学家安东尼·吉登斯便在对结构主义等辩证思考中提出了结构化理论。整体来看，结构主义在一定程度上不仅为社会学研究提供了启发，而且实现了部分延伸。

第二节　结构主义视角下的运动社会学研究

回顾"结构主义"发展历程可知，形成于 20 世纪 50 年代、于 60 年代中

① 弗朗索瓦·多斯：《结构主义史》，季广茂译，北京：金城出版社，2012，第 189 页。
② 弗朗索瓦·多斯：《结构主义史》，季广茂译，北京：金城出版社，2012，第 194 页。

期走向巅峰，又在 60 年代末式微的"结构主义"，在学界发挥巅峰影响力的时间并不长，但并不能就此否定其价值与影响力。整体来看，伴随索绪尔结构语言学的推广及列维-斯特劳斯系统的"结构主义"提出，"结构主义"在人类学、语言学、社会学、教育学等多学科得到了不同程度的拓展与交叉融合。具体到运动社会学中，虽然"结构主义"在 20 世纪 60 年代已呈现跨学科发展并走向巅峰，但鉴于运动社会学在 20 世纪 60 年代尚处于初级发展阶段，因此运动社会学对"结构主义"的延伸与探讨数量有限，并在后期随着"后结构主义"的兴起而进一步削弱了对"结构主义"的思考。即便相关研究在数量、广度与深度上有限，然而基于运动本身对社会结构等的依附性，因此梳理结构主义视角下的运动社会学研究，便具有了从整体、共时维度思考身体运动、运动教育、运动符号、运动文化等方面的发展，以及推动运动社会学研究的积极意义。

一　结构主义视角下的身体运动

在运动社会学的提出与发展中，让·鲍德里亚、布迪厄、埃利亚斯等常常被运动社会学者所提及，并被认为是促进运动社会学发展的重要社会学者。虽然关于布迪厄、埃利亚斯等是否是运动社会学家，以及相关研究是运动社会学研究还是以体育为切入点进行的社会学研究这一问题，学界存在争论，但不容否认的是，他们所建构的理论及对相关理论的延伸影响了运动社会学的发展。相较于埃利亚斯所提出的构型社会学（或过程社会学）对主体的关注，布迪厄对结构主义及后结构主义等的研究与思考等，则为我们探寻结构主义视角下的运动社会学研究提供了一定支撑。布迪厄在《运动社会学计划》中指出，"体育与社会地位的关系不是直接形成或固定的，最重要的是那些将运动实践空间结构的构建及其功能记录下来的特定体育专著"。[1] 从中可知，布迪厄在该阶段分析体育等相关问题时站在了结构主义视角。布迪厄对体育的关注，与其自身的运动兴趣有关。虽然在其代表作之一《区分：判断力的社会批判》中仅有几十页对体育的讨论，但其中所指出的诸如"运动的意义与从事身体运动的频率和资历，与运动得以完成的合格的社会条件（地点、时间、装备、器械等），并与从事运动的方式（比如在队中占据的地位、风格

---

①　P. Bourdieu, *In Other Words: Essays Towards a Reflexive Sociology*, trans. M. Adamson (Cambridge: Polity Press, 1987), p.158.

等）如此密切相关，以致大部分可利用的统计数据很好得到阐明，尤其是所有非常分散的运动"① 等，为从结构主义视角分析身体运动提供了思路。在布迪厄看来，身体运动可以从系列有关社会结构的数据统计中得到阐明。

随着布迪厄研究的深入，后结构主义对主体的关注也被融入其对身体运动的分析中，进一步完善了对身体运动相关意义的探讨。在布迪厄看来，奥运会体现出一种"双重隐秘性"，因为"没人看过全部比赛，也没人意识到自己没看过全部比赛。电视观众会产生自己看过奥运会的假象"；如果想要正确地理解奥运会，那么社会学调查需要"评估所有代理商和机构之间在制作与销售奥运会影像，以及在奥运会的竞争中所存在的客观关系"②。整体来看，布迪厄作为著名的社会学家，其从结构主义视角提出的分析身体运动的观点，为运动社会学相关内容的进一步延伸与拓展提供了思路。根植于不同社会文化情境形成的身体运动，从结构主义视角对影响其形成与发展的结构要素进行分析以探寻其本体意义，不但为我们进一步理解身体运动，而且为我们思考身体运动何以能够在不同社会文化情境中存在，以及如何推广等提供了思路。

二 结构主义视角下的运动教育

伴随结构主义在语言学、人类学等学科领域的兴起与发展，教育学、社会学等领域的研究者逐渐对其表现出关注。在教育学领域，尤以 20 世纪 60 年代在美国兴起的结构主义教育思潮具有代表性，相关思想不但影响了美国教育界，而且被中国等国家的学者关注与探讨。通过追溯可知，结构主义教育理论最早由布鲁纳、施瓦布等人于 20 世纪 50 年代末在美国提出，其提出时间恰是结构主义兴起时期，这反映了结构主义的影响力，同时表明法国、美国等国家均处于发展新探索阶段。布鲁纳认为"课程不仅反映知识本身的性质，而且反映学习者的特征以及知识获得的过程。教授一门学科并不是要在每个学生头脑中建立一个学科方面的小型图书馆，而是让他们参与到知识建构的过程中来，让他们掌握思维方式"③。从中可知，结构主义教育理论重视学生知识结构的建构，相较于照本宣科，应更强调思维培养，进而实现知识迁移。伴随结

---

① 皮埃尔·布尔迪厄：《区分：判断力的社会批判》（上册），北京：商务印书馆，2015，第 327 页。

② P. Bourdieu, *In Other Words*: *Essays Towards a Reflexive Sociology*, trans. M. Adamson（Cambridge: Polity Press, 1987), pp. 79-80.

③ 姚梅林：《布鲁纳搅起美国教育改革浪涛》，《中国教育报》2008 年 6 月 5 日，第 8 版。

构主义教育理论在国际范围的推广，从结构主义视角探讨身体教育的研究也逐渐兴起。虽然后期因结构主义衰落使得相关研究持续力不足，但是基于结构主义所构建的学科结构体系至今依然对教育界产生着深远的影响，由此引发的思考仍具有一定的参考意义。

基于对结构主义教育的本土化思考，我国部分学者就结构主义教育的"学科中心说"①、结构主义知觉理论等对中国的运动教育进行了探讨，并得出了"将结构主义知觉理论应用到体育等教学活动中，通过激发学生已有的概念、知识和情感，来扩充或完善其认知图式，进行有效的认知能力培养和性格塑造"② 等结论；另有学者从课程结构的视角尝试性地构建符合普通高中学生身心和谐发展的"普修+亚选修+项目选修"三位一体模式③，以推动我国运动教育的发展。整体来看，虽然基于美国 20 世纪 50 年代背景所提出的结构主义教育理论，在应用范围及理论解释等方面存在一定的局限性，但其对我国运动教育的启发性思考仍具有积极意义。如何把握运动教育结构、如何使运动教育成为终身教育等，均是我们后续需要思考的问题。

三 结构主义视角下的运动符号

在结构主义发展过程中，索绪尔的结构语言学不但对列维-斯特劳斯结构人类学的提出与发展起到了启发作用，而且被广泛融入其他结构主义相关研究中。具体到结构主义视角下的运动社会学研究，索绪尔对"能指"与"所指"的讨论，为运动符号的探讨提供了思路。在索绪尔看来"语言符号是一种两面的心理实体"④，具有任意性、社会性、心理性、可变性等特征。"因为我们所说的符号是能指和所指相联结所产生的整体，我们可以更简单地说：语言符号是任意的"⑤。鉴于对结构主义来说最重要的不是意义，而是意义之间的关联，而索绪尔的结构语言学也强调语言符号的意义不是外部实在的对象，而是

---

① 蔺新茂、张大超、崔耀民：《教师主导性与学生主体性无抵牾的学理分析》，《北京体育大学学报》2018 年第 7 期，第 77~85 页。

② 刘涛：《结构主义知觉理论与学生认知能力的培养——以体育教学为例》，《中国成人教育》2014 年，第 20 期，第 174~175 页。

③ 张正中：《普通高中体育课程结构及其优化设计》，《课程·教材·教法》2011 年第 3 期，第 89~92 页。

④ F. Saussure, *Cours de Linguisitique Générale*（Paris：Payot, 1973），p. 100.

⑤ 费尔迪南·德·索绪尔：《普通语言学教程》，高名凯译，北京：商务印书馆，1980，第 102 页。

语言符号差异中的关系，因此便为区分运动相关概念等提供了思路。例如兰孝国等便结合结构主义对"真义体育观"与"Sport（s）大体育观"进行了区分，认为"在结构主义方法论看来，前者如'语言'，是静态的，后者更贴近'言语'，是动态的；作为能指的汉语词汇'体育'与英语中的 Physical Education 以及 Sport（s），其所指与其词源意义已经发生了很大的变化；现时的用法要优于原义。在实践上，用汉语的'体育'作为一级概念，对应于国际上越来越流行的 Sports 概念，而将'体质教育'与'休闲体育'、'竞技体育'等并列为二级概念，可以解决二者之争"①。除了"能指"与"所指"、"语言"与"言语"为相关概念探讨提供了思路，结构主义也为相关概念及要素构成分析等提供了路径。"虽然符号学绝不是一种没有局限性的研究工具，但它可以是一种有用的解释方法，用于分析体育传播中的意义制造过程，并识别体育作为一种文化文本中嵌入的潜在意识形态假设。"② 整体来看，由于结构主义的内容庞杂、理论建构范围广泛，由此使得结构主义在运动社会学的探讨也呈现出多样化样态。在众多结构主义理论中，具有启发与引领意义的索绪尔的结构语言学不但促进了结构主义系统化的形成与发展，而且在结构主义视角下的相关研究中得到了关注。就"能指"与"所指"、"历时"与"共时"、"言语"与"语言"等，对体育概念、符号、传播等进行的结构主义视角思考，为我们对相关概念的区分、理解、建构等提供了更广阔的视角。

四 结构主义视角下的运动文化

运动作为人类自发展之初便已产生的活动，伴随人类社会的发展而得到承继。这种承继不仅是身体技术、技能等方面的承继与提升，而且是运动文化的承继与发展。正如事物的发展从不是孤立的，而是受到历时与共时的社会文化情境等的影响，运动文化同样如此。在动态的文化融合与发展中，运动得以适应时代需求而发展，同时也为我们了解不同阶段的社会结构、文化等提供了路径。鉴于运动文化与社会结构之间的密切联系，从结构主义视角分析运动文化便成为可能。运动作为自人类发展早期便已出现的身体活动，在发展过程中早

---

① 兰孝国、吴永存、崔忠洲、韩新君、李萍：《"真义体育观"与"Sport（s）大体育观"之争的方法论意义：一种结构主义方法论的分析》，《武汉体育学院学报》2013 年第 11 期，第 20~24 页。

② J. W. Lee, "Semiotics and Sport Communication Research: Theoretical and Methodological Considerations," *Communication & Sport* 5, no. 3 (2017), pp. 374-395.

已被赋予了更丰富的内涵、功能与价值。除了强身健体、休闲娱乐等,运动文化更是作为一种符号,成为我们研究历史、文化、社会结构等的重要载体。基于结构主义、符号学理论对运动文化的本质、内涵等的分析,由此也逐渐兴起。例如我国学者从结构主义视角出发对我国的民俗体育文化进行了分析。有学者认为"结构主义对于分析民俗体育的文化审美价值提供了新的视角,如此,审美的标准不仅仅局限于民俗体育的形式,更多追求对人性基本的生理感官经验的丰富和变化,从而由运动形式审美过渡到对人的主体体验审美过程。这种复杂的本体生理感官形成了对某种文化情调的表达与追求,最终成为艺术和审美的基本素材,并形成了人类的审美力"[①]。

除了相对整体性的民俗体育文化分析,结构主义视角下具体的民俗体育分析同样获得了学者关注。譬如有学者在妈祖民俗体育文化传承及其文化结构体系探讨中,指出可从物态、制度、行为和心态四个层次对妈祖民俗体育文化结构进行梳理,妈祖民俗体育文化结构的诸层次是以心态文化统领并依托其他三个层面而显现的,在发展、变化过程中,四个层次相互依存、相互渗透、相互制约、相互推动,构成一个完整的有机整体。[②] 整体来看,运动作为在人类发展历史中持续时间较为悠久的活动,不但以其强身健体、娱乐生活等功能而得到发展,而且以其文化内涵与符号意义等得到宣传,尤其是部分具有历史性、民族性的运动文化有着深厚的价值与意义。从结构主义视角对运动文化进行分析,不但有助于我们深刻了解运动文化内在意蕴及相关关系,而且为我们整体把握运动文化发展提供了思路。

五 结构主义视角下的竞技性运动

长期以来,竞技性运动常常因其观赏性、娱乐性等获得广泛关注。这既与竞技性运动展现的人类潜能有关,也与竞技性运动被赋予的政治性内涵等有关。以奥林匹克运动为例,无论是古希腊时期的奥林匹克运动,还是19世纪80年代恢复的现代奥林匹克运动,其中的竞技体育开展均在运动员代表的不同部落或国家等群体中开展。此时的竞技便不再是个体与个体间的,而是带有群体与群体间比拼的内涵。运动员不仅是参与国中对应项目的高水平代表者,

---

① 秦涛:《结构主义视域下民俗体育的文化意蕴探析》,《成都体育学院学报》2012年第7期,第34~37页。
② 林立新:《妈祖民俗体育文化传承及其文化结构体系考略》,《贵州民族研究》2019年第7期,第111~116页。

其形象也是参与国的符号，由此竞技性运动便超越身体技能的比拼而具有了整体结构下内涵再赋予的意义。从结构主义视角分析竞技性运动，不但为竞技水平、训练结构提升提供了思路，也为竞技性运动的价值再造、意义再思考等提供了路径。通过国内外运动社会学文献整理可知，随着后结构主义的兴起与发展，西方运动社会学更多结合后结构主义进行探讨与分析，而对结构主义的分析相对有限。造成这种现象的原因，既与竞技性运动是人作为主体性的活动，而后结构主义的主体性思考与竞技性运动契合度较高有关，也与中西方社会结构及其对运动发展的影响呈现差异化有关。新中国成立以来，我国竞技性运动的发展，既是时代背景下基于我国社会结构建构的，也是出于时代诉求、资源等方面考量的结果。可以说，我国的社会结构在推动当前的竞技性运动发展中发挥了重要作用，由此也为我国部分学者选择以结构主义分析我国一段时期内的竞技性运动提供了路径。除了基于独特社会结构下的竞技性运动研究，结构主义视角下诸如影响运动训练等具体结构要素的研究也获得了学者关注。例如胡好等认为"由于结构主义者视野中的'结构'是'总体而非个体、是关系而非实体、是一般而非特殊、是深层而非表面'，因此结构主义中的'结构'与系统结构中的'结构'意义基本相同"[1]，并在此基础上使用结构主义对运动训练结构进行了分析。Augste等认为"成绩结构分析通过识别特定运动特征进行分级"。[2] 总之，从结构主义视角分析竞技性运动，不但具有通过探讨运动训练结构提升竞技成绩之意，而且具有社会结构与竞技性运动再思考之意，为我们推动竞技性运动的发展提供了思路。

第三节　结构主义视角下的运动社会学研究特征

自"结构主义"体系化提出与发展以来，如今已逾半个多世纪。虽然伴随后结构主义兴起，"结构主义"逐渐走向边缘，但索绪尔、列维-斯特劳斯等学者的观点在当代社会仍熠熠生辉，并为运动社会学研究提供了思路。既有结构主义视角下的运动社会学研究，按照凯尼恩所说"应该区分理论应用与

---

① 胡好、王林、张英波：《我国青少年运动员参训动机结构及相关特征初探》，《北京体育大学学报》，2013 年第 3 期，第 85~91 页。

② C. Augste，M. Winkler，and S. Kunzell，"Performance Structure Analysis Using the Example of Sport Climbing-theoretical Guidelines and Practical Implementation"，*German Journal of Exercise and Sport Research* （2022）.

理论发展"①，但目前仍以理论应用为主而缺乏理论发展，导致运动社会学研究相对缺乏活力。如卡林顿所言"运动社会学的大部分研究很少将运动当作社会学理论的生产力，最多只是展示了在其他情境中发展出的概念与观点如何在运动中应用"②。但结合"结构主义"所进行的运动社会学研究，仍然在一定程度上推动了运动社会学的发展。

一　基于"结构"要素分析，探讨运动发展

随着运动的功能与价值等被进一步挖掘，运动呈现出普遍性、整体性、终身性和价值理性优先的特征。由于运动社会学研究在关注运动的身体性载体的同时，也将体育运动和竞技运动作为人类运动行为的组成部分加以考量，所以其研究范畴包含但并不局限于体育运动和竞技运动。当下运动相关的产业、训练技术等呈现规模化、系统化及科学化发展，结构主义视角下的运动社会学研究也伴随运动的发展及研究的深入，而呈现出对运动发展中"结构"要素的关注。基于结构主义对整体性、同一性的强调，部分既有研究以认可运动赛事、运动产业、运动训练等所具有的积极价值和意义为前提，采用定量研究探讨了影响其建构与发展的结构要素。这种研究思路在一定程度上也受到了布迪厄的启发，无论是他提及的"身体运动的意义与从事运动的频率和资历，与运动得以完成的合格的社会条件（地点、时间、装备、器械等），并与从事运动的方式（比如在队中占据的地位、风格等）如此密切相关，以致大部分可利用的统计数据很好得到阐明，尤其是所有非常分散的运动"③，还是他提出的通过评估奥运会机构与代理商等客观关系进而提升对奥运会的理解等，均反映了其以结构要素分析的方式，探讨运动发展的理路。在结构要素分析中，部分学者通过科学化组合和权重分配等对部分体育组织、产业、运动训练等结构要素进行分析，探讨相关内在提升路径。在结构主义视角下采用定量研究所进行的运动社会学研究中，供给、需求、就业或生产、生活、生态等要素被广泛关注。在采用定量研究探讨结构要素的同时，部分学者也采用定性研究对结构

---

① G. Kenyon, *The Significance of Social Theory in the Development of Sport Sociology* (Illinois: Human Kinetics, 1986), pp. 3–22.

② B. Carrington, *Race, Sport and Politics: The Sporting Black Diaspora* (Londan: Sage, 2010), p. 11.

③ 皮埃尔·布尔迪厄：《区分：判断力的社会批判》（上册），北京：商务印书馆，2015：第327页。

要素进行了探讨。区别于定量研究对结构要素等影响程度的分析,定性研究以结构要素的内涵为主要探讨内容。虽然关于运动的起源,目前学界尚无统一认知,但无论是游戏说、劳动说还是军事说,均表明运动的形成与发展同所处的社会文化情境具有内部关联,涉及了众多结构要素。由此,在结构主义视角下采用定性方法围绕运动行为与社会秩序的耦合进行的运动社会学研究也逐渐展开。在相关研究中,制度、心态、行为等要素便被纳入研究分析框架中。除了对结构要素进行细化分析,整体化分析也被学者所关注,近些年来,终身教育、终身运动等被广泛倡导。鉴于惯习的培养对终身参与的重要意义,探讨运动教育发展便具有了深刻意义。在对运动教育的探讨中,不同教育阶段的差异化结构要素分析,运动教育结构的有序衔接以及有机整体的建构被部分学者所关注。整体来看,结构主义视角下的运动社会学研究,通过对"结构"要素的分析,为部分运动发展提供了思路。这种"结构"要素分析不局限于定量研究,定性研究同样被学者所采用。无论是要素分布分析还是要素意义探讨,均为促进运动发展提供了积极助力。

二 基于"结构"语言分析,探讨运动符号

运动社会学作为独立分支学科的发展时间并不长,虽然凡勃仑的《有闲阶级论》、布迪厄的《区分:判断力的社会批判》等知名著作中都对运动有所涉及,但整体来看,运动社会学在本学科的理论、概念等构建方面尚有待进一步提升。回顾既往运动社会学研究可知,与根据运动自身创建理论及思考相比,结合其他学科的理论进行运动社会学的研究成为普遍现象,具体到结构主义同样如此。受语言学家索绪尔启发的列维-斯特劳斯建构的"结构主义",无论是在形成之初还是在发展过程中,均以结构语言学、结构人类学相关理论的推广与延伸为主。即便社会学对结构主义进行了学科化延伸,但跨学科结构主义理论的交叉研究等在运动社会学中并不鲜见。在众多跨学科结构主义理论研究与探讨中,索绪尔的结构语言学不但为结构主义视角下运动社会学研究提供了"结构"思考,而且提供了运动符号等分析路径。

对于尚未走入社会学舞台中心的运动社会学来说,在发展中除了要思考本学科内生理论的建构,还要关注运动符号的分析。对运动符号的分析不但有助于我们对运动相关内容进行区分与系统化思考,而且有助于我们基于运动符号的差异进一步深挖其背后的社会、文化等内容。在索绪尔看来,语言符号具有任意性、社会性、心理性、可变性等特征。索绪尔把概念叫作"所指",把意

符叫作"能指"。"因为我们所说的符号是能指和所指相联结所产生的整体，我们可以更简单地说：语言符号是任意的。"[1] 虽然语言符号的任意性并非是无边界的任意，而是在其背后受到重要因素影响，但这种任意性丰富了我们对运动符号的分析与探讨路径，并在一定程度上激发了运动社会学研究的想象力。诸如结构语言学在运动社会学中对运动符号研究的启发，向我们呈现了跨学科理论互鉴的积极面，不过需要注意的是，这种跨学科的互鉴既有积极的一面，又有消极的一面。积极的一面，体现在结构语言学、结构人类学等对结构主义较为成熟的思考与探讨，为运动社会学的相关研究提供了参照和思路，使得部分运动研究得以快速开展，在一定程度上推动了运动研究的整体进步。消极的一面，则是因为跨学科结构主义理论互鉴，相关理论生成的社会文化情境、学科背景等存在一定的差异性，因此使得部分理论在互鉴融入中，不但要思考理论合理性而且要思考理论适用性，同时过于依赖既有相对成熟理论，容易削减运动社会学基于本学科的结构主义思考与建构。整体来看，正在踽踽前行的运动社会学在结构主义视角下所进行的研究，以跨学科理论融合与互鉴为主，基于"结构"语言分析，运动符号的建构与意义探寻获得了更广阔的视域。

三　基于"结构"框架思考，探讨运动文化

正如人类、语言等兼具宏观指向与微观指向，在结构主义视角下的运动社会学研究同样呈现出宏观与微观研究视域兼具的指向，这种指向多围绕"结构"框架展开思考，并对运动文化等进行了宏观层面及微观层面的探讨与反思。在宏观视域中，相关"结构"框架的思考多以国家为单位，通过对不同国家的社会、制度等结构要素的分析及框架设计，探讨本国运动文化及不同国家间运动文化的区别等内容。鉴于运动文化内涵的丰富性、多样性及包容性，在此以竞技体育文化为例展开分析。

中国作为社会主义国家，在社会制度与社会结构上的特色，使我国的体育事业取得了较大成效。1984 年中国在洛杉矶奥运会中获得 15 金、8 银、9 铜，共 32 枚奖牌，2021 年中国在东京奥运会中获得 38 金、32 银、19 铜，共 89 枚奖牌。奖牌数量增长的背后，不但反映了中国参与奥运会项目的增多，而且表征了中国竞技体育文化的深刻影响力。这种竞技体育文化的形成与发展，在一段时期内与我国的体育发展战略有关。由此，在中国体育竞技文化的分析中，

---

[1]　费尔迪南·德·索绪尔：《普通语言学教程》，高名凯译，北京：商务印书馆，1980，第 102 页。

对相关结构框架的分析与研究便具有了重要意义。整体来看，我国竞技体育的发展既是国家宏观政策支持的结果，也是社会资源与条件有限的情况下竞技体育易于实践等因素合力的结果。除了竞技体育文化，宏观视域中的"结构"框架思考，也为大众体育文化、民俗体育文化的发展与溯源等提供了思路。在对我国大众体育文化的研究中，既有基于同时期社会文化情境因素所进行的探讨，也有基于传统社会结构及文化基因、文化记忆等进行的反思，呈现了大众体育文化的形成与发展是多重因素共同作用的结果，并随着社会发展呈现动态转向。

结构主义视角下的运动社会学研究，除了对宏观视域下的"结构"框架进行了思考，对微观视域下的"结构"框架同样表现出了关注。在众多微观视域下的"结构"框架研究中，颇具代表性的便是地方性、民族性的传统体育文化分析。通过具体到地方的"结构"框架思考，不但为我们了解相关传统体育文化生成路径提供了思路，而且为我们探讨相关意义及内部关系等提供了思考。在对诸如民俗、民族传统体育文化的分析中，常常以某一具体的运动展开。这些具体运动多是被视为民族文化符号的运动。在对相关运动的分析中除了对共时性的当代"结构"框架及要素影响分析的关注，对历时性的过去"结构"框架及影响要素也进行了分析。

随着国家的发展、新技术的进步，微观民族体育文化研究等进一步呈现出对跨地域不同民族体育文化、跨地域相同民族体育的不同文化及其背后"结构"框架的对比与探讨。这种对比与探讨，不但呈现出运动社会学在相关研究中视域的扩展，而且呈现出结构主义视角下运动社会学研究的本土化延伸、反思与建构尝试。兼具宏观与微观研究视域的"结构"框架思考，在我国开展较多，其中既与我国的体制国情、发展历史和文化等有关，也与我国运动社会学发展时间相对晚于西方，对既有理论的适用性尚处于探索阶段有关。通过对相关"结构"框架的研究，不但使我们进一步了解了相关运动文化的内在意涵与相关关系，而且为我们提供了运动文化何以形成、何以发展的分析路径。

第四节　结构主义视角下运动社会学研究的贡献与局限

虽然结构主义受到学界广泛关注的时间主要集中于 20 世纪五六十年代，后期随着后结构主义的兴起而走向式微，但不容否认的是，在特殊历史时期所诞生的结构主义，其价值与意义并不局限于理论研究层面，而且具有历史意义。因此结构主义所产生的影响与渗透也不局限于 20 世纪五六十年代，而是在与学科融合中不断发展。结构主义视角下的运动社会学研究便是其中之一。随着结构主义研究及探讨的系统化推进，结构主义视角下的运动社会学研究的贡献与局限也得以进一步呈现，通过梳理相关内容，不但有助于我们进一步结合结构主义进行运动社会学研究，而且有助于我们在原有研究基础上思考运动社会学的内生学科理论建构。

一　结构主义视角下运动社会学研究的贡献

（一）拓宽运动社会学的“整体化”研究视域

鉴于结构主义在多学科的发展中呈现的纷繁复杂样态，以及学者们对社会结构等基础概念尚未达成一致观点，因此如果仅围绕某位学者的结构主义理论进行探讨，难免存在局限性。这也是为何结构主义视角下的运动社会学研究呈现多重指向的重要原因之一。即便众多学者观点不一，但不容否认的是，其对结构主义强调的整体性、同一性、共时性等有着相同认知。由此结合结构主义所开展的运动社会学研究也呈现出对整体性、共时性的分析与把握。“结构主义不取消历史，它将历史不仅与内容联系起来，而且与形式联系起来；不仅与物质联系起来，而且与可理解性联系起来；不仅与意识形态联系起来，而且与审美联系起来。”[1] 因此结构主义视角下的运动社会学研究并不局限在单一的时间之流，而具有了跨越时空的内容与形式、物质与意识等整体和系统的特征。如在探讨运动的价值与意义时，不但考虑当前的政治、经济等要素，而且考虑历史的文化、环境等要素，呈现出一种往来自如的本体化建构。这种从整体出发的本体建构，具有较强的稳定性，不易受外部刺激而发生改变，由此也为运动社会学的相关研究提供了一定参照和框架支撑，拓宽了“整体化”研究视域。

（二）推动运动社会学研究由“实”到“深”的转变

正如列维-斯特劳斯所说，“结构主义研究方法的宗旨就是探求不变的事物，或者说是从表面歧异分疏的众多事物当中，追索出其不变的成分。”[2] 在

---

[1] 王岳川：《20世纪西方文论》，北京：中国人民大学出版社，2021，第 266 页。

[2] 克洛德·列维-施特劳斯：《神话与意义》，杨德睿译，郑州：河南大学出版社，2016，第 17~18 页。

结构主义视角下的运动社会学研究中，同样在不断尝试从复杂的社会表象与事物中追索出不变的成分，进而思考相关研究对象的发展。无论是对体育产业结构、体育法律结构，还是对体育组织结构、运动参与结构等的探讨，既包含着对功能化的"结构"建构与思考，又包含着对影响相关结构的相对稳定不变因素的探讨。这种在纷繁中寻找不变的过程，让科学、体系化的研究逻辑在运动社会学中进一步得到推动。纵观不同学者对结构主义的思考与探讨可知，结构主义是在具有哲学化的思辨中被进一步完善的。这种思辨本身蕴含的逻辑性，决定了结构主义视角下的运动社会学研究不但要逻辑自洽，而且不能满足于解释静态或形式方面的内容，而是要通过结构概念去解释产生和不断再生产这种结构的基本动力关系网及其运作的基本模式。[1] 基于结构主义形成与发展本身的哲学内涵及逻辑性，结构主义视角下的运动社会学研究也呈现出哲学性、逻辑化的思考与建构。在相关研究中，不但有助于探讨其背后所蕴含的变与不变，而且有助于推动运动社会学研究由"实"到"深"的转变。

（三）促进运动社会学的时代反思与本土发展

回溯结构主义系统化提出的时间可知，其提出背景使其具有历史运动的意义。虽然"结构主义"伴随后结构主义的兴起而呈现边缘化趋势，但结构主义并未消失。作为人文社会科学不可分割的一部分，结构主义早已渗透至众多学科之中。诞生于第二次世界大战（1931~1945）之后、冷战时期（1947~1991）的结构主义，是在原本为殖民地的第三国家走向独立，以及西方国家呈现高度社会分工等背景下提出的。当时学者无法再像殖民时期一样自由进出相关地区，实地考察受到限制，同时，面对社会原子化趋势，众多学者又渴望开展综合研究。由此使得在此背景下提出的"结构主义"蕴含着现代性、批判性思想。正如现代性本身所包含的多元性、交融性一样，在现代性背景下诞生的"结构主义"在发展过程中呈现出多学科的特征似乎有其必然性。也正是这种多学科拓展，使得结构主义视角下的运动社会学研究具有了活力。20世纪60年代之后，运动社会学自身不但快速发展，而且见证了国际社会的快速发展，由此使得运动社会学在研究过程中自带现代性指向。结构主义与运动社会学的现代性互嵌使得相关研究具有了唤醒现代性意识的意义。尤其对于中国等快速发展的发展中国家来说，无论是社会制度、社会结构还是社会分工等，都使结构主义视角下的运动社会学研究具有了反思本土现代性的价值。

---

[1]　高宣扬：《当代社会理论》（第2版），北京：中国人民大学出版社，2017，第713页。

二 结构主义视角下运动社会学研究的局限

(一) 对整体性的强调，削弱了对内部局限的思考

在结构主义发展中，整体性被结构主义者广泛思考。无论是列维-斯特劳斯以人类文化历史整体作为共时性的结构基础，揭示出不同历史时代文化间的内在动力关系，还是布迪厄所认为的，结构主义理论能充分考虑到社会的整体因素以及人的思想心态的相互渗透关系，[①] 均反映了结构主义者对整体性的思考。在此基础之上，结构主义视角下的运动社会学也呈现出对整体性的强调与关注。譬如结合结构主义教育理论对运动教育展开的探讨，将人的成长与发展视为整体渐进的，并倡导进行阶段性的运动教育，确保运动教育的连续性等就呈现了结构主义视角下的整体性思考。这种对整体性的强调，虽然有利于把握规律与建构结构，进而助推系统发展，但对整体性的强调忽略了局部时，也可能会限制研究的规模化应用与推进。以运动产业结构的分析为例，在既有的运动产业结构分析中更多将运动产业置于国家整体视域之下，对供给、需求等要素的分析也是以整体认知与资源总量为考量，而忽略了地方资源和认知的局限性与差异性。这种基于整体性进行的运动产业结构探讨虽易于在宏观层面对规律、趋势等进行把握，但由于对内部局限性的关注不足，使得相关研究结论更多停留于宏观政策层面，而在地方性实践中往往因地方差异而无法推广。包括运动教育、运动产业结构在内的几乎所有结构主义视角下的运动社会学研究都强调整体性，由此不但削弱了对内部局限的思考，而且限制了相关社会学研究结论的推广力度。

(二) 对同一性的探索，限制了对内部差异的分析

结构主义者认为，人类要构成一个整体，就必须有沟通人类心灵的一套符号系统；而动物之所以不能形成本族类的整体，就是因为它们没有这种符号系统。[②] 如列维-斯特劳斯的结构主义，虽然力求解释社会和文化经验现象深层或背后的一般的稳定的结构系统，但并未想引申出可以到处套用的统一文化结构模式，更不想要借此把复杂和多元化的人类文化，归结为某种所谓"终极的"模式。[③] 在结构主义的同一性探索中，往往基于研究对象的整体性开展。

---

① 高宣扬：《当代社会理论》（第 2 版），北京：中国人民大学出版社，2017，第 712~716 页。
② 高宣扬：《当代社会理论》（第 2 版），北京：中国人民大学出版社，2017，第 790 页。
③ 高宣扬：《当代社会理论》（第 2 版），北京：中国人民大学出版社，2017，第 797 页。

这种探索，虽然有助于整体性系统建构及同一性发展，但需要注意的是，基于整体所探寻的同一性，往往限制了对内部差异的分析，进而使得同一性的理论建构存在局限。结构主义视角下的运动社会学研究同样呈现出对同一性的探索。例如在对运动员的训练结构等分析中，外部的环境要素、个体身体的肢体要求等均可通过科学的数据化建构进行同一性探索。但即便结构要素调配及供应到同等条件下，运动员之间的竞技成绩仍然存在差异，并不一定能够达到预期成绩。此时所出现的差异就是对结构主义中同一性提出的挑战。即在运动参与者运动训练结构的探讨中，仅从理论化的同一性探索与建构层面进行运动分析等，显然并不足够。对于在身体基因、机能等方面存在先天差异的运动员来说，差异性因素在运动训练中同样具有重要作用。这种结构主义视角下的运动社会学研究因对同一性的探索与关注，而限制了对内部差异的分析，不但在运动训练中，而且在运动的其他分类表现形式中同样存在。由此使得相关研究虽然能从宏观上给予思考，但因缺乏对具体差异的分析，因而会在一定程度上降低相关结构的调适灵活度。

（三）对中心性的强调，忽视了内部主体的作用

在结构主义中，通过设定中心以保证其结构的稳定性并进而将一种预先确定的真理先验地塞入结构中的做法，使结构主义可以堂而皇之地通过"批评"活动去提取早已植入结构的意义。[①] 其中所反映的结构主义的中心性，在确保结构稳定性的同时，也因对中心性的强调而忽视了内在主体性。这种对主体性关注的不足，也是结构主义区别于后结构主义的重要内容之一。在结构主义看来，整体性、中心性结构形成后，不易受外界因素等影响，由此使得结构中事物的意义不过是规约下的重复。这种重复虽然为我们探讨事物的本质等提供了路径，但对内部主体的忽视，也使得结构主义视角下的研究呈现结构与行动的二元对立，进而限制了研究视域。结构主义视角下的运动社会学研究，同样面临结构与行动的二元对立。这种对立虽然不是结构主义的初衷，但常常因缺乏对结构与行动主体的关注而走向片面化。例如在对运动参与的研究中，如果仅仅从政治、经济、社会、文化等因素出发建构运动参与结构或探讨其建构是不够的。不同年龄群体、不同性别、不同地域、不同民族等呈现的主体性，在运动参与结构的建构中发挥着重要作用。甚至在某种程度上，主体性决定了相关结构的成效。结构主义视角下的运动社会学研究因对中心性的强调而忽视了内

---

① 王岳川：《20世纪西方文论》，北京：中国人民大学出版社，2021：第275页。

部主体的作用，不但在运动参与，而且在运动产业、运动服务、运动就业等诸多研究中均表现出了局限。由此使得运动社会学研究从对"结构"的探讨转向了对去中心化的后结构主义的关注。

思考题

1. 简述结构主义理论的兴起与发展。

2. 如何看待结构主义在社会学的发展？

3. 结构主义视角下的运动社会学主要有哪些研究指向？

4. 结构主义视角下的运动社会学研究特征对你有何启发？

5. 如何看待结构主义对运动社会学内生理论建构的影响？

推荐阅读书目

1. 费尔迪南·德·索绪尔：《普通语言学教程》，高名凯译，北京：商务印书馆，1980。

2. 克洛德·列维-斯特劳斯：《结构人类学》，张祖建译，北京：中国人民大学出版社，2006。

3. 罗兰·巴尔特：《写作的零度》，李幼蒸译，北京：中国人民大学出版社，2008。

4. 米歇尔·福柯：《词与物：人文知识的考古学》，莫伟民译，上海：上海三联书店，2016。

5. 皮埃尔·布尔迪厄：《区分：判断力的社会批判》，刘晖译，北京：商务印书馆，2015。

代表性学者简介

1. 费迪南·德·索绪尔（Ferdinand de Saussure，1857~1913），现代语言学理论的奠基者，现代语言学之父，出生于瑞士日内瓦的一个学者世家，祖籍法国。他的家族中多自然科学家，有自然科学研究的传统。祖父是地质学和矿物学教授，父亲是地质学家和博物学家。但他父亲的一位挚友阿道夫·皮科特（Adolphe Pictet）研究语言古生物学，引导索绪尔学习语言学，使得索绪尔很早就掌握了欧洲多种语言，以及古拉丁语和希腊语。1876年转入莱比锡大学学习历史语言学，在那里结识了青年语法学派的重要人物布鲁格曼、奥斯托霍夫等人，和他们共同从事印欧系语言的历史比较研究工作；1880年以论文

《论梵语绝对属格的用法》获莱比锡大学最优生博士学位；1881 年在巴黎高等研究所教古代语言和历史比较语言学。代表作有：《普通语言学教程》（又译《通用语言学》，1916）和《论印欧系语元音的原始系统》（1878）。

2. 克洛德·列维-斯特劳斯（Claude Levi-Strauss，1908~2009），法国作家、哲学家、人类学家，结构主义人类学创始人和法兰西科学院院士，代表作有《亲属关系的基本结构》《结构人类学》《神话学》《忧郁的热带》《遥远的目光》等，其中《亲属关系的基本结构》奠定了结构主义理论的基础，而《结构人类学》标志着结构主义理论纲领的出现。虽然列维-斯特劳斯是结构主义人类学家，但他系统提出的结构主义对其他学科也产生了重要影响。

3. 米歇尔·福柯（Michel Foucault，1926~1984），法国哲学家、社会思想家，代表作品有《疯癫与文明》《词与物》《性史》《规训与惩罚》等。虽然福柯拒绝被贴标签，同时在其学术生涯后期转向了后结构主义，但其年轻时期所发表的《疯癫与文明》《词与物》等显示出其早期受到结构主义影响，并且他在一段时间内是重要的结构主义推动者之一。

第七章 社会行动论与运动社会学

本章要点

·社会行动是一个有着丰富意向的抽象化概念，运动中的行动主体与秩序则是一种有着对应性意向的具象化概念。

·运动中的行动文明化是由规则及道德力的内隐性约束形塑的，其文明意涵和文明策略从实践规约中得以生发。从某种意义上来说，运动中的行动本身的道德属性和规制属性丰富了行动合理性的内涵边界。

·运动中的行动表征了设计性行动和自发性行动两种意志形态，共同指向了行动实践的空间性和整体性，而由运动自身的特性在物理性空间和社会性空间中所产生的行动既是运动实践的一种结果，也是人们日常生活的一种展演，这种展演一方面体现出了行动的合理性，另一方面又丰富了行动工具箱的多样性，总之，运动中的行动特征构成了相关事实经验与事实解释的整体性。

·运动中的行动内涵和行动意义既具有形塑社会秩序的作用，也具有建构运动行动意义体系的作用。从既有研究中可以发现，运动中的行动结构和作用机制是对运动本质进行深度理解和学理性探析的关键所在。为了深度探究，不仅要改变研究视角，还要改变研究范式，在对运动中的行动进行充分阐释的基础上拓展对社会行动研究的理论边界。

关键概念

社会行动论；行动合理性；关系复合体网络；设计性行动意志；自发性行动意志

第一节　社会行动理论内容与思想渊源

在 19 世纪晚期，德国社会学界关于社会行动的讨论是社会行动论的萌芽，马克斯·韦伯根据当时欧洲资本主义的迅速发展以及理性化自我约束理念的传播等现象指出社会学研究的主题就应该是行动①，将"行动"视为社会系统的元素，并展开了具有奠基意义的社会行动分析。美国社会学家帕森斯在继承韦伯观点的基础上，先后在《社会行动的结构》和《社会系统》两部著作中系统地提出了社会行动理论。在此之后，詹姆斯·科尔曼提出了理性行动论以期弥补韦伯、帕森斯等的传统社会行动理论的缺陷。此外，还有其他学者对行动进行了补充性和拓展性研究，比如曼瑟尔·奥尔森提出了集体行动论、皮埃尔·布迪厄提出了实践行动论、尤尔根·哈贝马斯提出了交往行动理论、布鲁诺·拉图尔提出了行动者网络理论、尼古拉斯·卢曼提出了系统行动论等。本小节旨在对运动社会学中有关运动的行动主体与秩序研究进行理论溯源和思想梳理。

一　个体主义方法论影响下的行动理论

韦伯在《社会学的基本概念》一书中开宗明义地表示："社会学是一门科学，其意图在于对社会行动进行诠释性的理解，从而对社会行动的过程及结果予以因果性的解释。"② 简言之，解释社会行动的机制是社会学的要旨所在，所以，行动既是社会的基本构成要素，也是最基础的研究单位，有必要在社会学的语境下将社会行动作为本体进行系统论证。定义是论证的关键起点，社会行动作为一个有着丰富意象的抽象化概念，韦伯认为"可能是以其他人过去的、当前的或未来所期待的举止为取向（复仇从前的进攻、抵御当前的进攻、对未来进攻的防卫措施）"。③ 该表述中强调了个体主观认知、行为关系以及时间性三个相关要素，在三者都具备的前提下才能被视为社会行动。个体行动者的主观行为意愿是行动产生的动因，由此产生不同时间下的关系行动，这些

---

① 马尔科姆·沃特斯，《现代社会学理论》，杨善华、李康等译，北京：华夏出版社，2000，第 56 页。

② 马克斯·韦伯：《社会学的基本概念》，顾忠华译，桂林：广西师范大学出版社，2005，第 13 页。

③ 马克斯·韦伯：《经济与社会》（上卷），林荣远译，北京：商务印书馆，1997，第 54 页。

关系行动以韦伯的"理想类型"为依据被划分为四种类型。虽然韦伯是在德国唯心论的环境中长大，但是他并没有接受唯心论的观点，反而对唯心主义学派某些常见的方法论持反对意见，一方面反对唯心主义的发散论观点以及与这种观点相联系的经验理论，另一方面反对马克思主义的历史唯物主义的实证主义倾向。总体而言，韦伯试图通过对个体行动者主观意义的理解达到对整体社会现象的因果性说明，亦即透过个体来研究整体，进而调和围绕社会认识的"整体/个体"对立视角，并将德国历史主义传统强调的主观表意方法与近代科学追求的客观因果说明的通则方法结合起来[①]，最终以解释的方式来理解社会行动。

但是舒茨认为，韦伯没有意识到行动主观意义和客观意义的真正区别，单纯给行动划分类型是没有意义的。在舒茨看来，主观意义是行动者如何确立意义的问题，所涉及的主要是时间问题，而客观意义则是行动者与他人如何建立主体间性的意义问题，涉及的是符号和沟通问题。在对主、客观行动意义有了明确区分的基础上，舒茨把行动界定为由行动者自觉设计的人类行为举止（conduct），其基本特征是筹划（project），即行动总是依据个体行动者设想的计划来完成的[②]。舒茨所使用的词汇是 conduct，而韦伯所用的是 action，从用词上可以看出，二者对"行动"的理解是有差异的，从行动界定的整体意涵上来看，"筹划"或者韦伯所说的"目的"都强调个体主义的行动表意。

在对社会科学主要任务的认识上，科尔曼给出了与韦伯不同的思考。科尔曼认为社会科学的主要任务并不是解释个体行动，而是解释社会现象，只有在个别情况下，社会现象才可能是个人行为的总和[③]，所以也就要求对社会现象的解释重点要以系统为单位，由此形成了"系统行为的内部分析"的个体主义方法论，即用系统的不同组成部分的行为（如个人、群体、组织、制度等）来解释系统的行为。20 世纪 80 年代以后，科尔曼受其导师默顿思想的影响，在批判传统社会行动理论只关注社会环境和社会结构对个体行为影响的基础上，将论证主体定位到了自然人和自然团体，以个体"理性"行动作为研究假设和出发点创建了将微观分析与宏观分析相结合的理性行动理论，其中对法

① 苏国勋：《当代西方著名哲学家评传》（第 10 卷），济南：山东人民出版社，1996，第 9 页。
② 李芳英：《赋予行动以意义——舒茨的意义理论述评》，《重庆社会科学》2004 年第 S2 期，第 59~63 页。
③ 詹姆斯·科尔曼：《社会理论的基础》（上册），邓方译，北京：社会科学文献出版社，1992，第 2 页。

人行动者的分析，既开创了法人研究的新方向，也如默顿所言是具有深远影响的新思维。同奥尔森的集体行动理论借鉴经济学的思想一样，科尔曼借用"合理性"概念对个体行动进行了剖析，将行动者和某种事物（资源或事件）界定为行动系统的基本元素，行动者与资源之间建立控制关系与利益关系[1]，又从这两种关系中延展出了权威关系与信任关系。科尔曼的理性行动理论在弥补传统社会行动理论缺陷的同时，也不可避免地具有其自身的局限性，如数学模型不完善、基本概念界定不到位等，但是依然成功地为行动理论的研究留下了深邃的思想遗产。

二 社会结构影响下的行动理论

在美国经历世界经济危机，国家面临着重重矛盾的背景下，为求社会能够保持正常的运行状态，帕森斯延续了韦伯对主观意向性的思考，继续对社会行动展开深入思辨，以期通过对社会行动的把握来维持社会秩序，进而提出了研究社会行动的理论框架和方法论原则。在 1937 年完成的著作《社会行动的结构》中，结构功能主义代表人帕森斯提出把单位行动（unit act）设想为社会行动最小的具体单位，由目的、手段、条件以及内在的手段-目的关系的规范等基本成分构成[2]。由此也形成了研究社会行动的"目的-手段-条件"原则，即在目的、手段和条件的统一性中把握社会行动[3]，需要说明的是，将单位行动当作是一个存在着的实体并不意味着它有具体的空间存在或其他形式独立存在着，而只是说从某个参照系角度来看可以把它设想为一个单位，而对事实的理解则构成了帕森斯行动理论的基本论调。在对帕累托、马歇尔、涂尔干、韦伯等学者的思想进行批判性研究的基础上，帕森斯发现了一条从实证主义方法论向"实证主义-唯意志论"融合方法论过渡的演进脉络。

若某个理论将经验知识作为行动者对所处情境主观取向的唯一方式，那么这个行动理论就是实证主义的。以此作为判断标准，斯宾塞、孔德、涂尔干等实证主义者的核心思想则应被划分到实证主义行动论之中。唯心主义行动论中的"行动"是一种"发散"（emanation）过程，一种观念的或规范性的"自

① 詹姆斯·科尔曼：《社会理论的基础》（上册），邓方译，北京：社会科学文献出版社，1992，第 27 页。
② 塔尔科特·帕森斯：《社会行动的结构》，张明德、夏遇南、彭刚译，南京：译林出版社，2012，第 789 页。
③ 刘少杰：《现代西方社会学理论》，长春：吉林大学出版社，1998，第 245 页。

我表达"过程，具有时间和空间的意涵，仅仅作为"意义"的象征性"表示方式"或"体现"而与行动相联系①，也就是说，在唯心主义指导下形成的社会行动脱离了社会环境，未能在主客观互动的条件中开展行动。所以唯心主义与实证主义都未能准确使用单位行动概念来研究社会行动，而是在目的与手段以及条件因素分离的状态之中展开的研究。帕森斯在对二者进行辩证批判的基础上，提出了唯意志行动论，该行动理论承认具体的"社会"成分牵涉"观念性"的东西，是从行动的关系视角出发来考虑的，同时它也包括了在其逻辑表述之外的实在的非经验性的层面，其特性在于行动结构中的目的以及其他规范性成分不受遗传和环境方面的决定论支配。在对行动的主观取向进行深入研判的基础上，建立了模式变量（model variable）理论，并提出了价值取向和动机取向两种分析社会行动模式的概念框架，由此也构成帕森斯社会行动论的主要论证内容。

吉登斯认为帕森斯提出的唯意志行动论完全剥离了人的行动在时空中的情境关联，将时空作为社会实践的构成部分，而这一本体论的看法是结构化观念的基础②。所以结构化观念也不能脱离客观实际，需要以实际情境中的联系性作为基本的行动条件。吉登斯的行动结构化给出的社会理论研究旨趣，并非是"社会结构如何决定行动者"这种决定论的研究范式，也不是"人的行动如何构成社会"这种解释社会学和现象社会学所给出的答案③，而是行动怎样在日常的生存条件下被结构化；与此同时，行动的这种结构化特征又是怎样由行动者本身的作用被生产出来的④，也就是说，行动与结构都不是直接决定者，日常生活才是能够将二者联系起来的重要能动性因素，而日常生活也就是时空情境的切实性表现。日常生活中的行动在形成结构的同时也在被结构所形塑，在相互作用下构成了一个结构的（structured）和结构性的（structuring）结构（structure）⑤。这种行动与社会的关联既是一种日常化的基础性状态，也是行

①　塔尔科特·帕森斯：《社会行动的结构》，张明德、夏遇南、彭刚译，南京：译林出版社，2012，第91页。
②　安东尼·吉登斯，《社会的构成：结构化理论大纲》，李康、李猛译，北京：生活·读书·新知三联书店，1998，第62~63页。
③　郭强：《知识与行动：一种结构性关联——对吉登斯结构化理论的改造性阐释》，博士学位论文，上海大学，2005。
④　杨敏：《社会行动的意义效应：社会转型加速期现代性特征研究》，北京：中国人民大学出版社，2005，第132~133页。
⑤　P. Bourdieu，*In Other Words*：*Essays Towards a Reflexive Sociology*，trans. M. Adamson（Cambridge：Polity，1994），p. 170.

动最为实质性的存在。

三 理性主义影响下的行动理论

在哈贝马斯看来，对行动进行细致解剖的时候，驱动行为产生的"理性"是一个不得不考虑的重要因素，而对理性的判断则要回归到符号结构和历史语境中，从理性的存在形式开始分析，也就是说行为的内在合理结构的建构要以具有历史性和符号性的理性为基础。"理性"在哈贝马斯的交往实践理论中占据了重要的地位，他试图用交往理性来代替康德的实践理性[①]，以弥补哲学未能形成一个概念用于解释三个世界（社会世界、主观世界以及客观世界）之间联系的缺失。与韦伯、帕森斯相同的是，哈贝马斯也对行为进行了分类。他把贾维从行动理论角度对波普尔三个世界理论的运用当作出发点，提炼出了四种行为概念。一是目的行为（teleologisches handeln），来源于新古典主义奠基者对于经济行为选择理论的论证，以及冯·诺伊曼和摩根斯坦对于博弈论的论证，其前提是一个行为者与一个实际存在的事态世界之间的关系，该行为模式向行为者提供了一种"认知—意志的情结"[②]，既可以通过感知传达对实际事实的见解，又可以将感知变成意图进而转化为行动实践。二是规范调节行为（normenreguliertes handeln），前提是行为者与社会世界和客观世界之间的关系，在群体共识中满足一种普遍的行为期待。三是戏剧行为（dramaturgisches handeln），以互动参与者的身份存在，在观点、思想、立场以及情感等各方面建立联系。四是交往行为（kommunikatives handeln），涉及的是至少两个具有言语和行为能力的主体之间的互动，行为者通过行为语境寻求沟通，以便在相互谅解的基础上把他们的行为计划和行为协调起来。以上四种行为概念为交往理性提供了多样态的解释路径和实践模式，为观察社会世界、主观世界以及客观世界之间的互动提供了可能。

对理性的调动通常内化于思维之中，在某种意义上是由惯习支配的行动表达。布迪厄的实践行动理论即主张通过惯习来支配行动，社会行动者是被赋予了一套实践能力的、主动的认知主体，这种实践能力是一套习得的、并包含着

---

① 孔明安、谭勇：《交往的主体与生成的主体——哈贝马斯与齐泽克的主体间性思想比较研究》，《安徽师范大学学报》（人文社会科学版）2020 年第 3 期，第 47～54 页。

② 张文喜：《批判理性及其与现代性的关系——评现代性问题上哈贝马斯与福柯的对立》，《上海社会科学院学术季刊》2002 年第 2 期，第 124～130 页。

偏好、原则、愿景和行动图式的系统[①]。比如贵族的习性以强制的方式支配着行动者的实践和思维，但并不是机械式强迫，行动者同样可以在理性思维运作中以合理的必要性方式来指导自己的行动[②]。惯习内化于行动者的意识之中，所表征的是形塑个体的环境与文化，以及个人在场域中的位置和资本，而在集体的场域中，个体理性的抉择与行动的发出需要经过集体组织这一环节才能实现[③]。所以很多行动的形成不仅需要个体理性作用的发挥，还需要由个体理性集合而成的集体性力量。20 世纪 60 年代，随着社会结构的快速转型，尤其是劳资冲突的增多，集体行动的爆发频率不断提高[④]，奥尔森从个人理性出发分析个体参与集体行动的逻辑，并建构了集体行动理论。他的研究发现影响个体是否参与集体行动的决定性因素在于个体的理性分析和选择。由此，个体理性的选择是形成集体行动的前提条件。

第二节　运动行动释义与基本内涵解读

一　运动行动的概念内涵与基本分类

（一）运动行动的定义与类型划分

戈夫曼认为行动者的意图是实现一种行动计划，而不是其行为得以实现所依赖的身体活动，哈贝马斯延续了这一观点，提出身体活动是行动的一个因素，而不是行动本身的观点。由两位学者的观点可见，意图性是构成行动的核心，而身体只是借以实现意图的途径，所以对于运动行动的定义也不能仅仅从主体行为者的身体活动出发来加以定义，而是要考虑身体表达与意志行为的匹配性问题。综合而言，意识发出的意图信号经由身体活动的实践得以完成的行动才是运动行动。

意图的性质和形式是复杂多样的，也因此划分出了多种行动类型。韦伯的行动理论将社会行动的类型划分为四种，为运动行动的类型研究提供了重要的

---

① M. Grenfell, ed., *Pierre Bourdieu: Key Concepts* (Northumberland: Acumen Publishing Limited, 2008), p. 74.

② 皮埃尔·布尔迪厄：《实践理性：关于行为理论》，谭立德译，北京：生活·读书·新知三联书店，2007，第 206 页。

③ 奥尔森：《集体行动的逻辑》，陈郁、郭宇峰等译，上海：格致出版社，2014，第 5 页。

④ 冯建华、周林刚：《西方集体行动理论的四种取向》，《国外社会科学》2008 年第 4 期，第 48~53 页。

借鉴依据。第一种，目的合理性行动，它决定于客体在环境中的表现和他人表现的预期，行动者会把这些预期用作"条件"或者"手段"，以实现自身的理性追求和特定目标。工具理性的行动取向在竞技体育、社会体育、学校体育等各领域中都存在，不管是出于管理目的的体育治理，还是出于经济目的的体育产业合作抑或是为全民健康而进行的公共体育服务建设，行动者们都会根据预期目标来设定相关的行动。具体而言，运动员以及健身者等个体的行动实践都可以被视为在明确的目的性指向下进行的自我身体规训。对优异成绩的获取以及优美体态的形塑成为他们行动的重要推手，目的即工具，通过欲望的驱动可以实现自身的既定目标。第二种，价值合理性行动，它决定于对某种包含在特定行为方式中的无条件的内在价值的自觉信仰，无论该价值是伦理的、美学的、宗教的还是其他，只追求这种行为本身而不管其成功与否。价值理性模式主要体现在把运动当作一种游戏来实践，与目的合理性行动完全不同，它对结果不带有任何期望，追求的是目的无涉，只注重实践过程中对活动本身的体验感，更能体现出运动的游戏精神。第三种，情感行动，它决定于行动者的具体情感和情绪状态。运动竞赛场地中会出现很多意想不到的精彩对决瞬间，这些行动的产生与内生情感的驱动有着不可分割的联系，他们对胜利结果的渴望会转化为一种瞬时的情绪状态带动行动的产生，情感作为一种内驱力对竞赛者而言有着重要的价值，是驱使他们产生行动的重要力量。也就是说，在竞技中运动员的情绪状态所引发的竞赛行为以及观看竞技比赛时观众的情感输出是表征情绪模型的行动之一。第四种，传统行动，它决定于根深蒂固的习惯。在身体活动中，运动员的身体记忆存储着他们在训练中所形成的根深蒂固的习惯，在无限接近人类潜能的往复训练中，对固定动作的表达样态已与身体相融，成为无意识的身体行动。①

其实，对于复杂的运动行动而言，四种行动类型并不能完全将其涵盖在内，同时在研究中也难免会出现类型交叉的问题，但是这并不妨碍我们对运动行动的理解，因为在相对明确的行动意图指示和运动类型的指涉下，有助于对运动行动形成更为明确的认知，也能做出更为准确的判断。

（二）运动行动中的动态进程与关系复合体网络

韦伯认为对于每一件人造物，比如一台机器，只能从制造和应用该物的既定或预定的意义上去理解，这种意义也许是产生于极为多样化的目的之间的相

---

① 　马克斯·韦伯：《经济与社会》（上卷），林荣远译，北京：商务印书馆，1997，第56页。

互关系。目的作为一种预设存在，是产生关系的必要条件，也是维系关系的重要砝码，比如帕森斯在结构功能论中区分出了以利益为目的的共同权威关系和分离权威关系。共同的权威关系里，支配者与被支配者是互利共赢的依存状态，而分离的权威关系则是以支配者的利益为重，被支配者所获得的则是补偿。在体育科层体系中表现出来的是一种共同权威关系，具体而言，体系中的行动者主要由体制管理者、教练员以及运动员三方构成，他们之间有着共同的行动目标，通过明确的分工使各个角色都进入到行动链中，从而形成不可分割的依存关系。共同的行动目标包含两层含义，宏观层面上是以国家体育强国建设为己任；微观层面上则是为了自我生存的需要。整个行动关系网络都是基于此目标而建立的，就像帕森斯所认为的整个结构基础的统一性归根结底在于必须有一个"社会谋求的目的"，即整合每个个体行动形成一个共同的终极目的体系①，也就是舒茨所说的未来是与行动的目的或者意图相一致的"目的动机"②，所有的运动行动都是由包含动机的计划决定的。

运动项目，本就属于人类行动的产物，人们在创造之初赋予运动项目的意义反过来又在人们的实践中被吸收和表达。在时代的发展和人类活动的建构下，运动由原初强身健体的功用衍生出了更为丰富的象征意涵，使运动行动的目的性有了更多可能。也正是目的性使然，行动者们在特定的圈层之中联结并形成了具有紧密关联性的关系复合体网络。关系复合体网络中的行动所指向的各个成分和各个面向分别从属于不同的范畴，唯意志行动论就强调过范畴间相互作用的关系，认为动态的进程就存在于诸基本成分之间的相互作用的关系中③，而进程的动态性又决定了关系生发的多种可能。运动行动本身由于行动者的复杂性容易使整体处于一种动态的交互过程中，而这个动态进程则要注重主体关系的调整，否则会因为运动的暴力性而导致主体间的冲突不断。有学者的研究发现在运动互动的行动中产生了三类基础关系维度：动作—竞技关系、体育规则关系和体育文化符号关系，它们共同构成了体育关系的内涵④。从运动本体论的角度来看，这三类关系在随着规则的改变而发生改变，也就是在通

① 塔尔科特·帕森斯：《社会行动的结构》，张明德、夏遇南、彭刚译，南京：译林出版社，2012，第 279 页。
② 阿尔弗雷德·许茨：《社会理论研究》，霍桂桓译，杭州：浙江大学出版社，2011，第 13 页。
③ 塔尔科特·帕森斯：《社会行动的结构》，张明德、夏遇南、彭刚译，南京：译林出版社，2012，第 500 页。
④ 毕雪梅：《体育关系：体育参与实质、传播关系与互动内涵》，《北京体育大学学报》2015 年第 12 期，第 10~14、21 页。

过制度化价值的内化，使各种行动在社会结构中获得真正的动机整合，从而使更为广泛的运动关系内涵处于不断丰富的过程之中。

二 运动行动的文明意涵与实践规约

（一）运动行动的文明化与文明策略

运动的野蛮与暴力被规训的过程就是运动文明诞生的过程，运动文明化的历史是运动暴力形态得到根本性扭转的见证。文明化往往与历史演进的过程息息相关，随着运动历史的推进，它在不同的社会情境和不同的历史背景下被赋予了不同的文明意涵。

运动行动的文明性可以从两个方面来进行考察。一方面要注重运动文明形成过程中所表现出的特征，思想家怀特海曾说过："文明并非是原始自然的平均结果，它要依赖选择作用的长期效力。"① 也就是说，文明不是一种自发的行动结果，而是在人为的作用下通过时间的沉淀才得以形成的结果。从运动表现形态的演进来看，从中世纪开始运动呈现为从"再现战争"到"模拟战争"再到"表演战争"的文明化历史进程②，现代奥林匹克运动以"和平"为要旨的运动精神奠定了人类内在的世界性文明自觉，人类的行为实践也开始有了理性化的启蒙。另一方面通过个体的文明化可以看到运动行动在塑造个人形象乃至社会结构的重要作用。埃利亚斯对运动文明的观照主要聚焦于个体行动，更确切地说是个体在运动中如何进行文明化，并着重反映文明的进程中个体的运动行为从外在强制逐步到内在自我控制的进程③。互相关联的社会结构是由个体相互联结形成的，个体实现自我控制的过程也是社会实现有机团结的过程，运动文明的属性会随着个体规训行动的深入而内化。

文化与行动互为因果，运动行动的动态化进程逐渐形塑了运动文明乃至社会文明的形态，同时文化对运动行动也有着定性和形塑的反向作用。文化对运动行动的影响，并不在于为其提供了一个作为指向的终极价值，而在于塑造人们用以建构"行动策略"的习惯、技巧和风格的全部技能或工具箱④。文化能

---

① A. N. 怀特海：《观念的冒险》，周邦宪译，贵阳：贵州人民出版社，2007，第67页。

② 刘桂海：《体育，如何而来：一个文明史观的考察》，《北京体育大学学报》2016年第1期，第32~40、45页。

③ 王松、阿柔娜、王长在、郭振：《体育化阐释与文明的进程关系研究》，《体育学刊》2022年第2期，第20~25页。

④ A. Swidler, "Culture in action: Symbols and Strategies," *American Sociological Review* 51, no. 2 (1986): 273-286.

够独立作用于行动，主要是通过给人们的多种行为提供资源来实现的，尤其体现在社会稳定的阶段，这种效用格外突出。运动治理是一个集策略与资源行动为一体的大型行动计划，不论是日常生活中的大众运动治理还是大型赛事中的赛事治理，文化的魅力与作用需要通过一定的途径得以释放；同时，文化作用的发挥也会受到意识形态的遮盖，因为明确的意识形态直接领导行动，行动所面临的结构性机会在各种竞争的意识形态中发挥着相应的作用。这主要取决于领导者的领导理念，他们对文化的重视程度将会直接反映在治理的行动之中。这种不同于文化提供终极价值的文化观，为系统地、有差别地论述文化作为形塑运动行动的原因提供了新的可能性。

（二）运动行动的规则性要求和道德性约束

无论行动者之间的社会性及文化性有着何种差异，他们的行动总是受到社会共有的道德规范和价值准则的制约，运动行动因其强规则性和道德性成为表征规范与准则的典型行动类型。运动竞技性的体现是由竞技规则形塑的，所有的竞技行动都需要在规则所允许的范围下产生，同时又需要道德力的内隐性约束。一方面，竞技行动者以动机取向为驱动力，于规则合理的前提下直接将竞技结果作为客观追求的目标；另一方面，竞技行动的产生又受到价值取向所规定着的道德规范和理想信仰的规约。因此，每一个竞技行动的产生是动机取向和道德取向共同作用的结果。

功利性目的的追求建立在客观道德判断的基础之上，是带有一定规约性质的正当性追求。由于一些规则盲区的存在，此时道德规范的约束效力需要在竞技行动者的共识中建构起来，通俗来讲就是要遵守基本的"武德"。从动机的角度考虑，依附于共同的价值就意味着行动者具有支持价值模式的共同道德感。尤其是在群体性运动行动之中，道德感具有统合群体思想和行动的重要作用，这种联结性的形成是一种内在情境的投射。由于行动者赋予行动的主观意义或多或少都会关涉到他人的行动[1]，也就是说对于共同价值的依附尽管有可能切合行动者的直接需求，但始终有道德性面向。道德的约束力主要在于使行动者遵从自己所参与的更广泛的社会行动系统中的"责任"。显然，责任的具体焦点就是由特定的共同价值取向所构成的那个个体或集合体[2]。从某种意义上来说，运动行动本身的道德属性和规制属性扩大了行动合理性的内涵边界。

---

[1]　杨善华、谢立中主编：《西方社会学理论》（上卷），北京：北京大学出版社，2005，第 181 页。

[2]　T. Parsons, *The Social System* (England: Routledge & Kegan Paul Ltd, 1991), pp. 41-42.

每一场竞赛或者是每一次运动活动都是通过个体间行动相互作用而形成的。帕森斯指出，在一般化的行动体系的结构中存在着三组确定的成分：生物性与物质性因素、基于"经纪人"理论的工具理性因素、基于观念的价值理性因素[1]，这三组因素是指导个体行动的关键驱动力。在个体行动者的整体取向系统中，围绕与某个特定互动情境相关的期望组织起来的某个部分，就是行动角色。在默顿看来，实际行为仅仅是接近社会角色中蕴含的价值[2]。它与一套特定的机制标准相整合，这些价值标准主导着与彼此相契互补的一个或多个他我之间的互动。但是在一些特定情况下，即便是手段目的的图式让位于意义表达图式，但如果行动者自身规范意识缺失和规范行动缺席，也难免会导致失范事实的存在。竞技行为失范的现象在运动竞赛场中时有发生，但是这并不意味着规则和道德的主体效力缺失，而是因为行动者主体间性问题而无法避免的现象。规制本身是无数个人行动的结构，规则性和道德性又为每一个行动着的个人创造了一个迫使他按照一定规制行动的特殊处境，以此保证竞技行动的合理性。

第三节　运动行动的特征与影响

一　运动行动意志的设计性与自发性

行动理论的主要特点之一是用主观范畴来表述，这些主观范畴指的是行动者"精神状态"中的侧面、部分或成分[3]。也就是说，在行动者的意识里所做出的某一个能动反应催生了行动的产生，这个行动的形成并不需要复杂的机制，只是意识结构中的构成性存在的能动体现。运动行动深刻实践了行动理论主观性这一特点，主要表现在行动意志的设计性与自发性两个方面。

设计性行动意志以顶层的制度设计表现最为明显，从《体育强国建设纲要》的整体性战略布局，到《"带动三亿人参与冰雪运动"实施纲要（2018-2022年）》《全民健身计划》等具体指向的规划再到地方根据上级指示所做

---

① 葛在波：《广告文化研究批判导论》，厦门：厦门大学出版社，2018，第100页。
② 罗伯特·K·默顿：《社会理论和社会结构》，唐少杰、齐心译，南京：译林出版社，2006，第470页。
③ 塔尔科特·帕森斯：《社会行动的结构》，张明德、夏遇南、彭刚译，南京：译林出版社，2012，第92页。

出的符合地方情况的规划，如《江苏竞技体育发展"十四五"规划》等都是行动主体带有设计性的意志表征，是建立在事实性基础之上的策略。而此"事实"一方面包含了当下所呈现出的社会事实，另一方面要回归到历史语境中，以过往行动中所留下的经验事实为目标设计的依据，融合了现时性与历史性的行动方案才可能更具有实践意义，所以这种设计性行动并非是个人主导的，而是集体行动的决策结果。

自发性行动意志则主要以个体为行动主体，个体"精神状态"中的成分会为他们的身体行动作出下意识的判断。在运动行动中，这种"精神状态"主要有两种表征，一种是在特定的情境下受他者制造的沉浸式运动锻炼氛围影响而产生的自动参与式行为倾向，另一种是因为长期规律性自我锻炼而形成的运动惯习所引导的自发行为。像暴走运动所引发的群体效应就是个体受暴走团锻炼氛围影响向集体行动自发靠拢的结果，群体性运动活动所营造的强烈氛围具有很强的代入感，能够通过情感上所产生的连接带动身体参与其中。而当锻炼成为一种惯习，自发的行动就可能成为无意识行动，这种无意识就是根植于"精神状态"中的内在组成结构。布迪厄在定义"惯习"的概念时就曾指明，它既是行动者内在的主观精神状态，又是外化的客观活动；既是行动者主观心态向外结构化的客观过程，又是历史的及现实的、经济的和社会的客观环境向内从而被结构化的主观过程[1]。由此，运动行动者主观意识与客观环境互为结构化的过程即为个体自发性行动意志表达的过程，两种表征分别强调外在环境的吸引力与个体养成的运动惯习的内在驱动力的作用。

所有以主观为主导的行动都难以绕开韦伯所说的"目的"和"手段"这两个范畴，以此作为探求行动意义的根本成分。对于具体的行动者来说，行动的逻辑成分中的"目的"作为行动者的行动所处处境的"事实"是"给定的"，有其非常实在的意义[2]。在考察运动行动的目的与意义的关系时确实如此，不论是设计性行动还是自发性行动都有其行动的目的、处境事实以及意义，这三个要素在每一种运动形态中都可成立。因为从运动的本体论而言，在其出现之初就被设定了意涵，"目的"也由此而产生。像最开始作为游戏的娱乐性目的、后来用作比赛的竞争性目的以及强身健体的功用性目的，运动的目

---

①　皮埃尔·布尔迪厄：《区分：判断力的社会批判》（上卷），刘晖译，北京：商务印书馆，2015，第145页。

②　塔尔科特·帕森斯：《社会行动的结构》，张明德、夏遇南、彭刚译，南京：译林出版社，2012，第332页。

的性随着人们需求的增多在不断扩容，在各种不同行动的可能性中作为选择，在一定原则的引导下实现既定的目标，由此也获得了运动语境的支持。

二　运动行动的空间性及整体性

每一项运动行动的展开都需要条件的支持。足够的空间是保证运动得以开展的必要条件，严格来说，展开运动行动的空间既包括物理空间又包括社会空间。不论是个体的身体锻炼还是集体性的竞赛活动，都需要作用于一定的物理空间之中，不同的空间有不同的使用价值，比如在运动场馆、田径场或者广场等相对比较宽阔的场地空间之中，可以进行群体性的竞赛活动，而在家中则多是个体性的身体锻炼活动。此时空间是运动行动生产的容器，人们按照自己的设想去规划和使用空间，各种复杂的运动关系在空间中展开，空间既表现出了工具性也表现出了生产性。但是目前运动空间的建设还存在一定的不足，以大众健身公共运动空间为例，有学者研究发现，这种物理性空间在现实的供给中存在设计理念不够完善、结构布局不够合理、场所文化不够凸显、存量空间不够优化以及资源配置不够均衡等问题[①]。就目前中国运动事业发展的现状而言，运动空间建设所暴露出的问题在竞技体育、休闲体育等运动领域同样存在。提升运动空间的建造率和供给率，使大众能够以运动作为媒介在空间中展开互动，让运动行动的目的在空间中得以完成乃至再生产。当空间在塑造人们的运动行动时，运动行动对空间也同样产生形塑作用。在空间中，运动被建构为多元符号，尤其是一些标志性运动场馆的建筑推动了运动与城市的空间契合[②]。运动空间的生产与资源的共用性在一定程度上是对空间正义追寻的具象化实践，将空间正义转化为能够被人类意识感知的客观存在[③]，从而通过资源的公平性使用来推进社会正义，此时的物理空间已经明显带有了社会性质。

社会性空间中的行动者有着各自所占据的客观位置，构成位置的边界就决定了发生在这片空间中的行动具有的社会性边界，而这也恰恰构成了场域的形

---

①　李冬梅：《我国大众健身公共体育空间供给现实窘境与发展对策》，《沈阳体育学院学报》2022 年第 1 期，第 83~89 页。

②　徐艳、柴业宏、袁同春：《列斐伏尔都市社会视域下体育与城市发展的空间性研究》，《体育与科学》2021 年第 6 期，第 44~49 页。

③　陆小黑、吴杰：《"一带一路"：应对全球化语境下中国武术发展的空间非正义》，《天津体育学院学报》2019 年第 6 期，第 540~546 页。

成条件，所以每一个社会性空间俨然就是一个场域。因此每个行动者只能在场域的具体状况中开展行动，所进行的行动也都是有限度的。每一个运动场域都拥有一套本场域的行动逻辑，就像运动场馆、运动场、健身房以及广场等场域都可以进行运动活动，但是运动活动的类型、大小乃至性质都会有一定的差异，行动者会根据自己的兴趣爱好、行动需求乃至经济实力来选择场域空间。由于社会性空间的使用并非完全免费，而且一些运动项目本身就带有阶级象征的属性，所以行动者们会根据他们的特殊资本来匹配合适的运动场地。当资本与场域相遇，就会形成布迪厄所说的与政治场不同的权力场。权力场是行动者建立力量关系的空间，行动者拥有各种不同的资本类型，能够支配相应的场①。这也是划分不同运动类型的重要依据，在竞技体育、大众体育、学校体育、休闲体育等分类中，每一种分类都是由携带不同资本的行动者共同构成的权力场，充斥着各种类型的资本相互交织，运动行动自然成为社会交往以及资本互换的重要手段，由此也体现出了社会行动体系所具有的权力关系和秩序的双重特质②。

在社会的意义上，社会不仅表现为行动的结果，还表现为行动存在的场域；在行动的意义上，行动也就成为社会的存在方式。运动由其自身的特性在物理性空间和社会性空间中产生，行动既是运动实践的一种结果也是人们日常生活的一种展演，物理空间主要是为行动者提供可开展行动的实际场地，而社会性空间则是为运动社交提供了行动的空间。两种空间彼此重叠又互相独立，通过运动行动构成了事实经验与事实解释的整体性。

三　运动行动的合理性与行动工具箱的多样性

运动行动的产生首先要保证是合理的，才有可能满足行动的动机。那么，怎样才能判定行动是合理的？帕森斯对"合理性行动"的定义是只要根据情境的各种条件来看，一种行动所追求实现的目的是有可能达到的，而且，就行动者所能够利用的各种手段而言、根据各种可以理解和能够得到实证性经验科学验证的原因来看，它所使用的手段本来也最适合于实现这样的目的，那么，这样的行动就是合理性行动③。简单来说，也就是在一定条件下，目的与手段

---

①　皮埃尔·布尔迪厄：《实践理性：关于行为理论》，谭立德译，北京：生活·读书·新知三联书店，2007，第 39 页。

②　阿尔弗雷德·许茨：《社会理论研究》，霍桂恒译，杭州：浙江大学出版社，2011。

③　T. Parsons, *The Structure of Social Action*（New York：Free Press, 1937），p. 58.

能够得到最佳配适并最终使目的得以实现的行动即具有合理性这一属性。按照这个定义，首先可以肯定的是，在强身健体、身体塑形的需求下选择运动的方式可被视为是合理性行动，但是若要具体到运动锻炼的方式上则会出现多种可匹配的选择，此时对于最适合手段的判断就会出现主体间性的问题，只能在个体层面的反馈上来判定行动是否合理，而无法做出一个普遍性意义上的衡量，但这使我们进一步思考合理性行动的判定标准。

在哈贝马斯的理解中，"合理"（rational）的基本意涵是在合理性和知识之间建立了紧密联系①，知识使用正确与否是验证行动是否合理的重要依据。运动本就是有着独立运行规则和语言的知识系统，所有行动的发出都要以运动规律和运动使用法则为基础。由于运动行动由身体发出并直接作用于身体之上，所以构成运动知识的关键信息在于运动行动与生物体的有机统一。就像大众健身，进行运动锻炼的目的或是为了身体塑形或是为了强身健体，但是运动本身所具有的双面性使得行动并不能够完全如设想般顺利进行，行动能否达到预期目标关键在于表征于身体技术之上的运动知识系统的掌握和运用程度。运动行动按照知识系统的运作规律会对生物性身体进行有效形塑，如果超出知识范畴，则可能会产生相悖的结果，这也是为什么运动存在受伤的风险。由此，以运动知识为基础的行动工具箱的建立就显得尤为必要。如果行动者能够建立以运动知识体系为基础的行动工具箱，就可以根据实时情境从行动工具箱中选择适时的行动策略，以便能够在很大程度上掌握运动行动的主动权，也能够在有效的行动框架内保证行动的合理性。

具体而言，行动工具箱的构建要具备行动知识、行动情境、行动意图以及行动规则等要素。其中，行动知识是保证在行动情境中展开合理性行动的必要条件，尤其是抽象符号能够有效表达的前提就涉及交往共同体当中主体相互之间共同分享的背景知识②，而这也是使行动意图能够在行动规则的框架内与行动情境形成配适的基础。配适表明行为意图和行为规则中都包含了一定的预计的真实性，指涉的是事态在世界中的实际样态，与行动情境的进一步推进也即行动的现实性之间具有一种内在联系。内在联系性将各个行动要素勾连起来，形成个体或集体的行动工具箱，为个体行动或集体行动的达成提供具有合理性

① 王凤才：《再谈"合理性问题"——从哈贝马斯视角出发》，《复旦学报》（社会科学版）2024年第1期，第118~130页。

② 罗亚玲：《先验语用学何以可能？——阿佩尔论终极奠基》，《哲学分析》2017年第1期，第39~52，197页。

的行动策略。诸多学者对各项体育运动训练方法①的研究证实了体育训练行动的展开不可以随意，不论是专业运动员的训练还是大众健身的训练都要遵循一定的体育规律，也就是体育本身的专业性决定了构建体育工具箱的必要性。还有学者试图以构建评价体系的方式对体育特色小镇②、身体素养③、校园足球活动④、社区公共体育服务⑤等运动社会学领域各维度的建设制定具有科学性、合理性的行动标准，评价体系作为行动标准要遵循一定的社会规律，同时不同维度的评价体系形成交往共同体，在逻辑上有共通之处，能够互为借鉴，从而扩大运动工具箱的信息容量，为行动提供更为合理的指导。

第四节　运动行动的贡献与意义

一　运动行动内涵的延展性具有形塑社会秩序的作用

哈耶克在研究社会秩序时提出了行动结构与规则系统的二分框架，确立了研究社会秩序的"规则范式"⑥。行动结构和规则系统与运动秩序的构成有着非常高的匹配度，可以在运动场域中找到相对应的实践。从传统体育文化的赓续过程可以发现，传统体育文化在社会变迁的洗礼中形成了调适能力，能够在调整自身应对社会结构冲击的同时，对社会治理产生一定的正向作用。有学者在考察少数民族传统体育文化在社会治理现代化语境中的内生秩序时发现，少数民族传统体育文化在价值导向、道德示范、文化认同、关系调适、社会整合等方面有着建构社会秩序的功能与价值⑦。基于历史文化传统创造的适应性规

---

① 王银晖：《基于动力学视角的复合式力量训练机制、特征及方法应用》，《成都体育学院学报》2020 年第 2 期，第 100~106 页。
② 田学礼、赵修涵：《体育特色小镇发展水平评价指标体系研究》，《成都体育学院学报》2018 年第 3 期，第 45~52 页。
③ 施艺涛、崔华、解有毅：《身体素养哲学基础、概念界定和评测体系的系统评价》，《体育科学》2019 年第 8 期，第 3~11 页。
④ 李玲、方程、黄谦：《校园足球活动评价指标体系的构建与应用：以陕西省为例》，《首都体育学院学报》2019 年第 1 期，第 61~67 页。
⑤ 杨学智、刘宗杰、张园春：《社区公共体育服务评价体系构建及测评效率提升研究》，《沈阳体育学院学报》2019 年第 2 期，第 22~27 页。
⑥ 邓正来：《哈耶克法律哲学》，上海：复旦大学出版社，2009，第 43~55 页。
⑦ 王晓晨、乔媛媛、蒲玉宾、崔永胜：《少数民族传统体育文化内生秩序逻辑及其参与社会治理路径——基于对桂西的田野调查》，《沈阳体育学院学报》2019 年第 3 期，第 132~137，144 页。

则，就如哈耶克所说的自发秩序一般，可以避免理性设计的困境，能够以更加灵活的方式来维系社会的稳定。当运动实践成为自我行动的惯习并产生既定认知的时候，运动行动内涵的延展性也不可避免地具有形塑社会秩序的作用。这种作用不仅体现在传统体育文化的内生逻辑之中，在运动行动的边界性中同样有所体现。

运动知识系统以及运动规则系统的交互作用，决定了运动行动都具有一定的边界性，需要在允许的框架之下进行，由此也被视为运动内在运作形式的机制特征，是保护生物体的有效方式，也是保证整体运行处于良性秩序之中的必要前提。而且"合理性"本身就带有规约性质，是结构与条件以外的事物，以内生的存在方式发挥着维稳的作用。但需要注意的是，这里所说的"合理性"是为大众所普遍认可的共识性行动准则，也就是运动知识系统内所规定的行动合理，而非建立在自我意识之上的个体性合理，这样就确定了"合理性"在运动领域内的有效性地位，容易达成行动决策共识，进而可以在一定程度上避免因为认识上的矛盾而导致的行动冲突。运动世界里有了合理的结构，也就有了合理的行动指南。比如运动赛场中贴标语拉横幅的行为是被场域所认可的合理性行动，发挥着交往媒介的作用，转化为符号语言将行动意义与表现事态之间的具体关系充分地表达出来。在舒茨看来，以合理性的方式进行活动，时常意味着应当避免机械地搬用各种先例，因为这意味着放弃对各种类比的使用，也意味着寻求某种方式来支配情境①。也就是说，"某种方式"是以合理性行动为前提的具有选择性的方式，这种方式能够起到支配情境的作用。尤其是在引发运动冲突的情境中，为终止冲突而选择的行动策略并不是机械式的，因为运动情境是复杂多样的，应对日常健身活动与竞赛活动的策略就具有一定的差异性，进一步细分，在不同的健身活动和竞赛活动场景中又会产生不同的冲突，这就要求处理方式的选择必须具备一定的灵活性，才能够针对性地处理相应问题。

对于每一个从事运动行动的群体，其行动策略会根据具体境况而发生一定的改变，而由行动所构成的行动语境会对行动者的行动产生规制，也就是说行动受制于行动语境所建构起的世界，从而形成秩序取向。这种秩序取向本就是置于社会环境之中的，自然会带有社会性，具有表征和形塑社会秩序的作用。就像奥林匹克运动会，虽然冲突乃至暴力事件屡见不鲜，但作为和平象征的赛

---

① 阿尔弗雷德·许茨：《社会理论研究》，霍桂恒译，杭州：浙江大学出版社，2011，第82页。

事，依旧在以一种隐喻的方式表征人们对和谐世界的向往。由此也表明运动作为构成社会的因素之一，对运动社会学的研究离不开社会的范畴，运动冲突情境的行动策略为社会问题的处理提供了具有借鉴性的行动框架。

二　建构指导运动行动开展的意义体系

一切对意义的解释，如同一切科学观察一样，都在力争达到观察和理解的清晰性与可证实的精确性。使理解获得确定性的基础在于：它是理性的，能够进一步划分出逻辑或数学的特性；或者，它是一种移情式地再体验或具有艺术鉴赏的性质。如果我们就其意向性的意义背景完全清晰而理智地把握了行动的诸要素，这时的行动显然就主要是理性的[①]。韦伯还对理性行动进行了区分，即形式理性和实质理性。但不论是哪种类型的理性行动都要基于一定的意义体系开展。

所谓行动的意义，指的是行动中的个人给他的表现附加了某种主观主义——不管是明显的还是隐蔽的、是被忽略的还是被默认的意义。具体而言，"意义"可以分为三种，第一种是某个特定行动者在特定情况下实际存在的意义，比如"乒乓外交"就具有缓和国家间关系的政治意义，参加奥运会这种特定运动赛事的精英运动员的竞赛行动也有着作为国家象征的特定行动意涵。第二种是可以在某一群特定行动者间归纳出来的平均意义，与上一种情况的本质区别在于这些行动所表现出的共同特质所形成的相近意义，像俱乐部举行的各种联赛虽然形式千差万别，但其本质都具有拉动消费的经济意义；社会场域中的大众运动活动体现了以强身健体、娱乐身心为核心指向的行动意义。第三种指的是理论上构想的、被认为是假设的行动者或行动者们在某个特定行动类型中的主观意义的纯粹类型。像运动训练中还未能得以验证的方法或者竞赛场中未得以应用的战术都属于这一类型，即理论上已经构想完全但有待于实践检验的行动，对于行动设计者而言却具有意义。关于人们是怎样赋予自己的行动以意义的这个问题，舒茨认为，当行动者处于行动的状态时，他就沉浸在绵延的时间流里。借助时间的回溯和自我反思将行动构成行事，从而构成行动的意义[②]。行动本就具有表征时间过程的作用，为达成目标可以进行一个行动也可

---

① 塔尔科特·帕森斯：《社会行动的结构》，张明德、夏遇南、彭刚译，南京：译林出版社，2012，第93页。

② 李芳英：《赋予行动以意义——舒茨的意义理论述评》，《重庆社会科学》2004年第S2期，第59~63页。

以进行多重行动，由此也就决定了行动从出现到结束并不是即时性的，而是像舒茨所说，是作为一种绵延而发生的，是遵从时间规律的行为流，而不是一个个分离行动的组合体。绵延意味着按照时间顺序形成的行动具有一定的关联性，这是生成行动意义图景的重点所在。像一场完整比赛的完成需要按照既定规制把所有流程都完成，完成比赛的每一个行动对于比赛的完整性而言都有着重要意义。

与此同时，运动的意义属性从某种角度来看对行动也会形成一定的制约作用，这种制约同样有助于进行自我规训。因为形成运动行动的条件和手段要有合理的因果关系，而且其目的指向需要有特定的处境。当然，这并非意味着所有的运动行动都能够在合理的范围内进行，毕竟在行动者的自觉意识之外还存在着能够驱使行动做出改变的客观性力量，所以主观意识很难对自我行动进行完全反思性控制。在一些爆发力比较强的运动项目中，受外界环境的刺激，行动者的自我控制力很有可能会超出正常的边界，由此产生一些运动冲突乃至运动伤害。在可以被理解的语境中，主体行为者与客观世界中的存在发生了关系，并通过主体行为者的反思使合理性运动行动充满意义，也使充满意义的合理性运动行动对行动者和行动关系产生重要意义。

三　运动行动研究的局限性

对既有研究进行梳理后发现，社会行动理论还未能与运动社会学建立关联。目前的研究主要以认识论为切入点来分析社会行动理论是如何指导运动领域中的各种行动的，但是从整体来看呈现出的是一种"末节式"研究，即研究未能聚焦于核心问题，且对行动理论的运用是套用式的，难以形成运动行动的全貌。具体而言，运动行动的结构性以及运动行动的作用机制这两个问题还未有学者进行过深入探讨。

所有的运动活动都是由行动构成的，由行动出发形成了以实在性为基础的结构化特征。结构化是在运动社会学以社会行动论为指导进行研究所形成的总括性特征，是帕森斯结构功能论在运动社会学领域验证后的结果。其实，结构化不仅仅是一种行动的结果，还是保证行动体系有机性与灵活性的内在作用机制。对于个体行动者而言，结构化能够使他们根据所处的运动情境发挥主观能动性，通过对规则和资源的利用而与他者建立特定的关系。社会行动理论能够把诸多行动连成一体，使运动行动成为结构的媒介，再加上由于社会行动主体本身就是结构性的，他们之间的行动交错有助于结构再生产，但是这种互为因果的论断还未出现在运动社会学的研究之中。

在行动体系中，主要由行动意志、行动空间、行动合理性以及行动工具箱等因素构成，这些因素作为联结而又独立的成分分别发挥着不同的作用，这些作用在运动领域内具有具体的现实性指向。从某种意义上说，运动行动体系也离不开这些因素所产生的作用，而由于运动本身还具有自身的特质，所以从一般性而言，运动行动的构成因素与行动体系的构成因素具有相似性，而从特殊性来看，运动行动还具有隐藏的未能被完全驯化的暴力性存在。对于这样一个具有不确定性的运动行动结构，需要对行动者的行动进行预判，以防止冲突事件的发生，这也凸显了运动规则存在的重要意义。由于我们所能看到的一切运动现象、运动事件、运动过程都是由行动来完成的，前人的研究从有关行动动力、行动过程、行动条件和行动成果之间的相互包含、相互依赖和相互转化的思考模式中推导出一些相关概念，比如埃利亚斯提出了行动者与结构之间的相互依赖性概念，布迪厄提出了行动者"生存心态"的内外双向结构化概念，哈贝马斯提出了沟通行动合理性的概念，吉登斯关于结构二元性和行动结构化的概念①，所以对于运动行动的作用机制需要有一个相对清晰的了解，行动者们共同参与的行动框架，以及相互关联的构成因素等，这些都是构成作用机制的重要条件，但是这些问题还未得到深入研究。

运动行动的结构性及其作用机制是对运动本质进行深度理解和学理性探析的关键所在。面对目前的研究现状，不仅要从研究视角上进行改变，从整体性和关联性视角出发，使社会行动理论的实质性内涵与运动领域的行动特质相匹配；而且还要从研究范式上进行改变，在对运动行动进行充分阐释的基础上也能够起到拓展社会行动理论边界的作用。

思考题

1. 运动社会学的行动研究可以用哪些行动理论来指导？

2. 在韦伯行动理论的指导下，运动行动可以划分为哪几种类型？

3. 如何理解运动行动的文明意涵与实践规约的关系？

4. 试论运动行动的特征及其影响。

5. 运动行动的意义体系是如何建构的？

---

①　高宣扬：《鲁曼社会系统理论与现代性》，北京：中国人民大学出版社，2005，第225页。

推荐阅读书目

1. 阿尔弗雷德·许茨：《社会理论研究》，霍桂桓译，杭州：浙江大学出版社，2011。

2. 马克斯·韦伯：《韦伯作品集Ⅶ：社会学的基本概念》，顾忠华译，桂林：广西师范大学出版社，2005。

3. 塔尔科特·帕森斯：《社会行动的结构》，张明德、夏遇南、彭刚译，南京：译林出版社，2012。

4. T. Parsons. *The Social System*. England：Routledge & Kegan Paul Ltd，1991.

代表性学者简介

1. 马克斯·韦伯（Max Weber，1864~1920），德国社会学家、历史学家、政治学家、经济学家、哲学家，是现代西方极具影响力的思想家，与卡尔·马克思和埃米尔·涂尔干并称为社会学的三大奠基人，同时也被后世称为"组织理论之父"。代表作有《新教伦理与资本主义精神》（1904）和《儒教与道教》（1915）等，著作颇丰，思想深邃，对后世影响极大。

2. 尤尔根·哈贝马斯（Jürgen Habermas，1929~   ），德国当代最重要的哲学家之一，是西方马克思主义法兰克福学派第二代的中坚人物，历任海德堡大学教授、法兰克福大学教授、法兰克福大学社会研究所所长以及德国马普协会生活世界研究所所长，被公认为"当代最有影响力的思想家"。代表作有《公共领域的结构转型》（1961）、《作为"意识形态"的技术与科学》（1968）和《交往行为理论》（1981）等。

第八章　社会冲突论与运动社会学

本章要点

·学者们关于社会冲突根源的各种思想在一定程度上描绘出了生发冲突的全景。不论是个体原因、社会原因还是更为深层的文明原因，它们所具有的共性是都存在差异性，个体间人性上的差异，社会因分工而产生的差异以及文明图式上的差异是处于对抗立场双方难以达成一致的根本所在。

·运动社会学研究在"运动具有缓和冲突和制造冲突的二律背反性""对冲突关系的把握是分析和治理冲突的关键所在""经验与理论相结合的研究范式更适用于运动冲突论的建构"这三个假设的基础上所做的研究整体上呈现出"体系分散化"和"低度有效化"的现状。

·运动社会学研究的贡献在于厘清了运动在社会建构下的异化表现与异化机制，同时形成了突破场域空间限制的运动冲突联动机制，但同样存在四大局限留给研究者们继续思考。

·运动的本质在政治与阶级等其他外力的意指实践之中逐渐被遮蔽，诱发了多元化的运动冲突，呈现出带有意识形态、等级观念和阶层分化印记的异形态化运动形式。

·大型运动赛事会受利益驱动和结构性制约，在世界范围内建构出了政治性、文化性等多重冲突隐喻，同时也受情感驱动和趣缘结合的影响，由"球迷文化"演变而来的"粉丝文化"成为驱动球迷们进行群体行动的内生性力量，同时也是联结球迷与运动组织的"工具箱"。

关键概念

社会冲突论；安全阀理论；冲突根源论；冲突功能论；运动冲突与秩序

第一节　社会冲突的根源论与功能论

冲突作为社会存在的一种表征嵌入社会结构之中，对社会运行产生了重要影响，由此，成为社会学家研究的主题，通过重点研究社会冲突的起因、形式、制约因素及影响等维度来探索社会冲突的功能。古典社会学家马克思、韦伯、齐美尔等人的冲突思想为冲突理论的发展奠定了基础。早在 19 世纪末 20 世纪初就形成了社会学冲突理论，但在发展的过程中出现了中断，直到 20 世纪 50 年代中后期在对结构功能主义理论进行反思的基础上重新形成了以美国的刘易斯·科塞、兰德尔·柯林斯，德裔英国的拉尔夫·达伦多夫为主要代表人物的社会冲突理论，不仅批评和修正了结构功能主义的片面性，同时也使冲突社会学得以体系化发展。因与当时占主导地位的结构功能主义的对抗而被视为社会学激进派，其冲突思想扩展到西方社会学的诸多分支中，如政治社会学、组织社会学、家庭社会学、社会分层、种族关系等领域中都出现了以冲突为视角的研究成果，对当代社会学发展产生了重大影响。

一　冲突根源论：难以形成定论的多维度思想梳理

冲突是伴随着人类社会产生和运行的重要存在形式，随着社会分工的全面发展以及分工形式的明晰化，冲突越来越成为人们表达意欲、谋求权益的手段。尤其是在经历了两次世界大战和冷战之后，人类充分意识到全面认知和规避冲突的必要性，并对冲突进行溯源。在世界大战之前，世界局部地区爆发的各类危机引发了学者对当时社会运行模式的深度思考。1825 年英国爆发的第一次经济危机引发了资产阶级和无产阶级之间的深刻矛盾，这一矛盾成为卡尔·马克思社会冲突思想的源泉。面对资产阶级无限制的剥削，马克思提出一切历史冲突的发生都根源于生产力和生产关系之间的矛盾的观点[1]，并在研究资本主义制度根本矛盾的著作《资本论》中进行了详尽阐释。除此之外，他思想中的历史观、阶级冲突、经济不平等、阶级意识等理论都在深刻地影响着冲突理论[2]。纵观马克思社会冲突论的起源与发展历程，可将其归纳为从抽象

---

[1]　靳江好、王郅强：《和谐社会建设与社会矛盾协调机制研究》，北京：人民出版社，2008，第 36 页。

[2]　T. Young, "The Sociology of Sports: Structural Marxist and Cultural Marxist Approaches", *Sociological Perpectives* 129, no. 1 (1986).

的理性冲突观到人本主义冲突观，再到历史唯物主义冲突观这三个历程①。总体而言，马克思将社会生活的冲突性视为解释人类历史的一把钥匙②，其冲突思想以批判为基调，以剥削者与被剥削者之间的关系作为批判的靶子，在试图建立无产阶级革命理论体系的过程中奠定了批判冲突论的基础。

　　与马克思批判式理论体系建构模式不同的是，马克斯·韦伯在洞察社会整体运行规律的基础上给出了相对温和的分析式冲突解释。在韦伯看来，社会是群体冲突的舞台③，社会冲突理论强调社会生活中的冲突性并以此解释社会变迁，所以社会冲突的根源就在于特定的社会结构，具体而言是社会权威结构。而对于何谓"冲突"，韦伯给出的解释是：如果行动的取向是有目的且不顾他者反对地贯彻行动者自身的意志，由此所形成的社会关系就应该被视为"冲突"（Kampf）④。通俗而言，就是在行动双方未能达成一致意见之时就会引发冲突，尤其是在选择中更容易产生冲突。各种关系之间的冲突在时间流变中意味着行动类型的继替，"冲突"始终存在，只是产生冲突的主体及冲突的类型在不断发生改变。不论是表征在生产关系上的阶级冲突还是由社会权威结构所引发的冲突都跳出了个体范畴，在更为抽象的层级中寻找答案。而在格奥尔格·齐美尔的视域中，个体才是制造冲突的"始作俑者"。齐美尔与韦伯一样，都是发展冲突理论的重要学者，他认为社会分裂的因素是由恨、嫉妒、需要以及欲望等人性中的特质所组成的。在他看来冲突就像是症状最剧烈的疾病，它代表着机体努力摆脱这些疾病所引起的干扰和损害⑤。人性受内部与外部环境的影响与社会结构的统一性联系在一起，不论是哪种情感的产生都会通过与他者的交互而产生一定影响，由个体组成的群体所产生的作用力不仅体现在人数上的增多，更为重要的是力量的积聚。情感仪式可以用于群体或组织内的支配，他们在与其他群体的斗争中形成了复合状态的联盟。

　　关于社会冲突的根源问题一直在延续，也一直未能有定论，马克思、韦伯、齐美尔等社会学巨擘的思想所给出的发人深省的阐释成为社会冲突理论的重要基础。刘易斯·科塞主要受齐美尔以及结构功能主义思想的影响，把社会

①　任剑涛：《从冲突理论视角看和谐社会建构》，《江苏社会科学》2006年第1期，第139~142页。
②　张传开、冯万勇：《探索、建构、确立和深化——马克思社会冲突理论的历史发展》，《安徽师范大学学报》（人文社会科学版）2017年第4期，第397~404页。
③　马克斯·韦伯：《经济与社会》（第一卷），阎克文译，上海：人民出版社，2009，第9页。
④　马克斯·韦伯：《经济与社会》（第一卷），阎克文译，上海：人民出版社，2009，第129页。
⑤　G. Simmel, *Conflict* (New York：The Free Press, 1964), p. 10.

冲突的根源归结为物质性原因和非物质性原因两类①，社会分配和个体感知共同使人们对当下社会运行的一整套法则产生怀疑，在失望情感的积累中降低了对当下社会运动模式的认同感。这一思想的产生与科塞所处的社会环境有着重要关联，20世纪50年代的美国，经济总体进入战后快速增长阶段，有"丰裕"社会之称②，然而，在繁荣的表面下却隐藏着一系列危机。经济领域，到50年代末期出现滞涨的迹象；社会领域的青年精神危机、工人生活危机以及文化领域出现的种族矛盾激化等冲突使科塞没有附和当时的新保守主义和新自由主义思潮，而是重新转向激进主义传统③。而受马克思的阶级、韦伯的权威等思想影响的达伦多夫则提出了以权威关系为基础的辩证冲突论，认为冲突的根源在于权威分布的不平等。冲突隐藏在由权威强制性所维系的合作关系之中，一旦点燃导火索，冲突就会爆发。在普遍和持久的冲突中，和谐与秩序成为暂时和局部的，社会是冲突与和谐交替出现的循环过程，权力和抵制的辩证法是社会构建历史的推动力。以上基于个体、社会结构维度的探源分别指出人的物质性需求以及社会权威分布不均所埋下的冲突的种子。柯林斯并不满足于对结构功能论进行修正和补充，认为仅仅提出补充性的冲突理论不足以说明社会冲突是社会生活的中心这一过程，他主张架通宏观与微观联系，构建出一套以冲突为主题的社会学。为此，在其著作 *Conflict Sociology：A Sociological Classic Updated* 中给出了可应用于任一实证领域冲突分析的一般原则④。该原则包括五点内容：①通过抽象的公式思考其所对应的典型现实生活中的例子；②寻找影响互动的物质安排，比如物理场所、交流方式、武器供应、展示个人公众印象的设备、工具和物品等。评估每个人可获得的相关资源：身体胁迫的可能性、与他人谈判的机会、性吸引力、唤起情感团结的文化手段，以及身体安排；③应用一般假设，资源不平等导致主导方努力利用这种情况，这不需涉及有意识的计算，而是一种基本的倾向，即感觉自己朝着能够最直接回报的领域前进；④用温和的语言来解释理想和信念；⑤进行实证案例比较，通过寻找某些或其他事情发生的条件来测试假设，同时也要意识到造成冲突原因的复杂。

① 宋惠芳：《现代社会学导论》，济南：山东人民出版社，2015，第43页。

② 刘绪贻、杨生茂：《美国通史》（第六卷），北京：人民出版社，2002，第307页。

③ 尹新瑞、王美华：《科塞社会冲突理论及对我国社会治理的启示——基于〈社会冲突的功能〉的分析》，《理论月刊》2018年第9期，第170~176页。

④ R. Collins, and S. K. Sanderson *Conflict Sociology：A Sociological Classic Updated*（Boulder · London：Paradigm Publishers，2009）.

这五项原则所构成的冲突分析框架从一般抽象公式到语言的使用方式再到案例的比较，较为全面地概括了在一场冲突中个体主动性可能会做出的反应，这些反应既是引发冲突也是激化冲突的重要因素。柯林斯做出的高度抽象的概括将社会冲突问题拉回到研究的核心，不再是结构功能主义研究的附庸，不仅为冲突问题的研究正名，也为其体系化研究的建立奠定了基础。

除此之外，文明间的差异性也引起了相关学者的重视，尤其是在 18 世纪法国思想家针对"野蛮状态"提出的文明观点使文明不仅成为一种形态而且成为分析社会发展的重要视角。随着现代化进程的推进，文化的界限越发清晰，文化成为全球格局重构的基准。由此，亨廷顿提出了文明冲突论，认为冲突产生的根源在于文化的亲缘性；此外，瓦茨拉夫·哈维尔也注意到，文化的冲突正在增长，而且如今比以往任何时候都更危险；雅克·德洛尔也认为，未来的冲突将由文化因素而不是经济或意识形态所引起[①]。随着人类物质文明水平的提高，文化作为社会形态高度凝结的镜像呈现，被视为区分不同国家间亲疏程度的标准。亨廷顿看到了文化在国际交往中的重要功能，同时也看到了隐藏在不同文明国家之间的危险，尤其是在文明断层线周边极易引发冲突。

学者们关于社会冲突根源的各种思想在一定程度上描绘出了生发冲突的全景。不论是个体原因、社会原因还是更为深层的文明原因，它们所具有的共性是都存在差异性，个体间人性上的差异、社会因分工而产生的差异以及文明图式上的差异是处于对抗立场双方难以达成一致的根本所在，基于差异性这一抽象概括立论的基础，学者们给出了更为具象的原因论析。

二　冲突功能论：正向与负向的辩证作用维系着社会的动态平衡

对冲突的根源性探究有助于掌握冲突性事件的生发规律，进而采取措施预防事态的恶化，以保证社会态势的有序。对于冲突的理解应该是辩证的，因为冲突的功能并非都是负向的，它同样会产生对社会发展有益的功能，这一点在诸多学者的研究中得到了证实。由此，冲突的功能问题也成为学者们争论和研究的焦点。齐美尔认为冲突以和平为目标，缓解了对比之间的紧张关系，亦即解决了冲突的二元论。具体而言，对抗的积极作用和整合作用表现在结构上，这些结构以其社会划分、阶层的锐利性以及精心保存的纯洁性为特征[②]。科塞

---

① 塞缪尔·亨廷顿：《文明的冲突》，周琪等译，北京：新华出版社，2012，第 6 页。
② G. Simmel, *Conflict* (New York: The Free Press, 1964), p.13.

以齐美尔的著作 *Conflict* 为分析基础，从其"冲突是一种社会结合形式"① 的命题出发在其著作中广泛探讨了社会冲突的功能性，成为最早提出"冲突理论"这一概念的学者。在他看来，社会冲突绝不仅仅是"起分裂作用"的消极因素，在某些情境下，尤其是在引起冲突的矛盾点未触碰双方核心利益的前提下，冲突也能够起到防止社会系统僵化，增强社会组织性、适应性、整合性和连续性等正向功能。当然，如果核心价值观被触及就相当于触碰了冲突机制，必然会引发冲突。由此，他在继承齐美尔思想的基础上发展了"社会安全阀"理论，其核心意涵是通过释放敌对情绪，冲突可以起到维护社会关系的作用。科塞的冲突积极论在某种意义上是为了驳斥冲突负向论典型代表帕森斯的观点。帕森斯认为冲突主要会导致破坏性的、分裂性的和反功能的结果，倾向于认为冲突基本上是一种"病态"②。此观点受到了科塞的强烈批评，科塞更为辩证地分析了冲突在社会中的作用，并非像帕森斯所提出的只有破坏作用这一负向功能。对此，科塞、达伦多夫等人都在力图将社会冲突分析与结构功能分析结合来修正和补充帕森斯的结构功能主义理论。达伦多夫以社会权威结构为根源的冲突论认为冲突的积极作用在于能够改善社会权力的分配，最终通过社会结构的改变而推进社会变迁，即冲突是迈向文明和世界公民社会的进步源泉③。在社会的整体运作中，不论哪个群体都不完全是和谐的，但冲突是维持群体的组织不可或缺的存在，冲突有助于激发组织的活力，对组织结构做出适时性调整，它与和谐的共生才能使组织处于动态稳定，因此冲突绝不全是破坏因素。

除科塞外，帕克、库利等学者也在强调冲突的积极功能。帕克认为，"只有存在冲突的地方才有行为意识和自我意识，只有在这样的地方才有理性行为的条件……冲突往往导致冲突群体间的结合，以及一种领导与从属的关系。"④ 帕克在冲突与个体意识觉醒之间建立了直接联系，并指明冲突具有建构组织的功能。这与科塞的"社会安全阀"理论有异曲同工之处。"在某种意义上，冲突是社会的生命所在，进步产生于个人、阶级或群体为寻求实现自己美好理想

---

① L. Coser, *The Functions of Social Conflict* (New York: The Free Press, 1964).

② L·科塞：《社会冲突的功能》，孙立平等译，北京：华夏出版社，1989，第 9 页。

③ 拉尔夫·达伦多夫：《现代社会冲突》，林荣远译，北京：中国社会科学出版社，2000，第 247 页。

④ R. Park, "The Social Function of War," *American Journal of Sociology* XLVJ (1941).

而进行的斗争之中。"① 在库利的言语中，拟人化了的冲突表现出了极大的能动性，冲突会成为个人理想实现的舞台，在冲突的实践中为个体能力与魅力的展示提供了机会。对于个体而言，与自己的冲突是伴随个体成长不可或缺的有机组成部分，在不断与自我和解的过程中实现个体的前行目标。冲突之所以会被视为社会生命所在的一个重要原因在于冲突是浸没式存在于社会结构之中的。因为"冲突不可能被排除在社会生活之外……'和平'无非是冲突形式、对立或冲突对象的变化，或最终是选择机遇的变化"②。韦伯看到冲突是社会生活化的存在，小到个体大到国家，每个层面都存在着各式各样的冲突，也由此奠定了其他互动形式展开的基础，共同构成了世界的运行模式。

从某种意义上来看，冲突既是破坏社会良性运行也是重构社会有机性的重要工具。从经验现实可以看到，绝对纯粹的和平只是一种理想化的设想，现实中并不存在，真实的生活必然伴随着冲突和矛盾，和平只是其中的相对状态。在冲突与和平出现的顺序上，冲突不仅先于和平，而且每时每刻都在和平中发挥作用，二者的互相"排斥"使不同群体间建立一种平衡而使整个社会系统得到维持③。所以冲突与和平是一体两面的关系，共同构成了群体生活的具体单位，在冲突不断被解决的过程中实现了动态的社会和谐，以维系有序的社会秩序。

第二节　运动冲突生发的原因与表征

在吸收、借鉴社会冲突理论的基础上，国内外相关研究者对运动社会学领域中的冲突形式展开了研究。大致可将其归纳为以下几种类型：文化冲突、利益冲突、权力冲突、组织冲突、角色冲突以及法律上如何规避冲突等。学者们根据本土化实际情况所进行的研究初步形成了冲突解释学和冲突治理学两个框架④。奥林匹克运动中的冲突以及球迷冲突是运动领域中较为突出的典型案例，本章结合前人对这两个典型案例的研究来剖析社会冲突理论如何在运动社会学中得

---

① C. Cooley, *Social Organization* （New York：Scribne's Sons, 1900）, p.199.

② M. Weber, *The Methodology of the Social Science*, trans. and ed. E. A. Shils and H. A. Finch （Glencoe, Ⅲ：The Free Press, 1949）.

③ L·科塞：《社会冲突的功能》，孙立平等译，北京：华夏出版社，1989，第18页。

④ 吴晓林：《国内社会冲突研究的述评——以 2001-2011 年 CSSCI 期刊收录文章为主要研究对象》，《浙江社会科学》2021 年第 12 期，第 87~94，162 页。

到发展和应用。

一 利益驱动与结构制约：现代奥林匹克运动中的多重冲突隐喻

亨廷顿在 *Foreign Affairs* 一书中公开指出中国的存在是一个威胁，要对中国进行限制，这种思想自鸦片战争后一直延续至今，且渗透在社会领域的各个方面。其中，奥林匹克运动会这种大型赛事尤其是这种"限制"实践的重要渠道，借此将现代运动形式以冲突为基础的深层结构延伸至多元文化之中。徐国琦的著作《奥林匹克之梦：中国与体育（1895—2008）》不仅通过中国体育百年发展过程中的一些关键史实回答了"中国关于民族复兴和谋求国际地位的意愿是如何与体育和奥运会紧密联系在一起的"这个问题①，更清晰地展现了中国借奥林匹克运动在寻求国际认同的过程中与其他国家所产生的冲突。于中国而言，获得其他国家的认同乃至文化认同是一个艰难的行动目标。一系列因运动事件的政治性而产生的冲突，充分说明了运动是表达文明冲突的重要载体。如亨廷顿所言，在新的世界里，最普遍的、重要的和危险的冲突不是社会阶级之间、穷人和富人之间，或其他以经济来划分的集团之间的冲突，而是属于不同文化实体的人民之间的冲突②。在国际体育赛事中因文化差异而产生的文化不认同表现得尤为明显，运动员间因种族差异而产生的冲突是其中的典型案例。与赛场中直接表现出来的暴力性冲突不同的是，奥林匹克赛事是一场"没有硝烟的战争"。在奥运会这个特定场域中，一方面基于文明的联合关系依旧无法摆脱政治因素的影响，尽管文化是合作的催化剂和产物，而政治因素却作为最后一道防线，起着保护所属国家或所属合作团体的作用。尽管奥林匹克一直倡导政治无涉论，国际奥委会主席布伦戴奇也曾致力于奥运会摆脱政治因素的干涉，但顶层设计与底层实践之间总是存在着不可弥合的张力。在这样一个几乎涉及世界所有国家的国际性重大赛事中，国家力量的复杂交织不可避免地会为比赛本身带来政治层面的干扰，政治无涉论也只是一个理想化的设想。

直至今天，从历史进程的发展规律来看，运动冲突的双面性在交替出现，政治在其中发挥着不可替代的作用，其中呈现出的运动文化图式也带有相当多的政治色彩。由此暗示了运动的正向效用具有高度的不稳定性，而由文明所形

---

① 徐国琦：《奥林匹克之梦：中国与体育，1895-2008》，广州：广东人民出版社，2019，第 2 页。

② 塞缪尔·亨廷顿：《文明的冲突》，周琪等译，北京：新华出版社，2012，第 6 页。

成的和谐也就有理由被认为只是暂时性的。现代奥林匹克运动为世界多元文化的展演提供了舞台，同时，文明互鉴与文明冲突、政治亲和与政治冲突等二元对立越来越需要人类结合历史与现实进行反思。

二 情感驱动与趣缘结合：相对闭合圈层中生发的运动冲突

球迷作为后现代的产物，他们的个体行为以及集体行为隐含了对于后现代世界的思考方式，球迷冲突中涉及文化、利益、组织以及角色等多种要素，是展现世界张力的重要方式之一。当我们提及球迷时，最先想到的或许是足球运动，因为这项"世界第一运动"悠久的历史积淀着复杂的情感和丰富的故事。但需要特别说明的是，此处要讨论的不仅是足球项目，球迷也不单单指足球迷，而是包含所有运动项目在内的一种泛指。

现代足球最开始被用作军事训练，在锻炼士兵战斗能力的同时也提高了军队的凝聚力。随着全球化的深入，民族国家面临着越来越大的挑战，国际权力重新配置的过程也是孕育新战争形态的过程。为了能够在冲突频发的国际局势中维系自我安全，国家间的足球比赛成为在冲突中建立互信和团结的重要契机，英国和阿富汗之间就曾使用这种方式来缓和周边的冲突形势①。"无论是用涂尔干式的社会整合理论去把握足球社区的'契约'凝聚功能、还是特纳'非功利式'的象征性实践去强化个体在足球赛事中的阈限期（liminality），一个潜在的'在地'属性往往被我们忽略了——即球迷被理所当然地认定为结构化圈子（无论是社区、民族还是国家）'内'的一员，换言之，所谓球迷共同体总是在一个闭合的系统中被感知和被体验的。"② 球迷群体所形成的圈子远小于运动本身所占据的圈子，因此球迷冲突会因自身所处系统的闭合性而将冲突的冲击力和破坏力控制在可监管的范围之内，而不至于向外蔓延开来，衍生出更多冲突。作为运动发展的附属品，球迷的存在依附于运动竞赛，同样地，运动竞赛的延续也离不开球迷群体的支持，二者之间是互生共存的关系。

随着新媒体技术的发展，球迷之间的冲突从线下延伸到了线上，互联网为粉丝们提供了联结情感、抒发情感的场地之时，也孕育了冲突的新形态。网络

① P. Dolan, and J. Connolly, "Sport, Unity and Conflict: An Enduring Social Dynamic," *European Journal for Sport and Society*, no. 3（2016）, pp. 189~196.

② 赵旭东、高诗怡：《网络时代的共同性构建——以跨国语境中的球迷文化为例》，《民族学刊》2017 年第 5 期，第 1~10，93~96 页。

冲突以"文字战"的形式展开，球迷可以跟随赛事情况实时互动，尽管即时情感中对立双方的喜悦与愤怒的碰撞被限于文字的表达形式，能够避免向现实冲突升级的可能，但网络的记忆性会使冲突双方的语言摩擦与交锋长期存在。对于球迷而言，他们所喜爱的运动员更多是作为一种精神动力和情感依托，这种纽带也将球迷联结成不同群体，当运动场上一方的故意挑衅或不当举动使另一方利益受损时，球迷群体的情感依托遭到挑战，进而激起不良情绪，导致双方球迷群体间产生言辞交锋或更为激进冲动的行为。面对这些源源不断的冲突，柯林斯的冲突的时间动力学理论指出团结是冲突中的关键武器，团结的群体更有能力动员和战斗，而高度团结的群体对其边界受到的威胁特别敏感①。正如涂尔干所指出的，群体团结使人愿意为群体牺牲自己。互动仪式产生了理想化的成员符号，即以一个群体的边界来识别善恶，它能产生高度的情绪能量，即自信和热情。在冲突中，情绪能量以勇气的形式表现，并在团队中弥散开来，使每一个感受到能量的队员都相信我们最终会赢得胜利。这种情绪能量不仅在运动员之间能够起到激励作用，同样也能连带至球迷群体中。球迷与运动员在某种意义上是相互依存的共生关系，情感仪式是连接两者的重要纽带。这是否意味着球迷之间的冲突是受运动员间的竞争所产生的某种敌意的驱动？假设确实存在一种敌意驱动的形式，在这个过程中，情感能量必然占据主导地位，并在个体运动中留下一种独立的冲动。冲动与情感能量的调配在群体间发酵而使人处于愤怒状态，由此激发针对特定目标的冲突或针对特定人的反对，导致人们表现出对抗的状态。这个观点至少可以在旨在提高士气的宣传活动中得到证明，在运动竞赛场上，与对方的冲突不仅能调动自我的身体能量，也有助于联结队员间的关系，进而坚定信心、提高士气。在这个过程中，冲突虽然表现在双方敌对的状态之中，但也发挥了建立和维持群体身份的功能。如果能把情感能量加在斗争的纯粹现实性动机之上，似乎可以对冲突的双方起加强作用，这同时也回应了齐美尔所强调的冲突有助于群体聚合的观点。冲突通过加强群体意识和分离感而在社会系统中的各群体间建立起边界线，由此使系统内的群体身份得以确立。但这种身份并非一成不变，在球迷所迷恋的球队发生剧烈冲突时，一些球迷可能就会改变他们的立场。比如1985年在布鲁塞尔海瑟尔体育场的欧洲足球锦标赛变为凶残的暴力冲突时，甚至连那些对足球如痴如

---

① R. Collins, "C-Escalation and D-Escalation: A Theory of the Time-Dynamics of Conflict," *American Sociological Review* 77, no. 1 (2012), pp. 1-20.

醉的球迷们也选择离开"体育运动"①。此处列举的是运动场域中两种常见的冲突，也是被研究得相对较多的两种情况，第一类是球迷之间的冲突，第二类是运动队之间的冲突。运动队间的冲突形式相对而言更为复杂，除了相当凶残的暴力冲突这种特殊的事件，还有一种极易产生剧烈冲突的情况是两个势均力敌的队伍所进行的竞争。运动竞赛中，势均力敌是一种常见的现象，均势往往代表竞赛双方有着对等的实力，虽然这样有利于增强比赛的观赏性和激烈性，但越是激烈性的场景越难以被控制，引发冲突的可能性就越大。小约瑟夫·奈在《理解国际冲突：理论与历史》中分析国际冲突之时，指出均势（balance of power）② 原则似乎能够在国际政治中起到化解国家间矛盾以维系世界和平局面的作用，而这却是与运动结果的序列性相矛盾的。虽然无法断言这种矛盾是否会衍生为冲突，但它无疑是引发冲突的导火索之一。英国哲学家大卫·休谟把均势视为永恒的、明智的政治规则，但是在运动领域中这种规则的解释力却被运动特质消解了。双方在利益上难以达成共识是滋生冲突的核心因素。在动荡的国际局势中，只有当米勒所认为的"无论人们面临的利益多么重要，冲突都不影响社会联合体的基本原则"的时候，才有可能在政治结构并非一贯软弱的条件下度过动乱的时代③。科塞补充了米勒的冲突论观点，利益冲突的非强力破坏性以冲突发生地的政治结构具有一定强硬性为前提才有可能实现。在运动领域内的诸多冲突形式中，上到国际形势下到个体争端，无不存在着利益诱导或文化差异所产生的中介作用。

球迷因趣缘而形成了一个有共同指向的共同体，在各方的共同作用下逐渐沉淀出一种"球迷文化"（football fandom）④。当下随着社会的发展，这种"球迷文化"已经拓展为"粉丝文化"，成为驱动粉丝们进行群体行动的内生性力量，同时也是联结球迷与运动组织的"工具箱"。但是这个共同体是一个狭隘的群体，所维系的是特定人群的利益与荣誉，而不是具有普遍意义的人类共同体，这就导致运动在缓解冲突的同时也在不断生发新的冲突。

---

① 拉尔夫·达伦多夫：《现代社会冲突》，林荣远译，北京：中国社会科学出版社，2000，第247页。

② 小约瑟夫·奈：《理解国际冲突：理论与历史》，张小明译，上海：上海人民出版社，2002，第87页。

③ L·科塞：《社会冲突的功能》，孙立平等译，北京：华夏出版社，1989，第62页。

④ G. Pearson, *An Ethnography of English Football Fans: Cans, Cops and Carnivals* (Manchester: Manchester University Press, 2012), p. 88.

第三节　运动冲突研究的特征与影响

运动社会学关于冲突的研究整体呈现"体系分散化"和"低度有效化"特征，借助定性与定量两大研究方法使研究几乎囊括所有形式的运动冲突，包括自由与秩序、政治与文化、经济与权益、时间与空间、分配与使用等各个方面。大致可将这些研究归纳为以下三个假设：运动具有缓和冲突和制造冲突的二律背反性；对冲突关系的把握是分析和治理冲突的关键所在；经验与理论相结合的研究范式更适用于运动冲突论的建构。前人所留下的思想既丰富了社会冲突论的理论视域，也为运动冲突学后续研究的深入开展以及运动冲突理论的发展奠定了基础。

一　运动社会学对社会冲突论的应用聚焦于运动的工具性

运动之所以能够成为社会学研究对象的一个很重要的原因在于运动在社会建构中所表露出的工具属性，这种工具性使其脱离了运动的本质而被引入社会运行的规则之中，并进行了情境性的再生产，尤其是冲突的产生对运动本身的发展来说既是挑战也是机遇，而对社会而言，累积的冲突或某一个带有极强冲击力的冲突也会对社会的发展带来重要影响，由此也成为学者们研究的兴趣焦点。

社会学家埃利亚斯指出古希腊古罗马的运动充满血腥，中世纪的球类比赛也因缺乏书面规则与严格管制而不乏混乱和伤害。在他看来，文明化进程意味着社会对暴力进行控制，而运动正是对人类社会关键方面管中窥豹的"自然实验室"①。运动是将暴力行为引向文明行为的转换器，同时也是其他冲突形式的制造器。一个冲突的消除通常会以另一个冲突的出现为代价，冲突总是在此消彼长的规律中不断出现，在运动领域中，也同样如此。缓和冲突与制造冲突正体现出了运动二律背反的特点，也是运动工具性的本质所在。

在全球化发展的过程中运动发挥了重要的融合作用，运动全球化也自然成为研究的关注点所在。通约规则及形式的制定使世界各国的运动按照既定的要求去开展，在某种程度上形成了相对一致性的运动展演文化，为推动全球化发展提供了基础。约瑟夫·马格瑞在其著作中提到，英国运动的输出并不仅仅限

---

①　钟准：《体育运动中的政治》，《读书》2016 年第 7 期，第 34~42 页。

于运动的规则及形式，还包括了资金、人员、技术等多层次的内容①。附着于运动之上的多层次内容是运动发挥融合作用的一种规范性实践，多要素综合赋予了运动竞争性的、规则化的、理性的和性别化的特质，这些特质不仅对形塑世界格局产生了重要影响，而且这种影响也以最基本的形式延伸到个人以及团体的生活方式中②，甚至延伸到了国家处理问题的方式中。国家间的冲突从未中断，韩德在对中美特殊关系的研究中指出其"特殊"性主要体现在："两个截然不同、天各一方的民族，在冲突中纠缠在一起而不能自拔；在某种范围内，他们都是自身误判和迷思的牺牲品。"③ 如何能够从误判和迷思中走出来不仅是中美两国也是全世界各国都要思考的问题。这与全球大环境有着密切关联，人类共同体的建构有必要从各个分支出发，而运动共同体就应该作为其中一部分被予以重视，而且从运动在既往历史中所发挥的价值以及未来全球化发展态势来看，如何发挥运动包容性的精神，把个人、组织乃至国家间的纠纷从个人意欲以及社会忠诚中解构出来必将是学者们研究的重点所在。

运动的工具性在社会互动中被行动者加以利用以达成某种目的，这一目的有两种指向，可能是缓和既有的冲突也可能是有意挑起新的冲突，不论哪一种，都有其反身性，在互动的过程中会进行反面情况的再生产。由此也引发对运动本身能否生发冲突的思考：不同运动冲突情境下是否有着相同的作用机制？不同形态下的运动冲突是否有着相同的本质？不同的运动冲突情境是由不同的关系主体构成的，有着复杂性。运动社会学对运动工具性的研究不仅限于对表现运动工具性的现象进行归纳总结，更在于对每一种现象背后的作用机理以及形成机制进行深入剖析，甚至有必要进行对比分析，从众多经验中抽象出运动作为工具对象被使用的一般规律。

二　社会冲突理论视角下运动社会学侧重于冲突中的关系研究

对社会冲突进行研究的学者们达成了一个共识，即冲突是社会之中普遍存在的现象，且都是在交战双方所形成的对立关系立场上展开的思辨。运动冲突

① J. Maguire, *Global Sport: Identities, Societies, Civilization* (Blackwell: Blackwell Publishers Ltd, 1999), p. 65.
② 刘占鲁：《体育全球化：冲突与融合——评约瑟夫·马格瑞的著作〈体育全球化〉》，《体育学刊》2012 年第 4 期，第 26~29 页。
③ M. Hunt, *The Making of a Special Relationship: The United States and China to* 1914 (New York: Columbia University Press, 1983), p. 300.

是众多社会冲突形式中的一种，有着社会冲突的共性，也有着运动冲突的个性。

从共性来看，冲突形成的原因是行动主体为实现自我欲望而采取的行动方式，或是主动出击，或是被动应战，目标都为了维护自我存在，而这最终都是通过人主体意识的主导作用所形成的。人们想要实现自己的欲望，就必须掌握实现欲望的方法与权力，权力就是霍布斯思想中冲突的危险所在，他也正是在权力与欲望的交织中勾勒出了社会的日常生活图景。库利认为，"在某种意义上，冲突是社会的生命所在，进步产生于个人、阶级或群体为寻求实现自己美好理想而进行的斗争之中。"① 所以制造冲突，是人类的一种共性。不论是冲突产生的积极影响还是消极影响，都切实地作用于人们的日常生活中，而积极影响和消极影响的互相转化也在无形中形塑着社会结构。在柯林斯看来，社会结构是行动者的互动模式，是在行动者不断地创造和再创造过程中产生并维持的。我们在柯林斯的思想中看到了帕森斯的社会行动理论的影子——强调了行动者的创造性，将研究视角指向了行动关系中的行动模式。

在个性方面，对人本主义的重视是贯穿运动社会学研究始终的宗旨，这也是一众学者想要探究解决运动冲突之策的根本所在。围绕人本主义，学者们从法律、文化、社会、经济等各个方面都开展了研究。就运动在法律方面的制定而言，首先关于体育法的价值立论本身就存在冲突，对这一问题的剖析将体育法引向了自由与秩序、公平与自由以及秩序与公平的辩证关系之中②。在运动的阶级冲突中，体现出了重构社会关系的能力；在运动的政治冲突中，体现出了运动具有改变国际局势、重构世界格局的能力；在运动的经济冲突中，体现出了运动所具有的分化利益结构、调整组织内部利益分配比例的能力；在运动的文化冲突中，则体现出了中西方文化可以交互融合、互为借鉴的气度。因运动冲突而形成的各种形式的关系揭示了行动者与事物之间的内在关联性，运动在其中既充当了因变量的角色，同时又发挥了自变量的效用。双性归一与运动冲突的普遍性叠加将各种形态的关系联结在一起，形成了一张能够覆盖全社会的关系网。关系网中充斥着各种关系间的博弈与抗衡，它们之间有着难以消弭的张力，同时这些张力又能够相互制约，共同维系着关系网的动态平衡。

---

① C. Cooley, *Social Organization* (New York: Scribne's Sons, 1900), p. 199.
② 秦毅、陈小蓉：《体育法的价值冲突研究》，《西安体育学院学报》2012 年第 4 期，第 397 ~ 402 页。

在社会的万千变化中，不变的是冲突本身始终以各种形式出现，所以稳定的社会关系可能以多重冲突组建的框架为支撑，这个框架同时也可以对其他破坏性力量进行必要的控制。其中，运动冲突是维系社会"健康"的调节性力量，同时也是检验社会活力的机制，从关系网延展而至的是运动文化在社会中的形塑。对于学者而言，这些运动冲突中的关系研究最终指向了社会文明化的进程，而运动确如埃利亚斯所说是社会文明进步的典范。

三　社会冲突理论视角下运动社会学倾向于使用经验与理论结合的研究范式

研究范式上社会冲突理论是从宏观层面入手进行建构的，早期冲突论者如马克思、韦伯等关注的是宏观的结构问题，并将社会结构视作外在于个人的强制性力量。齐美尔以生物性为基础的冲突有益论虽然突出了个体的重要性，但其研究重点在于对冲突理论作用的阐释。与早期冲突论者注重理论和意识形态问题不同的是，柯林斯强调必须建立假说-演绎命题系统，并从经验上加以验证。这一研究范式的确立打破了补足结构功能论的定位，建立起了关于冲突的研究框架，由此也为运动社会学的研究提供了基本的研究思路。

运动社会学关于冲突的研究在经验上对社会冲突理论做出了验证的同时，也大致形成了以运动冲突为核心的相对系统的研究雏形。微观层面上，主要研究的是个体之间的冲突，人的本性中各种欲念重叠以及不同个体的复杂性自然会导致意见上的分歧，比如对运动员之间如何进行协作的研究就是围绕这一层面展开的，这种分歧的发生频率较高，在不同的运动实践中均有所体现。中观层面上，研究的是团体间的冲突，通过对运动队、运动商业群体的研究发现，这一层面上的冲突主要是对抗双方因利益驱动或结构制约等原因导致，比如运动场地纠纷、俱乐部纠纷等都是在受到客观条件限制又基于某些利益需求的基础上而形成的冲突。宏观层面上，则将研究视角聚焦于文化和政治上的冲突，主要表现为国家间的政治纷争或者文化上的差异，尤其是表征在大型国际赛事上的国家间的冲突和抗衡成为研究的重点所在，此时的冲突并非基于运动本身而产生，而是假借运动之名来达成其他目标。不论在哪个层面上，运动的工具属性都或隐或显地被表现出来，而这一属性往往在个体行动中表露出了个体价值的取向，在团体冲突中暗含着以利益为主导的多维因素的纷争，而在表达国家行动意图时通常都带有一定的隐喻性。所以，每一个层面都有被研究的价值和必要，尤其是在向着体系化研究方向行进的过程中，将会把运动冲突的形成机制与社会的结构机制连成一幅完整的关系图景，这有助于我们把握运动冲突的形成规律，甚至有助于从运动视角来把握社会运行规律。

很多运动冲突表达的是一种社会现象的偶在性，这些冲突的产生不在预设的序列之中，也不在可管控的范畴之内，运动冲突有自身的能动性，但是这种能动性的发挥对个人、对组织乃至对社会产生的影响却很难在其发生之前进行判断，而将运动冲突的偶发性迅速转化为可控性，正是运动社会学研究的价值体现之一。这需要学者对既有的运动冲突进行归纳总结，并从经验事实出发进行更为深入的研究，同时又不断地回到经验事实中对假设中所包含的逻辑加以考察和验证。只有通过经验与理论的结合范式，才能够提炼出运动冲突的发展逻辑，凸显经验与理论的互生作用。总体而言，社会冲突理论为运动社会学的研究提供了分析框架，而运动社会学在冲突方面的拓展研究进一步验证和丰富了社会冲突理论的视域。

第四节　社会冲突论视角下运动社会学研究的反思与批判

社会冲突论是推动运动社会学发展的重要理论之一，在这个充满未知和变数的场域空间里，运动社会学借社会冲突论回答了以下两个关键问题：运动是如何与政治、文化、阶级相关联并进而使矛盾不断被激化的？跨越时空的运动冲突联动机制如何形成？这两个问题对运动冲突的结构做出了充分的回答。形形色色的运动冲突情境使社会冲突理论得到了现实性验证，同时也拓宽了社会冲突理论的解释范畴。与此同时，社会冲突论视角下运动社会学的研究也存在一定的不足，尤其是在内生性所导致的冲突问题上还未能展开深入研究。

一　社会冲突论视角下运动社会学研究的贡献

（一）厘清了运动在社会建构下的异化表现与异化机制

运动由游戏演变而来，当游戏的属性被消解后，运动在主动迎合与被动牵引的双重作用下嵌入社会之中，成为社会结构的组成部分。在与其他组成部分共同推进社会运行的过程中必然会产生交互性影响，其中最为深刻的则是突破运动形态不断激发出运动本体的力量。这种影响的来源可以归结为两种：一是政治力量，二是阶级力量。政治上主要表现为竞技体育成为国家间政治交往的工具。竞技体育作为外交工具同样具有两面性，需要辩证地加以看待。竞技体育的正向作用能够为国家赢得平等谈话的空间，例如中国历史上著名的"乒乓外交"充分证明了竞技体育在缓和国家间冲突、增进国家间友谊、提升国家的国际地位、掌握国际话语主动权等方面的重要作用。竞技体育的负向作用则主要以冲突的形式表现出来，尤其是隐含在奥林匹克运动、世界杯等大型体育赛事中的冲突已经将世界联结在一起，在冲突爆发之时"牵一发而动全身"的威力有可能对现有的世界格局进行重构。竞技体育本身具有跨国界的特质，但是政治上的目的性导致竞技体育成为捍卫民族主义的工具，不仅抹杀了竞技体育的世界性也逐渐消解了竞技体育的本质与精神。当前竞技运动发展的一大困境是被裹挟在政治之中难以抽身，不再以探索人类身体潜能为发展目标，竞技体育已经落入了俗套，变得不再纯粹。这是发生在竞技运动本体论层面最本质的冲突，也是关乎竞技体育未来走向的冲突。质言之，表征于竞技体育冲突之中的价值观念和意识形态是运动被政治化的根本所在。

社会生产力制造的剩余价值分配不均，导致在生产资料的拥有量上出现了贫富差距，进而影响着人们的行为与认知方式，最终形成了阶级分化。经济因素同样在运动上留下了深刻的印记，运动在阶级上的异化表现为因阶级差异而引起的运动资源分配不均以及使用不均情况。布迪厄在《区分》中通过对趣味的判断引发对体育运动的判断，正如他所言："不同体育运动在阶级之间的分布，应该考虑不同的阶级按照他们固有的认识和评价模式形成的不同运动相关的（经济的、文化的和体力的）花费及利益的表象。"① "趣味"本身就表征了不同阶层的价值取向，他们有意识地建构出一些与自我身份相匹配的运动，以表征自己的社会地位，由此附着于个体身份之上的体育运动也必然会呈现出阶层的差异。体育运动由普适性向阶级性的过渡究其根本是由社会阶层分化所导致的。阶级分化本就是社会不平等所引发的结果，它反过来又进一步加剧了社会的不平等，运动中阶级分化的反作用力则更多表现为认知观念上的分化，深入到意识中的意象观念成为生发冲突的潜在危险。

纳尔逊·曼德拉说过"运动具有改变世界的力量"，这是因为运动的表意性在世界上是相通的，世界会因运动而连成一个整体，这种联结赋予了运动作用于世界的力量。这种力量因适应社会建构的需要而被划分为各种形态，其中，运动冲突这一形态成为导致世界发生改变的重要因素之一。社会冲突理论

---

① 皮埃尔·布尔迪厄：《区分：判断力的社会批判》，刘晖译，北京：商务印书馆，2015，第300页。

为运动冲突多样态的表现形式和具体情境提供了解释的理路，也更为深层地抽剥出运动被异化的作用机制，使其通过感性表象来理解事物的本质。运动在社会建构下的异化主要通过各种冲突的形式表征出来，异化机制则主要体现在与政治因素及阶级因素的互构中。具体而言，运动的游戏性被工具性、展演性与世界性所替代，从而使运动成为政治力量操控的手段、阶级力量比较的手段。运动的本质在与政治和阶级等复杂要素的联系中逐渐被遮蔽，诱发了多元化的运动冲突，呈现出带有意识形态、等级观念和阶层分化印记的异形态化运动。

（二）形成了突破场域空间限制的运动冲突联动机制

运动是无国界的，同样的运动冲突也是在任何国家、任何场域空间内都可能会发生的一件事情，也就是说运动冲突是一个世界性的普遍存在，同时也表明运动冲突突破了物理空间上的限制，将各个国家结成了相互交织的团体。随着关注程度与大众参与程度的提高，运动网络话语体系的生成与表达引发了学界的关注。运动冲突何以能够有如此大的作用力？在柯林斯的研究中能够找到一种诠释，即情感仪式作为运动活动的底层运作逻辑赋予了运动冲突联动的能量。柯林斯认为社会结构的基础是以相互关注和情感连带为核心机制的"互动仪式链"[①]，而在运动冲突中，我们同样看到了互动仪式链建立共情氛围的强大作用。

网络空间的生产性使运动冲突不仅打破了现实中的物理空间，还打破了虚拟与现实之间的表象空间，通过情感能量的传递形成一种瞬间共有的实在性，形成同身份群体的团结。网络空间这一社会转型期的新产物，使人们在社会活动中充分实现了言论自由，网络空间的秩序主要依靠个人自我道德的约束力来维系。这种情况下极其容易发生个体自我情绪管理失败进而发展为冲突的情况。比如运动竞赛双方支持者的"文字战"乃至"口水战"，从微观层面来看，这些争吵的言语像戈夫曼式的"舞台表演"，但是在不断升级的局势之下，言语激烈程度的升级与刺激的重复性再现，在双方的情绪中弥散开来，进而形成对抗性冲突。此时，被愤怒情绪笼罩的双方参与个体的善恶观就成为群体边界之外的事物。敌对情绪是由对方引起的，而这种情绪的加剧却是基于对我方的归属感和团结感，因为他们是在以所属群体的名义进行战斗，也因此有了身份归属。这一身份上的认同是从线下情感到线上情感的延续，运动冲突发挥了确立身份归属和加深身份认同的功能。就像齐美尔所认为的，共同的品质

---

① R. Collins, *Interaction Ritual Chains* (United Kingdom: Princeton University Press, 2004).

与共同的成员身份是冲突的基础①。

冲突的积聚激发了新的规范和制度的建立，因运动而引发的网络冲突成为"冲突积聚堆"中的重要组成部分，作为规范改进和形成的激发器，冲突使其与已经变化了的社会条件相对应的社会关系的调整成为可能②。因为情感仪式在运动冲突中发挥着联结作用的同时也发挥着激化冲突的作用，推动新的运动生态环境形成，促进了运动组织间关系的调整和动态平衡的维系。总体而言，情感仪式是突破场域空间限制，形成运动冲突联动机制的核心力量，通过情感能量在群体间建立起的身份认同而起到了关键的联动作用，这就使得冲突对立的双方很难不进行一场一方所有人对另一方所有人的"战争"。受情感仪式影响的群体有着共同关注的机制，该机制通过运动冲突的转译形成专注的情感，进而影响到每一个参与其中的个体，使其或生成或加深对组织的身份认同。基于此，个体情感的集聚培育了冲突生发的土壤，也形成了突破场域空间限制的运动冲突联动机制。

二　社会冲突论视角下运动社会学研究的局限

美国学者切里·库奇在构建运动社会学理论结构化的模板中，充分地借用了冲突理论③。可见，冲突理论是指导运动社会学研究的重要理论之一。从目前研究的整体情况来看，社会冲突论视角下运动社会学研究的局限主要表现在以下几个方面。

一是马克思从经济视角所形成的阶级冲突论未能得到很好的延续和发展。后继学者们的研究主要集中于权威、文化等方面，而在运动社会学中也未能展开深入研究，批判性和反思性都不足。不可否认的是，经济因素是导致冲突产生的不可忽视的因素之一，同样也是诱发某些运动冲突的重要原因，比如在运动商业化和运动阶级化的过程中都有经济因素参与其中。对此，有必要对经济因素引发运动冲突的作用机制进行详尽的阐释。

二是研究视角主要局限于受集体主义原则控制的群体性冲突。对于一些具有典型性的个人主义案例同样具有研究和反思的价值，但在现有的研究中却很

① G. Simmel, *Conflict* (New York: The Free Press, 1964), p. 30.
② L·科塞:《社会冲突的功能》，孙立平等译，北京：华夏出版社，1989，第114页。
③ C. Cooky, "Getting Girls in the Game: Negotiation of Structure and Agency in A Girl's Recreational Sport Program," in *Sociology of Sport and Social Theory* ed. Earl Smith (Champaign: Human Kinetics, 2010), pp. 154–155.

少将其考虑在内，即出现了文本思辨与现实实践之间未能良好衔接的问题。深入的质性研究的缺乏，要求学者们需要带着具体的研究问题进入到特定的场域空间之中去进行具身体验，这样才有可能掌握研究问题的全貌，并给出针对性且深刻性的思考。

三是整体研究内容反映出学者们未从思维上建立运动冲突积极正向性的认知。冲突的公认结果是没有胜利的状态[1]，但这并不能表明冲突从生发到激化到停歇再到外延的整个过程中没有正向作用。虽有个别文章提到文化冲突所产生的积极影响，但对于运动领域中所发生的冲突有何积极影响是目前学界没有加以深刻论证的边缘地带。

四是学者们所提出的运动冲突的疏解之策同质性较高。竞技体育相较于其他运动形式更易产生冲突，尤其是对冠军的追求已经诱发了使用兴奋剂、打假球等与运动精神严重冲突的行为。例如历史上臭名昭著的"黑袜事件"已经成为足球历史上令人不齿同样也带有警示意义的案例。学者们针对运动发展史上类似事件不断出现的现实给出了很多相关对策，涉及个体自我管束、组织机构管理以及国家实施管控等方面，但出现了对策同质性较高的问题，几乎没有突破性观点的出现。

总体而言，社会冲突理论在运动社会学研究中的运用主要聚焦于对运动领域中冲突情境的解释，对于其他运动现象是否也能够与社会冲突理论进行对话这一问题还未有学者进行过探索。在论证上对冲突理论的应用是机械性的，以借用"冲突"一词的表达方式为主，未能深入冲突理论的内涵之中，并将理论与现实情境进行有机衔接，因而也就更难做到对理论进行拓展。在研究范式上，微观层面的个体叙事研究几乎未有涉及。除此之外，还存在一个共性的问题，即研究分散，没有系统性和延续性，没有脱离社会冲突理论的思想框架，没有溯源至因果关系这一高度概括的抽象层面，呈现出"低度有效化"的状况。虽然运动社会学的研究受益于社会冲突理论的指导，但是学术研究更大的价值在于能够不断有所突破。在不同的时代背景下，需要有新的学术观点的呈现。运动社会学研究也要在历史积淀与现实境遇中形成运动冲突理论的研究流派。

---

[1] P. A. D'agati, "Surrogate War: Politics of Conflict in Sports and Space," *International Journal of Sport Policy*（2018）.

思考题

1. 简要概述运动中有哪些冲突性表现？
2. 如何理解运动与冲突之间的关系？
3. 社会冲突论视角下运动社会学研究做出了哪些假设？
4. 运动是如何与政治、文化、阶级相关联并进而使矛盾不断被激化的？
5. 跨越时空的运动冲突联动机制是如何形成的？
6. 不同运动冲突情境下是否有着相同的作用机制？

推荐阅读书目

1. 拉尔夫·达仁道夫：《现代社会冲突》，林荣远译，北京：中国社会科学出版社，2000。
2. 塞缪尔·亨廷顿：《文明的冲突》，周琪等译，北京：新华出版社，2012。
3. 小约瑟夫·奈：《理解国际冲突：理论与历史》，张小明译，上海：上海人民出版社，2002。
4. L. Coser. *The Functions of Social Conflict*. New York：Free Press，1964.
5. R. Collins. *Conflict Sociology*：*A Sociological Classic Updated*. Boulder，London：Paradigm Publishers，2009.

代表性学者简介

1. 拉尔夫·达伦多夫（Ralf G. Dahrendorf，1929~2009），生于汉堡，德国社会学家、思想家、政治家，自由派社会国家理论以及社会冲突理论的代表之一。1944~1945 年被囚于纳粹集中营，1956 年在伦敦经济学院获社会学博士学位。1956~1959 年执教于德、英、美等国高校，后担任伦敦经济学院的院长，是同时闻名于欧美的为数不多的社会学家之一，曾任德国社会学学会主席。代表作有《工业社会中的阶级冲突》（1959）、《走出乌托邦》（1967）和《生活的机会》（1919）等。

2. 刘易斯·科塞（Lewis Coser，1913~2003），德裔美籍社会学家。生于德国柏林的一个犹太人家庭，1933 年流亡法国，后于 1941 年移民美国，1954 年获得哥伦比亚大学博士学位，1968 年起在纽约大学石溪分校任教。代表作有《社会冲突的功能》（1956）、《社会冲突研究续篇》（1967）和《理念人：一项社会学的考察》（1965）等。

3. 兰德尔·柯林斯（Randall Collins，1941~ ），美国社会学家，当代著名的社会理论家，2010 年至 2011 年担任美国社会学协会主席。其擅长的领域包括政治和经济变革的宏观历史社会学、微观社会学、有关面对面的互动、知识分子和社会冲突的社会学。代表作有《互动仪式链》（1986）、《冲突社会学》（1975）和《哲学社会学》（1988）。

第九章　符号互动论与运动社会学

本章要点

·符号互动论认为人类群体和社会的性质存在于行动之中，必须根据行动来看待，且人类社会始终都是由参与行动的人组成。社会互动是形成人类行为的过程，在互动的情境中他人的活动在人们自己行为的形成过程中起到一种积极的作用。互动过程的实现必须依赖双方相互扮演对方的角色才可以成功。

·符号互动论认为意义既不是从具有意义的内在固有的构造中产生的，也不是通过人的各种心理活动的综合产生的，而是在人的互动过程中产生的。在团体的运动竞赛中，个体成员通过运动中的对抗和竞争，获得了集体的荣誉感，增强了运动员的身份认同，进而体现了运动中团体协作的意义。

·运动竞赛中裁判的判罚能力是基于裁判员长期的职业实践和专业的业务能力而形成的，这种专业能力可以作为传递表演者品质和属性的一种手段。对于运动员或者裁判员来说，长期的训练形成的身体惯性可以成为一种"自然流露的表情"，这种表情很难通过语言去表达。

关键概念

符号互动论；自我意识；角色展演；日常生活；身体惯性

第一节　符号互动论形成的社会背景与理论内涵

一　符号互动论形成的社会背景

19 世纪起源于欧洲的社会学传播到美国后，1891 年弗兰克·布莱可默（Frank Blackmar）开始在堪萨斯大学教授社会学课程，1905 年美国社会学协会成立。期间涌现出一大批研究美国社会问题的本土学者，如，杜波依斯以美国费城的一个黑人社区为例，研究了社会与种族不平等的问题，最后形成了《费城黑人》这部社会学著作。可以说这些社会学的研究是美国社会学学者对于美国社会在应对工业化、城市化和现代化过程中出现的各种社会问题的一种积极应对和理解。19 世纪末 20 世纪初，美国资本主义的发展促进了城市的扩张和城市化发展，随之而来的是大量的农民进入城市。这种工业化的发展和移民的堆积给城市带来了诸如社会冲突，阶级矛盾和民族歧视等极大的社会问题。城市化的进程使芝加哥成为一个现代化城市，无论是城市的人口规模，还是文化发展等方面已经呈现出现代化的特征，但城市扩张带来的社会问题同样影响着芝加哥城市的发展。

在城市化的社会背景下，1892 年斯莫尔在美国芝加哥大学成立社会学系，后来又创立了《美国社会学研究》期刊，这些工作为芝加哥学派的发展奠定了基础，极大地推动了美国社会学的发展。作为芝加哥学派中重要的代表人物，米德采取"社会行为主义"的视角关注当时城市化带来的社会问题。在《心灵、自我与社会》中对主我（I）和客我（me）进行了详细的区分，认为社会是一个不断发展的体系，自我是在社会交往的互动中形成的。在米德提出社会互动的思想之后，芝加哥学派的托马斯关注了城市化进程中的波兰农民，进一步通过个体态度和社会价值观来解释个体行为，在美国的经验社会学研究中做出了重大的贡献。后来，帕克将生态理论带入城市社会学的研究之中。经过米德的前期积淀和帕克的努力使芝加哥学派的发展达到鼎盛。随着美国工业化带来的矛盾在城市中逐渐得到缓解，美国其他高校如哥伦比亚大学、哈佛大学等社会学研究机构的兴建，以及芝加哥学派内部管理的问题等多种因素共同导致其在美国社会学界的影响力下降。芝加哥学派影响力的衰退直接影响着布鲁默的学术思想。作为符号互动理论另一位代表人物，布鲁默在米德思想之上正式提出了符号互动的概念，认为社会交往是一个过程，无论个体还是群体都是按照环境赋予的意义行动，在行动中对于符号进行传递和解读[1]。美国社会的现代化进程使美国的社会结构要素趋向一种宏大的特征，并直接影响着人们之间的交往和互动方式，同时社会中的结构要素越来越具有异质性，这种异质性标志着社会整合能力的提升和群体成员自主性的不断增强。现代社会相对于

---

[1] 汪天德：《美国社会学研究及主要理论的发展》，《江苏社会科学》2010 年第 1 期，第 105～113 页。

传统社会来说，个体自主性的强调打破了原有的阶层和角色的束缚，群体成员可以更多地走向大众的场域，此时，社会的流动性增强和群体之间的交往更加密切，这种社会结构性的变化对于美国民众来说意味着社会生活方式的变革，也成为布鲁默思考社会问题和个体交往的重要的维度。对于社会互动理论来说，布鲁默的观点使该理论的框架更加完备和系统化。布鲁默以一种定性研究的方法强化符号互动理论的做法引起了芝加哥学派内部持定量研究观点学者的反对。特别是休斯对于田野调查中数据统计的定量方法的应用引发了两种研究方法的争论。同时，芝加哥学派遭到了美国东部地区以默顿和帕森斯为代表的社会学者的挑战，尤其是默顿和帕森斯主张定量的研究方法，对芝加哥学派持有的定性研究方法提出质疑。1935 年，以帕森斯为代表的学术团队发起集体反抗解除了布鲁默美国社会学学会秘书长的职务，致使布鲁默 1951 年离开了芝加哥大学。由此，美国社会学的重心开始发生变化。从另一个层面上讲，以结构功能主义为主导的学术团体挑战，对于芝加哥学派来说有着一定的积极意义，尤其是将符号互动理论整合为一个研究对象、方法、目的明确的理论体系，进入到社会学研究的视野之中。在符号互动理论体系中，借助符号互动的思想，形成了以布鲁默为主的芝加哥学派、库恩为主的衣阿华学派以及戈夫曼的拟剧论三种形态。布鲁默着重互动过程和阐释过程，注意到意义发展与改变的方式。库恩坚持追求可靠的手段对行动者的符号过程加以测量[1]。贝克尔进一步发展了标签理论，对于互动中人的越轨行为进行研究。戈夫曼则强调了社会互动中特定的场合和特定的角色，其观点进一步丰富了社会心理学和微观社会学的研究。

　　可以看出，芝加哥学派的成立与衰落，尤其是符号互动论从提出到向一种理论体系的发展过程，见证了美国社会学理论的发展史。芝加哥学派的衰落并没有影响符号互动理论的生命力。尤其是在 20 世纪 60 年代，在注重科学主义的库恩等衣阿华学派和罗斯等互动主义学者的努力下，在偏离行为、教育和医疗领域的研究形成了一个学术团体，开始对帕森斯的结构功能理论进行批判，并且出版了大量的学术著作和文章。到了 1974 年，斯通、布鲁默、库奇和霍尔等人建立了"符号互动研究学会"，标志着符号互动理论进入一个新的发展阶段，也被称为"后布鲁默时代"。这些学者不仅揭示了批评者的缺陷，而且进一步丰富和创新了研究视角、方法和范式。由于符号互动理论前期关于时间

---

①　于海：《西方社会思想史》（第三版），上海：复旦大学出版社，2010，第 262 页。

性、反思性、文化、对话、认同和符号学等日常之类的叙事，使其理论在许多新的领域得到新的发展和应用①。总之，芝加哥学派成就了符号互动理论，也预示着社会学从宏观结构向微观经验的研究转向，带有一种实用主义的色彩，对此后的社会学研究产生了重要的影响。

二 符号互动论的理论渊源

在符号互动理论体系中，无论是米德对于社会互动中自我意义的强调，还是布鲁默正式提出符号互动的观点，每一位学者的研究各有侧重。总的来看，符号互动论在特定的情境中去界定自身，并在群体及个体的互动中寻求日常生活中的意义，来进一步证明世界不仅是物质的客体，而且是一个由符号组成的象征世界。社会的秩序并不是固定静止的，而是在人与人之间的互动中不断变化和流动的。"自我"在社会中产生，并经由符号进行表意。符号互动论将社会学的研究推向了一个经验的世界，通过经验现实去考察社会互动中的意义，通过背后关于符号、过程、互动以及亲密熟悉感的普遍意象，来塑造其理论工作的面貌②。

在符号互动理论工作的整体面貌中，追溯其理论渊源可以发现明显的实用主义的色彩。实用主义力图将理智的思维方法和实践行动结合起来，推动社会研究的发展。实用主义学者的观点认为"人们是根据事物在特定情境中产生的用途来认识该事物的，人们能记住某物是因为该事物有用，人们对于环境的适应不是被动的，而是根据自己的认知判断，对于情境作出合适的反应"③。对于实用主义来说，更加强调了个体的主体能动性。19世纪中期以来，由于科学方法深入发展、哲学经验主义普及、进化论的观点得到认可以及美国民主理念被不断接受，使美国实用主义哲学思想得到了快速发展。出于对科学研究方法的尊崇，实用主义的创始人皮尔斯将实用主义理解为一种"与某种人类确定的目的关系"，用科学的方法去关注人类的理性和有目的行为，这为科学哲学奠定了基础。后来詹姆斯进一步发展了实用主义，强调了经验范畴，提出了"彻底的经验主义"方法，并认为实用主义的原则是在它成为真的人类经验

---

① 布赖恩·特纳：《Blackwell 社会理论指南》，李康译，上海：上海人民出版社，2003，第246~247页。
② 布赖恩·特纳：《Blackwell 社会理论指南》，李康译，上海：上海人民出版社，2003，第236页。
③ 李金云：《符号互动论述评》，《徐州工程学院学报》（社会科学版）2020年第4期，第80~86页。

的过程中的某种特殊差别上发现的，强调了生命个体的差异性。

受皮尔斯的影响，杜威从价值问题中去理解实用主义，将价值判断作为实践判断的工具，在皮尔斯语言价值的基础上赋予了价值判断的理性意义①。詹姆斯对于个体差异的强调，影响了米德对于个体发展的关注。心灵与自我是米德整个实用主义学说的核心。客观社会情境中，个体之间通过身体姿态、语言等符号的互动实现了心灵、自我和符号的意义体系。在米德的思想中，由接受生物进化论而生成的"经验"，被解释为活生生的有机体与其他世界之间交互作用的概念，具有生物学的特色与社会交往的观点，成为一种后达尔文主义的哲学②。进化论的学说意味着，不单是人类有机体，而且心灵的整个生活，都必须在进化发展的范围内予以解释，分有其变化特性，并且在有机体与环境的相互作用中产生。心灵必须在行动中出现，可能还必须在行动中保留。必须把社会本身设想为复杂的生物实体并使它与进化的范畴相符③。在达尔文看来，人类的各种姿势以及生理是一种心理表达，如微笑是开心的心理情绪的表现。为了进一步研究姿势的心理学意义，1862 年冯特开创了"实验心理学"的研究，在动物与动物、动物与人的互动交流实验中，发现姿势的刺激和反应使得人与动物之间达成了默契，姿势传递着某种沟通的意义④。受冯特的影响，米德通过考察姿势存在的社会情境，明确从社会角度考虑姿态，并从这样的姿态出发描绘真正的语言交流的发展。心灵与自我完全是社会的产物；而语言，作为一种有声的姿态，为它们的出现提供了机制⑤。可以看出，符号互动理论受皮尔斯、詹姆斯、冯特等学说的影响，进一步形成了一种以过程形而上学和心灵哲学为特征的实用主义观。这种观点在后续的符号互动论中得到深化和丰富，使整个符号互动理论体系在社会学的经验研究中焕发出强大的生命力。

三　符号互动论的内容

在整个符号互动理论体系中，米德将詹姆斯的"多元自我"，库利的"镜中我"以及托马斯的"情境定义"等理论观点进行了有机整合，进一步强调

---

① C. 莫里斯、孙思：《美国哲学中的实用主义运动》，《世界哲学》2003 年第 5 期，第 92~100 页。
② 王振林、王松岩：《米德的"符号互动论"解义》，《吉林大学社会科学学报》2014 年第 5 期，第 116~121，174~175 页。
③ 乔治·米德：《心灵、自我与社会》，赵月瑟译，上海：上海译文出版社，2018，第 7 页。
④ 吴琼：《浅析冯特对米德符号互动论之影响》，《华中师范大学研究生学报》2015 年第 2 期，第 116~120 页。
⑤ 乔治·米德：《心灵、自我与社会》，赵月瑟译，上海：上海译文出版社，2018，第 11 页。

事物的意义，以自己独特的视角开创了互动理论。后来，布鲁默以及戈夫曼等学者在关注社会研究的过程中进一步强化和丰富了社会互动理论，其主要内容主要为以下几个方面。

（一）自我与社会

自我的概念可以追溯到心理学的研究领域。精神分析学家弗洛伊德阐述了自我的概念，认为人格是由本我、自我和超我组成。作为一个社会学的概念，詹姆斯认为自我就是人类能够指称他人与周围的世界，并能从这些实体中发展出感觉与态度，从而形成回应的能力①。后来秉持实用主义的美国学者，对自我概念进行了更为深刻的理解和阐述。杜威认为自我意识是在个体之间的交往中形成的，不是一种固有的结构，库利则沿着詹姆斯的理论，将自我放在生活日常中进行讨论，并进一步发展了"镜中我"理论，人们彼此之间都是一面镜子，映照着对方。人们对于别人眼中的自我进行想象，在想象中可以体验到自我。这些对于自我的观点，在米德看来并没有完全解释心灵及自我如何从行动中产生，虽然都试图从社会的角度进行关注，但是未能将其机制分析出来。为此，米德试图进一步表明自我是从社会过程中产生的。自我本身是一种社会结构，并且产生于社会经验②。自我包含了主我和客我两个层面，"主我"是有机体对他人态度的反应；"客我"是有机体自己采取的一组有组织的他人态度。他人的态度构成了有组织的"客我"，然后有机体作为一个"主我"对之做出反应③。在社会互动的过程中，正因为有了独一无二的主我，客我才可以成为一个客体，两者之间的不断互动才形成了个体的自我。

（二）符号互动理论的形成

布鲁默继承了米德的学术思想并进行详细梳理，正式提出符号互动理论。可以说理论的核心是基于米德的自我与社会意义的进一步阐释。布鲁默认为符号互动论需要三个基本的前提：①人类行为的产生是基于事物本身的意义；②事物的意义来自社会的互动；③这些意义是一个人在处理他所遇到的事情时所使用的一个解释性的过程中被处理和修改的④。可以发现，布鲁默的符号互动论

① 董轩：《"自我"概念的符号互动主义溯源与评述》，《社会科学论坛》（学术研究卷）2008 年第 11 期，第 35~37 页。
② 乔治·米德：《心灵、自我与社会》，赵月瑟译，上海：上海译文出版社，2018，第 175、210 页。
③ 乔治·米德：《心灵、自我与社会》，赵月瑟译，上海：上海译文出版社，2018，第 210 页。
④ H. Blumer, *Symbolic Interactionism Perspective and Method* (Englewood Cliffs, NJ: Prentice-Hall, 1969) p. 2.

关注的是人类群体和社会、社会互动以及行动者等议题，这些基本的概念和意象，表现了符号互动论观察人类社会和行为的方式，并构成了研究和分析的框架。在布鲁默看来，人类群体和社会的性质体现在行动之中，并且必须根据行动来加以看待，且人类社会始终都是由参与行动的人组成。社会互动是形成人类行为的过程，在互动情境中他人的活动在人们自己行为的形成过程中起到一种积极的作用。互动过程的实现必须依赖双方相互扮演对方的角色才可以成功，客体在这个过程中不断地创造、确认和转化，人类的行为也将随之变化。作为符号互动中的主体，人不仅被视为一种非符号层次上对他人做出反应的有机体，还被视为一种对他人做出指示并解释其指示的有机体①。

（三）社会互动中的"拟剧"理论

戈夫曼将自己称为一名经验主义研究者。在他看来，"符号互动论"之类的标签过于模糊和宽泛，于是，他在互动的基础之上，开始专注于探究小规模事件，角色、自我意识和情境等成为其研究的重要议题。在研究中戈夫曼坚持一种社会建构的视角，个体被描述成具有高度"概化他人"能力的行动者②。受米德思想的影响，戈夫曼将自我作为研究不同个体中的一个重要概念。认为自我是一种社会的产物。个体不是单独的存在，而是在整个生命过程里与他人的互动中刻画出来的意象。每一个人的自我都是对他人反应的一种反射。社会互动是一种有其自身规范的表演，人们被期望保持一种具有一致性的社会面孔，也帮助他人维持他们的这样一副面孔③。基于人们日常互动的经验观察，戈夫曼进一步形成了富有特色的"拟剧理论"，其理论观点认为，在个体之间的社会互动过程中，个体出现在另一个个体面前时，就会进一步了解这个个体的详细情况，对于该个体的社会地位、经济收入以及兴趣爱好等信息产生兴趣，这些信息有助于建构互动情境，使交往的个体之间获得彼此的期望，以便更好地采取合理的行动进行互动。在这个过程中，并不关注是否存在自我以及它的真实性，重要的是自我的展演以及如何展演。

在实用主义哲学思想的影响下，符号互动理论的建构实现了社会学研究中的个体转向，该理论使个体的能动性得到彰显，为进一步探讨社会互动中人与

①　于海：《西方社会思想史》（第三版），上海：复旦大学出版社，2010，第256~263页。
②　王晴锋：《戈夫曼社会学思想评述：争议及其反思》，《中国社会科学评价》2021年第2期，第140~152，160页。
③　兰德尔·柯林斯、迈克尔·马科夫斯基：《发现社会》，李霞译，北京：商务印书馆，2014，第390页。

人之间的关系提供了新的视角。1978 年乔姆·曼尼斯和伯纳德·麦尔兹对符号互动论的特征进行了七个方面的总结性评价：①人类的互动是符号的载体，符号的意义来自互动过程，并非其本身；②人类在各种人际关系中形成与他人交往的能力；③人类的社会是一个由个体互动组成的，个体的行动可以维持和改变整个社会的框架结构；④人类个体具有能动性，可以根据不同的互动情境制订相关的计划，对自己的行为模式进行修正；⑤个体可以想象性地创造现象和意义的内涵；⑥个体过往的历史经验对于当下的互动来说并不是不可或缺的；⑦需要从人类的隐形和外显的行为中理解行为的意义[①]。通过以上的特征分析，可以发现符号互动理论内容的丰富性和价值的多元性，但是符号互动理论过于注重社会互动的过程分析，也导致其轻视了社会结构对于人的行为的影响，具有一定的局限性。

第二节　运动社会学领域中符号互动论的应用与理论发展

正如马尔圭所说，运动是一场象征性的对话，它象征着对话该如何严格按照要求进行。因此，运动涉及"我们是谁"以及"我们可能会是谁"的戏剧性表演。运动就像是一个剧场，在这里我们可以体会到愉悦和兴奋，在比赛中的激情随着结果而变得不确定，但是它的意义在于我们从情感上、精神上和社交上进行投入和付出[②]。应该说，在这个运动拟剧中，因运动形成的社会事实成为互动的一种存在和经验。在这里，不同的符号、环境和主体演绎着运动中的自我呈现。如果将运动研究置于社会学理论的研究框架中思考，符号互动论思想为其提供了一个面向经验研究的实用主义的视角。

一　以游戏为起点，在社会互动中建构自我意识

游戏是一种普遍存在的社会现象。古希腊时期，亚里士多德将游戏视为一种休息的方式。康德正式提出游戏学说，认为艺术与游戏都是使人们摆脱痛苦、摆脱压力而趋向自由的形式，游戏能给人以自由，游戏也能让人身心舒

---

① 毛晓光：《20 世纪符号互动论的新视野探析》，《国外社会科学》2001 年第 3 期，第 13~18 页。
② 约瑟夫·马奎尔、凯文·扬：《理论诠释：体育与社会》，陆小聪译，重庆：重庆大学出版社，2015，前言：Ⅳ。

畅。在游戏中人全身心参与，使身体和心理都得到了满足。斯宾塞认为游戏的
过程就是人活动的戏剧性表演，游戏是真实活动的模仿，是一种快乐的体验方
式①。针对现代身体运动，有些学者提出了游戏起源学说。运动通过一些令人
愉快的身体活动来化解日常生活的压力，游戏和娱乐的因素始终贯穿在运动之
中②。关于游戏的讨论，我们可以从米德的符号互动论思想中去理解。米德将
库利的"镜中我"理论进一步上升到"角色扮演"的维度，并以游戏为例进
行了详细阐述。在游戏互动的过程中，每一个人都处于一个角色扮演的过程
中。自我的发展经过了玩耍和游戏阶段，在玩耍中，儿童只是在扮演以各种方
式进入他生活的人或动物的角色。在游戏中，要成功地发挥他自己的作用，他
的自我必须对整个有组织的活动心中有数。在这里，他并不只是扮演某个特定
的他人的角色，而是扮演参与这个共同活动的任何一个他人的角色；他已经泛
化了角色扮演的态度③。如果他参加棒球比赛，他在自己的位置上必须具备各
个位置上的反应。为了完成他自己的动作，他必须知道其他每个人准备做什
么，他必须扮演所有角色，他们并不是全都必须在同一时间出现在他的意识
中，但是在某些时刻，他采取的态度必须考虑到三四个人的情况，例如那个准
备把球投出去的人，那个准备接住球的人，等等。可以看出，在游戏中的角色
扮演，使米德看到了运动如何推动实现人的社会化进程。在这个过程中，个体
借助符号确定了自我意识，并在互动中实现了个体的社会化进程。

二　运动参与过程中意义表征的呈现

布鲁默正式提出符号互动概念之后，对于互动理论的前提和研究议题进行
了详细的阐述。虽然布鲁默并没有直接关注运动现象，但是其关于行动者、客
体和符号等相关议题的论述可以应用到运动社会学的领域。正如上文提到的第
一个前提，事物对于人们的意义本身是最重要的。无视人们进行活动的事物所
具有的意义就是对正在被研究的行为的歪曲。在运动项目参与过程中，包括运
动员在内的参与人群对于其运动项目参与的价值等符号意义提前有了明确的认
知和理解，才可以进行下一步的运动参与。就第二个前提来说，事物意义源于

---

① 龙召兰：《论"游戏说"的现代阐释意义》，《齐齐哈尔大学学报》（哲学社会科学版）2009
年第 2 期，第 69~71 页。
② 胡小明：《游戏的美与美的游戏——再论 SPORT 文化属性的皈依》，《体育与科学》2002 年第
5 期，第 1~4 页。
③ 乔治·米德：《心灵、自我与社会》，赵月瑟译，上海：上海译文出版社，2018，第 18~19 页。

一种"实在论"的立场和一种"心理建构"的立场。符号互动论既不认为意义是从具有意义的内在固有构造中产生的，也不是通过人的各种心理活动综合产生的，而是在人的互动过程中产生的。在团体的运动竞赛中，个体成员通过运动中的对抗和竞争，获得了集体的荣誉感，增强了运动员的身份认同，进而体现了运动中团体协作的意义。在个体互动的过程中，行动者对于意义的使用是基于一个解释的过程实现的。在这个解释的过程中，首先行动者要确定出有意义的社会事实，然后根据不同的社会情境和行动的方向，选择、审视、转化各种意义。意义是一个形成的过程，意义在行动中是通过一个自我互动的过程发生作用的①。在运动竞赛中，运动员会根据赛场中情境和对手的变化而采取相应的行动，在这个行动过程中，个体也在不断地修正运动对于自身产生的意义。在互动的过程中，分为"符号互动"和"非符号互动"两种类型。当一个人直接对另一个人的行动做出反应，而不对这种互动进行解释，这种就是"非符号互动"，如布鲁默以拳击运动员进行了说明，拳击运动员通过手臂等进行阻挡和反击。如果拳击运动员从反思的角度出发，将对手的击打认定为一种欺骗，是一种假动作，在这种情况下，对于对手进行意义的评估和转化，那么这就产生了"符号互动"。布鲁默的符号互动理论的提出，使人们对于互动过程有了更清晰的理解，同时，在这个过程中，行动者如何进行意义预判、产生互动行为以及如何进行意义转化，对于思考运动领域中的互动现象提供了一个新的视角。

三　社会日常活动之中的角色展演

戈夫曼在《日常生活中的自我呈现》中明确地提出了"拟剧理论"。该理论强调了个体之间面对面的互动交流，在互动中个体采取印象整饰等策略，同时也体现出社会情境以及自我的关注，这些议题是符号互动论研究的传统。可以说戈夫曼的思想明显带有符号互动论的色彩，是对米德、布鲁默等思想的一种延续和拓展。"拟剧理论"认为由社会事实构成的互动情境中，存在着由表演者组成的剧班，他们之间相互合作，向观众呈现一种特定的情境定义。在拟剧的区域中存在着前台和后台两种区域，联通这些区域的途径是被严格控制的。剧班的成员之间更倾向于一种团结，为了团结剧班中的表演者、观众和局

---

① 苏国勋、刘小枫主编：《社会理论的诸理论》，上海：上海三联书店，2005，第635～638、641页。

外人等使用各种技术来维持表演①。为了拟剧更好地呈现，行动者角色展演采取的各种策略可以使我们更好地理解和解释运动领域中的一些现象。

　　戈夫曼认为，当个体处于他者面前时，常常会在其行为中添加各种符号，这些符号可以引起他人对于个体活动的关注，并使个体的希望得到传递，在这个过程中不仅需要表现出个体应有的专业能力，还需要在互动的瞬间就表现出这种能力。如在棒球比赛中，裁判员想要证明自己的判罚公正、准确和及时，给观众一个好的印象，那么对于犯规行为就需要瞬间做出判断，这样才可以使观众对于自己的判罚确信不疑②，但是，这种瞬间的判罚能力是基于裁判员长期的运动实践和专业的业务能力之上的，这种专业能力可以作为传递表演者品质和属性的一种手段。对于运动员或者裁判员来说，长期训练形成的身体惯性可以成为一种"自然流露的表情"，这种表情很难通过语言去表达。戈夫曼通过电视转播中使用犯规动作和正常比赛的摔跤运动员的角色对比发现，尽管摔倒的次数和形态也许是运动员事先准备好的，但是运动员的表情和动作细节并非来自提前的预设，这是在比赛中瞬时产生的，成为一种自然的角色表达。运动中的裁判员除了在赛场上通过自己的执裁能力展示自己的角色，还承担着剧班中的导演职责和特殊功能。戈夫曼认为剧班中的导演有责任纠正那些表演不当的剧班成员，从而使整个剧班有效地运转起来。一般来说导演会采用安抚和制裁两种方法。如在棒球的比赛中，运动员对于裁判的尊重是最基本的自我控制。但是作为一名裁判，既不能让运动员侮辱和袭击裁判，还不允许任何诋毁赛事之类的事情发生。由此可以看出，作为剧班的导演，看似是剧班的成员，但随着剧情的不断发展，成了一种介于观众和表演者之间的边际人的角色。戈夫曼的思想后来更多地转向了探讨以各种微观互动技术来实现印象管理，从而达到个体希望达到的形象和角色期待。社会互动中的事实不是来源于社会结构，也不来自个体，社会事实来自互动③，拟剧理论对于审视球场之中运动员、裁判员以及观众等角色的扮演和维持起到重要的理论解释作用。

---

①　欧文·戈夫曼：《日常生活中的自我呈现》，冯钢译，北京：北京大学出版社，2016，第 203~204 页。

②　欧文·戈夫曼：《日常生活中的自我呈现》，冯钢译，北京：北京大学出版社，2016，第 25，84 页。

③　王晴锋：《戈夫曼与符号互动论：形似与神离》，《宁夏社会科学》2018 年第 2 期，第 115~122 页。

第三节 运动社会学领域中符号互动理论
研究的特征与影响

(一) 强化运动参与中自我认同建构

达尔文主义的生物进化思想对于米德的社会心理学产生了重要的影响。特别是在社会行为主义的基本立场下，对于语言符号进行分析，进一步揭示了在特定的社会情境中，心灵、自我和社会的关系。尤其是在社会交往中，主我和客我两者之间如何协同促进自我的形成和发展。米德认为世界源于人的感觉和经验观察，有机体的感受性决定了它的社会环境，人的意识并不是一种外部存在的实体，而是在有机体与环境相互作用的过程中"突现"的结果。个体在这个相互作用的过程中，借助语言等符号媒介，使心灵、自我和社会有机地结合在一起。由此，生物性的个体转变为有心灵的有机体，形成有自我意识的人格[①]。米德通过儿童游戏过程分析，认为在游戏中儿童必须把不同的角色组织起来，否则他就不能参加游戏。游戏代表了儿童生活中的这样一个阶段：从在玩耍中扮演他人的角色变成有组织的成员，这是完全意义上的自我意识所必不可少的[②]。可以说，探讨个体互动中自我意识的形成和发展，成为符号互动理论的一个重要的起点。

在运动社会学领域，福格勒和施瓦兹通过潜水运动研究发现，在运动中参与者的情感和行为体验有利于个体自我意识的形成[③]。相比较而言，一个成功的运动参与者更能表现出自信的形象，他们通常在心理韧性、智力、社交能力、创造力、稳定性、支配性、攻击性和外向性方面得分相对较高[④]。伯雷尔和图罗维茨在运动参与中探索了戈夫曼的四种性格主题——勇气、游戏性、正直和沉着，在对女性体操运动员和职业摔跤手的比较研究中将性格测试进行概念化[⑤]。

---

① 王振林、王松岩：《米德的"符号互动论"解义》，《吉林大学社会科学学报》2014 年第 5 期，第 116~121、174~175 页。

② 乔治·米德：《心灵、自我与社会》，赵月瑟译，上海：上海译文出版社，2018，第 187 页。

③ C. C. Vogler, and S. E. Schwartz, *The Sociology of Sport：An Introduction* (Englewood Cliffs, NJ：Prentice Hall, 1993), p. 8.

④ M. Anshel, *Sport Psychology (2nd edition)* (Scottsdale, AZ：Gorsuch Scarisbrick, 1994), pp. 51-52.

⑤ S. Birrell, and A. Turowetz, "Character Work-Up and Display：Collegiate Gymnastics and Professional Wrestling," *Urban Life* 8, no. 2 (1979)：219-246.

"自我谈话"是运动员基于自我感知形成的一种心理现象，"自我谈话"既是一种内部言语，也是一种思维表现。个体的思维方式、认知观念受到先天遗传与后天环境的影响，而后天环境中的社会文化又充当着重要的角色。运动员的积极自我谈话包括精神动员、提升自信、控制焦虑、技术指导，消极的自我谈话包括担忧、逃离想法以及躯体疲劳。自我谈话的应用存在运动项目、性别、场所差异，竞赛时比训练时出现更多自我谈话，个人项目比集体项目自我谈话更多①。自我谈话是个体增强自我意识的一种策略，同时，运动中游戏的规则赋予个体不同的角色定位，个体在运动中不断地通过策略进行角色展演，在队友之间、团队之间以及教练裁判之间强化自我意识；同时，对于训练中的伤痛和挑战，可以进一步激发个体的自我效能，以积极的心态面对困难，强化自我意识和个体认同。

（二）注重符号情境中运动参与的互动过程

自20世纪80年代以来，受功能主义和符号互动理论的影响，运动社会学领域开始关注运动的功能和运动中的社会互动，将个体置于特定的社会情境中，采用质性研究方法，对运动体验、参与过程和个体的社会化进程进行研究。符号互动论采用的是一种社会心理学的视角，认为事物本身不具有内在的意义，其意义的生成是被人们建构的。人们如何使用符号（语言和手势）进行互动，语言可以讨论、解释和超越事物本身，形成新的意义。运动充满了象征意义，可以通过它的仪式、修辞、文化、情感、"教练谈话"和奖杯来体现。正如比赛奖杯背后的象征意义，是一种荣耀、团体精神，这种象征类似涂尔干提出的原始宗教的图腾崇拜。如斯通认为，运动场既是展演的舞台，又是竞争的场域。不同的参与主体，基于不同符号的象征意义进行有策略的互动。运动显然发生在棒球场、篮球场和足球场的"舞台"区域，以及"后台"更衣室和练习场。事实上，私人的舞台区将它定义为一个典型的表现男性身份的男性空间，进一步凸显后台所呈现的象征意义②。运动中的象征意义的符号已经成为一种现代性的宗教③。人们在特定的运动情境中，借助各种运动符号的象征意义进行互动，实现自己的个体价值。如科克利和怀特揭示了英国青少年

---

① 洪晓彬、郗卫峰、余银：《体育运动领域自我谈话研究进展》，《体育学刊》2018年第2期，第50~56页。

② G. Stone，"American Sports，" *Chicago Review* 9（1955）：83-100.

③ T. Madigan，and T. Delaney，*Sociology of Sports*：*An Introduction*（New York：McFarland & Company，2009），pp. 38-39，349.

如何在课外运动活动中进行互动,并如何通过互动对以后的运动参与形成影响①。汤普森考察了孩子和父亲的网球参与给母亲生活带来的变化,进而通过运动参与来探讨个人的生活史②。在橄榄球、攀岩比赛中的资格认定、信任以及争端的处理是通过不同主体面对面的互动交流谈判产生的③。运动参与是个体与社会联系的重要途径。正如科克利研究发现,参加运动离不开社会关系支撑,不仅需要得到父母和家庭的支持,同时还需要个体对运动项目的热爱,这种热爱是在个体参与运动相关的社会联系中产生的④。运动如何作为一个互动过程来连接社会世界,引起了学者的重视。唐纳利发现橄榄球运动员的运动过程要经历以下步骤和程序化操作。首先,要获得橄榄球相关的专业知识;其次,与参与橄榄球这项运动的其他成员进行互动联系;再次,进一步了解其他人员对于自己的看法和期望;最后,得到运动群体的承认,并接受成为橄榄球群体的一员。运动社会学家怀特进一步对运动参与的符号意义进行了解读,主要表现在运动参与个体的期望值是否一致;运动参与能否使个体在别人面前获得尊重和认可;运动资源的获得以及运动文化的整体认知等符号意义。在个体转变为运动群体的过程中,包含了自我反思、社会支持、社会认可以及文化认知等,可以明显看到符号的象征意义以及个体的角色期待与策略互动。在个体的策略互动下,能够有效获得社会关系的支持和认可,以运动为互动载体实现个体与社会的连接。

(三) 凸显运动参与微个体的日常生活研究

理查德·朱利亚诺蒂认为戈夫曼关注了社会研究中被忽视的一个重要的领域,也就是人们的日常生活。戈夫曼理论产生于北美运动社会学发展的初期,但是其经典的理论思想对于运动社会学的研究产生了重要的影响,特别是策略互动在运动场域中的应用,以及运动群体社会互动中的日常生活⑤。运动参与一直是社会学家关注的一个重要的领域,社会学家将运动参与作为实现个体社

---

① J. Coakley, and A. White, "Making Decisions: Gender and Sport Participation among British Adolescents," *Sociology of Sport Journal* (1992): 20–35.

② S. Thompson, "Sport for Others, Work for Women, Quality of Life for Whom?" (paper presented at the Olympic Scientific Congress, Malaga, Spain, 1992).

③ P. Donnelly, and K. Young, "The Construction and Confirmation of Identity in Sport Subcultures," *Sociology of Sport Journal* (1988): 223–240.

④ 杰·科克利:《体育社会学——议题与争议》(第6版),管兵、刘穗琴、刘仲翔、何晓斌译,刘精明审校,北京:清华大学出版社,2003,第109页。

⑤ R. Giulianotti, *Sport and Modern Social Theorists* (London & New York: Palgrave Macmillan, 2004), p. 53.

会化的一个重要的方式。运动参与可以增强自我认同，并积极促进个体与社会的互动连接。

为了更清晰地展示这一社会化的进程，一些学者关注了运动中微观个体的日常生活，通过他们的日常叙事呈现背后的社会意涵。艾伦·法恩通过棒球小联盟运动员的日常运动生活研究发现，社会化和社会互动一样是一个双向的过程。在这个过程中，运动员学习什么以及如何学习将扮演重要的角色。参加棒球运动的孩子们不仅仅通过运动参与实现社会化，他们还定义运动体验并赋予它们意义，然后将自己的观点融入日常生活中去①。运动员的角色投入，对于个人的日常世界也会产生积极的影响，阿德勒通过对篮球运动员的研究发现，在长期的运动训练中，运动员会形成自己的角色，这些角色会影响到他们如何看待自己，以及在篮球和其他生活中的投入，运动员的社会世界成为他们日常生活中重要的组成部分②。通过深度访谈和口述历史等方法对日常生活中运动参与的微个体叙事开展的研究，是目前较为热门的研究方向。以对话录的形式对精英运动员日常训练进行叙事，有助于更好地讨论步幅变化与起跑脚的技术改进、跑步中能量利用率的合理性、力量训练与训练中的伤病、"量"与"强度"的关系，以及起跑反应时训练的"听枪身体感"问题③。通过自由式滑雪空中技巧运动员的行为志实践对话，可以在运动行为切身感的技术叙事中，呈现技术表达的真实感④。伴随着社会性别平等意识的普及，女性社会地位显著提升，传统性别观念备受挑战，社会进步为女性争取个人福利的同时也赋予其多重社会角色。以"队列"为着眼点、从"多重角色"的角度出发、遵循"时间"的三个维度，研究历史事件与社会变革对女性体质变化的作用，在体质研究过程中找寻个体与社会的结合点，将生命的个体意义与社会意义相联系，实现"个人、社会、历史"三位一体的研究思路⑤。运动参与微个体的生命历程不仅仅呈现了运动与社会连接的状态，同时也折射出个体在社会生活中

①　G. A. Fine, "With the Boys: Little League Baseball and Preadolescent Culture," *Canadian Journal of Sociology* 16, no. 1 (1987): 10.

②　P. A. Adler, and P. Adler, *Backboards and Blackboards: College Athletes and Role Engulfment* (New York: Columbia University Press, 1991), p. 20.

③　苏炳添、程志理、周维方：《运动行为志研究：短跑技术实践叙事——苏炳添与程志理的训练学对话录》，《体育与科学》2020 年第 4 期，第 38~44 页。

④　徐梦桃、程志理、周维方：《徐梦桃运动行为志研究：自由式滑雪空中技巧训练实践叙事——徐梦桃与程志理的训练学对话录》，《体育与科学》2021 年第 6 期，第 6~11 页。

⑤　王富百慧、谭芷晔：《生命历程与多重角色：女性体质研究的崭新视角》，《体育文化导刊》2017 年第 2 期，第 190~194 页。

的现实镜像，尤其是职业运动员的生命历程包括了训练、参赛、夺金、退役等重要的生命阶段。通过这些微个体的运动历程的分析，可以建构出一个国家和地区的运动组织的发展框架，同时也可以从微观层面入手，获取不同的经验材料，为运动训练、科学研究以及运动政策的制定和规划提供有力的支撑。通过日常生活的研究还可延伸到中外优秀运动员的比较研究，揭示不同国度和民族、不同体制和社会背景下的运动员形态各异而又绚丽多彩的人生历程，从而也可以反映各国青年在奥林匹克旗帜的感召和聚集下的成长过程，见证奥林匹克运动蔚为壮观的世界场景[1]。总而言之，日常生活中的微个体研究，尤其是在运动参与的历程中对运动员个体进行深描，可以进一步呈现运动员背后的个体、家庭和社会相关联的社会网络，同时还可以洞察运动生涯背后的运作机制和社会因素等社会问题。

第四节　运动社会学领域中符号互动理论的研究贡献与局限

一　研究目标：运动场域中的社会结构转向社会过程的分析

符号互动理论将社会理解成一个动态的社会网络，这个由符号组成的网络关注的不再是固定的社会结构，而是自我和社会之间互动的过程。如运动对于运动员职业生涯的影响，以及在个体的生命历程中运动对于个体的生命意义的建构。在社会中不存在孤立的个体，个体永远镶嵌在社会的互动之中[2]。生命历程研究是社会学中连接微观和宏观两个层面的一种重要的研究方法，尤其是对于个体的生命历程的过程分析，可以清晰地呈现人生不同阶段的生命轨迹和社会背景。生命历程研究是芝加哥学派重要的研究传统，正如前文所述，美国城市移民带来的各种社会秩序问题，引起了芝加哥学派的研究兴趣。托马斯与兹纳涅茨基在《身处欧美的波兰农民》中运用生活史、生活记录和情景定义的方法研究社会变化和移民的生活轨迹，以此来获得城市移民的经验材料。后来，艾尔德将生命历程定义为"在人的一生中通过年龄分

---

① 张国力：《社会变革中的运动员个人发展——关于开展当代中国优秀运动员个体生命历程研究的思考》，《体育与科学》2009 年第 2 期，第 72~74 页。

② G. Jarvie, J. Thornton, and H. Mackie, *Sport, Culture and Society: An Introduction* (London and New York: Routledge, 2012), p. 24.

化而体现的生活道路"①。在一些学者看来，轨迹、转变和延续这一系列概念
为用生命历程解释个体层面的行为、过程及其原因提供了基础。在此基础上，
生命历程理论发展出了自己的一套关于个体发展的概念体系，提出个体生命中
的转变效应和连接机制，并做了有关动力学的分析，从而奠定了生命历程学派
在心理学界的地位②。

受生命历程研究范式的影响，在运动社会学领域一些学者通过对摔跤手、
马术运动员、台球运动员等职业生涯的研究发现，他们都处在一个动态的网络
之中，通过个体之间和群体之间的互动与交往促进了职业道德与专业技术的形
成。正如斯蒂文森通过精英运动员的职业生涯过程开展的分析那样，运动参与
的开始、发展和结果三个阶段成为生命历程中不同体验的意义。这个过程并不
是自动发生的，而是运动个体针对外部环境所进行的调整和适应。在个体运动
历程中，随着时间的推移，周围社会关系也在发生变化，个体运动参与的意义
和价值期望，更多地需要个体进行修正，同时个体的选择对于他人也会产生一
定的影响。实际上这个不断进行修正的过程就是个体社会化的过程。生命历程
理论在心理发展过程—生命历程—社会变化三者之间建立起了一种联系，通过
生命历程中运动互动的过程分析，形成一种连接宏观和微观的中层机制，可以
进一步阐述个体与社会的关系。对于中观层面的关注，是对美国社会学派中两
种研究倾向的弥合。在美国的社会学研究中，出现了一种以芝加哥学派为代表
的关注城市社会的微观经验研究，一种以帕森斯和索罗金为代表的关注社会结
构的宏大叙事的结构功能研究。这种两极化研究的倾向，对于社会学研究来
说，会造成在经验研究中缺少理论导向而无法形成知识积累，而在宏大理论中
则容易出现过多的概念，无法形成新的理论。从中观层面的社会过程出发，可
以理解为对默顿的中层理论的应用和实践。在默顿看来，"社会学的特色似乎
就在于它的中间性质。"③"中层理论"倡导在理论与经验二者间维持合适的张
力，默顿和大多数中层理论的支持者都带着经验主义和实证主义的明显倾向来
强调理论与经验的综合④。从现有的研究来看，是对一些具体社会过程的考

① 李强、邓建伟、晓筝：《社会变迁与个人发展：生命历程研究的范式与方法》，《社会学研究》
1999年第6期，第1~18页。
② 包蕾萍：《生命历程理论的时间观探析》，《社会学研究》2005年第4期，第120~133，244~
245页。
③ 傅铿：《默顿的社会学中层理论》，《社会》1984年第6期，第54~56页。
④ 吴肃然、陈欣琦：《中层理论：回顾与反思》，《社会学评论》2015年第4期，第30~43页。

察、对普通人生活的关注。许多研究者都是通过在具体的研究中把握个人生命历程与社会结构之间的互动关系，从而建立起各种"中层理论"的。这种过于注重过程的分析，离不开个体的经验材料的分析和获取，这在符号互动论学派的后续研究者中得到了进一步的发展和丰富。

二　研究对象：聚焦运动参与中的微个体叙事

早期符号互动论的学者从关注社会结构转移到关注社会过程，标志着社会学研究传统开始打破固有的宏观结构性束缚。互动是在个体之间完成的，要想从互动中发现个体背后的社会因素，需要进一步从个体的经验材料中获取答案。社会互动是一个动态的网络，但是符号互动者认为，这个动态的过程并不是协调和谐的，互动中充满了挑战和张力，个体需要根据自己的角色期望采用不同的策略进行角色扮演。如竞技赛场上不同的对手之间，以及不同的群体之间需要根据自身的要求不断调整战术来实现自身的期望。身份认同的社会学方法也与自我理论有联系，因为身份认同理论的社会学传统与乔治·米德、欧文·戈夫曼和彼得·伯杰有关的符号互动主义有关。在这个意义上，身体身份已经通过社交、交流和身体语言的过程来解释，所有这些都试图调和内在的主观创造性的身体"我"和更外部的、部分确定的、客观的"我"。特别是关于运动，关于国家身份的讨论利用运动有助于建立一个想象中的社区的概念，而发展（或过程）社会学家则断言，运动和身体只是整体追求身份的工具[①]。在微个体的研究转向中，个体的生命历程和个体运动行为志的叙事增强了自我意识和身份认同，这种研究范式的变化，也给运动社会学的研究带来新的贡献。基于对运动个体的充分观照，运动社会学的这种微观叙事转向能够接近运动现场和运动过程本身，围绕运动中的肢体动作和感受，以自表述和他表述两种叙事形态搭建起完整的运动社会学故事。运动叙事的撰写者同时也是运动活动的参与者，这有利于揭露运动中隐秘的内心感受，而不是简单描述肢体动作的变化。在撰写运动叙事时，运动者首先需要回溯运动经历，也就是唤醒已有的运动记忆，将身体的声音从沉重的肉体中引导出来，动作、感受与场景等要素被组织和加工，从散乱到整合，最终形成前后连贯的故事情节。他述就是他人对运动过程进行观察和描述，利用类比推理的方式获知运动者的内在感受。狄尔

[①]　G. Jarvie, J. Thornton, and H. Mackie, *Sport, Culture and Society: An Introduction* (London and New York: Routledge, 2012), p. 226.

泰认为理解需要借助人类的共同性，然后依靠类比推理完成推己及人的过渡，而共同性是依靠归纳推理从个别的生命表现中得来，并基于同情性理解的他述式运动叙事能够更为深入地把握运动者的内在感受，甚至在观察者身上唤醒相同感受，由此而来的理解也更为可靠和准确①。从生命历程中的互动过程研究到微个体的角色展演与印象整饰，这是对个体主动性的一种强调。运动中个体的主动性对于运动行为志的书写起到积极的推动作用。个体运动行为志是在民族志方法上的进一步延伸，是遵照"民族志"的方法范式而生成的对个体运动行为的基本说明，试图通过对个体运动参与现象的"深描"寻求"个体经验问题化"并提出或者升华为相应的理论问题。个体运动行为志中的个体实则指的是运动参与行为的主体，包含"自我志"和"个体（他者）志"两个层面，同时也表征了运动社会学领域突破建立在普遍逻辑意义上模糊群像的笼罩，进而转向微观层面上的个体研究。从内涵划分上来看，个体运动行为志既包含自我的运动参与经验叙事，又包含个体（他者）的运动参与经验叙事，是对我眼中的"我"和他者眼中"个体"的运动参与行为叙事所进行的本体论考察，其核心是通过"深描"寻求"个体经验问题化"，是对研究者在研究中"在场"主观意识的强调②。个体运动行为志，突破了现有运动社会学研究中关于国家和社会的宏大叙事，转向了经验研究的层面。尤其是在个体运动行为的书写中，通过个体经验化的操作，要直面个体运动参与中的问题，把自己的经验对象化，把自己对象化，进而将个体经历作为把握实践的起点，促使个体跟更大的问题建立联系。通过个体的经验研究验证有效的理论假设，提升现有理论的解释力和创新力。

三　研究内容：注重互动过程中运动符号的象征意义

现代社会是一个由各种符号组成的具有象征意义的世界。人类的吃穿住行无不和符号打交道，人的内心世界根据符号的意义不断地被建构。埃利亚斯认为符号是人类的第五维，人类经验世界必然通过符号媒介，符号的形成并非抽象和概括的结果，而是生物的、社会的和个人历程相结合的产物，人类的行为

---

①　郝东方：《运动叙事：叙事理论下的体育运动》，《北京体育大学学报》2020年第12期，第149~156页。
②　王智慧：《体育学的想象力：个体运动行为志研究范式的生成与书》，《沈阳体育学院学报》2022年第1期，第122~130页。

具有符号的特征①。从符号互动论的学术观点可以明显发现，该理论将传统的社会研究中忽略的主体内心世界作为其理论关注的重要议题。在这个过程中，符号的象征意义得到了进一步强调，对于符号意义的理解，是人与动物的重要区别。人可以运用、解释和重构符号的意义。在米德关于自我的论述中，语言符号是一种典型的互动方式。语言之所以重要是因为在个体的互动中具有双重作用，即同时对他人和自身产生相同的效应，语言符号在人类经验发展方面具有重要的作用，语言的刺激可以像影响另一个人那样影响说话者本身②。在互动的过程中语言符号的意义使互动的过程更加畅通，同时也可以让个体进行自我反思。个体借助符号的意义与他人进行社会互动，这个过程是一个符号生成的过程，正如戈夫曼所强调的那样，每个人从后台走向前台，基于符号的意义进行印象整饰，进而满足自我的角色期待。

在运动社会学领域，正如前面有关运动参与研究中符号的象征意义那样，主要聚焦身体文化、竞技体育、体育神话在大型赛事中的建构以及各类运动形象的符号意义等。运动的实现以身体为载体，既可以通过单个项目，也可以组成一个运动群体进行身体技术的展示。从运动的起源上来看，人们首先关注自己的身体，在奥林匹克运动起源的古希腊和雅典，运动就是身体力与美的象征，可以说这是运动最初的符号象征意义。随着社会的变迁和人们对身体的意识不断提升，其符号价值也被不断改变。运动不仅仅改变个体的身体形态还增强了自我意识，尤其是在运动比赛中塑造的冠军等符号，赋予了运动员英雄的形象，为个体的日常生活提供了发展方向和动力，对其他成员也会起到一种凝聚的作用，将具有相同价值观和目标的群体团结起来，有利于社会的进一步整合和社会秩序的维护。近代民族国家的兴起使得运动的意涵跳出身体的局限，依托现代体育的竞技性而与国家和民族的荣誉相关联。体育和政治这两个场域找到了结合点③。尤其是对于一个共同体而言，体育可以成为国家或者区域综合实力和意识形态的象征。纵观历史上的远东亚运会和奥运会，可以发现竞技体育的竞争象征了国家政治意识形态的争斗和表达。无论是中国体育主权的重新获得，还是美苏在奥运会上的互相抵制，都是通过政治上的排他性而实现。高水平的体育竞技能力象征着国家、民族乃至政治制度的整体竞争实力和体制

① 毛晓光：《20世纪符号互动论的新视野探析》，《国外社会科学》2001年第3期，第13~18页。

② 王慧莉、崔中良：《符号互动论思想下的具身认知研究》，《外国语文》2018年第1期，第88~95页。

③ 张欢华：《作为符号实践的体》，《社会》2003年第5期，第60~62页。

的优劣①。在符号互动论的影响下，运动符号的研究呈现出从单一向多元，从表层向深层，从宏观到微观不断拓展的面向。运动已经超越其竞技展演本身的价值，其中的拼搏、团结、竞争、友爱的精神进一步影响着人们的价值观、生命观和生存观，成为个体联结社会的一种重要的载体和动力。

社会学理论的形成离不开对社会事实的观照。随着社会情境的变化和科学研究方法的革新，任何一种理论都有其解释力薄弱的地方。我们在看到以上研究方法和研究视角的转向时，也要思考这种理论范式的不足与局限。米德创立的符号互动论学派是从关注微观层面形成的具有实证主义的社会理论。对于微观个体的关注，难免会忽略政治环境、经济和地位等级体系对于个体的制约，以及社会宏观经济结构和政治结构对人行为的影响等。如何克服这些不足，进一步提升符号互动论在运动社会学中的理论解释力，是我们后续应该关注和研究的方向。

思考题

1. 试论符号互动论形成的社会背景。
2. 简述米德对于自我的分析。
3. 布鲁默关于符号互动的三个前提是什么，请结合运动现象进行解释。
4. 请结合运动现象解释戈夫曼拟剧论的重要思想。

推荐阅读书目

1. 欧文·戈夫曼：《日常生活中的自我呈现》，冯钢译，北京：北京大学出版社，2016。

2. 乔治·米德：《心灵、自我与社会》，赵月瑟译，上海：上海译文出版社，2018。

3. H. Blumer. *Symbolic Interactionism Perspective and Method*. Englewood Cliffs, NJ：Prentice-Hall，1969.

学者简介

1. 乔治·赫伯特·米德（George Herbert Mead，1863~1931），美国社会

---

① 徐春宁、何满龙、张云峰：《符号提喻和象征：体育形塑国家形象的连续体》，《体育与科学》2016年第4期，第42~47页。

学家、社会心理学家及哲学家，符号互动论的奠基人。他出生于美国马萨诸塞州的南哈德利（South Hadley）的一个新教牧师家庭，因心力衰竭逝于美国芝加哥。在芝加哥大学期间，米德受到机能主义运动和早期行为主义理论的影响，从而涉足社会科学领域，研究自我理论，是 20 世纪最重要的自我理论家之一。米德生前从未出版过著作，米德去世后，他的学生把他的讲稿和文稿编成 4 卷文集：《当代哲学》（1932）、《心灵、自我与社会》（1934）、《19 世纪的思想运动》（1936）和《艺术哲学》（1938）。

2. 赫伯特·布鲁默（Herbert Blumer, 1900~1987），美国社会学家，符号互动论的主要倡导者和定名人。1922 年获密苏里大学硕士学位。1927 年获芝加哥大学博士学位。1922 年起在密苏里大学讲授社会学。1925 年起先后在芝加哥大学、密歇根大学和夏威夷大学担任社会学教授。1952~1957 年在加利福尼亚大学伯克利分校任社会学系主任。1934 年起担任美国普伦蒂斯·霍尔出版社《社会学丛书》主编；1941~1952 年任《美国社会学杂志》主编；1955 年任美国社会问题研究会主席；1956 年任美国社会学协会主席；1962~1966 年任国际社会学协会副主席。代表作品有《电影和品行》、《劳资关系中的社会理论》、《工业化与传统秩序》和《符号互动论：观点和方法》。

3. 欧文·戈夫曼（Erving Goffman, 1922~1982），是一名加拿大裔美国社会学家和作家，曾任美国社会学协会的第 73 任主席。戈夫曼对社会学理论的最大贡献是在他 1959 年的《日常生活中的自我呈现》中开展的戏剧透视法的符号互动论研究。2007 年，戈夫曼在时代高等教育指南的人文学科和社会科学中知识引用率最高的榜单上列第 6 位。戈夫曼的其他代表作有《污名：受损身份管理札记》、《精神病院：论精神病患与其他被收容者的社会处境》和《框架分析：经验组织论》等。

第十章　社会运行论与运动社会学

本章要点

1. 社会运行论以社会运行为研究对象，社会运行分为良性运行、中性运行和恶性运行三种类型。其核心思想是：社会学是关于社会良性运行和协调发展的条件和机制的综合性社会科学。该理论有着鲜明的中国特色和本土化意涵，其中国特色延续了费孝通先生在社会学恢复之初所制定的总方针："以马克思主义为指导，结合中国实际，为社会主义建设服务"，对中国社会学学科的本土化发展有着深远影响。

2. 社会运行理论其实并不限于单一理论，而是涵盖多个理论内容的中国社会学学派，包括社会运行论、社会转型论、学科本土论、社会互构论和实践结构论，这"五论"共同构成了社会运行学派的社会学解释框架。沿袭这一逻辑思脉，运动社会学也能相应地搭建起自己的解释体系。

3. 运动社会学的研究实现了个人与社会的联结，主体之间的互动促进了人的社会化进程。多元的运动表现形态在发展历程中已经与中国哲学以及传统的伦理道德相结合，是中国文化的话语表达。

关键概念

社会运行；社会互构；社会转型；理论自觉

第一节　社会运行论的思想脉络与主要意涵

一　社会运行论提出的思想渊源

由于高校院系学科调整，社会学专业于 1952 年被取缔，直至 20 世纪 70

年代末，随着中国迈入改革开放的新征程，社会学才在邓小平"政治学、法学、社会学以及世界政治的研究……需要赶快补课"的号召中开始重建的历程①。国内外社会形势的变化和现代化过程中出现的问题需要社会学的知识来阐释和解决。也就是说，社会学40多年来重建和发展的历程表征了中国社会改革开放以来的变革历程，纵观这一历程，为社会学重建而不遗余力的社会学人大致可分为三代，第一代有费孝通、林耀华、杨庆堃、雷洁琼等学者，他们作为拓荒者，在荆棘丛生的学科环境中探索着未来的前行方向；第二代有陆学艺、郑杭生、沙莲香、叶启政、林南等学者，他们在第一代社会学人的筹划设计下，扮演了具体组织实施者的角色；第三代则是当下正在致力于社会学学科建设的众多学者们，作为继往开来的中坚力量，他们承担着中国社会学由复兴到繁荣的重要使命。

具体而言，在20世纪80年代，费孝通曾明确地指出："在新形势和新问题面前，社会学不是个恢复问题，而是个重新建立的问题。"② 面对如此艰难而又重要的问题，郑杭生以高度的学术热忱立足中国社会的历史背景和社会变迁的发展进程之中，在对中国社会运行进行全面梳理与反思的基础上，于20世纪80年代中期提出了社会运行理论。不同于涂尔干将"社会事实"作为研究对象，韦伯将"社会行动"作为研究对象，齐美尔将"社会形式"作为研究对象，帕森斯将"社会功能与结构"作为研究对象，郑杭生将"社会运行"作为研究对象③。郑杭生认为，社会学是研究社会运行的，社会运行论所阐述的核心思想是：社会学是关于社会良性运行和协调发展的条件和机制的综合性具体社会科学。该理论有着鲜明的中国特色和本土化意涵，对中国社会学的学科发展有着深远影响。其中国特色延续了费孝通先生在社会学恢复之初所制定的总方针："以马克思主义为指导，结合中国实际，为社会主义建设服务。"④ 其中核心的指导思想是马克思主义的"社会有机整体"思想以及马克思主义社会系统原理。特别地，郑杭生的研究把马克思主义社会学区分为革命批判型的社会学和维护建设型的社会学，指明中国要发展的是维护建设型的马克思主

① 王小章：《学人、学科与时代》，《读书》2021年第12期，第13~22页。
② 费孝通：《费孝通全集》（第九卷），呼和浩特：内蒙古人民出版社，2009。
③ 李强、洪大用：《社会运行理论及其发展——郑杭生先生学术思想研究》，北京：中国人民大学出版社，2020。
④ 费孝通：《重建社会学与人类学的回顾和体会》，《中国社会科学》2000年第1期，第37~51，204~205页。

义社会学，这是根据中国的实际国情做出的判断。由此，也可以看出社会运行论有着明显的西方社会学参照，尤其是良性运行和协调发展的定位可以追溯到西方社会学家对社会的理论关怀中去。除此之外，建构中国本土化的理论离不开对中国历史传统的探索，社会运行论还从中国历代学者考量社会问题、规划社会理想的具体话语情境——历代王朝的治乱兴衰——入手，试图对前人的理论范式进行具体深化①。中华五千年的发展历程，新旧王朝更替、乱世与和平交叠等现象都证明了社会一直处于兴衰交替的运行规律之中，这是探索社会运行理论必须关注的重点所在。

质言之，社会运行理论是"对新中国建立以来不同时期社会运行情况的概括和总结，是对我国历史上的治乱兴衰学术传统的继承和开发，也是对外国社会学两大传统——从马克思开始的马克思主义社会学传统和从孔德开始的西方社会学的借鉴和吸取"②。由此可见，该理论是在从实求知的基础上践行"文化自觉"的有益思考。

二　社会运行论的主要内容

旧体制中阻碍社会生产力发展的社会运行机制及其作用是什么？面对该境况，我们该如何建立能够保证社会良性运行的社会运行机制？在新旧两种运行机制转换时期，将会产生哪些机制性病变，如何预防或治理这些机制性病变？③ 针对这一系列问题，社会运行论进入了以"实事求是"为价值取向的理论探索之中。首先要明确的是社会运行的核心问题，即社会学是关于社会良性运行和协调发展的条件和机制的综合性具体社会科学。其中，"社会"主要是指三种社会形态：资本主义社会和社会主义社会以及将来的共产主义社会；"具体科学"表明社会学不是哲学科学；所谓"综合性的"则表明社会学不是以社会的某一个子系统为自己对象的单一性学科；所谓"机制"，指社会良性运行和协调发展的规律性的因素④。对于核心问题的解读有助于我们对社会运行的含义有一个概括性的认知，更容易理解其运作机理。

---

①　郑杭生、胡翼鹏：《社会运行、社会秩序与王朝的治乱盛衰——中国社会思想史研究的新视野》，《学海》2009 年第 4 期，第 123～134 页。

②　郑杭生：《社会运行论及其在中国的表现——中国特色社会学理论探索的梳理和回顾之一》，《广西民族学院学报》（哲学社会科学版）2003 年第 4 期，第 2～11 页。

③　郑杭生、郭星华：《试论社会运行机制》，《社会科学战线》1993 年第 1 期，第 125～129，149 页。

④　郑杭生：《社会学对象问题新探》，《社会学研究》1986 年第 1 期，第 68～75 页。

　　按照区分社会运行类型的综合性原则、协调性原则以及满足需要原则将社会运行分为良性运行、中性运行和恶性运行三种类型，从社会发展角度也可以将其对应为协调发展、模糊发展和畸形发展①。这也就说明了社会运行的状态是一个动态变化的过程，良性运行是保证一个社会安定有序的重要状态，是社会治理的终极目标，但是从事物的发展规律来看，在良性运行出现之前往往要经历恶性运行和中性运行这两个阶段，良性运行能不能出现也取决于恶性运行以及中性运行状态能否得以改变。从认识论的角度看，社会的良性运行和协调发展要跳出二元对立的思维陷阱，用"互构共变"的思维去认识新型现代性因素不断成长的当代社会。② 所以不仅要研究社会良性运行的机制，还要研究造成中性运行、恶性运行的原因，要研究社会运行机制的病变与障碍，要研究良性运行状态过渡的机制转换等问题。而一个新的社会运行机制的建立在想要改变既有运行态势的基础上还需要考虑运作条件是否具备、运作目标是否一致以及是否符合社会发展规律等因素。社会运行机制是一个有机联系的系统，可将其分为动力机制、整合机制、激励机制、控制机制和保障机制五个部分，既相对独立又相互联系的各个分机制共同支撑着社会运行机制的整体行动。在人口条件、人与生存环境的协调发展条件、生态环境条件、合理的经济分配政策、有序的经济运行与发展条件、文化条件和社会心理等诸多条件能够在正常的秩序轨道上运行的前提下，为社会运行机制的有序开展提供保障。

　　同时，社会运行状态的复杂性也导致了社会运行机制分类的多样性，主要可归纳为社会运行机制的形成过程、作用领域、表现形态以及层次等方面。具体而言，以形成过程为划分依据，仿照美国社会学家罗斯的划分类型，可将社会运行机制分为自发机制和人为机制。自发机制是指依据一定的规律自然地、历史地形成的社会运行机制，如一夫一妻制等。人为机制是指人类根据一定的社会目标，通过人们的主观努力而有意识地建立起来的社会运行机制，如政策导向机制。以作用领域为划分依据，可将其分为经济机制、政治机制、文化机制、心理机制等。以表现形态为划分依据，借用默顿的研究将社会运行机制分为显机制和隐机制。以层次作为划分依据，可将其划分为一级运行机制、二级

---

①　郑杭生：《社会学对象问题新探》，北京：中国人民大学出版社，1987，第 20 页。

②　李强、洪大用等：《社会运行论及其发展——郑杭生学术思想研究》，北京：中国人民大学出版社，2020，第 23 页。

运行机制等，这样社会运行机制就是一个由许许多多具体的机制组成的社会运行机制体系。[①] 在层次更为分明的体系中厘清社会运行机制的作用原理及其在实践中的作用。社会机体各个部分的协调运作有助于调动社会作为有机整体的活性，在运动、变化和发展中不断调试和完善自身的运行机制，从而实现社会效益最大化。

三　社会运行理论建构的意义

社会运行理论的建构是新时代面对中国本土社会问题进行的有益探索，深深根植于中国社会运行的实践经验，是具有中国特色的社会学理论成果。这一理论有助于在更深刻的学理层面上理解中国社会良性运行与有序发展的重要性，同时也能够在实践层面上提供方法论指导。

首先从其理论意义来看，一是确立了社会学学科的层次结构体系。通过正向探讨社会良性运行的条件和制止的内容、反向探讨有效消除妨碍社会良性运行和协调发展的因素，以及有关研究社会良性运行和协调发展、避免恶性运行和畸形发展的方法和手段等内容的研究[②]，确立了社会学学科的层次结构体系。第一层是从社会哲学层次考量的社会学基本问题，第二层是从总问题层次考量的关于社会学研究对象问题，第三层是从"分问题"层次考量的社会学范畴问题。[③] 由此使社会运行理论成为建构中层社会学理论、沟通宏观社会学理论与微观社会学理论的桥梁。

二是建立了社会运行学派。谢立中认为"社会运行学派是中国社会学重建以来由中国社会学家自觉提出来的最早的一个系统化的社会学理论体系。"[④] 同时，在中国社会学恢复重建的过程中，北京大学、南开大学等多所学校为社会学学科地位的重建提供了关键的学术空间，社会运行论由郑杭生先生带领弟子们在中国人民大学相继展开研究，中国人民大学也由此成为社会运行理论传播与发展的重要阵地。当然，学术思想的孕育与交流没有边界性，并不是要局限于某个固定的场所。学派式传承更需要向外扩散，在更为广阔的范围内进行

---

① 郑杭生、李强等：《社会运行导论——中国特色的社会学基本理论的一种探索》，北京：中国人民大学出版社，1993，第351~354页。

② 郑杭生、李强等：《社会运行导论——中国特色的社会学基本理论的一种探索》，北京：中国人民大学出版社，1993，第29页。

③ 岳天明：《社会运行论及其社会学学科意蕴》，《西北师大学报》（社会科学版）2015年第6期，第48~56页。

④ 谢立中：《当前中国社会学理论建构的努力与不足》，《河北学刊》2006年第5期，第84~85页。

思想碰撞，毕竟学术观点需要传播才能在积淀与更迭中得到赓续，并保有生机与活力。

三是构建起中国特色的社会学框架。郑杭生将中国特色的社会学进行了多角度、全方位的透视与探索，并试图构建起中国特色的社会学框架。社会运行论与社会转型论、学科本土论、社会互构论和实践结构论一起构成了中国特色的社会学框架。社会运行作为一种新的研究视角和研究对象，正如默顿所言："一种新的社会秩序预设了一套新的价值组合。"社会运行的价值则表现在人类社会有规律的运动过程中，以及对影响这种运动的各种因素的结构、功能及其相互联系，同时表现在这些因素产生影响、发挥功能的作用过程和作用原理所进行的研究中。

从实践意义方面来看，第一点是为社会改革提供思想服务。学术话语权在实践面向中指的是对中国社会转型和发展的实践有"发言权"，要有解释和引导的能力[1]，即针对我国社会转型时期运行机制中存在的问题，更好地为社会改革服务[2]。社会运行事件、社会运行过程以及社会现象通过一定的运行机制形成了关联。这种关联不仅将国家内的各个部分联系在一起，同时也将国家与国际社会联系在一起。新时期的理论自强强调了中国社会学学术话语的提升不单纯是一个理论建构的问题，还是一个"势位提升"的问题[3]。因此，理论实践意义的第二点在于提升中国的国际话语权。当面对国内外社会事件和现象时，秉持社会运行论的社会学家们关注这些现象怎样结合在一起来影响社会的运行进而对现代社会生活带来意义。

总体而言，社会运行论的理论意义主要表现在确立了社会学学科的层次结构体系、建立了社会运行学派以及构建起中国特色的社会学框架三个方面；实践意义主要表现在，一是为解决国内社会问题服务，二是为提升中国的国际话语权服务。社会运行论不仅在理论范畴内对社会学学科的发展建设起到了重要的作用，而且面对中国的时代问题，从理论反思的角度对中国社会的样态进行了诊断。

---

① 郑杭生、黄家亮：《"中国故事"期待学术话语支撑——以中国社会学为例》，《人民论坛》2012 年 12 期，第 59~61 页。

② 郑杭生、郭星华：《试论社会运行机制》，《社会科学战线》1993 年第 1 期，第 125~129，149 页。

③ 王力平：《社会运行学派的学术轨迹与学派实践——兼论郑杭生先生的学派情怀》，《甘肃社会科学》2015 年第 3 期，第 120~124 页。

第二节　社会运行理论与运动社会学的中国化

一　中国特色的运动社会学解释框架

社会运行学派诞生于郑杭生等人对中国现代化过程的反思，是身处改革开放后社会转型期，在审视与批判西方现代化过程的基础上对中国现代性特征的思考和现代化发展路径的理论诠释与探索。严格意义上来讲，社会运行理论其实并不限于单一理论，而是涵盖多个理论内容的中国社会学学派，包括社会运行论、社会转型论、学科本土论、社会互构论和实践结构论，这"五论"共同构成了社会运行学派的社会学解释框架。沿袭这一逻辑思脉，运动社会学也能相应地搭建起自己的解释体系。

（一）社会运行论对运动社会学研究对象的总体性把握

社会运行论的提出，是郑杭生对严复在《群学肄言》中对社会学学科的认识的进一步发展，严复认为社会学是一门研究社会治乱与兴衰的原因，并提出相应良政条规的学问。郑杭生结合新中国成立后的社会现实，在严复思想的基础上引入一定的现代性意识，发展出了社会运行理论。作为一种理论，社会运行论的基本主张在于"社会学的研究对象是作为整体的社会运行和发展的规律性，特别是社会良性运行和协调发展的规律性"[1]。进一步地，郑杭生将社会运行的状态与发展类型概括为良性运行与协调发展、中性运行与模糊发展、恶性运行与畸形发展，三种运行状态既相互独立，也相互融合，改变了以往对社会运行状态"治世"或"乱世"非此即彼的二元认知。

社会运行理论作为社会运行学派的核心理论，明确了该学派关于社会学研究对象的基本立场，其理论建设与发展也在此基础之上展开。引申来看，运动社会学的研究对象可理解为运动领域运行与发展的规律性，特别是运动体系内良性、协调发展的规律性。如此，社会运行理论从整体上帮助运动社会学更加明确地认识到自己的研究对象，奠定了运动社会学中国化解释框架的基础。

（二）社会转型论对传统与现代运动关系的基本性认知

在社会运行学派的理论体系当中，不同于其他理论主要围绕社会转型之后如何朝着现代化发展而提出，社会转型论是对社会过渡时期的直面回应，贯穿

---

[1]　郑杭生、李迎生：《中国社会学史新编》，北京：高等教育出版社，2000，第101页。

此理论的核心问题是如何对待现代性过程中传统与现代的关系。面对社会从传统到现代的变迁，社会转型论从"社会转型度"和"社会转型势"两个层面来把握。"社会转型度"用于衡量社会转型的整体状况，涉及转型的速度、广度、深度、维度和向度；"社会转型势"则用来衡量转型能力、转型态势，包括转型域、转型势的势位、势级、势极等概念；同时，社会转型论沿袭了社会运行论秉承的发展性观点，即传统与现代并非截然的二分和断裂，而是对立又统一，要以"开发传统，服务现代"①的基本思路来实现二者的转化。

当下的中国再一次处于关键转型期，社会转型理论的核心议题——传统与现代的关系——仍是今天的中国社会面临的现实问题，特别是对于兼具传统性与现代性的运动而言。关于运动层面如何践行社会转型理论主张的"开发传统，服务现代"的基本路线以实现传统向现代的转化，国家在近年来提出的有关促进优秀传统文化创造性转化与创新性发展的指导方针为其提供了方向，而由此引发的如何转化与发展问题成为运动社会学的新议题，社会转型论的出现为此带来了一种本土化的实践指向。具体地，我们需要思考如何将社会转型论中"社会转型度"与"社会转型势"合理地接洽于运动社会学研究中，以及能否从这两个层面更加有效地认识社会转型期的运动参与问题，并实现传统运动的创造性转化与创新性发展等问题。

（三）学科本土论对运动社会学学科中国化的发展性指向

学科本土论重点关注社会学知识的生产方式以及社会学学科的本土化建设，在认识到社会学领域内中国与西方话语权有差距的现实后，郑杭生强调中国社会学要增强主体意识，弱化自己在此领域中的边陲思维，形成富有中国特色的社会学。所谓中国特色的社会学，可以理解为一种兼容并包的学科态度，既非常尊重自己丰富多彩的社会现实、源远流长的学术传统，也非常尊重欧美社会学对世界社会学做出的贡献②，在此基础上不断培养和提升自身的学术能力。总结起来，中国特色社会学的国际化之路体现为四点："建构本土、超越中国、培育实力、平等对话。"③

———

① 黄家亮：《理论自觉与中国社会学的学派建设——以郑杭生及其社会运行学派为例》，《福建论坛》（人文社会科学版）2015 年第 11 期，第 97~103 页。
② 郑杭生：《社会运行论及其在中国的表现——中国特色社会学理论探索的梳理和回顾之一》，《广西民族学院学报》（哲学社会科学版）2003 年第 4 期，第 2~11 页。
③ 郑杭生：《郑杭生社会学学术历程之一——中国特色社会学理论的探索》，北京：中国人民大学出版社，2005，第 9~10 页。

运动社会学形成于 20 世纪 70 年代末西方对于其社会中运动现象的认识与总结，加之西方现代运动在运动世界中的主导地位，致使运动社会学的基本认知逻辑与解释框架以西方话语为主。当下运动社会学中常见的研究视角主要有以下几个：以帕森斯"结构-功能论"为主要内容的结构功能主义视角，沿袭并发展了马克思主义的法兰克福学派批判理论视角，受葛兰西文化霸权理论影响的文化研究视角，侧重多元的女性主义视角，以韦伯相关理论为基础发展出的解释学视角，以及埃利亚斯的型构社会学视角和以法国哲学思想为指导的后结构主义批判视角。[①] 然而，正如费孝通所言，我们必须明白西方社会理论是西方社会发展的产物，是西方社会科学家在自己的社会现实中深入调查研究并对其进行总结概括的结果，中国的人文科学若离开自己的社会实践就很可能会丧失它的生命力。[②] 因此，作为社会学本土化发展的一部分，中国的运动社会学在借用西方理论视角解释当下本国运动发展中的各种现象与经验的同时，更要思考如何在社会运行学派的论域下生产出中国特色的运动社会学知识，在扩大世界运动社会学领域内知识容量的同时，实现与西方运动社会学的平等对话。

（四）社会互构论对运动社会学研究视角的建构性更新

社会互构论是以上述三个理论为基础形成的一种全新的概念范式、理论逻辑和研究方法，以深入探讨和阐释当代中国和全球社会转型中社会与自然、个人与社会的关系经历的深刻变化[③]。其基本思路可以总结为以下三点[④]：①个人与社会的关系是社会学的元问题，尽管社会学的设问方式和理论范域多变，但都是围绕个人与社会关系而进行的理论建构；②西方现代性建立在人的理性扩张、人与自然之间的关系日益紧张的事实之上，当现代性陷入全面危机时，对此一筹莫展的传统社会学提出解构现代性的后现代主义；③社会互构论意图在现代性弊端日益暴露的情形下对社会与自然、个人与社会的关系进行彻底反省和检讨。本质上来看，社会互构论以"互构"超越了西方社会学思想中的二元对立，以"互构共变"的核心主张为中国社会学的理论发展开启了新的发

① J. Coakley, and E. Dunning, *Hand Book of Sports Studies* (London, Thousand Oaks: SAGE Publication, 2000), pp. 1-7.
② 费孝通：《我们要对时代变化作出积极有效的反应》，《社会》2000 第 7 期，第 4～6 页。
③ 郑杭生：《中国社会的巨大变化与中国社会学的坚实进展——以社会运行论、社会转型论、学科本土论和社会互构论为例》，《江苏社会科学》2004 年第 5 期，第 46～52 页。
④ 黄家亮：《理论自觉与中国社会学的学派建设——以郑杭生及其社会运行学派为例》，《福建论坛》（人文社会科学版）2015 年第 11 期，第 97～103 页。

展思路。

社会互构论对运动社会学研究提供了通过运动观察人与社会关系的一种全新的本土化视角。对运动社会学来说，在明确社会学第一层次，即社会哲学层面上的社会学元问题——人与社会的关系——的基础上，以互构共变的视角从运动社会学层面审视人、社会、自然间的关系如何形成，三者之间又如何彼此建构以及各方在此过程中又如何变化等，成为具体研究要关注的主要问题。由此，社会互构论帮助运动社会学建构出适用于当代中国现实的学科层面的运动观，在前三种理论基础上服务于中国运动社会学解释框架的形成。

（五）实践结构论对运动认知的综合性引导

实践结构论是在社会互构论之后对当代世界和中国社会实践所发生的结构性巨变做出的理论分析和概括，提出了社会实践结构性巨变的八种趋势，并从"现代性全球化的长波进程"和"本土社会转型的特殊脉动"两个维度来理解这种变迁。[①] 这八种趋势分别为[②]：①科技创新引领着社会的信息化、符码化、数字化和网络化，但形成了激活失谐因素的结构性条件，因而更易引发社会矛盾与动荡；②当代社会"去集体化"和"去组织化"加速了社会分化；③传统劳资关系的破裂推动了社会的两极化，导致新的二元化现象；④有形劳动失去了以往的轴心地位，转化成促使社会分层的消极动力；⑤经济活动性质的转变加剧了社会风险，极大销蚀了经济与社会的安全基础；⑥财富分配和风险的双重社会压力加深并复杂化了社会矛盾的根源与表现；⑦社会不平等加速了世俗事物的神圣化，深度腐蚀了社会信念与价值观；⑧传统性和现代性、古典现代性与现时现代性、西方旧式现代性与新型现代性，以及全球变迁与本土社会转型等各种因素相互交织，不断诱发着社会的复杂症候。

对社会结构性巨变的八种趋势的总结涵盖了科技、经济、信息传播等领域，涉及冲突、分化、劳动、风险、道德、价值、社会结构等社会学的主要议题，是运行学派结合中国经验对世界现代化发展趋势的深刻判断。这一系列高度凝练的总结对运动社会学研究的启示在于，学科层面上对运动的认识要秉承一种结构性视角，即运动不是简单的身体活动或文化类型，而是与多领域交融互构，杂糅了一系列观念与意识的复杂现象。

---

① 郑杭生、杨敏：《中国社会转型与社区制度创新——实践结构论及其运用》，北京：北京师范大学出版社，2008，第3~13页。

② 郑杭生、杨敏：《社会实践结构性巨变的若干新趋势——一种社会学分析的新视角》，《社会科学》2006年第10期，第109~115页。

二　讲好中国的运动故事

作为一种针对社会转型期提出的社会学思想，社会运行理论为中国社会学提供了一种认识和理解社会学的新视角，以及建构中国社会学学科体系的基本思路，在理论和实践层面上对社会学的中国化发展奠定了坚实可靠的基础，是中国社会学迈向学科本土化的关键一步。这种奠基性意味着社会学分支学科的本土化发展无法绕开对社会运行理论的思考和发展，对于运动社会学而言，社会运行理论的影响在实践层面的表现更为深刻。

若以当下的话语来理解社会运行学派在实践层面上的意义，它其实为解决国内的社会问题提供了一套社会学维度的中国方案。对于运动社会学来说，这是一种关于如何从社会学角度发现并解释中国运动发展中的问题并提供本土化解决方案的新思路，其中，"发展"与"本土化"是两个关键，落实到运动本身，运动发展的中国化路径体现在两个问题上：如何拓展中国传统运动的内涵，如何实现现代运动的中国化发展。由此，中国的运动社会学也获得了未来研究的基本指向，在社会运行学派的视域下，运动社会学正是要深耕上述两个核心问题。进一步而言，以上两个问题均指向"如何（从运动社会学角度）讲好中国的运动故事"这一时代性议题，运动社会学要进一步发挥其自身的理论自觉，发展出适用于中国本土的运动社会学理论框架与叙事话语，以此为中国运动的现实发展贡献更大的学术话语权，在学理层面帮助中国运动实现良性运行。

第一，至于如何拓展中国传统运动内涵的问题。首先，其根本目的在于丰富运动社会学中国化发展所仰赖的本土化运动现象与经验的容量。其次，关于传统体育内涵认识的多寡在很大程度上取决于观察视角是否具有深度和广度，对其内涵的进一步拓展首先意味着要改变我们观察传统运动的角度。按照社会运行学派的主张，关键要以一种互构视角来认识传统运动和人、社会与自然的关系。具体来说，传统运动是人的身体、凝结在人类社会中的民族性，甚至宗教因素、自然与社会的地域空间等各元素相互关联所形成的复杂文化形态，而正是这种复杂性赋予了传统运动拓展内涵的可能。运动社会学所要关注的即为如何挖掘出其中的各种互构因素以及互构关系的形成与运行机制，并由此发现能使传统运动文化实现创新性发展与创造性转化的契机与实践方式。

第二，有关如何实现现代运动的中国化发展。首先，本问题的核心在于要从中国化的视角与立场出发来合理认识并处理好传统与现代之间的关系。其次，运动社会学对此的基本实践逻辑在于，充分挖掘社会运行学派中社会转型论的理论价值，借此剖析中国运动在当下社会转型期的整体态势，由此明确哪些传统运动或其中的哪些内涵要素可以或应当进行现代性转化，具体的转化方向何在以及应当怎么转化等问题。在对这些问题进行思考的基础上形成既有利于传统运动文化保护与传承，又符合现代社会需求的科学的运动发展路径，指导中国运动事业建设的具体实践。

总结来看，社会运行学派以高度的理论自觉建立了社会运行论等"五论"，是对全球化时代现代性最新境遇的理论自觉和理论探索，对社会学中国化有着开疆拓土般的意义。在此学派的基本主张与思路上，运动社会学也能够汲取精华，形成自己独特的本土化视角，更加有效地解释中国的各种运动现象，形成本土化经验，特别是如实有效地在社会学研究层面再现转型期的运动发展过程，使运动社会学成为有本之木、有源之水。

第三节　社会运行论与运动社会学的研究议题

自社会学诞生以来，社会秩序与进步，社会稳定与变迁等问题一直是社会学家关注的重要议题。社会学家的思想离不开所处时代背景的影响。整个西方社会学的发展无论呈现出怎样错综复杂的态势，每一个社会学家的思想都难以避开社会学创始人早已设定的基本框架，社会学都没有偏离服务社会的使命感。孔德对社会中神学思想与科学之间矛盾的关注，斯宾塞对社会进化论思想的倡导以及涂尔干对社会团结以及社会秩序失范问题的关注等，都没有脱离"社会秩序何以形成"这个主题。

在西方社会思想的影响下，结合中国社会的本土特色和文化情怀，严复等人将西方的"社会学"翻译成"群学"并进行了深刻的讨论。由此开启了中国社会学研究的序幕，在中国社会学家的努力之下，逐渐形成了有中国特色的社会学理论体系。社会运行论的提出具有明显的中国社会学的情怀和底蕴以及西方社会学的经典思想的影响。正如上文所述，社会运行论、社会转型论、学科本土论、社会互构论和实践结构论构成了社会运行学派的社会学解释框架，此框架为运动社会学的理论建构和实践应用提供了解释路径。我国运动社会学研究主要集中于三个层面，包括社会转型与运动在社会中的运行机制，运动中人与社会关系的互构以及学科本土化与中国运动社会学话语体系的建构。

一　社会转型与运动在社会中的运行机制

对于社会运行理论来说，社会是一个动态发展和运动的过程。社会运行主要表现为社会的多种要素和多层次子系统之间的交互作用以及它们多方面功能的发挥。在社会的运行中，社会结构的变革将会引起社会的连锁反应，并影响社会的运行秩序。在社会运行的过程中，影响社会运行的各种因素相互联系的方式，以及这些因素对社会运行产生影响的作用原理及过程，形成社会运行的机制，主要包括动力、整合、激励、控制、保障等机制①。

运动作为社会中的一个系统，其组织结构和运行有着自身的特点，根据社会运行的状态来看，运动同时具有良性、中性和恶性三种运行类型和状态。中国社会的转型不仅是经济结构的转型，文化、教育、社会结构同样发生着相应的调整和变化。在传统的计划经济体制下，运动被看作一项只管投入不管产出的花钱事业，未被看作一个经济行为过程。现在，在社会主义市场条件下，运动成为一种产业，在协调经济、文化和政治中扮演着重要角色②。社会结构产生的变化，必然导致相应的运行机制革新，以维持社会良性运行。竞技体育、群众体育和学校体育是我国运动系统中的三个重要组成部分，一些学者由此入手，进一步探讨中国运动系统的运行机制。

就竞技体育系统而言，组织机构从以"发展群众体育增强人民体质"为中心任务的"体育总会"设置，到"体育运动委员会"设置，再到当前的"体育局"，这种运行机制为我国竞技体育运动水平的提升提供了保障。但是，也存在权责不清晰，管理制度和社会化程度较低等问题。随着社会的转型，竞技体育应该依据我国社会发展的总体状况不断调整竞技体育管理组织体系，保证整体的运行机制能够始终为国家体育建设服务。

除竞技体育外，群众体育也是关涉国家体育事业建设的重要方面。全民健身运动被定位为国家战略，要营造重视参与和支持体育的社会氛围，统筹兼顾，掌控全局，促进体育产业和体育事业的良性协调发展和互动。对于我国的群众体育来说，政府与社团结合型体制是我国群众体育管理体制改革的基本取向③。以

---

① 郑杭生、李强等：《社会运行导论——中国特色的社会学基本理论的一种探索》，北京：中国人民大学出版社，1993，第313页。

② 路凤萍、苏庆川、刘新民：《论社会转型期体育的发展与管理》，《西安体育学院学报》2000年第3期，第15~17页。

③ 倪同云、林显鹏、陈琳、杨新利、金仙女、刘红锦、王焕福：《我国基层群众体育管理体制及其运行机制的研究》，《中国体育科技》2003年第1期，第2~7页。

"全民健身计划纲要"为指引，理顺和完善筹资机制，完善政府调控机制，完善监督管理机制，建立社会化机制，建立评估机制等是群众体育运行机制的重要内容。在城市中，社会体育组织的管理运行机制由传统的"单位体制"向"市场体制"转换，"单位体制"的行政管理模式形成了强大的政府体育行政管理组织系统。但是这种单一的体育管理运行机制造成了体育组织管理机构的缺位，市场体制完善了社会体育组织管理系统，降低了社会体育管理重心，加强了社会体育管理力量①。基层农村体育公共服务的运行机制包括七个机制系统：决策（规划）机制、供给机制、需求表达机制、融资机制、激励机制、监管机制、评价机制。其中，在农村体育公共服务的发起阶段，决策（规划）机制起着主导作用，在农村体育公共服务的实施阶段，供给机制、需求表达机制、融资机制、激励机制、监管机制起着主要作用，而在农村体育公共服务的评价阶段，评价机制起核心作用②。不同的机制分工合作，共同对群众体育组织管理系统负责，从管理层面为群众基本体育需求的满足奠定基础。

在不同的社会发展时期，学校体育的发展有着不同的发展方式和运行机制。随着竞技体育、群众体育的运行机制调整和创新，学校体育原有的单一和封闭的模式不能有效整合和分配体育资源，缺乏合理的激励机制和有力的监督问责制度，难以提高学校体育的运行效率，且传统学校体育运行机制具有一定的惯性。对此，需要打破原有的固化思维模式，融合竞技体育、社会体育、职业体育和体育经济的相关要素，建立良性高效的运行机制③。

应该说，运动系统的有效运行，离不开竞技体育、群众体育和学校体育的深度融合，只有运动系统的协调发展才能进一步带动文化、经济、教育等社会系统的良性运行。组成系统的这些机制各自发挥着重要的功能，只有协调发展，才能保障整个系统的良性运行发展。

二　运动中人与社会关系的互构

为了超越个人与社会的二元对立，以郑杭生为代表的社会运行学派进一步

①　王凯珍、任海：《中国社会转型与城市社会体育管理体制变革》，《北京体育大学学报》2004年第4期，第433~439页。

②　胡庆山：《农村体育公共服务运行机制的学理构成、现实弊端及治理策略》，《武汉体育学院学报》2020年第11期，第5~12、26页。

③　张正民、陈宁：《我国学校体育发展方式转变的现实诉求与理论导向》，《北京体育大学学报》2015年第12期，第88~94页。

提出了社会互构论。社会互构论强调了人与社会的关系问题。所谓互构是我们对于参与互构的主体间关系本质的刻画，即社会关系主体之间的相互形塑的关系，强调了互构主体的多元性、时空的多维性和内容的二重性①。

　　运动既是一种社会现象又是一种参与行为，为不同主体提供了身体参与的平台。运动活动参与的过程中，队友之间、对手之间其实一直处于动态的互构过程，借此既实现了个人与社会的连接，又实现了个体的社会化。无论是社会互构论强调的社会过程分析，还是主体参与的意义分析，运动都成为研究社会互构的切入口。在运动参与中通过主体之间的互动促进人的社会化进程，人的社会化也成为运动社会学研究的重要议题，从目前的研究趋势来看，主要以西方研究为主，自身理论建构、语言差异、文化背景、思维习惯等因素导致我国学者过于偏向宏观的理论分析，很难在日渐具体化、微观化和实证化的国际学术界占有一席之地②。但是，早期一些学者对于西方的社会化理论进行了评述，在个人与社会的关系问题上，角色理论、仿效理论、社会学习理论侧重于个人规范、价值、行为方式的内化与把握，符号互动论和交换理论则强调相互作用，并进一步对运动社会学中"继续说""离脱说""活动说""再社会化说"进行了解读③。从运动与社会化的概念、作用、影响因素和两者的关系研究出发，研究认为运动社会化贯穿人的成长过程。运动社会化对人的成长和发展具有促进作用，主要表现在提高身体素质、培养社会角色、养成社会规范、促进个性形成等方面④。受功能主义影响的研究则更多关注运动参与的价值和意义。人在运动中的社会化是一个动态发展的过程，在相关研究中不仅要借助功能主义理论从宏观上把握人的社会化，还需要借助互动理论来解释社会化过程中的片段和细节，转向过程分析。过程分析对于社会互构论来说与价值研究具有同等重要的地位，社会互构过程是多重意义的统一，是行动主体间交互型构的过程，是社会行动意义的"效应"过程⑤。随着中国社会结构的变迁，运

①　李强、洪大用：《社会运行理论及其发展——郑杭生先生学术思想研究》，北京：中国人民大学出版社，2020，第147页。

②　李晓栋、吕夏颖、祁海南：《国外体育社会化研究的前沿热点与演化分析》，《中国体育科技》2017年第5期，第22~36，109页。

③　仇军、钟建伟、郭红卫：《体育社会化的理论及其研究进展》，《体育科学》2008年第5期，第62~68页。

④　刘波：《体育与社会化关系研究》，《体育科学》2012年第11期，第90~97页。

⑤　李强、洪大用：《社会运行理论及其发展——郑杭生先生学术思想研究》，北京：中国人民大学出版社，2020，第149页。

动与社会的关系越来越紧密，一个国家或者地区运动参与的水平直接影响到社会的整合。

运动参与作为一种动态过程，可以实现个体主观意义向行动意义的实践转化，进而直接影响社会运行，个体的运动参与进一步扩大了社会互动的网络规模。在中国情理社会中，随着朋友圈、社交圈的扩大，社会交往对象的增加，社会交往范围的扩大，相互关系的密切，社会融合的水平也会提高①。由于中国传统社会思想的束缚，女性一直处于边缘化的位置，随着女权主义的兴起，女性在社会中的地位和角色受到更多的研究关注。受现代思潮的影响，中国现代社会中女性的独立自主意识开始觉醒。通过中国城市中不同阶层女性的运动参与研究发现，她们的经济地位、教育背景、家庭环境以及社会文化意识相互作用、相互牵连导致了运动参与过程中的分层现象，像一些中产阶层女性成为高尔夫、马术等一些高消费运动项目的主要消费者。虽然由于资本的差异导致女性在运动项目的选择上产生区隔，但是整体上不同阶级的女性都在一定程度上通过运动来表达自我的主体意识，从而提升自我的社会认同感。在当前变革的中国社会环境中，中国女性运动与中国女性身体文化的发展是紧密相关的，她们大多参加一些长期被社会认可的，较为温和的，且符合中国传统女性形象的运动活动②。中国社会的进步使中国女性的地位和角色发生了改变，运动参与中的角色、互动、阶层定位等进一步彰显了女性个体的社会化进程。对不同阶层和不同群体的运动参与的过程分析，可以让我们清晰地发现在特定的媒介和平台的作用下，不同的主体通过运动在交互建构中形成的行动意义指涉以及相互间的意义效应。

三 学科本土化与中国运动社会学话语体系的建构

社会学的本土化是社会运行理论体系中一个重要的理论议题。社会运行论、社会转型论、社会互构论都是基于社会变迁情境提出的对中国社会问题的理论关怀。社会学学科本土论的提出推动了社会学中国化的发展。无论是早期严复、章太炎等人对社会学引介，还是后来孙本文、费孝通等社会学者对中国社会学研究的关注，都有一种明显的本土化倾向。这是中国社会学者基于中国

① 仇军、钟建伟：《城市中体育参与与社会融合的理论研究——以大众体育为例》，《体育科学》
2010 年第 12 期，第 29~33 页。

② 熊欢：《中国城市女性体育参与分层现象的质性研究》，《体育科学》2012 年第 2 期，第 28~
38 页。

社会实情对西方社会学理论的积极改造，具有一种理论自觉意识。社会运行论认为传统与现代的关系，依然是中国社会无法回避的问题。对于社会转型中的中国来说，以信息科技为主的现代化外部动因的强度和频率对于传统社会的冲击更加强烈，然而，中国社会运行中的本土经验与文化根性也发挥着一种"屏蔽效应"，实现着对外部因素的抵抗①。中国社会与西方社会是两种不同的文明类型，社会学发端于西方，但是中国社会有一套有别于西方的社会运行机制，尤其是现代社会转型期的中国社会问题的研究，需要对西方社会学理论进行因地制宜的借鉴和应用。

中国特色运动社会学话语体系的构建与中国运动哲学社会科学的国际影响力和学术话语权密切相关，是国家软实力的重要组成部分，如何凸显和建构具有本土特色的中国运动话语体系成为学界考虑的问题，一些学者从本民族的传统体育文化出发，进一步开展思考。以"和"为中心的中华民族传统文化体系决定了话语体系的文化属性与来源，传统体育文化源远流长，健身养生思想博大精深，身体活动方式多姿多彩。可以说，我国的民族传统体育文化与西方的现代运动文化所强调的挑战自然、突破人类极限的价值追求存在本质的差异。由文化特质、文化丛和文化区域组成的不同文化模式的差异形成了我国民族传统体育文化的独特价值，用身体实践表征族群文化所蕴含的和谐、天人合一的哲学思想是其赓续中华民族文化的重要特征②。中华民族传统运动项目在发展历程中已经与中国哲学以及传统的伦理道德相结合，依托于传统哲学、医学思想和理论，形成了一套自己特有的文化意义建构法则，是"和"文化在运动领域的具体体现，也是中国文化意识形态的话语表达③，民族传统体育成为建构中国运动社会学理论话语体系的重要资源。社会运行理论学派的奠基人郑杭生在费孝通"文化自觉"的基础上，提出"理论自觉"来审视中国社会学的本土化理论体系建构。我们应该遵循"立足现实，开发传统，借鉴国外，创造特色"的思路④，推进中国社会学本土化的发展。在中华文明的发展过程

①　郑杭生、李强等：《社会运行导论——中国特色的社会学基本理论的一种探索》，北京：中国人民大学出版社，1993，第310页。
②　王智慧：《文脉赓续与民族复兴：民族传统体育文化自信的生成机制》，《北京体育大学学报》2019年第9期，第148~156页。
③　王雷、徐涛：《中国特色体育学话语体系构建的内涵辨析、现实困囿与实施路径》，《北京体育大学学报》2022年第4期，第12~22页。
④　李强、洪大用：《社会运行理论及其发展——郑杭生先生学术思想研究》，北京：中国人民大学出版社，2020，第216页。

中，传统体育文化吸收借鉴了中国优秀传统文化所蕴含的思想精髓，同时，我们也要积极吸取西方优秀的运动社会学的理论成果，要以更加自觉自信自强的学术意识和海纳百川的学术胸怀，本着平等对话、交流互鉴的心态，继续学习借鉴国外运动社会学研究成果，兼容并蓄，为我所用①。在运动社会学研究领域开拓"建构本土特色"和"超越本土特色"的本土话语体系的道路。

第四节　运动社会学领域中社会运行理论的贡献与局限

一　社会运行论促进了中国运动社会学理论研究本土化发展

社会学发端于西方，中国运动社会学理论的发展需要从西方经典社会学中汲取营养。为了关注社会形成何以可能的问题，西方经典的社会学家从社会事实、社会行动以及社会组织出发，形成了丰富而有洞见的理论体系和研究范式。从严复等有识之士将社会学引入中国，我国社会学家结合中国社会的本土实践，经过不断的努力和完善，形成并创新了中国社会学理论。历史是社会学研究中不可忽视的一个重要维度，重大历史事件往往标志着社会结构的变革，并且蕴含着丰富的社会信息。中西方社会由于地理位置和人文环境的差异，导致了社会思想、组织结构和运行机制等方面的差异。社会运行学派将中国社会的历史事件进行分析，从而发现中国社会的"总体性特征"，形成了社会运行论、社会转型论、学科本土论、社会互构论和实践结构论五种理论体系，在中国的历史进程中讨论和建构了中国社会学的理论和研究范式。虽然中西社会的历史语境有所差别，但是关注社会的历史因素一直是西方经典社会学家的关怀所在。如韦伯对社会学理论和方法的构建，对包括经济、支配、宗教、法律、组织、身份群体在内的"诸社会领域""世界图像""生活秩序"的经验研究，与他的比较历史分析密不可分。韦伯在论述宗教社会学时，提出"普遍历史"的概念，从经验研究的角度提出了只在西方近代文明中才出现的那种独特的理性主义所具有的普遍历史意义②。社会运行论在 20 世纪 80 年代中期提出，在

---

① 刘一民、宋红霞：《论新时代中国体育学理论话语体系建构》，《武汉体育学院学报》2021 年第 8 期，第 19~25 页。

② 应星：《社会学的历史视角与中国式现代化》，《中国社会科学》2022 年第 3 期，第 97~111、206 页。

"发展才是硬道理"的思想指导下，中国社会、经济、文化的新形态以及社会的运行问题成为其关注的重要对象，社会学激活历史信息，在社会变迁中理解中国，成为中国社会学理论的基石。

　　社会运行论带来的有关中国社会学的理论思考，成为运动社会学理论研究的重要参照。运动社会学的理论体系建构既需要有扎实的社会学基础理论，又需要对运动社会学这一分支学科具有独特的领悟、理解和感受①。西方运动社会学研究起步较早，美国在 1898 年就有运动社会学的研究论文发表，1921 年里塞在德国出版了世界第一部运动社会学专著。从关注运动社会中的结构要素到阶层、趣味以及运动的社会化等都明显带有社会学研究范式的影响。对于中国运动社会学理论来说，需要在社会学理论发展的框架中形成一种模仿、借鉴、融合和创新的发展体系。由于不同国家或地区的运动既有共同点，又有巨大的差异性，运动社会学不仅要研究共同点，也必须研究不同运动的差异性和特殊性，运动社会学要在本土社会得以成长和发展，就必须以本土运动为基本研究对象并在此基础上进行理论概括，"建构本土特色"，并"超越本土特色"，形成中国特色的运动社会学风格②。21 世纪初，一些受过西方教育的学者开始译介西方有关运动的著作，对于西方学者的研究进行梳理和总结。但正如管兵等人所译介的《体育社会学——议题与争议》中所说，出于语言上的习惯将该学科译作"体育社会学"，③ 而这种译法在当下看来，由于"体育"一词在中文语境中具有价值观传递的意涵，其实限制了对运动经验的把握。尽管如此，既有的一些译著和著作也为中国社会学观察运动现象打开了先路，本书也将置身于"运动社会学的视域和语境中来理解既有的这些研究努力"，比如卢元镇在讨论中国运动社会学学科体系发展的时候，就引用了美国《社会学百科》对运动社会学的定义："运动社会学以身体运动作为一种社会制度，研究它的结构、内容、变革和发展。研究以身体运动为特点的社会行为、关系和作用，包括系统内的和其他系统的相互关系和作用。"④ 结合西方运动社会学的研究，中国学者在 20 世纪 80 年代先后出版《运动社会学》教材，管兵等

---

①　仇军：《20 世纪 80 年代以来中国体育社会学的发展》，《体育科学》2006 年第 2 期，第 57~63 页。

②　卢元镇、于永慧：《给体育社会学一个准确的学科定位》，《体育科学》2006 年第 4 期，第 3~8 页。

③　杰·科克利：《体育社会学——议题与争议》（第 6 版），管兵、刘穗琴、刘仲翔、何晓斌译，刘精明审校，北京：清华大学出版社，2003，第 1 页。

④　卢元镇：《中国体育社会学学科进展报告》，《北京体育大学学报》2003 年第 1 期，第 1~5 页。

翻译了杰·科克利的《体育社会学——议题与争议》，仇军出版了《西方体育社会学：理论、视点、方法》，陆小聪主译了约瑟夫·马奎尔和凯文·杨主编的《理论诠释：体育与社会》，党林秀和刘侣岑主译了多米尼克·马尔科姆的《体育与社会学》，高强出版了《布迪厄体育社会学思想研究》等，以上成果主要分析了 20 世纪 50 年代以来西方运动社会学形成的历史背景、理论谱系，并对重要运动社会学学者的思想进行了系统阐述，为我国运动社会学的发展提供了有益的视角。从学科史的层面，面对中国社会转型带来的运动社会结构要素的调整，一些学者认为中国的运动社会学应该从历史视角重新审视国家和社会的关系，建立运动社会学的研究目标。从方法论的层面，在现代文化语境中"个体经验问题化"构成了个体运动行为志研究的核心，从范式与内涵、叙事文本与书写以及镜像与本质 3 个角度阐释个体运动行为志来激活运动社会学的想象力①。

正如郑杭生强调的以理论自觉的心态建构社会学的"论、史、法"的理论体系，我们需要从学科理论、学科史和方法论三个层面出发，形成"立足现实，开发传统，借鉴国外，创造特色"的中国运动社会学理论体系。

二 社会运行论为中国运动秩序合理运行提供了实践经验

运动社会学作为一门学科，既要形成丰富和经典的理论体系，同时也要立足中国运动的实践和本土经验，在理论和实践的相互协调发展中建构中国运动社会学的话语体系。正如前文所述，以郑杭生为代表的社会运行学派将社会运行作为研究对象，提出了社会良性运行与协调发展、中性运行与模糊发展以及恶性运行与畸形发展三种运行的类型。

为了保证社会的和谐发展必须以良性运行为发展总目标，在社会转型中，社会结构开始分化，社会的目标变得多元化，固有的利益群体产生了分化，运动社会学应该积极关注社会的分化与整合，有效维持社会的良性运行，实现运动社会的有序运行。面对转型期的中国，学者们提供了丰富的研究成果。正如前文关于中国运动社会学运行机制的研究，无论是哪一种机制，都是在特定的时期，针对中国的社会结构做出的有益尝试，虽然在某些层面还有很多不足，但正因为这些不足，才促进了运动社会结构和运行机制的变革。人与社会的关

---

① 王智慧：《体育学的想象力：个体运动行为志研究范式的生成与书写》，《沈阳体育学院学报》2022 年第 1 期，第 122~130 页。

系问题一直是社会学绕不开的话题，个体在参与运动的过程中，会进入多种社会关系之中，如何处理个体之间的关系，成为运动促进个体社会化的重要因素。在个体社会化的过程中，运动实现了个体的阶层流动、职业改变和社会资本的再生产，进而优化和调适了个体和社会的关系，促进了社会的进步，这也是社会运行学派互构论探讨的重点问题。比如，中国女性在运动领域中的积极表现，"中国女排""中国女足"等身份表征及其精神内涵在个体与社会关系以及社会运行中的精神引领价值；同时，一些关于特殊群体的研究，如老年人运动、幼儿运动以及不同职业群体的运动参与研究，使这些"沉默的群体"得到关注。前文提到面对现代化的冲击，如何凸显中国运动社会学理论特色的问题，学者们秉持社会运行论对"中西"关系要"再评判"、对"古今"关系要"再认识"的主张，从中国的传统运动文化中寻求答案。中国传统运动文化的创新和发展彰显了时代价值，既具有中国本土特色又兼具世界眼光，进一步夯实和丰富了中国运动理论话语权，也使运动社会学具有了丰富的中国经验和实践。

结合中国的社会语境建构有中国本土特色的社会学理论体系，为中国的社会实践服务，是社会运行学派始终追求的目标。郑杭生先生认为社会学应该秉持"促进社会进步，减缩社会代价"的理念，追求社会的良性运行与协调发展，明显具有实践论的色彩①。社会研究不能脱离实践，运动社会学的现象来自参与主体互动过程的运动实践，实践本身蕴含着丰富的理论价值，从实践中提升理论，以理论指导实践，在实践中去研究、概括和提升总结，才能形成有深厚社会基础的学术话语和理论体系。

三　社会运行论视角下运动社会学的研究取向与局限

和其他的理论主张类似，对"社会运行"这一特定议题的关注，也造成社会运行论在其他议题上解释力薄弱的局限，社会运行论自提出以来在学界引起了广泛的讨论和争鸣。

一些学者认为社会学的研究对象不是"社会良性运行和协调发展的条件和机制"，而是"社会现象之间的动态关系"，社会运行论的不足在于它仅仅或至少主要是从社会学研究的目的来给社会学下定义，实质上并没有明确社会

---

① 李强、洪大用等：《社会运行论及其发展——郑杭生学术思想研究》，北京：中国人民大学出版社，2020，第 24 页。

学的研究对象，从而也没有明确它与其他分支社会学的界线①，这对于运动社会学而言，会模糊运动参与主体的微观经验，而仅仅强调运动现象在社会良性运行和运作机制中的角色。还有一些学者认为社会运行论将人看成社会的要素，关注的是人与社会的关系问题，后续需明确社会关系形成的一般特征和规律性的内容是什么，即考察"人们如何形成社会关系"的一般规律②。这样的问题指向也为今后运动社会学在社会运行论视角下的探索指出了方向，即思考基于运动参与形成的社会关系有何一般性的规律，这种规律对于社会的良性运行又发挥着什么样的作用等问题。社会运行论等中国本土社会学理论取向或研究构思已经在一定程度上改变了中国社会学过去"重经验，轻理论"的学术面貌，但在经验研究层面呈现出"本土材料、西方概念"的状态，创新成果不足且提出的理论架构和理论研究水平不高，还不能与西方经典理论抗衡③。对于社会运行论的相关批判，郑杭生先生将其归类成十个问题并进行回应。如针对学者们提出的社会哲学层面的讨论，郑杭生认为研究对象的理论前提与研究对象本身不能混淆，前者属于社会哲学的元问题层次，后者则属于社会学本问题中的总问题（本问题—总问题）层次。"社会学是研究个人与社会的关系"这一说法在社会哲学层次上是可以说得过去的，但它却没有在社会学作为综合性具体科学的层次上具体回答社会学的对象问题④。

可以看出以上争论都是围绕社会学的基本问题和研究对象进行，实际上是在中国社会学发展的过程中不同学者基于中国经验所提出的理论观点和思想的碰撞和思考，在这些争论中，要清晰认识到运动社会学研究的问题意识，哪些理论可以为我所用。要清晰把握一个理论学派的发展轨迹、思想内涵和薄弱之处，在实践应用中完善及创新理论，不断提升中国运动社会学的话语权和理论研究水平。

思考题

1. 简要论述社会运行论的主要思想。

---

① 崔树义：《社会学：社会现象关系学——社会学研究对象之我见》，《社会学研究》1988 年第 4 期，第 51～56 页。

② 谭明方：《对当前我国社会学研究对象三种观点的评析》，《社会学研究》1995 年第 4 期，第 8～12 页。

③ 谢立中：《当前中国社会学理论建构的努力与不足》，《河北学刊》2006 年第 5 期，第 84～85 页。

④ 郑杭生：《也谈社会学基本问题——兼答对我的社会学观点的某些批评》，《社会学研究》2001 年第 3 期，第 111～117 页。

2. 社会运行论视域下运动社会学研究的特征与议题。

3. 社会运行论对运动社会学的贡献和影响。

4. 运动社会学如何做好本土化研究、讲好本土化故事？

推荐阅读书目

1. 郑杭生、李强等：《社会运行导论——中国特色的社会学基本理论的一种探索》，北京：中国人民大学出版社，1993。

2. 郑杭生：《社会运行学派轨迹》，北京：首都师范大学出版社，2014。

代表性学者简介

郑杭生（1936~2014），1981~1983 年在英国布里斯托尔大学进修社会学和现代西方哲学。曾任中国人民大学社会学研究所第一任所长、中国社会学会会长，国务院学位委员会政治学、社会学、民族学评审组成员和召集人等职务。主要代表作有《社会学对象问题新探》、《社会运行导论》、《转型中的中国社会和中国社会的转型》、《中国社会学史新编》、《二十世纪中国的社会学本土化》、《社会学概论新修》、《本土特质与世界眼光》、《减缩代价与增促进步——社会学及其深层理念》和《中国社会转型与社区制度创新——实践结构论及其运用》等。着重研究社会学理论及其应用，提出的具有中国特色的社会学理论包括社会运行论、社会转型论、学科本土论、社会互构论等。

第十一章　社会实践论与运动社会学

本章要点

·布迪厄在辩证吸收马克思、涂尔干、韦伯等思想家观点的基础上，结合对结构主义、存在主义的思考提出了社会实践论，旨在批判主体与客体、结构与行动等二元理论。

·在布迪厄"〔（惯习）（资本）〕+场域＝实践"的理论体系中，惯习、场域、资本作为重要概念，彼此独立又相互关联，共同支撑起布迪厄对社会科学方法认识论的挑战。

·布迪厄的理论及研究被运动社会学者广泛关注。这既与布迪厄作为当代著名社会思想家所提出的理论及研究的启发性有关，也与布迪在研究中对运动的探讨有关。基于社会实践理论所展开的运动社会学研究，呈现出整体与具体细化两大趋势，即除了对社会实践理论的整体探讨，还呈现出对社会实践理论中惯习、场域、资本的针对性探讨。

·基于社会实践论的运动社会学省思，不但呈现出运动社会学者对本学科理论建构与延伸的探索，而且推动了运动社会学理论思想、研究范式、运动理论的发展。

·社会实践论在对结构主义与存在主义等二元视角的反思中，试图弥合主体与客体、结构与行动之间的对立，这对于运动社会学研究视角的拓展将产生极大的启发。

关键概念

实践；惯习；场域；文化资本；经济资本；社会资本；符号资本

第一节　社会实践论的思想溯源与理论内容

社会实践论由法国哲学家、人类学家、社会学家皮埃尔·布迪厄提出，是由惯习、场域和资本三个核心概念组成的理论体系，布迪厄借此挑战了社会科学的方法和认识论。[1] 实践理论的提出，不但影响了社会学、人类学，也引起了管理学等其他社会科学的关注。追溯实践理论的发展可以发现，其提出与布迪厄的个人经历和其所处的社会背景及其学术经历有关。法国农民家庭的出身及阿尔及利亚殖民战争的参军经历，不但使其反思了法国的精英教育倾向，也使其关注到了社会不平等问题。随着自身理论水平的提升，接受了高等教育的布迪厄，在对系列社会问题的思考中，通过批判地思考马克思、涂尔干、韦伯等思想家及当时各研究流派的观点，逐渐形成了自己的理论体系。20 世纪 50 年代，结构主义在法国兴起，存在主义、理性选择理论和当代哲学后现代转向等研究流派也不断发展，生活在该时期的布迪厄受此影响，在部分肯定与推进结构主义思想的同时，也对当时普遍存在的二元对立进行了批判，主要围绕超越结构主义及存在主义的"结构"与"行动"的二元对立展开。相较于结构主义所认为的"结构是人类行为的最终规范因素，社会通过这些结构的持久性来维持稳定性"，以及存在主义"将人类选择和主观性放在优先位置，超越了其他任何一个方面"，布迪厄认为"结构"与"行动"并非二元对立的关系，"实践为结构与行动之间辩证关系的产物"。[2] 基于此，社会实践理论也随着布迪厄研究的深入而得到建构和完善，并对当代部分人文社会科学产生了深远影响。

一　社会实践理论的溯源与内涵

回顾布迪厄思想的发展可知，虽然布迪厄在后期发展中批判了结构主义，但不容否认的是，结构主义对布迪厄思想体系的形成产生了深远的影响。早期受结构主义指引，布迪厄认为世界由各种关系构成，而非绝对的实体，因此科学研究应该持一种关系主义的方法。[3] 在受结构主义影响的同时，布迪厄也受

---

[1]　M. Lamon, "How Has Bourdieu Been Good to Think With? The Case of the United States," *Sociological Forum* 27, no. 1 (2012): 228.

[2]　于海：《西方社会思想史》（第三版），上海：复旦大学出版社，2010，第 575 页。

[3]　侯钧生主编，《西方社会学理论教程》（第三版），天津：南开大学出版社，2010：第 404～405 页。

到马克思、涂尔干、韦伯等思想家的启发，在对相关观点的批判思考中形成了自己的理论体系。在马克思的现实主义和实践理论等启发下，布迪厄延伸了对实践含义、实践中辩证关系的关注；基于涂尔干对"社会事实"、集体表象等的理解，布迪厄进一步思考了社会力量和社会关系的内涵；同时，受韦伯对社会行动、帕森斯对一般行动理论探讨的影响，布迪厄关注到日常实践。整体来看，社会实践理论是布迪厄在对诸位思想家及相关研究的辩证思考下建构的。

在布迪厄看来，"实践信念不是一种'心理状态'，更不是对制度化教理和信条大全（"信仰"）的由精神自由决定的信从，而是——如果可以这样表述的话——一种身体状态（état de corps）。原始信念就是这种在习性和习性与之相适应的场在实践中建立起来的直接信从关系，这种由实践感带来的不言而喻的世界经验"[1]。相较于指向他人的行动理论，实践理论中的实践是自主的。人类行为是由场域的特定规则、人的惯习及人所拥有的资本之间的相互作用所决定的实践。即"〔（惯习）（资本）〕＋场域＝实践"。需要说明的是，虽然布迪厄并未明确界定"实践"，但实践理论中的"实践"不同于日常所说的"实践"。正如他所说："我从来没有用过'实践'（praxis）这个概念，因为这个概念，至少在法语中，多多少少带有一点理论上的夸大性说法，甚至有相当多成分的吊诡性。"[2] 虽然翻译为中文时用"实践"来表达，但其指的是人类一般性活动，其中包括生产劳动、经济交换、政治、文化和大量的日常生活活动，是布迪厄社会理论所特有的基本范畴。[3] 布迪厄认为，实践是具有逻辑的，实践逻辑是隐藏在实践活动中的深层次生成原则，而不是规范行动的规则。这些生成原则将实践活动中的思想、感知和行为构成一个整体，使实践活动成为可能。正是这种对实践逻辑的理解，使得布迪厄走出了结构主义的人类学，构建起一种他称之为"建构的结构主义"或者"结构的建构主义"社会学。[4]

二 在结构与能动性之间调节的"惯习"

长期以来，布迪厄对主体与客体、结构与行动等二元对立观保持着批判的态度，认为彼此间的关系并非单向地谁决定谁。为了在结构和能动性之间进行

---

① 皮埃尔·布迪厄：《实践感》，蒋梓骅译，南京：译林出版社，2012，第 97 页。
② P. Bourdieu, *Choses Dites* (Paris: Les Éditions de Minuit, 1987), p. 33.
③ 高宣扬：《当代社会理论》，北京：中国人民大学出版社，2017，第 812 页。
④ 侯钧生主编，《西方社会学理论教程》（第三版），天津：南开大学出版社，2010，第 411 页。

调解，布迪厄引入了"惯习"的概念。"惯习"（hatitus）同"实践"一样来自拉丁文，原意是生存的方式或服饰；后来由于与"习惯"（habitudo）有共同的词根而被用来表示在内外努力及影响下固定下来的行为方式等。其被用于人文科学中，最早是在中世纪时期。继圣托马斯学派用 hexis 表示亚里士多德的道德意涵之后，黑格尔、涂尔干、莫斯、胡塞尔等也曾用 habitus 表达观点。① 布迪厄所提出的"惯习"，是在受到结构主义范式、结构语言学的"结构"概念及海德格尔、梅洛-庞蒂等人的启发，以及在让·皮亚杰的认知理论等影响下建构的。在布迪厄看来，惯习"是持久的和可转换的性情系统，是被结构化的结构，亦是起着结构化功能的结构的'前性情'"②。从中可知，"惯习"不但连接着过去、当下与未来，而且既受外部世界的影响，又在能动反应中影响外部世界。"通过实践而被创造"③ 的惯习，不是一蹴而就的，而是在实践过程中逐渐受外部世界影响并内化形成的，不但指向过去和当下，也指向未来。在过去与当下形成的对未来实践具有前认知把握的"惯习"并非一成不变的，而是在实践中重新演绎的同时能动地影响着外部世界，反映了主体与客体、结构与行动间并非二元对立的关系，而是蕴含着"外在性的内化和内在性的外化的辩证法"④。虽然在安东尼·金看来，"惯习"并未解决二元对立，"但还是提供了一种摆脱结构与能动性之对立的思路，而又不会重蹈在主观主义或客观主义之间抉择的难题"⑤。除了提供摆脱二元对立的思路，具有历时性的"惯习"作为"行动者所拥有和掌握的'垄断资本'"⑥，具有社会化属性的同时兼具个体身体化的属性⑦。虽然相同的生存环境使部分人易形成一致性的惯习，但不同个体间"惯习"的差异性仍不容忽视。如布迪厄所言"各个个人的'惯习'的相互区别性在于社会经历轨迹的特殊性。这些社会经历轨迹是同按年代顺序排列的决定性事物的序列相适应的，而且，它们之间是不可化约的"⑧。不可化约的社会经历决定了个体间惯习的不完全一致，

---

① 高宣扬：《当代社会理论》，北京：中国人民大学出版社，2017，第 834 页。

② P. Bourdieu, *Le Sens Pratique* (Paris：Les Éditions de Minuit, 1980), pp. 88-89.

③ 于海：《西方社会思想史》（第三版），上海：复旦大学出版社，2010，第 577 页。

④ P. Bourdieu, *Outline of A Theory of Practice* (London：Cambridge University Press, 1977), p. 77.

⑤ E. Silva, and A. Warde, *Cultural Analysis and Bourdie's Legacy：Settling Accounts and Developing Alternatives* (London：Routledge, 2010), p. 1.

⑥ 高宣扬：《当代社会理论》，北京：中国人民大学出版社，2017，第 846 页。

⑦ 侯钧生主编，《西方社会学理论教程》（第三版），天津：南开大学出版社，2010，第 409~410 页。

⑧ P. Bourdieu, *Le Sens Pratique* (Paris：Les Éditions de Minuit, 1980), pp. 100-102.

进而也使得"惯习"成为不同个体所具有的"垄断资本"。既然是垄断便涉及稀缺，为保障这种稀缺，"惯习"呈现出某种本能性的保护及对抗外部压力的自我稳定性及自卫性能力。[1] 需要说明的是，"虽然惯习是一种可以约束思想和行动选择的内化结构，但它并不决定思想和行动，这是将布迪厄与主流结构主义区分开来的主要点"[2]。

三 靠力的相互关系维持的"场域"

在社会实践理论中，布迪厄通过"惯习"的引入建立了结构与能动性之间的联系，在一定程度上呈现了二者之间的非对立关系。而"惯习"并非凭空生成的，其所呈现的历时性与能动性等特征均是在特定场域中实现的。由此，对"惯习"的探讨，也离不开对"场域"的思考。在布迪厄看来，"场域"与"惯习"间存在着密切联系：一方面，场域是惯习的条件；另一方面，惯习将场域构建为充满意义的事物。场域概念来源于物理学中的场论（field theory）。[3] 在物理学中，场是力的作用空间，这种作用空间有着清晰可见的结构。[4] 同"实践""惯习"等概念的意涵再赋予一样，布迪厄也拓展了"场域"的概念。在社会实践论中，"场域可以定义为在各种位置之间存在的客观关系的网络，正是这些位置的存在和他们强加于占据特定位置的行动者或机构之上的决定性因素，让这些位置得到了客观的界定，其根据是这些位置在不同类型的权力（或资本）——拥有这些权力就意味着把持了这一场域中利害攸关的专门利润的得益权——的分配结构中实际的和潜在的处境，以及他们与其他位置之间的客观关系（支配关系、屈从关系、结构上的对应，等等）"[5]。从中可知，场域（field）既是关系网络，又是权力冲突场所，靠力的相互关系得以维持。其中所蕴含的冲突思想，与布迪厄受马克思、韦伯等人的社会冲突思想影响有关，布迪厄在批判相关思想的基础上拓展了对资本的探讨，认为资本具有象征含义，并且渗透着权力与支配[6]。除了对社会冲突思想进行了批判性拓展，场域中的权力也并非单一和单向度的，而是不同社会关系网络中的多

---

① 高宣扬：《当代社会理论》，北京：中国人民大学出版社，2017，第844页。
② 于海：《西方社会思想史》（第三版），上海：复旦大学出版社，2010，第577页。
③ G. Ritzer, "Metatheorizing in Sociology," *Sociological Forum* 5, no. 1 (1990): 3-15.
④ 侯钧生主编，《西方社会学理论教程》（第三版），天津：南开大学出版社，2010，第413页。
⑤ 皮埃尔·布迪厄、华康德：《实践与反思——反思社会学导引》，李猛、李康译，北京：中央编译出版社，1998，第133~134页。
⑥ 侯钧生主编，《西方社会学理论教程》（第三版），天津：南开大学出版社，2010，第414页。

种力量。在把握场域时，除了关注其关系性特征，还应关注场域的多样性和逻辑性。即在一个社会中，存在着诸多场域，这些场域均有其内部逻辑和规则。如布迪厄所说："决定着一个场域的，除其他因素以外，是每一个场域中的游戏规则和专门利益。这些游戏规则和专门利益是不可化约成别的场域的游戏规则和专门利益的，而且这些游戏规则和专门利益亦是不可能被那些未进入该场域的人们所感知到的。"① 场域内行动者的惯习是基于对规则的理解与接受形成的。通过场域，社会的物质结构与精神结构同行动者相互连接起来，并构成了一个动态的过程。②

四　各有逻辑且相互影响的"资本"

在布迪厄看来，"场域的结构，是参与到专门资本的分配斗争中去的那些行动者同行动者，或者机构同机构之间的力的关系的状况。参与到场域斗争中去的这些专门资本，是在先前的斗争中积累，并指导着今后的行动策略的方向"③。这意味着在场域的结构中，资本发挥着重要作用。这种对资本的探讨，也呈现了布迪厄所认为的"实践活动实际上一直服从经济逻辑，主张建立实践活动的经济学"④，蕴含着布迪厄基于莫斯、列维-斯特劳斯等人交换思想所形成的交换实践思考。这种交换实践不局限于经济资本层面，而具有多重指向。布迪厄认为，在实践活动的经济学中主要包含四种资本，即经济资本、文化资本、社会资本和符号资本。四种资本各有存在逻辑，且在一定条件下可相互转化。经济资本是由生产的不同要素（如土地、工厂、劳动、货币等）、经济财产、各种收入及各种经济利益所组成的。文化资本是指借助各种教育行动传递的文化物品，主要有三种存在形式：一是身体化的形式，体现在人们身心中的根深蒂固的性情倾向；二是客观化的形态，体现在文化物品之中（如辞典、机器等）；三是制度化形态，体现在特定的制度安排上。社会资本"作为社会投资的策略的产物，它是通过交换活动而实现的"⑤。行动者所掌握的社

---

① 高宣扬：《当代社会理论》，北京：中国人民大学出版社，2017，第852~853页。
② 皮埃尔·布迪厄、华康德：《实践与反思——反思社会学导引》，李猛、李康译，北京：中央编译出版社，1998，第144页。
③ P. Bourdieu, "Espace Social et Genèse des Classes," *Acte de la Recherche en Sciences Sociales* no. 52-53（1984）：114.
④ 侯钧生主编，《西方社会学理论教程》（第三版），天津：南开大学出版社，2010，第414~416页。
⑤ P. Bourdieu, *Questions de Sociologie*（Paris：Éditons de Minuit，1980），pp.55-57.

会资本，不但取决于行动者自身所能动员的联络网幅度，也取决于其所身处的联络网中其他行动者所持有的各种资本（经济资本、文化资本或符号资本）。① 鉴于交换行为是在合法性机制中完成的，因此在交换实践中把握相关资本的合法化便具有了重要意义。在布迪厄的理论中，符号资本便发挥了这种作用。符号资本的目的是充分把握文化等三种资本所具有的象征性质以及资本占有和运行的合法化形式。② 在涵盖了行动者所有选择的空间的场域中，这些资本既可以相互转换，又在权力等渗透中具有了象征意义。

第二节　社会实践论视角下的运动社会学研究

运动社会学作为社会学的分支学科之一，虽然在近些年体系日益完善，但关于其形成时间，学界仍未形成一致观点。一段时期内，可能受到传统西方哲学主流思想身心二元论的影响，以及运动被视为休闲娱乐等原因，运动在相关研究中常常被作为描述性对象而缺乏对运动本体的研究。后期伴随系列关于运动的探讨，运动社会学得到了快速发展。在众多研究中，布迪厄的理论及研究被运动社会学广泛关注。这既与布迪厄作为当代著名社会思想家所提出的理论及研究的启发性有关，也与布迪在研究中对运动的探讨有关。在布迪厄看来，运动是"探讨理论与实践、语言与身体间关系问题的敏锐度最高的领域之一"③。运动作为身体实践"在不断争取或保持卓越声誉的过程中成为品位的象征"④。基于对运动的兴趣与认知，布迪厄不但在《区分》《论电视》《反思社会学导引》等著作中对运动进行了分析，而且发表的两篇运动会议报告《体育和社会阶级》（1978 年，修改后名为《如何成为一名运动员?》）、《运动社会学纲要》（1983 年）在运动社会学界也产生了广泛的影响力。伴随运动社会学的发展，布迪厄所提出的社会实践理论，更是被运动社会学者作为开展研究的理论依据。基于社会实践理论所展开的运动社会学研究，呈现出整体与具体细化两大趋势，即除了对社会实践理论的整体探讨，还呈现出对社会实践理

---

① 高宣扬：《当代社会理论》，北京：中国人民大学出版社，2017，第 829 页。
② 侯钧生主编，《西方社会学理论教程》（第三版），天津：南开大学出版社，2010，第 414～416 页。
③ P. Bourdieu, *In Other Words: Essays Towards a Reflexive Sociology*, trans. M. Adamson（Cambridge: Polity Press, 1987), p. 166.
④ G. Jarvie, and J. Maguire, *Sport and Leisure in Social Thought*（London: Routledge, 1994), p. 184.

论中惯习、场域、资本的针对性探讨。

一　对社会实践论的整体探讨

在布迪厄的思想与研究中，实践理论、文化再生产理论等被运动社会学者广泛关注。通过梳理既有研究成果可知，运动社会学界的相关研究并不局限于理论探讨，而且呈现出对相关理论的具象结合及本土化和时代化反思。

首先，结合社会实践论对运动社会学研究范式、理论、思想等展开探讨。理论和观点的形成与发展不但是兼具历时性与共时性的文化与观念的积累，而且是基于社会文化情境而形成的，有着一定的地域与时代属性。布迪厄基于其哲学、人类学、社会学等学习及研究经历，并结合其参军等生活经验，在 20 世纪 70 年代所提出的社会实践论，虽然具有较为宏观的思考指向，对社会学等诸多学科产生了积极影响，但在不同学科领域、不同国家的探讨中还具有一定的局限性。由此，不同国家的不同学者在探讨社会实践论时，通过与不同学科语境的结合并在各自特定的文化情境中进行了理论的延伸。在运动社会学领域中，部分学者基于社会实践理论，不但对运动社会学研究范式进行了探讨，对"何谓运动社会学"与"运动社会学何为"等基本议题也进行了思考。"运动作为一种象征性的文化实践，是部分反映社会阶层的文化活动。"[1] 因而社会实践论能够为"运动与社会分层、社会不平等研究中理论的使用和社会实践理论概念工具的适用"[2] 等提供启示。

其次，结合社会实践论对具体运动实践进行探讨。随着运动社会学的发展，研究对象与研究范围也日益丰富。在既有研究中，运动社会学者结合社会实践论对青少年体育、城乡体育、体育教育、体育政策等展开了探讨，呈现出具体化、跨学科研究指向，同时进行着本土化和特色化反思。例如，部分学者就社会实践理论，对武术发展的社会空间及实践逻辑、球迷暴力等展开了分析，并提出了发展和改进思路。相关研究的开展，不但为具体的运动发展提供了思路，而且在重叠领域的思考中拓展了研究视域。例如在体育教学、商业对运动的影响等研究中，基于社会实践理论所提供的视角发现"经过一段时间的运动和教育等重叠领域的接触，产生了一种性别习惯，并被认为是物质资

---

① 李琛：《布尔迪厄体育思想研探》，《山东体育科技》2012 年第 5 期，第 37~41 页。
② 曹祖耀：《"何谓体育社会学"与"体育社会学何为"——布尔迪厄社会实践理论的运用与启示》，《体育学刊》2010 年第 10 期，第 26~31 页。

本。这种资本在双重意义上转化为一种运动社会认同，以及一种有价值的、内化的行动意向的强大方案，这种意向既能使个人有资格，也能预先使其进入未来的运动活动和运动领域"①。"布迪厄的场域、资本和惯习概念使我们能够理解运动领域如何与经济和媒体领域融合，以及运动领域的主导、新自由主义和商业特征如何影响那些参与领域的行为、决策和优先排序的方式。"② 整体来看，运动社会学对社会实践论的整体化探讨与思考，并不局限于整体的理论探讨与延伸，而是呈现了具象化的融合与反思，在表征了社会实践理论价值的同时，反映了运动社会学研究的活力。

二 对"惯习"的建构性与能动性分析

在运动社会学领域，"惯习"概念并不陌生，甚至是重要的研究议题之一。正如运动在千年继承与发展中所呈现的连续性与动态性，决定了运动参与在某种程度上所具有的接续性，不仅体现在代际传递中，也体现在个体运动参与的惯习中。在多元文化交融并构的时代场域下，对运动惯习的研究不但有利于运动发展，也助于对社会文化发展进行反思。通过梳理运动社会学中围绕社会实践理论中的"惯习"所展开的研究，能够发现相关研究同样呈现出宏观整体化思考与微观具体化反思的特征。

首先，从宏观整体层面探讨促进国民运动"惯习"形成的路径。虽然运动作为文化的一部分，在人类发展中早已被人类认可，但由于地理环境、文化及民族等差异，不同地区对运动的认知呈现差异化特征。伴随社会的发展，鼓励运动参与以提升国民整体体质、促进社会交往、推动运动经济早已是许多国家的发展策略并发展出了一系列相关政策和种类多样的运动形式。在运动参与率的提升中，鼓励阳光运动、终生运动以促进国民运动"惯习"的形成等问题被学界所关注。除了政策支撑，诸如"后冬奥时代，兴趣与动机激励是实现大众冰雪参与从具身体验到惯习行为的关键"③ 等也为宏观整体层面的运动

① D. Brown, "An Economy of Gendered Practices? Learning to Teach Physical Education from the Perspective of Pierre Bourdieu's Embodied Sociology," *Sport Education and Society* 10, no. 1 (2005): 3-23.

② S. K. Duncan, "The Transformation of Australian Football: The Impact of Business on the Sport Field," *Cosmos And History-The Journal of Natural and Social Philosophy* 13, no. 3 (2017): 358-383.

③ 王智慧:《如何再续"冰雪奇缘"？——北京冬奥会后期效应与东北冰雪产业振兴的理论逻辑及实践路径》,《武汉体育学院学报》2022 年第 5 期, 第 29~38 页。

"惯习"建构提供了思路。

其次，围绕群体"惯习"以及"惯习"能动性的思考。这些思考呈现出对不同群体的研究，譬如运动员、青少年、体育记者，以及对"惯习"的分类研究，例如运动惯习、阶层惯习、职业惯习、性别惯习。这种对不同群体及不同类别"惯习"的探讨，体现了"惯习"的建构性和能动性，即基于实践空间形成的"惯习"能动地影响着实践空间。Kerr 等通过对运动员运动惯习的探讨，认为"随着运动员不完美地产生和再现可识别的动作，作为他们运动惯习的一部分，他们可以理解运动的价值是如何不断地流入和再生的"[1]。通过相关研究来看，"惯习"既是在历时性和共时性中建构的，又在能动地影响着个体认知和社会结构。

最后，通过分析不同项目的运动"惯习"探讨时代化社会发展。近年来对热门运动项目的关注中，诸如马拉松、跑酷等极限运动，除了探讨"技术惯习""文化惯习"等具体表现，还融入了对文化、社会、经济等维度的思考。例如，"跑酷运动的发展过程证明了文化商品的中介化和运动逻辑元素的融入的影响，这些因素导致了运动主体形态结构和惯习的转变"[2]。"在对极限耐力运动的探索中注入宏观社会经济层面的关注的同时，应继续考察参与者生活体验，并与游戏现象学及其与阶级和变化的经济结构的关系的探索相结合。"[3] 整体来看，从社会实践论"惯习"视角出发而开展的运动社会学研究，不但从宏观整体层面思考了集体化运动"惯习"的建构路径，而且从微观具体层面分析了"惯习"的能动性，呈现出运动社会学研究对"惯习"的学科化思考与延伸。

三　对"场域"关系与内部逻辑的关注

在社会实践理论中，场域不但是关系性的，而且是多样性的，蕴含着场域逻辑。由此，结合社会实践论进行"场域"探讨的运动社会学，同样呈现出对相关场域关系性、多样性及内部逻辑的关注。既是历史的又是现实的运动场

①　R. Kerr, and S. M. K. Espiner, "Theorizing the Moving Body in Competitive Sport," *Sociology of Sport Journal* 39, no. 2 (2022): 170–177.

②　A. V. Fernandes, etc., "Social Conditions of Emergency of a Sportive Subfield: the Case of Parkour," *Retos-nuevas Tendencias en Educacion Fisica Deporte Y Recreacion* no. 38 (2020): 509–516.

③　C. P. Eren, "Estranged Labor, Habitus, and Verstehen in the Rise of Extreme Endurance Sports," *Journal of Ournal of Sport & Social Issues* 41, no. 5 (2017): 384–401.

域在各种力的冲突中得以建构，"冲突"本身的动态性决定了运动场域不仅是在动态中形成的，而且是在动态中发展的。这种动态性在运动社会学视域中，体现为与时俱进的运动场域调整。伴随社会发展，互联网技术的推广应用，以及风险社会复杂性的提升，动态调整运动场域成为促进运动发展的重要支撑。通过梳理相关研究可知，对相关运动场域的思考与研究不仅表现出对学校、家庭场域的关注，而且还表现出对互联网时代虚拟场域中运动相关内容的思考。有学者针对"互联网+"时代虚拟场域中惯习与资本的变化，基于互联网底层逻辑的共同作用，对场域特征的变化进行思考，分析了运动题材网络剧的发展趋势。[①]

　　除了对运动场域动态性的思考，探讨不同政策背景下的运动场域，呈现了运动场域的关系性和多样性。以我国的政策发展为例，伴随健康中国、体育强国、体医融合、"双循环"等政策和战略的提出，部分学者对相关背景下的运动场域进行了探讨。如体医融合过程中的场域壁垒，以及"双循环"期间"国际体育用品需求缩减带来的场域变化"[②]等问题，促进场域、惯习、资本等发展以打破壁垒、适应转变等问题被部分学者所探讨。

　　此外，具体的运动场域发展及逻辑同样被运动社会学者所关注。正如前文所说，场域是在不同力的相互作用下维持的，包含着复杂的关系。在运动场域的维持与发展中，仅注重与发挥场域内的政府主动权是不足够的，"应重新调整运动场域内部的资本，架构新的场域结构"[③]。随着社会的发展，学界对民族传统体育文化及民俗体育等具体的运动场域变迁与发展的探讨，并不局限于运动场域内部，而是呈现出对社会关系及信仰体系等"关联场域"[④]的关注与整体化思考。在对相关场域进行动态、整体探讨的同时，场域内部的逻辑形成、发展与影响等也被部分学者所关注。[⑤]

---

① 尤达：《场域理论视域下的体育题材网络剧》，《体育与科学》2020年第4期，第71~79、94页。

② 邹天然、徐子渊、周亚美、肖淑红：《"双循环"场域特征下我国体育用品制造业的机遇、挑战与应对》，《科学决策》2022年第3期，第123~133页。

③ 刘转青、殷治国、郭军、夏贵霞：《我国体育社会组织主体性缺失的场域理论解析》，《体育学刊》2018年第4期，第14~20页。

④ 王若光：《民俗体育的身体技术与"关联场域"——基于国家级非物质文化遗产鄂乡"鼓车赛会"的田野考察》，《体育与科学》2020年第6期，第32~38页。

⑤ 刘转青、练碧贞：《CBA联赛场域中国篮协的行政逻辑及其影响》，《沈阳体育学院学报》2018年第5期，第99~104页。

四　对"资本"的整体性与多样性探讨

在社会实践理论中，场域中力之间的关系往往是通过资本的斗争来呈现的，惯习的形成与发展等也受不同类型资本积累程度的影响。鉴于社会实践理论中资本类型的多样性及其在一定条件下可相互转换等特征，运动社会学结合社会实践理论所开展的相关研究也呈现出对不同类型资本形成、发展及影响等问题的关注。首先，在将文化资本、社会资本、经济资本、符号资本视为整体开展的相关研究中，呈现出对运动参与主体内部文化、经济、社会等资本提升与再生产，以及外部经济等资本与运动发展之间关系的关注。例如对运动员资本、民间资本助推运动参与的研究。在对社会实践理论所提及的资本进行探讨的同时，部分研究呈现出对资本再拓展的思考。Tostesen 等在对搭便车滑雪的冒险、认可与道德界限探讨中，认为"在布迪厄的社会学基础上，风险承担可能被视为一种资本形式……通过拉蒙特的研究扩展了布迪厄主义对社会实践的理解"[1]。

其次，对社会实践理论具体的不同类型的资本进行研究。①在从社会资本视角所开展的运动社会学研究中，不但围绕不同群体、组织的社会资本对运动参与的影响展开，还围绕运动社会资本的理论建构展开。例如部分学者便通过青少年健康行为与六个维度的社会资本（"体育政策资本""师生交往资本""学校场馆资本""亲朋互动资本""家庭经济资本""社区支持资本"）关联模型的设计与分析，探讨"制约青少年健康行为的关键资本，为改善青少年健康状况提供重要参考"[2]；另有学者对运动健身企业社会资本生成的影响因素进行了探讨。整体来看，有关社会资本在推动运动参与、运动治理等方面所具有的积极作用得到广泛认可。在此基础上，部分学者还对运动社会资本的理论建构和现实意义等进行了探讨。②在从文化资本视角所开展的运动社会学研究中，呈现出对不同主体文化资本和不同项目文化资本的探讨。无论是对体育教师、不同家庭文化资本差异及影响的审视，还是对文化资本所反映的阶层差异探讨，抑或对民族传统体育文化资源及其文化资本深厚内涵的分析等，均表征了文化资本的积累性和对运动参与的影响力。③在从经济资本视角所开展的

① G. Tostesen, and T. Langseth, "Freeride Skiing-Risk-Taking, Recognition, and Moral Boundaries," *Frontiers in Sports and Acive Living* no. 3（2021）.

② 秦春莉、罗炯、孙逊、张庭然、张弛：《社会资本因素对青少年健康行为的影响研究》，《中国体育科技》2016 年第 2 期，第 105～114 页。

运动社会学研究中，除了对个体经济资本所影响的运动参与的研究，以家庭为单位与以阶层、特定性别群体为代表的经济资本对运动参与的影响等问题同样受到关注。在围绕家庭经济资本进行的研究中，主要探讨了家庭经济资本对子女，尤其是青少年子女运动参与的影响。例如"家庭阶层越高，父母对子女身体活动的陪伴、支持和引导作用越强，子女身体活动达到推荐量的可能性越大"①。在不同社会阶层运动参与的分析中，通过分析不同社会阶层所热衷的运动项目，有助于了解阶层惯习形成的动因，且为分析社会区隔提供了思路。除了以家庭、阶层等为单位进行分析，对不同性别群体的分析，同样为经济资本影响下的运动参与提供了思考。④在从符号资本视角开展的研究中，主要围绕主体的符号资本的生成和积累，以及主体作为符号资本所发挥的作用，符号资本的内涵等展开讨论。在相关研究中，以"体育明星"为代表的符号资本探讨广受关注。除了对某一群体符号资本的关注，对某一项目符号资本的探讨也为剖析相关文化等提供了路径。

第三节　社会实践论视角下的运动社会学研究特征

伴随社会的发展、大众运动认知水平的提高，作为社会学分支学科的运动社会学也逐渐发展起来，不但呈现出对本土经验的关注，而且呈现出对运动本体的思考。运动类别具有多样性，这种多样性既是传统运动继承与发展的结果，也是现代运动创造与传播的结果。因此运动社会学者对不同国家、不同地区的运动表现出了研究的兴趣，以期探讨其背后所蕴含的本土文化，进而将运动表象层面的研究深入运动本体层面。虽然对运动本体化的思考与研究不局限于本土化方面，但这种本土化、本体化的研究，却向我们展现了运动社会学研究对本学科理论与方法的思考。这种思考在母学科社会学及其他学科的理论探讨中得到提升，也在相关理论对本学科适用性及局限性的讨论中被再思考。布迪厄的社会实践论被运动社会学广泛提及，与布迪厄本身对运动的兴趣及其在理论建构与论述中对运动的解读有关。因此，从社会实践论视角开展的运动社会学研究，不但具有很大的理论契洽空间，而且为本土化、本体化的运动相关研究提供了重要支撑。以此为背景，梳理社会实践论视角下的运动社会学研究

---

① 　王富百慧：《家庭资本与教养方式：青少年身体活动的家庭阶层差异》，《体育科学》2019 年第 3 期，第 48~57 页。

特征，便具有了促进社会实践论在运动社会学科理论延伸的积极意义。

一　基于社会实践论的运动社会学发展省思

长期以来，运动社会学在理论建构与发展动力上相对不足的原因之一在于，学界对运动的论述更多停留在描述层面而缺乏对其本体化的反思与探讨。运动作为一种身体实践、文化实践，虽然在内涵上并不如社会实践论中的"实践"内涵丰富，但二者的"实践"在一定程度上具有某种契合则是毋庸置疑的。可以说，社会实践论中的"实践"包含身体实践、文化实践。由此，基于社会实践论所开展的运动社会学研究便在"实践"的本质关联中，获得了相关理论探讨与延伸的依据与支撑。在既有的运动社会学相关研究中，对社会实践论的整体化探讨与思考占有一定的比重，且呈现出结合社会实践论对运动社会学理论思想、研究范式、运动理论的省思。这种省思融合了布迪厄对主体与客体、结构与行动等二元对立的批判，表达了对运动作为身体实践、文化实践的逻辑以及运动场域、运动惯习、运动资本的关注。结合社会实践论中惯习、场域、资本等重要概念的相关研究，突破了以往研究聚焦于社会结构或精神结构某一方面的局限，在关系主义方法方面拓展了研究思路，为运动本体的深层生成原则探讨提供了路径。同时，通过社会实践论中惯习、资本、场域等彼此关联又彼此相对独立的关系探讨，拓宽了运动社会学的研究视域。鉴于惯习、资本、场域等本身的动态性与多样性，社会实践论不但促进了运动社会学研究的发展，而且为从运动视角进行社会场域、文化等分析提供了思路。整体来看，基于社会实践论的运动社会学，呈现出运动社会学者对本学科理论建构与延伸的探索，推动了运动社会学理论和研究范式的发展。

二　基于实践论中某一具体概念的深化研究

由惯习、场域、资本等一系列概念组合而成的社会实践论，不但整体地呈现了布迪厄的思想观点，而且在概念细分中多视角呈现了实践论对结构主义及存在主义等二元对立观的超越。具体到社会实践论视角下的运动社会学研究，表现为对某一具体概念的深化研究，体现在对运动惯习、场域、资本等某一指向的具体研究，以及对这些指向内部的类型探讨。首先，对运动惯习、场域、资本等某一指向进行的具体研究，是在社会实践论的整体理解基础上开展的。在客观认识到惯习、场域、资本之间相互关联且相对独立的同时，选择某一方面进行针对性研究。这些研究的开展以相应指向对运动发展的影响为前提，并以社会实践论中相关内容不因学科、研究背景差异等特征消失为依据。例如，运动惯习指向过去、当下与未来，受到外部世界影响而建构的同时，能动地影响着外部世界；运动场域具有多样性特征且各具逻辑，不但是历史的而且是现实的，由跨越时空的各种力量关系网组成。其次，在对运动惯习、场域、资本等某一内容进一步深化分类探讨时，不但是在理解社会实践论及相关概念基础上开展的，而且以对内容的多样性思考为基础。例如，除了对文化资本、经济资本、社会资本、符号资本进行分析与研究，学者们在此基础上结合社会发展背景提出了诸如物质资本、风险资本等。在对惯习的进一步分类中，还涉及技术惯习、文化惯习、职业惯习等。整体来看，基于实践论中某一具体概念的深化研究，呈现出对运动惯习、场域、资本等某一内容的具体深化研究，以及对运动惯习、场域、资本中某一指向的进一步分类探讨，为运动参与和运动发展提供了丰富的研究路径。

三 结合社会实践论的具体化运动实践分析

在人类社会早期出现的运动形式，发展至今已逾千年。这里所指的运动并非对某一具体运动项目的指称，而是将其视为人类某一活动类别的存在。在运动的发展过程中，实践成为其得以承继的重要前提。鉴于人类分布于世界各地，生活在具有差异性的地理环境、文化氛围、民族风俗中，不同社会文化情境孕育着具有差异性的运动实践，为了更深入地对运动进行本体化研究，社会实践论视角下的运动社会学研究，便无法回避对具有差异性的运动实践的分析。梳理相关研究主要围绕不同运动项目、不同群体、不同政策背景下的具体运动实践展开。首先，在不同项目的运动实践分析中，结合运动惯习、场域、资本，分析具体运动项目发展中所面临的问题和现象等，探讨提升参与机制或促进发展的路径。其次，在不同群体的运动实践分析中，主要对不同社会阶层、不同性别、青少年群体的运动实践展开研究。随着社会发展，中产阶级、女性、青少年等群体的运动实践情况在社会变迁与转型中呈现出引人注目的变化。这种变化与经济、文化等发展下运动认知水平的提升有关，也与相关群体运动实践所具有的时代文化镜像价值有关。通过分析相关群体的运动实践，相关研究不但就热点现象进行了本质剖析，而且提供了不同视角。在不同政策背景下的运动实践分析中，以健康中国、体育强国、体医融合等背景下的运动实践分析为代表，呈现出了运动实践的时代性与动态性，为从宏观视角探讨运动发展提供了思路。整体来看，结合社会实践论的具体化运动实践分析，主要围绕不同运动项目、不同群体、不同政策背景下的运动实践展开，不但为具体运动实践提供了发展及提升思路，而且为相关研究提供了不同视角。

四 时代化运动发展进程中的多元理论并置

社会实践论反映了布迪厄对社会结构与精神结构之间、人与人的实践之间等关系的关注，也表现出对社会学的反思。在布迪厄看来，社会研究做不到客观，因为社会现象本身就不是客观的。由于社会学家无法针对实践提出客观的解释，他们应该避免强行就行为和关系提出观点，以规则进行解释。[①] 鉴于场域、惯习、资本之间复杂的转化关系，社会实践论下的运动社会学研究中也呈现出研究方法的灵活选择。对社会实践论的整体研究以及对运动惯习、场域的具体研究以定性研究为主，这可能与惯习、场域具有的能动性、抽象性有关；而在对资本的相关研究中则出现了较多定量研究，尤其在围绕经济资本及社会资本的相关研究中定量研究高频率出现，相关定量研究以对相关关系的实证检验、影响因素分析为主。与此同时，不同地区在历史发展中生成的运动项目的交互传播与发展，大众运动参与需求的转变也促进了运动文化的再造。社会实践理论下的运动社会学研究，也呈现出对运动发展时代性的关注，同时结合社会实践论及其他理论对相关内容进行探讨。换句话说，对相关运动项目的研究，不但要考虑历时性、共时性而且要考虑复杂性、多样性，在社会实践论之外，积极纳入身体技术等理论，进而为当下的运动提供与时俱进的运动社会学思考。

第四节 社会实践论视角下运动社会学研究的贡献与局限

随着运动社会学的发展，运动在社会学研究及理论延伸中的具身性价值日益得到认可。这种认可通过相关理论在运动社会学研究中的融合探讨，便可窥知一二。虽然运动的价值和内涵等逐渐被学界所关注，但就社会学相关理论的提出与发展来看，运动在相关理论及研究中还缺乏深入分析。既有运动社会学研究目前以与其他领域的理论融合为主。这种融合与延伸，虽然在社会框架、

---

① R. Maggio：《解析皮埃尔·布尔迪厄〈实践理论大纲〉》，徐宜修译，上海：上海外语教育出版社，2021，第28页。

主体性相似等支撑下得以实现，但需要正视的是，由于相关理论并非基于运动本体衍生而来，在适用性等方面存在局限。在众多的理论融合与探讨中，社会实践论由于与作为文化实践、身体实践的运动存在本质关联，以及该理论的系统提出者布迪厄本人对运动的兴趣及分析，从而得到了运动社会学者的广泛关注。部分学者通过布迪厄的研究分析得出，"布迪厄是一位不同寻常的社会学理论家，因为他主要的研究与运动和休闲实践研究相关"①。无论是理论内容的启发性、包容性，还是理论提出者对运动关注，均促进了社会实践论视角下的运动社会学研究。基于社会实践论对结构主义与存在主义等二元对立观的超越，融合了社会实践论所开展的运动社会学研究也呈现出对主体与客体、结构与行动等关系的反思，并在反思中促进了运动社会学的学科建设与研究发展。对社会实践论视角下的运动社会学研究的贡献与局限的思考，有利于推进运动社会学发展，并推动从运动本体衍生运动社会学理论。

一　社会实践论视角下运动社会学研究的贡献

（一）基于社会实践论对实践逻辑的强调，推进运动社会学学科建设

长期以来，有关主体与客体、实践与行动等关系的讨论广受关注，且多围绕二元对立观展开。布迪厄提出的社会实践论，对当时普遍存在的二元对立进行了批判。在布迪厄看来，结构与行动之间并非绝对的"谁决定谁"的关系，相较于结构主义与存在主义分别对结构与能动性的强调，布迪厄引入了"实践"。这里的"实践"不但内容丰富，而且具有自身的实践逻辑。这种实践逻辑并非规则，而是有着深层内涵，使实践活动得以实现的同时，反映了结构与行动并非二元对立。基于社会实践论对实践逻辑的强调，社会实践论视角下的运动社会学研究也呈现出了对结构与行动、主体与客体等关系的反思。追溯运动的形成与发展可知，"劳动说""军事说"等常常是就运动兴起的主要叙事，本章无意于讨论各种说法的正确性，而是关注背后所蕴含的结构与行动关系。无论是"劳动说"还是"军事说"，都既包含着社会结构下运动活动的意义赋予，也包含着人类主体能动性创造的意义。运动作为身体实践与文化实践，本身便具有结构与行动关系，然而，在社会实践论视角下的运动社会学研究开展之前，似乎运动社会学研究由于缺乏内部衍生的理论，在借鉴其他理论的过程中同样呈现出对结构与行动二元对立观的延续，部分运动社会学研究呈现片面

---

①　G. Jarvie, and J. Maguire, *Sport and Leisure in Social Thought* (London: Routledge, 1994), p. 193.

性，进而使得运动本身的实践性未能得到充分挖掘。伴随社会实践论视角下运动社会学研究的兴起与发展，运动作为文化实践、身体实践的"实践"本质得到进一步关注，促进了对运动本身内涵与特征的探讨，进而有助于运动社会学学科建设的推进。

（二）在建构性与能动性的运动惯习探讨中，拓宽运动参与研究思路

在运动社会学等研究中，运动参与的动因、逻辑及提升路径等受到广泛关注。"运动参与"受到广泛关注，既与社会发展过程中国家号召国民运动参与以提升国民体质有关，也与物质生活水平提升下大众运动参与认知、需求与热情等提升有关。整体来看，"运动参与"研究既包含运动发展，又具有时代性内涵。相较于部分研究对运动参与的外部政策、环境等的探讨，社会实践论视角下的运动社会学研究通过运动惯习的分析，从运动参与本身和整体上拓展了相关研究路径。虽然运动参与形式不断多样化，但在身体实践中实现的运动参与本身所包含的社会建构与主体选择，从本质上决定了运动参与研究离不开对运动实践的思考。鉴于运动惯习在运动实践中的地位与作用，通过运动惯习研究来探讨运动参与便具有了合理性支撑，社会实践论视角下的运动社会学研究也呈现出对运动惯习与运动参与关系的关注。正如社会实践论中的惯习连接着过去、当下与未来，运动惯习同样连接着过去、当下与未来，运动参与者的惯习在过去及当下形成并指向未来，受到外部世界影响，同时也影响着外部世界。在结合运动惯习进行的运动参与探讨中，不但要对运动惯习的历时性与共时性建构进行思考，以探讨运动参与的持续性，而且要对运动惯习的建构性与能动性进行关注，以分析运动参与背后的深层逻辑与内涵。由此，在建构性与能动性的运动惯习探讨中，有关运动参与的研究突破了历时性、单向度的局限，具有了更加综合、整体化的思路。

（三）在运动场域的多样性、逻辑性分析中，拓展运动空间研究视域

互联网技术的发展，助推了信息流动的同时，拓展了运动参与的形式与空间。如果说在互联网技术推广及普及应用之前的运动空间，基于运动项目类别、运动参与群体等差异性而呈现出多样化分布，那么数字技术嵌入下的运动空间则在现实世界多样化分布的基础上拓展出了虚拟世界的多样化分布，由此使得对运动空间的相关研究也具有了更加复杂的面向。相较于既有研究以对运动空间单维度的分析为主，运动场域的多样性及逻辑性为愈加复杂的运动空间研究拓宽了视域。社会实践论中场域既是历史的又是现实的，是跨越时序的各种关系网络，运动场域也是由跨越时序的各种关系交织而成。这种基于关系网

络而非单一地理空间的思考，决定了结合运动场域所开展的相关研究本身便具有更丰富的内涵。例如，数字技术嵌入下的运动空间研究，运动场域的关系性使得对运动空间的研究具有了跨界域研究的路径。同时，关系具有多样性、逻辑性，因此运动场域也呈现出多样性、逻辑性特征。有关大学生课外锻炼、民族传统体育文化传承，健身等议题的研究，不但表征出运动社会学者对运动场域多样性的关注，也呈现出对不同运动场域内部逻辑的思考，这使得差异化、动态化的运动空间研究进一步得到丰富，同时为跨越虚拟与现实的运动空间研究提供了思路。

二 社会实践论视角下运动社会学研究的局限

（一）对历史的、建构的运动惯习的强调，易将多样性同质化

在社会实践论视角下的运动社会学研究中，有关运动惯习的探讨往往与场域的分析共同展开，呈现出对某一群体运动惯习的关注。这与运动种类、参与形式、分布地域等的复杂性有关，也与相对整体化分析的代表性等有关。虽然在运动惯习分析中呈现了对技术惯习、文化惯习、行政惯习等细化分类的探讨，但这种基于群体的整体化分析可能产生的多样性同质化，也使得相关研究呈现出局限性。产生这种局限的原因，与布迪厄本身的结构论倾向有关。正如前文所述，在布迪厄的学术发展中，受到了结构主义的影响，虽然在后期他对结构主义的二元对立观进行了批判思考，但通过研读其后期研究成果可知，结构主义对其产生的影响是持续性的，并未就此消失。在布迪厄的实践理论发展中，更多将研究兴趣指向社会结构与精神结构之间的关系，而对主体性的关注不足。在布迪厄看来，虽然惯习具有能动性，但这是在主体意识到惯习与自身的关系时才会对其进行管理，而这种情况在日常生活中并不多见。基于此，社会实践论视角下的运动社会学研究在对运动惯习的分析中，也多呈现出对某一场域下群体运动惯习的探讨。这时的运动惯习更多是建构主义的，缺乏对群体内部多样化主体及主体意识作用下能动的运动惯习在当下及未来的关注。也就是更多探讨运动惯习在过去为何以及如何形成，而对主体性进一步觉醒的当代社会，主体如何在能动的运动惯习调适中反作用于外部世界则探讨不足。由此，相关研究虽然具有整体化分析意义，但由于对多样性的具体运动惯习以及主体运动惯习的能动性等关注不足，容易将群体内的多样性同质化。

（二）对特定运动场域中运动实践的探讨，易忽略多场域的并存

在社会实践论中，惯习与场域之间是彼此关联的存在，惯习受到场域影响

的同时，也影响着场域，二者中一方的变化将影响另一方的变化；同时，鉴于运动实践是在场域、惯习、资本的相互作用下决定的，对特定运动场域中运动实践的探讨便具有了现实意义，即对特定运动场域中所进行的运动实践研究，不但呈现了运动场域与运动实践的关系，而且为深入研究运动实践背后的文化内涵等提供了路径。需要注意的是，对特定运动场域中运动实践所进行的研究，虽然能够提高研究的针对性，但也可能因场域的相对固化而局限研究思路。因为在社会中同时存在诸多场域，虽然各个场域都有其内部逻辑和规则，但部分场域共时并存，且常常因同一主体而出现重叠也是不争的事实。在布迪厄看来"作为一种场域的一般社会空间，一方面是一种力量的场域，而这些力量是参与到场域中去的行动者所必须具备的；另一方面，它又是一种斗争的场域。就是在这种斗争场域中，所有的行动者相遇，而且他们依据在力的场域结构中所占据的不同地位而使用不同的斗争手段，并具有不同的斗争目的"[①]。虽然社会实践论对场域中行动者互动的论述，为我们更形象地理解场域提供了思路，但重叠场域下行动者的内部互动对实践的影响同样不容忽视。社会实践论下的运动社会学研究对特定场域中的运动实践进行分析时，如果仅将行动者置于某一场域下进行实践探讨，则无形中忽略了其他重叠场域的渗透与影响，进而使得研究虽然看似具体且有针对性，但实际上呈现出对行动者多重经验的忽视，进而影响研究的有效性。

思考题

1. 简述对社会实践论中实践、惯习、场域、资本等概念的理解。
2. 结合运动社会学研究对惯习、场域之间的关联发表看法。
3. 如何看待运动社会学研究对惯习、场域、资本等的进一步细分？
4. 结合自己的研究思考或学术兴趣探讨运动惯习。
5. 如何看待社会实践论对运动社会学内生理论建构的影响？

推荐阅读书目

1. 皮埃尔·布尔迪厄：《区分：判断力的社会批判》，刘晖译，北京：商务印书馆，2015。

2. M. Grenfell. *Pierre Bourdieu*：*Key Concepts*. Durham：Acumen，2008.

---

① P. Bourdieu，*Raison Pratiques*：*Sur la Théorie de L'action*（Paris：Seuil，1994），p. 55.

3. P. Bourdieu. *Outline of a Theory of Practice*. Cambridge：Cambridge University Press，1977.

4. P. Bourdieu. *The logic of Practice*. Stanford：Stanford University Press，1992.

5. P. Bourdieu. *Science of Science and Reflexivity*. Cambridge：Polity Press，2004.

代表性学者简介

1. 皮埃尔·布迪厄（Pierre Bourdieu，1930~2002）法国人类学家、社会学家，当代法国最具国际影响的大师之一，任巴黎高等研究学校教授，法兰西学院院士。生长在贝亚恩地区的小村庄，父亲的邮递员身份让他同农民的孩子既亲近又疏离，因而没有形成和平的、中立的优雅风度，而惯于采取现实主义的和战斗的姿态。早年学术生涯一直未能摆脱结构主义的阴影，试图以索绪尔为基点，发展一种"普遍的文化理论"，在批判性地重新思考了索绪尔的理论命题，尤其是作为实践和言语对立面的文化与语言后，他放弃了这一计划，并开始探索一种有关文化实践的理论。布迪厄几近百科全书式的作品完全超越了学科限制，从人类学、社会学和教育学到历史学、语言学、政治科学、哲学、美学和文学研究，都有所涉猎。代表作有：《区分：判断力的社会批判》（1984）、《国家精英》（1998）、《实践理论大纲》（1977）、《男性统治》（2001）等专著，以及两篇体育会议报告《体育和社会阶级》（1978）和《体育社会学纲要》（1983）。

第十二章　身体现象学与运动社会学研究

本章要点

·身体现象学经由胡塞尔意识现象学的启发、海德格尔对存在的发问和梅洛-庞蒂对本己身体的综合研究，使人们认识到了身体的存在并开始进入到生命的状态之中。在现象学"本质直观"的要求下，运动中的身体有了还原的可能，并在此基础上形成了身体的诸多面向。

·行为和知觉这两种最基本的身体活动构成了身体在世的基本特征，而带有"客体与主体的中间"意涵的"肉"则被梅洛-庞蒂规定为自然存在的基础性元素，以"肉"作为现象出现的基质避免了现象的空洞与虚幻，使先验存在的不透明性化约成了身体的不透明性，最终使身体与世界的二元论哲学被统合为一元论哲学。

·运动中的身体的丰富性需要运用身体现象学的方法加以研究和呈现，让更为本质、更为直观的共相能够得以显现，从而确立身体的主体性地位，同时有助于重构运动哲学中的身体研究范式，将运动社会学研究带到更为深层的哲学思辨层次中，为运动社会学的学科建设积淀理论基础。

·身体现象学方法的使用在于将身体层面的意义延伸到对有意义的经验共同理解的层面上去，像竞技身体的伤痛意味着身体图式的破坏，运动现象场的生成机制关键要素在于作为有序指引的身体的联结作用的发挥，同时作为关系建构的身体又在运动形式中对部分与整体的关系有着重要的解释作用。

·身体在运动领域中是打开交往并实现自我价值的直接手段，运动中的身体始终以一种持续的、动态的状态连接着知觉和世界，人际间联系与价值的统一性有赖于身体作为中介的作用。

关键概念

身体图式；身体意向性；意向弧；运动现象场；肉身化

第一节 身体现象学的思想渊源与理论内容

一 思想渊源：从意识现象学到身体现象学

德国哲学家埃德蒙·胡塞尔是现象学的创始人，自 1900 年和 1901 年相继出版的《逻辑研究》开始，逐步创立了一门以纯粹意识现象为研究对象的哲学学说，它的任务是要考察意识对象在意识活动中如何构造自己的规律，所以，胡塞尔的经典现象学依然属于意识哲学。胡塞尔认为，现象学是关于"主观性对经验本质的发现，并为知识的推导提供了一种系统的、分门别类的方法论"。现象学本身就认为客观的方法是不充分和不适当的，为了充分理解人类作为具体存在的性质，为了实现认识论目标，现象学提倡使用无预设的方法，回到事物本身来进行研究。一般来说，现象学中的"现象"，指呈现在我们"直接经验"中的一切东西，也就是说，用一种特殊的方法来考察事物的话，任何事物都是一种现象，现象是不带遮掩地呈现着事物的本质。他的学生马丁·海德格尔在现象学问题上并没有延续意识哲学的研究逻辑，而是把现象学从认识拉回到对存在这一最根本问题的追问上。在黑尔德看来，海德格尔的存在论是把世界带回来的现象学。世界本来的面目是什么？世界当中存在的形态或情势是什么？世界存在的意义是什么？此三问是海德格尔在其著作《存在与时间》中着重探讨的问题。回到现象，回到事实本身，不是经验主义或唯物主义所研究的对象，而是要回到人们原初对于存在、生活、世界最直接的经验结构的感知中去，所以现象学最质朴的意思是一种文明式的"去蔽"和还原的工作。

西方遭遇危机之后，现象学回归经典理论的探索。从自然的态度上升到反思的态度，即还原，就是要仔细地观察和严密地描述现象①。描述的话语与描述者主观的认识有着非常强的关联，现象学认为"认识根据其本质是关于对象的认识，它的内在意义使它与对象相联系，并决定了此种认识之所以成为此种认识"②，所以现象学不免是一种关于主观内在的哲学。海德格尔始终以生

---

① 图姆斯：《病患的意义——医生和病人不同观点的现象学探讨》，邱鸿钟等译，青岛：青岛出版社，2000。

② 胡塞尔：《现象学的观念》，倪梁康译，上海：上海译文出版社，1986，第 21~22 页。

存为分析对象，而生存的主体即为身体。虽然他未对身体问题进行过专门的论述，但是从存在出发的哲学也隐含着对身体哲学的探讨。在真正的身体现象学出现之前，意识现象学占据了现象学研究的主导位置，从笛卡尔开始一直到黑格尔的早期现代哲学时期，身体基本居于意识的抑制之下，没有成为哲学专题性思考的对象。20世纪60年代以来的后现代哲学时期，以叔本华和尼采为代表的学者开始注重身体的重要性，尤其是尼采"上帝死了"的思想将身体从宗教的禁锢中解脱，开始关注身体的主体性意识。莫里斯·梅洛-庞蒂继承了胡塞尔的基本观点，认为还原是一种认识态度的转变；同时，对于"先验意识"的理解，他认为该意识不再是一个孤独沉思的自我，而要在世界中才能够认识自己，所以意识本身就在世界中存在①。纵观胡塞尔的研究历程，意识可以说是其意识考古学的终点，同时也是梅洛-庞蒂建构其身体和知觉理论的起点。以胡塞尔的意识思想作为基础，梅洛-庞蒂确立了自己的研究目的：理解意识与有机的、心理的甚至社会的自然的关系②。也正是从梅洛-庞蒂这里，现象学注意到了身体的存在，梅氏结合格式塔心理学以及病理学研究，将身体作为连接各要素的接口，使身体处于连接视觉感知的可见对象和前反思的自我意识之间③。对于法国现象学家而言，身体是他们开展研究的基本架构。

在20世纪欧洲大陆的现象学研究传统中，身体问题是首要课题，但是随着结构主义和后结构主义的发展，不再聚焦于身体问题的研究，身体现象学也遭到批判和转化，但是都未脱离身体本身。瓦朗斯曾说，"那些最坚决地把生存等同于在世的作者，最经常地忽视或者回避了向我们描述人的意识之所是的这一混合物"，这一自在与自为的混合物就是身体④。所以，身体即便是被有意识地回避和忽视了，也无法抹除它存在的事实，并且始终以或隐或显的形式发挥着可言说和可意会的作用。身体现象学经由海德格尔对存在的发问和梅洛-庞蒂对本己身体的综合研究，使人们认识到了身体的存在并开始进入生命的状态之中。除了梅洛-庞蒂，海德格尔、萨特的生存论现象学、伽达默尔和利科所代表的解释现象学、列维纳斯的他者现象学和亨利的生命现象学大体上

---

① 张尧均：《隐喻的身体：梅洛-庞蒂身体现象学研究》，杭州：中国美术学院出版社，2006，第3页。
② 莫里斯·梅洛-庞蒂：《行为的结构》，杨大春、张尧均译，北京：商务印书馆，2005，第3页。
③ 莫里斯·梅洛-庞蒂：《知觉现象学》，姜志辉译，北京：商务印书馆，2001，第53页。
④ 张尧均：《隐喻的身体：梅洛-庞蒂身体现象学研究》，杭州：中国美术学院出版社，2006，第7页。

都可以归属于身体现象学之列①。本书主要以梅洛-庞蒂的身体现象学为核心来进行相关论证。

二 身体诸面：从客体的身体到本己的身体

胡塞尔在《欧洲科学的危机与超越论的现象学》中讲道："人的精神毕竟是建立在人的身体之上的，每一个别的——人的心灵生活都是以身体为基础的，因此每一种共同体也都是以作为该共同体成员的个别人的身体为基础的。"② 身体是建立共同体的基础，同样，从共同体中人们才能认识自己的身体，共同体是身体行为和知觉得以明晰的场域。行为（comportment/behavior）和知觉（perception）这两种身体最基本的活动也构成了身体在世的基本特征，由此也形成了身体的诸多面向。

客体的身体需要从"客体"开始讲起。客体的定义表明，它的一些部分外在于另一些部分实存着；因此，它只承认在其各部分之间或者说在它自身和其他客体之间有一些外在的和机械的联系③。也就是说，身体是无法自我呈现的，需要借助感官、语言等其他力量的介入才能够将身体显现出来。抽象而言，客体是从所有部分、所有时间以视域结构的方式被看到的。由于客观身体的发生只是客体构造中的一个环节，通过从客观世界中退回来，身体将驱动把它与其周围环境联系起来的各种意向之线，并且最终会向我们揭示知觉主体和被知觉世界④。个体可以把自身的知觉史看作自我与客观世界的各种关系的一个结果。

本己的身体表现在两个方面：一是能够说明位置空间性与处境空间性的身体图式；二是身体的时间性。首先，对于身体图式的阐释要追溯到康德的思想上。"图式"一词来自康德，它原初指的是知性和感性之间的一种沟通协调功能，主要是能够让知性把范畴与直观获得的材料相融合，进而获得对外部对象的认识。因此，它既是主体内部各部分贯通统一的媒介，也是主体与外部世界产生联系的一个必要条件⑤。但是由于这个概念是为了补救感性和知性之间的

---

① 杨大春：《从身体现象学到泛身体哲学》，《社会科学战线》2010年第7期，第24~30页。
② 胡塞尔：《欧洲科学的危机与超越论的现象学》，王炳文译，北京：商务印书馆，2011，第385页。
③ 莫里斯·梅洛-庞蒂：《知觉现象学》，姜志辉译，北京：商务印书馆，2001，第113页。
④ 莫里斯·梅洛-庞蒂：《知觉现象学》，姜志辉译，北京：商务印书馆，2001，第112页。
⑤ 张尧均：《隐喻的身体：梅洛-庞蒂身体现象学研究》，杭州：中国美术学院出版社，2006，第27页。

机械割裂问题，所以康德的图式并不是"知性和感性的原初母体"。张尧均在对梅洛-庞蒂的身体现象学进行研究的时候发现"身体图式"与康德的"图式"在功能上有相同之处，但是在两种感知的原初性问题上则不同，梅洛-庞蒂试图通过建构身体图式的概念进一步将知性与感性拉回到原初的母体定位之中，将其定位到最基本的层次上。梅洛-庞蒂最初将"身体图式"理解成我们身体经验的一个概要，它能够说明目前的内感受性和本体感受性并赋予它们以含义，故将其定义为：我的身体在应对已知与未知任务时而自行呈现的姿态①。身体经验使我们的身体空间与外部空间之间形成一个相互蕴涵的实践系统，从而在身体的各种感觉间以及时间和空间上形成统一，但是这种统一并不局限于身体在形成经验的过程中通过各种形式所联想到的内容，而是以某种方式先于联想的内容并使联想成为可能。当图式固定在身体之中时，身体图式就可以明确被认定为个体拥有身体的确证，同时也确立了身体存在的实在性。身体图式不仅适用于身体应对实际情境来获取相应的对策，还具有可变化性，从而可以用来处理其他情境。

由于存在本身是不可见的，所以我们"只有通过时间的刺激"才能"瞥见"存在②。在身体时间性的问题上，梅洛-庞蒂把胡塞尔的顺向时间作了调转，时间不再是从过去经现在而流向将来，而是由将来经现在而流向过去，这种逆转表明身体相对于意识的被动性。具体而言，梅洛-庞蒂认为，我们日常的身体都有两个层面，一个是习惯的身体（corps habituel），另一个是当前的身体（corps actuel）。习惯的身体源于历史积淀，是一种普遍的、非人称的存在，具有一种较为稳定的结构，并无意识或前意识地蕴含在人们的身体中，支撑着人们当前的身体，所有流过的体验都会不断地融入习惯层面③，所以两个层面有着递进的逻辑关联。梅氏对时间的重新思考引向的不是实践层面，而是本体论层面，为主体概念奠定了一个新的基础。但随着研究的不断推进，对于时间的认识，以利奥塔为代表的后现代主义产生了明显分歧，认为时间性不再是身体或意识的特权，这一主体观念被摧毁的根本原因在于新技术的支持使物质记忆和物质时间跨越了环境和区域的限制，边界被打破之后，自由的蔓延冲

① 梅洛-庞蒂：《梅洛-庞蒂文集第2卷：知觉现象学》，杨大春、张尧均、关群德译，北京：商务印书馆，2021，第145页。
② M. Merleau-Ponty, *The Structure of Behavior*, trans. L. Alden (Fisher: Beacon Press, 1963), p.156.
③ 梅洛-庞蒂：《梅洛-庞蒂文集第2卷：知觉现象学》，杨大春、张尧均、关群德译，北京：商务印书馆，2021，第79页。

散了主体性。由此可见，除了时间这一维度，对身体的其他维度也都应展开辩证思考。

三 "肉身"的存在：身体与世界统一的基础

在研究的后期，梅洛-庞蒂受希腊自然哲学的启发，将"肉身"规定为自然存在的元素，这一概念是从本体论角度出发对身体基本构成的解读，它的引入使身体与世界的二元论哲学被统合为一元论哲学。原因在于身体与世界都是由"肉身"构成的，它们共属于一个单一的存在，一个单一的整体，都是"肉身"的一部分。但是梅洛-庞蒂的"肉身"既不是物质，也不是精神，乃是"客体与主体的中间"。正因为如此，梅洛-庞蒂说"必须不是从实体、身体和精神出发思考肉，因为这样的话它就是矛盾的统一，而是要把它看作是元素，在某种方式是一般存在的具象表征"①。梅洛-庞蒂也因此在对存在进行思考的时候指出存在的运动体现为肉身的开裂运动，主要包括世界之肉、身体之肉和语言之肉三个层面，身体之肉是从世界之肉中分裂出来的，而语言之肉又是身体之肉的进一步开裂。所以当我们要回到对身体的讨论时，尤其是在身体现象学的讨论范畴内，回归身体本质的第一步就是要认识到"肉身"的重要性。在身体与世界的关系问题上，从现象学的观点来看，身体和世界是相互关联的蕴含结构，一方面身体是主体，而世界只是作为主体"投射"（project）的客体而存在；另一方面世界又是身体的支撑，世界不仅是身体的关联项，与身体还具有同源性②。通过身体之"肉身"这一层面可以牵出对身体与世界存在问题的思考。

身体与世界的存在形式问题，从胡塞尔开始就已经有了相关论证，他认为在现象学的还原中，身体与世界的实在性都是被悬置的，最终呈现的只是一个现象的身体和世界，且受到先验意识的保证。梅洛-庞蒂则是将胡塞尔的先验意识拉回到了活生生的身体上，又把身体放入具体的世界中，在后期的研究中更是进一步把"身体-世界"系统置放到肉身性基础上，以"肉身"作为现象出现的基质避免了现象的空洞与虚幻，使先验存在的不透明性化约成了身体的不透明性。而对于身体与世界出现的方式这一问题，梅洛-庞蒂与海德格尔有着相同的观点，都认为现象的身体与现象的世界是一种偶然。因为不论是海德

---

① M. Merleau-Ponty, *Le Visible et L'invisible* (Paris：Garlimard，1964)，pp. 193-194.
② 张尧均：《隐喻的身体：梅洛-庞蒂身体现象学研究》，杭州：中国美术学院出版社，2006，第176页。

格尔的此在现象学还是梅洛-庞蒂的知觉现象学，都在自身显现或自身被给予的过程中确立了自我于世的存在，也就是说，在身体与世界对待特定处境的互为行动之中，现象的身体与现象的世界就出现了，而特定处境的偶然性就决定了现象身体与现象世界的偶然性，这种偶然性恰恰确立了身体与世界作为现象存在的必然性。由此，现象学作为一种方法在梅洛-庞蒂那里体现为通过身体达成意义的建构过程①，通过把海德格尔的"在世存在"向胡塞尔的"现象学还原"靠拢，最终建立起了身体性在世的思想。"身体性"是一个整体的概念，不只是指支撑着我们行动的可见和可触的身体，也包括我们的意识和心灵，甚至包括我们的身体置身于其上的环境，它把所有身体与心灵、经验与先验等对立的二元全部都综合起来了②。通过身体性，我们可以找到解释身体诸多形式和诸多面向的路径。

第二节　运动社会学研究方法的拓展与身体的还原

一　身体现象学作为运动社会学研究的方法

每一个试图对运动下定义的学者都绕不开"身体"这个关键词，不论是广义上或狭义上都将身体作为基础性存在。由此可以判定，运动是以身体为载体，涉及体力、惯习、实践与知识权力的行为活动，所以对运动的理解就不仅仅是对作为外在表象的社会文化现象的关注，更是要从人性存在的视角出发关注到承载运动行动的身体上。在既有的身体社会学研究传统中，对"身体"的理解和研究产生了截然不同的两种取向，首先是生物性身体，该性质的身体是生物学、训练学等自然科学的研究对象，主要关注的是运动机能的提升、运动康复等问题；其次是社会性的身体，在世界中存在的被赋予了运动特质同时又被社会所裹挟的身体，现象学、心理学、社会学等社会科学主要关注社会性身体的意涵。身体研究范式从生物性转向了社会性，这源于现象学理论对运动哲学中身体研究的重建，尤其是在梅洛-庞蒂用"身体图式""身体构图"等理论论证了身体"表达"的可能性，并由此重构了运动哲学中的身体哲学维

---

① 臧佩洪：《身体、现象与世界——梅洛-庞蒂早期身体问题研究》，《江海学刊》2006年第2期，第37~41页。

② 张尧均：《隐喻的身体：梅洛-庞蒂身体现象学研究》，杭州：中国美术学院出版社，2006，第14页。

度，为体育哲学与体育心理学、运动社会学建立了关联，形成了现象学化运动哲学身体研究范式与对体育哲学研究任务的反思①，这种反思将带领运动社会学研究进入到一个更为开放的场域空间之中。在既有的研究中，有学者的研究发现在国内外的运动哲学研究中，现象学成为其中一项理论工具，也就是说，学者们会从理论层面对运动中所蕴含的哲学思想与身体现象学中的哲学内涵进行配适，进而在拓展运动哲学内涵的基础上将身体现象学的研究方法应用到身体运动的研究中去。

身体现象学方法在运动科学中的重要性在惠特森的文章中得到了系统性论证，以承认主观知识在运动相关研究中的价值为核心，确立了关于身体研究的定性研究范式，定性研究的方法也因现象学而应用到运动社会学的研究中②，尤其是对运动项目中的身体现象进行现象学解读。为充分验证现象学方法在身体中使用的可靠性，惠特森引用了马拉松赛跑中 "hitting the wall"（速度障碍）这一现象作为案例来进行解释。首先，他表明生理学家会采用笛卡尔主义的方式来解释这一现象，认为这种现象是由于体内生物性机能的转变产生的，但是现象学家则认为，身心二元论无法解释存在的意义，具体的现象学方法会努力捕捉马拉松跑步和 "hitting the wall" 的生活意义，这就意味着这种现象将会被有意识的体验③。在笛卡尔的二元宇宙中，身体被视为延伸物，是在一个确定性的世界中运动的无意识物质，在这个世界中，没有任何空间容纳诸如知觉、经验、意义和价值等概念。然而这些概念在理解作为生活实践经验的身体运动中起着重要作用④，知觉、经验等会将身体带入有意识的情境之中，会在这些特定的情境中去感知身体的存在，所以，现象学的研究范式有助于弥合笛卡尔身心二元论的割裂性，进入到身心统一的状态之中。除此之外，很多学者对运动中产生知觉的身体结构进行了深度研究，采用实验研究的办法将现象学理论应用到神经科学领域，在二者的结合中形成较有实验特征的运动哲学研究，并且拓展到残障人运动等运动社会学与心理运动学研究

① 高强、程一帆：《从"体育哲学中的身体"到"体育中的身体"——对体育哲学身体研究范式的现象学批判与重建》，《体育科学》2019 年第 4 期，第 29~38 页。

② D. J. Whitson, "Method in Sport Sociology: The Potential of a Phenomenological Contribution," *International Review for the Sociology of Sport* 11, no. 4 (2016): 53-68.

③ D. S. Kerry, and K. M. Armour, "Sport Sciences and the Promise of Phenomenology: Philosophy, Method, and Insight," *Quest* 52, no. 1 (2000): 1-17.

④ S. Loland, "The Mechanics and Meaning of Alpine Skiing: Methodological and Epistemological Notes on the Study of Sport Technique," *Journal and the Philosophy of Sport* no. 19 (1992): 55-77.

中去①。其次，在实际情况中，人们不论进行何种运动活动都会有意识地去体验，因为在行动之初是由意识发出的行动指令，体验是将身体参与和意识感知相联合的过程，在这个过程中会赋予行动感性的意义。

尼采曾说"身体这个现象乃是更丰富、更明晰、更确切的现象"②，它兼有感觉和精神的整体属性，是一个生命体自然所具有的无限多的生命感受方法。作为强力意志具体展开的场域，正是那作为"表达"生命存在的"身体"③。运动中的身体的丰富性需要运用身体现象学的方法来研究和呈现，使更本质、更直观的共相能够得以显现，从而确立身体的主体性地位。在研究方法上，则是有助于重构运动哲学中的身体研究范式，将运动社会学研究带到更为深层的哲学思辨层次中，为运动社会学的学科建设积淀理论基础。

二　运动社会学研究中身体的还原

梅洛-庞蒂强调了身体在我们的世界与自我关系中的中心地位，将身体描绘为我们感知一切事物的立场。身体现象学视角下的运动社会学研究聚焦于身体的具身化研究方向之中，对身体具身化的思考从梅洛-庞蒂的身体现象学理论出发，则要追溯到对身体意向性概念的论证中去。

胡塞尔的意向性概念是从意识中生发出来的，在他看来，意识的首要特征是它的意向性。海德格尔则对意向性归于纯粹意识的观点进行了批判，他认为胡塞尔遗忘了"存在"这一重要条件。在阐明最原始的存在过程中，海德格尔将意向式存在者作为起点对意向性进行重新阐释，由此确立了身体意向性的萌芽，而这也可以看作是对胡塞尔意识意向性的批驳与替代④。梅洛-庞蒂将意向性与身体知觉的关联性引入到现象学研究的范畴之中，在他看来，"身体意向性"是我们在执行任何一个动作时都前意识地对我们的身体与外部环境间关系的基本领会和把握⑤。但列维纳斯认为梅洛-庞蒂还是未能摆脱主体构

①　高强、程一帆、陈昱彤：《体育哲学与二元论——体育哲学研究范式的重建与实践》，《体育科学》2021年第2期，第88~97页。

②　尼采：《权力意志：重估一切价值的尝试》，张念东、凌素心译，北京：中央编译局出版社，2000，第228页。

③　曹瑜：《论尼采对身体主体性及其理性范式的确立》，《哲学研究》2016年第2期，第69~74、129页。

④　杨晓斌：《意识意向性、身体意向性与伦理意向性》，博士学位论文，浙江大学，2012，第63页。

⑤　张尧均：《隐喻的身体：梅洛-庞蒂身体现象学研究》，杭州：中国美术学院出版社，2006，第39页。

造性的意识结构影响，通过引入他者、面容、伦理等因素，列维纳斯在其著作《总体与无限》中确立了身体的伦理意向性，从意向性存在者，也就是实在的人出发开展研究。列维纳斯的思想也赋予了身体主体以重要意义，并且指出正是在与生存世界的经济关系中遭遇了他者的基础上，身体意向性才被清楚地展现，这进一步拓展了身体意向性的内涵边界。总体而言，虽然"身体意向性"一直处于动态发展的状态之中，但是自海德格尔开始，身体的重要性就开始显现，到梅洛-庞蒂这里则正式确立了身体意向性，通过身体意识及其在世存在的状态，我们被带入实存空间之中，身体成为意义构造的主体以及意义变换的核心①，由此奠定了身体从被遮蔽到被还原再到被具身化的哲学基础。

竞技体育中对身体本体属性的忽视究其根本是由身体被异化所致，异化的动因在于对强目的利益的追求。为了夺得目标中的意向成绩，服用兴奋剂、买通裁判、打假球等诸多不公行为成为竞技场中时常会发生的事情，身体竞技中的"身体"已经沦落为资本与权力的附庸，身体的竞技能力也被技术所裹挟，对竞技结果的过度重视使身体丧失了最根本的主体性和支配力。福兰克认为，对于身体如何被确定为一个自为的问题，在现象学视角中被认为是个行为问题而不是体制问题，他认为身体是在一个由体制、话语和肉体现实三要素构成的等边三角形交叉中形成的②。体制无法将所有的行为都收归到管理的规制之中，所有的行为都明确地显露出行为者的目的，所以体制无法在现象学中被看作最终的原因归所。当下竞技体育中的现实情境就是体制、话语、肉体现实（竞技能力）三者的相互制衡与相互协作，身体的自为需要以肉体现实作为符码、以体制为盾牌去争取主体话语权。在话语权争取的过程中，身体将得以释放和生成、身体会成为社会的表征和文化的承载③，并共同昭示出对竞技体育中身体主体性的还原。肉身实在论则主张把具身性主体看成一种具有重要因果意义的突生性现象，一种有其独立存在地位的重要分析对象④。竞技体育中的具身性身体因为天赋等因素在最初被选时可以被视作一种突生性现象，当进入到竞技圈层后，他们对身体的处置方式会愈加理性。作为独立存在的身

---

① 陈攀文：《胡塞尔意向性理论研究》，博士学位论文，吉林大学，2015，第153页。
② 汪民安、陈永国：《后身体：文化、权力和生命政治学》，长春：吉林大学出版社，2010，第27页。
③ 于文谦、杨韵：《竞技体育中身体的失落与复归》，《体育学刊》2013年第5期，第17~21页。
④ 克里斯·希林：《文化、技术与社会中的身体》，李康译，北京：北京大学出版社，2011，第16页。

体，运动员们需要为自己如何在世界中生存而规划身体的使用情况；当作为集体中的个体时，他们又肩负着对集体、对国家的责任，但此时仍然需要对身体进行缜密的设计。所以，对身体的还原其实是从认知上对身体进行"松绑"，将身体从其他话语的控制中解脱出来，身体的本体性存在应该被重视，竞技运动员的身体尤其需要从各种被利益异化的状态下独立出来，不仅仅是为了从理论上来确证身体的主体性，更是为了从实际层面去保障该群体自然身体状态的健康。

身体的还原会衍生出诸多形态，希林从身体与世界交往的直接现象中将其划分为古典的身体、当代的身体、工作态身体、运动态身体、音乐态身体、社交态身体以及技术态身体七种类型[①]；除此之外，约翰·奥尼尔从社会学角度对身体进行了五种形态的划分，包括世界态身体、社会态身体、政治态身体、消费态身体和医疗态身体[②]。对于身体的还原与理解可以从不同的视角切入，身体现象学为我们提供了审视和思辨运动竞赛中身体所处的位置及其意义，以及如何将身体自为的权力还回到身体本体问题的视角与方法。

第三节　运动现象中的身体图式与意向性

一　运动竞赛中的多元身体图式

梅洛-庞蒂现象学所研究的"身体"，是作为存在于世界中的身体存在的基本的、直觉的经验。引入"身体图式"的概念则进一步表达了空间与时间、身体的各感觉间或感觉与运动之间的统一，能够说明身体经验的内感受性和本体感受性并赋予它们以含义[③]。身体图式中的各种统一表达了身体的统合性，但是这种统合性会因为身体受伤而破坏身体图式的这种统一状态，从而影响意识与行动之间的连接。身体图式使得身体的在世表征能够进入处境意识，使身体与其所在的场域联系在一起，主体间的交互沟通进而成为可能[④]。然而，当身体的在世表征出现问题的时候，主体间的交互沟通也会因此受到影响。

---

① 克里斯·希林：《文化、技术与社会中的身体》，李康译，北京：北京大学出版社，2011。

② 约翰·奥尼尔：《身体五态：重塑关系形貌》，李康译，北京：北京大学出版社，2010。

③ 梅洛-庞蒂：《梅洛-庞蒂文集第2卷：知觉现象学》，杨大春、张尧均、关群德译，北京：商务印书馆，2021，第145页。

④ 张良丛：《从解构到建构：后现代思想和理论的系谱研究》，北京：社会科学文献出版社，2017，第132页。

伤痛是身体在世表征出现问题的主要表现之一，也是每一位竞技参与者都不可避免的问题，尤其对于职业运动员而言更是至关重要。运动员的身份被他们的竞技能力所支配，身体受伤对他们的职业生涯乃至生存来说是巨大的威胁。运动员受伤的身体之所以对在世的身体图式不再具有重要性，是因为身体图式既不是实存着的各个身体部分的简单复本，甚至也不是对它们的全面意识，而是按照身体各部分对于机体的各种筹划之价值主动地把它们整合在一起①。当身体图式以价值为依据而形成一个统合体的时候，各个部分之间就生成了相互联结的关系，受伤的肢体破坏了统合体的运行秩序，导致与之相关联的其他部分也因此而停滞。也就是说，在运动员受伤时，不仅意味着身体受到了损伤，身体图式也会因为身体的损坏而不再完整，因此，运动和意识之间难免会出现断裂或脱节，运动员也会因此陷入矛盾的困境之中。

职业运动员的社会处境抹去了他们的生物处境，他们的身体毫无保留地投入到情境之中。当他们被外部环境所施加的压力所压垮，并完全沉浸在自己的悲痛之中时，他们的目光已经在自己面前飘忽不定，或许他们会因为伤情过重而无法再回归到原来的竞技状态中，最终不得不选择结束自己的运动生涯，与此同时他们也会在暗地里对某个明亮的客体感兴趣，重新开始了其自主的实存。我们能够看到的运动员带有伤痛的身体并不是他们客观的身体，而是现象的身体，因为现象身体直观地呈现出了身体受伤的状态，而当他们面对受伤所带来的社会性压力和鼓励之时，现象身体便开始朝向那些需要被知觉的客观身体，尤其是在应对伤痛的过程中，伤痛者的行动往往经由现象身体与客观身体的混融来完成，由此使客观身体的具体性随之呈现。客观身体的发生是客体构造中的一个环节，他们开始尝试接纳受伤了的身体，并通过心理上的疏导与自我和解，这种行为本身就在暗示他们要积极摆脱被伤痛和社会共同建构的困境，并做好心理建设这第一道基础性防线，也就是从客观世界中退回到自己能够接纳的角色世界中去，这将有助于身体本体的恢复。因为身体从严重损伤到康复再到能够恢复原有的技能水平是一个非常艰难的过程，如果受到客观世界过多的干扰，原本形成的伤痛角色认同容易消失，但是这并不意味着他们完全与客观世界脱离，相反，他们是在构建自我确证的出口，这个出口必然是与客观世界相联系的，身体会驱动把它与周围环境联系起来的各种意向之线，并且

① 梅洛-庞蒂：《梅洛-庞蒂文集第 2 卷：知觉现象学》，杨大春、张尧均、关群德译，北京：商务印书馆，2021，第 146 页。

最终会向我们揭示知觉主体和被知觉世界①。

Wiese-Bjornstal 等学者的研究注意到："运动员学会将牺牲、风险、疼痛和受伤定义为在竞技体育中成为一名真正的运动员必须付出的代价"，这还可以扩展到从事"严肃休闲"的非竞技体育者身上。②　一方面，这说明竞技运动受伤是每一位参与其中的个体都知晓并默认的事情，选择参与就意味着他们能够接受任何结果，虽然大多时候大家都不认为自己会在竞赛的过程中受到非常严重的伤害，但是风险的大小是未知的，在伤害没有发生之前，没有人能够对此做出准确的预判。另一方面，这也表明伤痛对不同人群所具有的同质性。需要说明的是，休闲体育与竞技运动参与人群所持有的心态是不同的，所以在对这两种情况进行分析时需要根据特定的情境、特定的人物身份以及运动活动目标等综合因素进行考察。这也说明表征于身体之上的伤痛需要放在相应的语境中，并与人的整个日常生活相联系。

身体图式从根本上体现的是知觉综合的"意义核心"通过同化新的环境而不断拓展自身的过程③。运动功能的失调会带来一种与身体疏远的感觉，这是由于丧失了对肉体的支配权从而使身体成为一个超越自我控制的对立力量而存在。运动功能的破坏削弱了一个人以基本的方式在运动竞技上活动的能力，但是运动知识可以延续他的身体价值，使其能够继续在运动圈层内通过知识输出的方式在他者的身体上完成自己的运动梦想。

二　意向弧在运动现象中的筹划与两种意向

意向弧会经由我们的现在投射到过去、将来，投射到我们所处的人文环境、意识形态情境、物质情境乃至道德情境，它能使我们置身于所有与之相关的关系中④。在各种关系相互运行的过程中不断生发出新的意向，其中一种意向是身体介入世界之中所体现出的"筹划"（project），另一种是身体意向性在发展过程中的变体。

在梅洛-庞蒂看来，海德格尔的"在世"概念忽略了种种"生存"的筹划

①　梅洛-庞蒂:《梅洛-庞蒂文集第 2 卷:知觉现象学》，杨大春、张尧均、关群德译，北京:商务印书馆，2021，第 112 页。

②　D. M. Wiese-Bjornstal, A. M. Smith, S. Shaffer, and M. A. Morrey, "An Integrated Model of Response to Sport Injury: Psychological and Sociological Dynamics," *Journal of Applied Sport Psychology* no. 10（1998）: 46-69.

③　莫伟民、姜宇辉、王礼平:《二十世纪法国哲学》，北京:人民出版社，2008，第 192 页。

④　莫里斯·梅洛-庞蒂:《知觉现象学》，姜志辉译，北京:商务印书馆，2001，第 181 页。

与"知觉"和"身体"之间的根本性关联。"在世界之中"的"筹划"之所以可能，原因在于我们的"身体"对于"世界"的介入，毕竟"明证性"是源于身体层次的，而不仅仅是意识的①。因为"身体永不止于一件用具或一种手段，它是我们在世界中的表达，是我们的意向的可见形式"②。所以通过"意向弧"可以将以自我为中心的各种身体关系形态展现出来，使我们进入世界之中。在强调身体的功能和重要性，以及意向弧在其中发挥的作用的同时，也为运动员明显带有"筹划"意涵的身体提供了解释的思路。运动员这一群体的身体是以竞赛规则为核心，不断展开向规则贴近的训练，和竞技相关的一切事物都经过精心的设计与安排才作用于他们的身体之上。一方面，在日常生活中，他们的每一次训练，每一口食物的摄入都有着相应的标准，而这些标准是为了能够实现竞赛目标而服务的，也就是说，和身体有关的一切规训表征了他们的生存方式和所处体系的运作结构，运动员的模式化生产图景已经形成；另一方面，在竞赛表演上，像竞技体操、花样滑冰等项目对竞赛曲目的选择和竞赛动作的编排都是为了让运动员能够在运动圈内生存下去的筹划。而在普通大众的运动实践中，人们会根据运动项目特质与自我身体特质的匹配度，或者自我的行动意愿而选择相应的运动活动，这同样体现了身体介入世界之中的筹划目的。

身体与世界在"肉身化"的相遇还构造出了各种意向，在罗伯特·索科拉夫斯基的研究中就发现了空虚意向和充实意向③。空虚意向是我们日常生活中会经常经历的一种情况，运动领域中这种空虚意向也时有发生。通常在一场运动竞赛没有开始之前，观赛者和参与者都会对这场比赛进行一定的预测和谈论，这些预测和谈论都是在运动竞赛缺席的状态下展开的，这就是典型的空虚意向，随着比赛开始，那些空虚的意向会逐渐因比赛的实际呈现而充实起来，此时，充实意向就出现了；当比赛结束，我们会对其进行点评乃至在更久的时间以后进行回忆，这就又会形成记忆呈现时竞技身体的缺席。虽然比赛前后都出现了缺席，但是这两种缺席的目标对象明显是不一样的，充实意向与空虚意向也往往是以混合的状态出现。由此也表明，竞技运动中的身体所展现出来的不仅仅是各种动作的组合，它们标示着诸多意向性行为，甚至与思想内容的表

---

① 莫伟民、姜宇辉、王礼平：《二十世纪法国哲学》，北京：人民出版社，2008，第168页。
② 杨大春：《感性的诗学：梅洛－庞蒂与法国哲学主流》，北京：人民出版社，2005，第214页。
③ 罗伯特·索科拉夫斯基：《现象学导论》，高秉江、张建华译，武汉：武汉大学出版社，2009，第34页。

达相融合，也就是以竞技者身体为代表向观看者表达世界和其中的事物对于运动员来说是怎样的；运动员作为竞技意义和表达意义的身体在世界之中伸展出来，这些身体也能够向外界传达中国乃至世界是怎样的，它们提供了看待事物存在方式的其他观点，体现着其他的先验自我。[①] 身体意向性使身体表达取代了胡塞尔的意识表达，使身体的丰富性、能动性与可能性不断涌现出来，同时意向弧的投射也反映了正常的身体所具有的一种"身体图式"的功能。

三　知觉在运动身体中的应用与表现

知觉是贯穿《知觉现象学》的思想，梅洛-庞蒂认为世界是个体的全部明晰的思维和知觉的场域[②]，我们存在于世界是基于知觉和生理的结合。知觉一方面体现的是我们的身体与场景相沟通的能力，另一方面又支配着身体与世界的关联。知觉场围绕在个体的周围，它是随着个体的身体运动展开的。我们的感知具有把一切可能的客体都纳入现象中的能力，它一直延伸到个体的可感性和可知性的极限。[③]

感知对于个体的影响在运动中有着非常明显的体验。在现象学研究中，很早就开始并一直延续关注身体活动的现象学问题、体验和意义。随着运动社会学研究的发展，现象学与社会学相结合的研究方法开始出现[④]，该方法旨在用"知觉身体"这一核心概念来分析运动态身体具象化的感官维度，该类型的研究整体关注身体的现时存在，更为强调身体具体的、基础的经验，同时承认身体存在的结构和文化位置。Allen-Collinson 和 Hockey 分析了影响中长跑运动员和潜水运动员"触觉"体验的两个关键要素：温度和压力。研究发现，触觉不仅局限于皮肤外部表面的知觉还包括内部的身体知觉，触觉敏锐度在运动时刻与其他感官模式和能力相结合，从而实现具体化的运动实践[⑤]。有学者则用

---

① 罗伯特·索科拉夫斯基：《现象学导论》，高秉江、张建华译，武汉：武汉大学出版社，2009，第 152 页。

② 梅洛-庞蒂：《梅洛-庞蒂文集第 2 卷：知觉现象学》，杨大春、张尧均、关群德译，北京：商务印书馆，2021，第 6 页。

③ 张尧均：《隐喻的身体：梅洛-庞蒂身体现象学研究》，杭州：中国美术学院出版社，2006，第 24 页。

④ D. Howes, *The Varieties of Sensory Experience*：*A Sourcebook in the Anthropology of the Senses*（Toronto：University of Toronto Press，1991）.

⑤ J. Allen-Collinson, and J. Hockey, "Feeling the way：Notes toward a Haptic Phenomenology of Distance Running and Scuba Diving," *International Review for the Sociology of Sport* 46, no. 3（2011）：29-32.

"现象学社会学"来关注哮喘在运动中的听觉维度，检查"听觉协调"和"听觉工作"在运动体现中的作用，以建立关于运动社会学-现象学的语料库，丰富运动中的感官社会学的研究①。现象学社会学研究人们理解自己的世界，并试图说明这些理解如何从构成这个特定世界的制度和文化中发展出来的方式。运动者在文化、历史和社会背景下参与这个世界，被这个世界所创造，同时，每一位运动参与者都从自己的经历和背景中型构着这个世界。

从某种意义上来说，知觉既是文化的塑造者，也是文化的承担者。因为知觉不仅影响社会组织、对自我和宇宙的理解以及文化表达模式，而且还被文化阐述或弱化。波特的"参与者体验"舞蹈民族学研究指出运动知觉远非具有谨慎的生物路径的孤立知觉，它需要通过包括热和触摸在内的多种知觉模式进行平行感知，因此，对运动知觉的关注有助于理解感官作为一种连贯的现象学复合体，产生一种相互联系的、以身体为基础的文化身份感②。Morley通过梅洛-庞蒂的活生生的身体（lived body）哲学来阐明瑜伽练习中呼吸控制的实际经验。本体知觉是一种反向知觉，即对身体深层组织的知觉，对封闭或包围的实体空间的知觉。"活生生的身体"的概念拒绝主客体的区分，瑜伽的体验与此有着极大的相似性，这种身体活动不仅肯定外部世界的存在，而且以自我与世界的知觉关系作为禅修的手段，认为对身体的控制等同于对外在自然的掌控，并通过聚焦感官来实现这种控制，借此，对感官体验的关注赋予了身体至高无上的地位，身体被理解为外部世界的一个缩影。所以，瑜伽的目标是在身体和世界之间实现一种宇宙的"同源性"③。由此可见，本体知觉是对一个人的身体在空间中的位置的感知，对一些人来说，这包括对身体深层组织的感知，也就是说，知觉会调节心灵与身体，除此之外，还会调节自我与社会、观念与客体之间关系。例如，通过健身实现了身材的预期性改变，或者是通过与他人对比的身体，这是一种独特的拥有感和认同感，自己与"我的"身体以一种知觉共生的关系紧密相连。再比如，在气氛热烈的竞赛场中，赛场下的观众、队友、教练会因为运动员的身体竞技表现而产生情绪上的反馈，这种情绪

---

① J. Allen-Collinson, and H. Owton, "Take a Deep Breath: Asthma, Sporting Embodiment, the Senses and 'Auditory Work'," *International Review for the Sociology of Sport* 49, no. 5 (2012): 592-608.

② C. Potter, "Sense of Motion, Senses of Self: Becoming a Dancer," *Ethnos* 73, no. 4 (2008): 444-465.

③ J. Morley, "Inspiration and Expiration: Yoga Practice through Merleau-Ponty's Phenomenology of the Body," *Philosophy East and West* 51, no. 1 (2001): 73-82.

的传染体现了赛场上的运动员与赛场下的观众之间存在一种主体间的意义，这是身体知觉共在的体现，各个相互蕴含的身体通过知觉而产生的情感形成了联结的结构。知觉活动由此总是包含着对身体的一种参照，它们在景致的诸部分之间或者在它与作为肉身化主体之间形成，一个被知觉的客体可以通过这些关系在它自身之中集合一种整体性的场面，或者变成整个一段生命的意向[①]。对于运动员而言，一个技术动作能否做到完美，不仅在于最终身体技能的修炼，还有自我对动作的理解与知觉，这种知觉会支配自我的身体去寻求一种最佳的表达状态，运动中的身体始终以一种持续的、动态的状态连接着知觉和世界。

第四节　运动意向性身体的现象学意义

一　作为有序指引的身体：运动现象场的形成机制

现象场的流动变化在引起各种现象出现的同时依然使各种现象都处于有序进行的节奏之中，在被引起的现象和能引起的现象之间有一种内在的联系，在梅洛-庞蒂看来，"有一种存在的理由为现象的流动指引方向，但本身不是明确地被规定在任何现象中，从而使被引起的现象不仅仅是能引起的现象的后继，而且也是在阐明和揭示能引起的现象，被引起的现象因此好像就预先存在于它自己的动机中"[②]。现象间有序的指引联系是一种身体意向性能力的体现，是作为主体的"我"的身体在移动，是"我"的目光在无声地建立并指引着这些现象间的联系。

梅洛-庞蒂专门以足球运动员的例子来说明这种指引联系的有序性。对运动中的球员来说，足球场并不是一个"对象"，即不是一个能产生无限数量的视点并在其各种明显变化下面仍保持不变的理想的界限。球场遍布着各种线，比如"边线"，以及限定"罚球区"的线等，还由众多区域关联而成，这些区域要求特定的活动方式，这些客观的存在似乎在球员不知情的情况下推动和引导着比赛的进行，更为确切地说，是推动和引导着运动员身体的行进方向。同时，需要明晰的是，场地对于球员来说并不是给定的，而只是呈现为他的各种实践意向的内在界限，这些界限之所以能够对竞赛中的身体起到作用，是因为

---

① 梅洛-庞蒂：《梅洛-庞蒂文集第2卷：知觉现象学》，杨大春、张尧均、关群德译，北京：商务印书馆，2021，第87页。

② 莫里斯·梅洛-庞蒂：《知觉现象学》，姜志辉译，北京：商务印书馆，2001，第79页。

球员意识破除的是环境与身体活动之间的辩证关系，与球场融为了一体，他们能像感受自己的身体位置一样直接感受到"目标"的方位。球员做出的每一动作都改变着场地的外观，并力图在这里建立起新的现象活动，反过来也在重新改变现象场的同时得以展开，最终获得实现。① 球员身体主观能动性的作用有意识地在对客观环境做出相应的判断，并同时将判断的指令返回到身体意识之中，指引着身体的下一步行动，身体作为进入现实世界的途径被赋予了认识论上的优势②，并承认身体是与世界沟通的手段，在身体行动的循环往复中不断生成新的现象，这些现象共同组成了一场完整的竞赛场景，运动竞赛的现象场也由此形成。

这种现象的有序指引不仅存在于足球运动之中，所有运动都会形成自己的现象场，参与该运动的身体正是处于现象场之中，通过现象间有序的指引联系，才使得各自想要开展的运动活动得以实现。由此可见，所有运动现象场的形成机制具有同质性，运动中的有序指引会在潜移默化之中拓展到人们的日常生活之中，这些现象能够形塑人们的思维和认知，一方面，这种认知逻辑会在身体活动与生存环境之间建立有序的连接；另一方面，像足球运动中的"红牌警告""黄牌警告"等专业术语会被用于日常生活之中，由此使运动现象所形成的认知模式得以转换，而从更大的范围来看，使身体与世界相联结的也正是现象间的有序指引。

二 作为关系建构的身体：运动"形式"中的整体与部分

在理解"意识"与"自然"之间的关系问题上，为了弥合科学（把意识归于自然的实在论、因果论前提）和批判哲学（把自然只作为"现象"的总体）这两种解释立场的不足，梅洛-庞蒂引入了"行为"这一新的思考点。在格式塔心理学的启发下，行为的"刺激-反应"模式被梅氏改变为"情境-反应"，由此，前者中的"因果关系"也就被后者的"整体性"关联所取代③。为了进一步加深"整体性"的意义，梅洛-庞蒂提出用"结构-形式"的哲学来取代"实在"的哲学。虽然"行为"的引入没有从根本上有效区分"意识"

① M. Merleau-Ponty, *The Structure of Behavior*. trans. A. L. Fisher（Beacon Press, 1963）, pp. 168 - 169.
② D. S. Kerry, and K. M. Armour, "Sport Sciences and the Promise of Phenomenology: Philosophy, Method, and Insight," *Quest* 52, no. 1（2000）: 1–17.
③ 莫伟民、姜宇辉、王礼平：《二十世纪法国哲学》，北京：人民出版社，2008，第170页。

和"自然",但是以身体为基础的"结构"和"形式"的提出为运动社会学的研究提供了理论基础,尤其是"整体性"概念的提出,为我们理解运动中的诸多关系现象提供了解释机制。

"形式"内涵阐明了整体和部分的关系,认为"整体"并不是"部分"的"加合",相反,部分只有从"整体"的角度出发才能被理解①。简单来说,我们对事物的认识不能以偏概全,应该从全貌出发去理解部分的存在意义。现有的运动研究关注的是生物性身体与社会性身体在运动情境中的耦合机制,以及这种耦合形塑社会结构、知识生产和社会关系互动的多元文化机制,以运动所表现出的各种属性为依据,而运动的本质则是所有类别展开研究的基础。由此可见,整体观是审视运动事业建设结构的重要引导性思维,同时有助于厘清嵌入结构之中的各种关系。运动结构中所形成的复杂关系网络都在一定程上反映了作为现象的个体身体和作为理想的整体身体之间的统一性,当然,该统一性是在行动身体所处的结构之中形成的,具有可区分的属性。像精英运动员与国家之间的关系问题可以视为部分与整体的关系,从身体现象学的理论中可以提供看待这个关系的视角。精英运动员是国家运动队的组成部分,运动队中还有教练员等其他人物要素、物质要素以及空间要素的存在,虽然构成的要素实际存在,但是在对国家队的理解上则需要超越存在论范畴。在个体运动员身上会具有国家队的普遍的结构性特征,这种结构标志了个体的某种"本质性的特征"以及"朝向世界的某种一般姿态"②,是精英运动员与国家队之间的一种辩证关联的整体,是普遍个体将自己体现于国家整体之中的方式。所以,他们的行动具有反映国家运行机制的功能,是国家队运作图景的镜像呈现,而身体的象征意义则形成了国家与国家之间的关联。其次,每一位精英运动员在整体之中作为部分的同时,也同样是具有鲜活生命力的个体,就他们的身体而言,并不是各个器官的外在汇集,而是相互包含的全息统一体。

综合而言,精英运动员不论是作为代表自我的实在的个体,还是作为国家的象征符号,都是一种具有总体性的身体图式,表征着先天的、能动的、综合的能力统一体③,而非经验之间相互作用所形成的偶然效果。时间与空间的作用力将他们先天的优势调动起来,并通过能动的训练形塑了他们具有特定结构

---

①　莫伟民、姜宇辉、王礼平:《二十世纪法国哲学》,北京:人民出版社,2008,第171页。
②　莫伟民、姜宇辉、王礼平:《二十世纪法国哲学》,北京:人民出版社,2008,第171页。
③　莫伟民、姜宇辉、王礼平:《二十世纪法国哲学》,北京:人民出版社,2008,第179页。

的身体形态，培养了综合能力，由此也构成了他们具有特定整体性的生命的意义。

三　作为原始维度的"肉身"：运动社会学研究中的缺失

作为基础维度的"肉身"在运动社会学领域的研究是缺失的。在梅洛-庞蒂的最后一部作品《可见与不可见》中，采用了"肉身"这个概念来表达世界的深度与身体之间的连续性，其早期作品中的"身体"在后来的作品中被重新塑造为"肉身"，以捕捉其原始的或者基本的特征。梅洛-庞蒂一直致力于在原初经验世界中寻求克服主客、心物以及内外对立问题的方法[1]，从"身体"到"肉身"概念所担负的哲学使命是一致的。对肉的本体论意义的强调，是因为梅洛-庞蒂认为肉身比身体更为基础，这是因为"身体"的能量值是不如"肉身"的，身体暗示的是一个复杂的系统，而"肉身"则更好地表达了一个基本的、原始的维度，它是主体与客体、身体与世界的交叉点[2]。梅洛-庞蒂不是用无生命的物质元素来描述身体，而是在用身体的基本物质性来看待外部世界，这种认知上的转变为运动社会学的研究提供了认识论上的指导。

运动中的身体也具有多重属性，肉身的本质属性是其中的一种。在运动领域的研究中，"肉身"在生理学、人体科学中被作为解剖的对象进行分析，对运动员的肉身构造与运动发力等问题进行细致研究，但是"肉身"的社会属性还未被挖掘。尤其是当我们再去审视运动概念的时候，有必要从"肉身"的内涵出发去进行探讨。毕竟，相比较肉身而言，身体是一个相对抽象性的描述，从现象学的"肉身"出发将运动本质拉回到最原初的状态中，回归身体本质的第一步就是要认识到"肉身"的重要性。很多时候是把肉身和身体合并在一起统称为"身体"，并没有对此进行实质性区分，对此，身体的社会性探讨能否涵盖"肉身"的社会性？肉身是否具有社会性？肉身的社会性与身体的社会性有何不同？如果要展开对运动中"肉身"的讨论，首先需要研究清楚上述几个问题，发现肉身在运动社会学研究领域中的异质性和价值是展开相关研究的基础。

梅洛-庞蒂认为"肉身"不是物质，但却是世界的基础性存在，同时也是

---

① 毛华威：《梅洛-庞蒂身体现象学研究》，博士学位论文，吉林大学，2019，第 68 页。

② J. Morley, "Inspiration and Expiration: Yoga Practice through Merleau-Ponty's Phenomenology of the Body," *Philosophy East and West* 51, no. 1 (2001): 73-82.

一种描述身体的方式。在对塞尚的绘画进行深入解读之后，梅洛-庞蒂领悟到身体现象学的关键点是从人的"肉身"转向更为根本性的"世界肉身"（chair du monde），应该探索前者如何在向后者的"开放"过程之中绽显自身的"构图"①。也就是个体的"肉身"如何在"群体肉身"之中去谋划自我的生存图景。这更像是一位筹备世界大赛的运动员在应对比赛全过程中的解释图式，运动员被选为在竞赛中参演的肉身从某种意义上来说被赋予了世界性，他们不仅是在展示个体的肉身，而是世界在借此肉身与每一个个体建立关联性，个体在归属于世界的同时，世界也同样在被个体型构。

思考题

1. 简述梅洛-庞蒂身体现象学理论的思想渊源与主要内容。
2. 试用身体现象学理论来解释运行现象场的形成机制。
3. 试论身体图式与意向性概念在运动社会学研究中的应用。
4. 试论运动社会学的研究是否需要拓展到"肉身"层面？
5. 身体现象学作为方法对运动社会学研究的启示与意义。

推荐阅读书目

1. 胡塞尔：《逻辑研究》（第一卷），倪梁康译，北京：商务印书馆，2017。
2. 海德格尔：《存在与时间》，王庆节、陈嘉映译，北京：商务印书馆，2018。
3. 梅洛-庞蒂：《梅洛-庞蒂文集第2卷：知觉现象学》，杨大春、张尧均、关群德译，北京：商务印书馆，2021。
4. 莫里斯·梅洛-庞蒂：《行为的结构》，杨大春、张尧均译，北京：商务印书馆，2005。
5. 莫伟民、姜宇辉、王礼平：《二十世纪法国哲学》，北京：人民出版社，2008。

代表性学者简介

1. 莫里斯·梅洛-庞蒂（Maurice Merleau-Ponty，1908~1961），1945年获得博士学位，执教于里昂大学，在1949年至1961年间分别执教于巴黎索邦大

---

① 莫伟民、姜宇辉、王礼平：《二十世纪法国哲学》，北京：人民出版社，2008，第192页。

学和法兰西学院，还曾与萨特等人一起创办《现代》杂志。出版著作十余部，代表性著作有，1942年出版的第一部著作《行为的结构》，这部著作是梅洛-庞蒂思想的起点，《知觉现象学》（1945）、《意义与无意义》（1948）、《眼与心》（1964）和《人的科学与现象学》（1976）等。

2. 埃德蒙德·胡塞尔（Edmund Husserl，1859~1938），德国哲学家，现象学创始人。1913年创办了《哲学与现象学研究年鉴》，主要代表作有：《逻辑研究》（1900~1901）、《观念 I》（1913）、《内在时间意识讲座》（1905~1910）、《形式的和先验的逻辑》（1929）和《笛卡尔式的沉思》（1929）等。

3. 马丁·海德格尔（Martin Heidegger，1889~1976），德国哲学家，20世纪存在主义哲学的创始人和主要代表之一。代表作有《存在与时间》（1927）、《形而上学导论》（1953）、《同一与差异》（1957）和《物的追问：康德关于先验原理的学说》（1962）等。

第十三章　女性主义与运动社会学

本章要点

·作为回应女性受压迫的社会现实而形成的理论思想，女性主义在发展过程中始终紧贴女性生存的实际问题，以促进社会各个领域中的性别平等为奋斗目标。女性主义思想流派众多，分殊的根源在于它们产生的社会背景和对待男女差异的态度存在不同，多元的视角与观点使女性主义有着强大的理论活力，进而能够被运用至诸多社会问题的讨论中，并与之结合形成女性主义视角下的独特观点。对于运动，一些主要的思想流派也从不同角度提出了各自的观点。因此，在借助女性主义视角进行运动社会学研究时，把握其中不同思想流派的运动观是必要的理论准备。

·女性的身体与意识均被束缚在家庭这一私人领域是女性受压迫的主要表现，运动作为一种社会活动，及其对参与者具身体验和精神意志的强调使其在推进性别平等方面有着独特的意义，因此女性主义者将运动视为能够提升女性地位进而打破既有性别秩序的重要领域，而"具身化"是实现这一功能的关键中介。

·女性主义是一种囊括丰富理论内容的研究视角，尤其是为性别问题提供了新的认知范式。尽管其中的不同流派在男女差异、实现性别平等的方式等问题上有着各自的偏向，但其共有的实践诉求决定了它们在实际的社会学研究中遵循着一套基本的研究范式。

关键概念

女性主义；社会性别；体育父权制；酷儿理论；LGBTQ

第一节　女性主义的起源与发展

女性主义产生的根源在于女性受压迫的社会现实，这种压迫体现在社会中的诸多方面。18 世纪末，女性主义思想开始在欧洲大陆萌芽，在两百多年里，它不断追问和反思着女性为何受压迫、谁在压迫女性、性别如何平等、甚至什么是性别等问题，在这一过程中，女性主义经历了三次关键的发展浪潮，每一次浪潮的兴起都是对当时女性所处的社会现实及困境的回应与观照。从第一次浪潮对女性受教育权、选举权、就业权等男性早已拥有的基本公民权利的争取，到第二次浪潮对女性 "他者" 身份的意识觉醒和摆脱，再到第三次浪潮开始质疑并试图瓦解二元的性别秩序，数次的思想发展高峰催生了诸多思想流派，理论分异的根据在于对待男女差异的立场、女性受压迫原因的解释方式、推动性别平等的途径等方面的不同，这体现了女性主义研究的弥散性。然而，就女性主义的根本目标而言，它是一种专为女性问题奋斗的主义[①]，正如女性主义学者 Janet Chafetz 所言，当一种理论能被用于挑战、抵制或改变女性受损害和贬低的现状时，它就是女性主义理论[②]。

一　女性主义的起源与三次发展浪潮

1789 年，法国爆发资产阶级大革命，夺得大权的制宪议会在该年 8 月通过了著名的《人权宣言》（*Déclaration des Droits de l'Homme et du Citoyen*），宣告人权、法治、自由、分权、平等和保护私有财产等基本原则，这场革命所高呼的 "自由" 与 "平等" 被普遍视为女性运动在欧洲大陆的源头[③]。此时，西方第一次工业革命也正由英国浩浩荡荡地传向欧美，社会经济的变革进一步刺激着人们的思想观念，在这样的社会环境下，女性的自主意识被唤醒。革命后的巴黎出现了女性俱乐部，旨在为女性争取就业权和受教育权，其中以法国政治活动家奥兰普·德·古日（Olympe de Gouges）[④] 为代表，坚定拥护民主的她一直为法国社会寻求男女平等，针对大革命期间颁布的《人权宣言》，她于

---

① 　西蒙娜·德·波伏娃：《第二性》，陶铁柱译，北京：中国书籍出版社，1998。
② 　J. S. Chafetz, *Feminist Sociology: An Overview of Contemporary Theories* (Itasca, IL: F. E. Peacock, 1998).
③ 　李银河：《女性主义》，上海：上海文化出版社，2018。
④ 　又名玛丽·古兹（Marie Gouze），1748 ~ 1793。

1791 年发表了与之对应的《女权宣言》(*Déclaration des Droits de la Femme et de la Citoyenne*),成为法国历史也是世界历史上第一份要求妇女权力的宣言,传达出一种在当时独特且完整的女权思想①。在不远的英国,也出现了一位女性先锋,玛丽·沃斯通克拉夫特(Mary Wollstonecraft,1759~1797),多次目睹父亲酒后施暴母亲、饱尝家中重男轻女之苦的儿时经历使其从小就强烈反感性别不平等。1792 年,她以《女权辩护:关于政治和道德问题的批评》(*A Vindication of the Rights of Women: with Strictures on Political and Moral Subjects*)一书抨击了英国当时的政治与社会制度,要求赋予女性与男性同等的受教育权、就业权和选举权。法国大革命的自由呼声开始唤醒女性的进步意识,直至 19 世纪下半叶,积蓄已久的女性力量终于踏上漫漫的平权之路。

(一)第一次浪潮(19 世纪中叶至 20 世纪初):"我已投票"

1848 年,美国废奴运动活动家卢克丽霞·莫特(Lucretia Molt,1793~1880)、伊丽莎白·斯坦顿(Elizabeth Stanton,1815~1902)和苏珊·安东尼(Susan Anthony,1820~1906)等人在美国塞尼卡福尔斯组织召开美国第一届妇女权利大会。她们也效仿德·古日,以《独立宣言》(*The Declaration of Independence*,1776)为蓝本起草了《感伤宣言》(*Declaration of Sentiments and Resolutions*,1848),明确提出"男人和女人生而平等,都被造物主赋予了不可转让的权利,包括自由权、生命权和追求幸福的权力"②。此次会议也成为美国由女性独立领导的有组织的女性运动的开始。随后,英、法等欧洲国家也相继出现独立的女性运动,且运动热潮不断向南美、中东和亚洲辐射。女性主义运动的第一个浪潮由此形成。

此时女性主义的运动诉求在于争取女性的选举权、受教育权和就业权,其中,获取选举权是中心任务,运动的具体形式为建立妇女组织、出版刊物、组织集会和签名请愿等方式对当权者施压,在政治、经济、社会等各方面寻求男女平等。概言之,此次女性运动有以下特征:第一,运动主要由有稳定收入的中产阶级妇女组成③;第二,运动程度相对温和,斗争手段仍以撰文批判、发表言说、组织集会等为主;第三,在多个国家与本土的民主改革结合,如美国女性运动与黑人平权运动,法国女性运动与大革命,德国女性运动与无产阶级

---

① 孙晓梅:《"二战"前的世界妇女运动》,《中华女子学院学报》1993 年第 2 期,第 63~66 页。

② S. Rowbotham, *Women in Movement: Feminism and Social Action* (Routledge, 1992), p. 46.

③ B. Anderson, and J. Zinsser, *A History of Their Own: Women in Europe from Prehistory to the Present* (New York: Harper & Row, 1989), p. 356.

革命，中国女性运动与戊戌变法——废缠足、兴女学是甲午战争后维新派政治改革的目标之一。经过数十年的抗争，第一次女性主义浪潮随着多个国家的女性在20世纪初相继获得选举权逐渐落幕（新西兰1893年；澳大利亚1902年；芬兰1906年；俄国1917年；德国、波兰1919年；美国1920年）。

（二）第二次浪潮（20世纪60~70年代）："我们不是二等公民"

第二次女性主义运动兴于美国，二战后欧美世界的政治、经济和文化发展是其产生的重要基础。首先，1950年以后，极右思想的典型代表麦卡锡主义在美国遭到国内民众的强烈反对，广大中产阶级知识分子为争取更高的政治经济地位发起"新左派运动"，非洲裔群体也在此时开始了反种族歧视斗争，这些运动相互促进，并与战后国内高涨的反战情绪结合，在美国国内催生出民主运动的热潮，为女性运动的复苏提供了社会土壤；其次，男性在战时离乡赴战，空缺的工作机会成为女性走出家门的契机，由此使得女性的经济条件得到明显改善，为女性运动的兴起积累了坚实的组织和物质基础，而更重大的意义在于参与公共领域使她们更新了意识层面的自我认知，重塑了自我价值，为运动的进行提供了精神支撑；最后，此时美国女性的文化水平普遍上升[1]，为随后女性运动的开展提供了知识基础，一些社会学家也在此时开始从学术层面关注女性问题，女性研究热潮逐渐形成并进入学术机构，发展成为专门的学科，随之生发出不同的思想流派，为运动提供了强大的理论指引和思想武装。

本次运动的目标涉及性、生育、婚姻、家庭、参政、社会福利、就业等不同领域，且运动程度也更为激烈。在主张两性的权力差异是造成女性从属地位的根由的基础上，性别歧视、性别主义与男性权力等也受到了广泛批判，广大女性从此时开始寻求摆脱屈于男性的"第二性"地位的可能。运动在美国爆发后继续向欧洲涌去，到1970年已遍及英国各地，1968年随着"五月风暴"运动在法国走向高潮，在北欧多国的发展也同样蓬勃强劲。此次运动规模宏大，在深度和广度上都远超第一次，世界主要发达国家都涉及其中，各种妇女组织在此期间如雨后春笋般蓬勃发展，极大地推动了女性解放。

（三）第三次浪潮（20世纪90年代）："我和男性没什么不同"

20世纪90年代初，"第三次女性主义浪潮（Third Wave Feminism）"一

---

① 刘小平：《略论美国历史上女权运动的第二次高潮》，《贵州教育学院学报》（社会科学版），1998年第4期，第83~87页。

词首次出现在美国作家丽贝卡·沃克于 1992 年发表在《女士》（*Ms.*）杂志上的《成为第三次浪潮》（*Becoming the Third Wave*）一文中，之后被作为区别于 20 世纪六七十年代"第二次女性主义浪潮"的一种新的女性主义运动与思潮的名称出现在学术话语中[①]。

20 世纪下半叶，随着后现代、后结构主义和后殖民主义思潮兴起，欧美社会开始反思知识的绝对性、科学的存在基础，以及知识产生的认知主体等根本问题。受这股颠覆性反思思潮的影响，女性主义者认识到过去的认识论是建立在西方白人男性的经历、问题与行为之上[②]，女性要想真正获得解放就需要打破既有的男性话语，否则所谓性别平等仅仅是男性思维下虚假的平等。这意味着此次运动强烈的思想革命性，它试图解构既有认知中固化的两性身份，对两性地位认知范式的颠覆使此次浪潮以拒绝男性权威、拥护多元性为思想根基，开始将目光投向种族、宗教信仰、性取向等各种被先前的女性运动忽视的问题，在此基础上，此次运动中生发出有色人种女性主义、后殖民女性主义、后现代女性主义等若干思潮，呈现出女性主义思想更加包容和多元共生的态势。

二　主要思想流派及其观点

（一）自由女性主义（liberal feminism）

自由女性主义源于 18 世纪法国大革命和西欧启蒙运动时期，受卢梭"社会契约"思想和"自由主义之父"洛克关于理性观点的启蒙，它诉诸人的理性与本质，主张人人生而平等（指机会均等）。该流派反对强调男女差异而关注两性的相似性，认为不论男女，每个社会成员都应当有发挥自身潜力的机会。因此其核心目标在于追求公正，提倡男女的公平竞争，但反对通过照顾弱者来实现平等。其代表人物及著作有：玛丽·沃斯通克拉夫特的《女权辩护：关于政治和道德问题的批评》、波伏娃的《第二性》以及贝蒂·弗里丹的《女性的奥秘》等。

（二）激进女性主义（radical feminism）

20 世纪 60 年代，激进女性主义兴起于第二次浪潮期间的新左派，但这些女性主义者们因不满该团体中部分男性对女性的态度而脱离新左派。该流派从

[①]　M. Titton, "Afterthought: Fashion, Feminism and Radical Protest," *Fashion Theory* 23, no. 6（2019）: 747-756.

[②]　A. M. Jaggar, and S. R. Bordo, *Gender/Body/Knowledge: Feminist Reconstructions of Being and Knowing*（New Brunswick: Rutgers University, 1989）.

男女差异的正面价值出发，将女性作为一个在利益上与男性对立的群体，强调男性阶级对女性阶级的压迫，并喊出"个人的即政治的（Personal is Political）"口号（政治在此处不是'那种狭义的只包括会议、主席和政党的定义，而是指一群人用于支配另一群人的权力结构关系和组合'[①]），以此来表达每个受压迫的女性都是男性权力的被支配者的思想主张。在此基础上，她们认为造成女性从属地位的根源并非资本主义——其他经济制度中女性也在遭受男性压迫——而是父权制（包括男性统治女性和男性长辈统治男性晚辈），且这种统治通过意识形态与实践两种渠道同时侵蚀着公共和私人领域。因此，激进女性主义排斥男性，将男人视为敌人，认为女性只有推翻父权制才能获得解放。该流派的代表人物及著作有：米利特·凯特（Millett Kate）的《性政治》（*Sexual Politics*，1970）、舒拉米斯·费尔斯通（Shulamith Firestone）的《性辩证法》（*The Dialectic of Sex*，1970）、玛丽·戴利（Mary Daly）的《纯粹的欲望：女性主义哲学精要》（*Pure Lust：Elemental Feminist Philosophy*，1984）等。

（三）马克思主义女性主义（Marxism feminism）

马克思主义女性主义是女性主义与马克思主义的结合，可视为马克思主义在性别问题上的延伸。该流派借用马克思主义"生产"、"再生产"、"剩余价值"和"交换价值"等经典概念解释女性受压迫的原因，认为女性所从事的家务等无酬劳动仅被赋予使用价值而无交换价值，资本主义正是以这种隐晦的方式剥夺了女性的劳动价值。因此，马克思主义女性主义认为女性解放的途径在于推翻资本主义制度，但这一结论未能解释为何其他经济制度中的女性也在遭受性别压迫。该流派中值得关注的人物与著作有：朱丽叶·米切尔（Juliet Mitchell）的《妇女地位》（*Woman's Estate*，1971）和南希·哈特索克（Nancy Hartsock）的《金钱、性与权力：走向女权主义的历史唯物主义》（*Money，Sex and Power：Toward a Feminist Historical Materialism*，1986）等。

（四）后现代女性主义（postmodern feminism）

20世纪60年代后现代主义思潮出现，随后与女性主义碰撞催生出后现代女性主义这一独特的思想流派，掀起了第三次女性主义浪潮。该流派将父权制作为重点批判对象，后现代的解构基因促使其试图颠覆二元的性别秩序，以反本质主义的立场抗议"性别"是天生的思想。摒弃了父权制下性别二分思维的后现代女性主义并不特意关注如何处理男女差异，而以一种中性态度从文化

---

① 凯特·米利特：《性政治》，宋文伟译，江苏：江苏人民出版社，2000，第32页。

层面强调这些差异本身的意义。解构一切以生殖为中心话语的女性主义是其另一个特征，深受福柯在演讲《话语秩序》（*L'Ordre Du Discours*，1970）中提到的"话语即权力"概念的影响，认为女性受压迫是因为她们一直生活在男性话语体系之下，因而需要建立一套"女性的话语"，即以女性自己的名义说话，才能使女性获得应有的权力与解放。后现代女性主义的代表人物及著述有：朱莉亚·克里斯蒂娃（Julia Kristeva）的《语言中的渴望》（*Desire in Language*，1982）、海伦娜·西索（Helene Cixous）的《新诞生的女性》（*The Newly Born Women*，1986）、露丝·伊利格瑞（Lucy Irigaray）的《不止一种性别》（*This Sex Which Is Not One*，1985）和唐娜·哈拉威（Donna Haraway）的《类人猿、生控体和女性》（*Simians，Cyborgs and Women*，1991）等。

综合来说，女性主义"绝不是一个概念单一、宗旨集中和集聚共识的政治运动，相反，它是一个连续发展且内涵不断丰富的社会性术语，就像任何具有影响力的学术思潮一样，女性主义运动充斥着源于不同价值体系的观点和意见、各种理念的对峙和意识形态的冲突。不同的时代、流派和学者所指称的女性主义的涵义各不相同"①。然而，它们却秉承着同一个核心目标：并非超越男性成为"第一性"，更非建立一种女性至上的社会模式取代父权制——依旧是男性思维模式——任何不平等关系对压迫的实施者而言同样是有害的，女性主义真正追求的是一种全新的性别角色与性别关系，以及看待性别问题的新视角。

第二节　运动与性别问题的基本解读

使女性获得与男性相同的在公共领域中的可见性，是女性主义重要的奋斗目标，运动作为典型的男性公共领域，也自然成为女性主义者诉诸理论实践的重要空间。1978 年，卡洛·奥格罗斯比（Carole Oglesby）的《体育中的妇女：从神秘到现实》（*Women in Sport：From Myth to Reality*）、安·赫（Ann Hall）的《体育和性别：女性主义视角对运动社会学的论述》（*Sport and Gender：A Feminist Perspective on the Sociology of Sport*）两本著作的问世，标志着女性主义对运动的研究进入理论化阶段②。运动女性主义就女性在运动中受压迫的现实

---

① 董美珍：《女性主义科学观探究》，北京：社会科学文献出版社，2010，第 4 页。
② 熊欢：《身体、权力与性别——女性主义体育理论发凡》，《体育科学》2010 年第 8 期，第 14~26 页。

展开了追问，具体而言，在反思运动中性别问题的同时，女性主义的不同思想流派结合自己的理论特长提出了各自的运动观念，并通过对运动中女性身体的关注，进一步讨论运动如何得以成为提升女性地位与促进性别平等的关键场域。

一　关于运动中性别问题的反思

运动女性主义的理论化发展，得益于两个方面的经验与理论积淀，一是女性主义的不同思想流派经历了运动浪潮的检验与磨砺，能够有效地指导运动女性主义的研究，二是运动也在 20 世纪 70 年代进入了社会学的分析视角，社会学对运动中性别问题的理解为运动女性主义带来启发与反思基础。

经典社会学从功能、冲突和互动等传统理论视角回答了运动中的性别问题。结构功能论认为社会是多系统的组合，这些系统在社会结构中拥有各自的特定功能，且存在一种使它们相互协调的机制来保证结构持续稳固。在运动与性别议题上，结构功能论认为女性运动承受着多重限制。第一，女性被父权制社会结构限制在私领域中，对女性参与运动形成结构性束缚；第二，运动作为社会系统的一部分，在父权制的社会准则下维护的是男性在运动领域中的优先地位。冲突论则关注社会中因个体所处位置不同而产生的阶级问题，以及由此导致的权力分配不均所引起的冲突。在性别问题上，冲突论认为父权制下的二元性别秩序将男女置于不同地位，形成基于性别的社会分层，两性间的对立也就此产生。这种分层方式体现在社会生活的种种方面，运动是最好的例子之一，两性在运动中被赋予的资源、权力的不平等最终导致两性冲突。不同于功能论与冲突论，符号互动论将视角聚焦于微观层面，关注日常社会生活中个体或团体间互动的重要性，认为人们在互动中会依外界期待形成特定的包括性别在内的身份认同，并使人们依照相应的社会期待在行为动作、表情姿势、穿着形态等方面进行自我规训，由此导致的性别刻板印象会进一步束缚两性的社会参与。这一理论观点解释了为何运动常被认为是男性的领域，以及运动中的女性，特别是强对抗运动项目的女性运动员常被污名化的根由之一。

尽管这些社会学经典理论对运动中的性别问题做出了不同程度的讨论，但无论是功能主义谈论的社会结构，还是冲突论强调的社会分层，抑或是互动论提出的社会符号，都是在父权制社会准则的预设下进行的讨论。首先，这些理论和概念本身就是男性思维的产物，是性别关系中获利一方的男性从"占优者"视角看到的景象；其次，解释性别压迫的原因只是男性以"获利者"话语进行的表述而非批判；最后，以上两种现实导致既有讨论的基础依旧是非男即女且男尊女卑的二元性别秩序，而这正是典型的男性逻辑——通过占有一个拥有其自身不具备的某些特征的对象来凸显自己的地位，导致性别不平等的真正症结就在于这种根深蒂固且隐蔽的男性思维，上述理论的阐释其实只是这一问题在结构、互动等层面上的表现。女性主义正是在理论发展与实践磨砺中渐渐发现了该深层矛盾，通过不断地追问"女性如何存在于这个世界？女性如何知道她们现在所知道的知识？"[①] 来反思谁将成为女性主义的研究主体以及女性知识的合法性何来[②]等根本性问题。从这个意义上讲，女性主义的产生意味着人们，特别是女性开始尝试摆脱男性话语权力的主导并以女性自己的经验作为思想来源，重新思考自己的性别身份，进而通过一种全新的思维模式植入女性受压迫的社会思想之中，批判父权制的强悍统治。这种反思性别身份知识主体性的思脉使女性在行动上开始要求进入男性统治的各个领域，以此逐渐介入男性的社会结构，特别是在性别分化清晰的运动中更要创造出独立的女性文化[③]。在运动的世界中，男性被普遍认为是天然的运动员，通过充分展示自己的"男性力量"参与竞争，追求身体的极限；而对于女性来说，人们一直以来都认为女性缺乏足够的体能与身体攻击性，由此拒绝女性参与剧烈的身体运动[④]，女性被这种错误认知排斥在运动场之外，只能作为场边的欢呼者从事关怀和鼓励的工作。因此，对于运动中的性别问题存在一个基本的假设，即女性在身体条件上天生弱于男性。20 世纪 70 年代，为回应男性在运动中的这种统治地位以及运动社会学中女性运动的边缘化——一种运动中男性占主导的性别关系[⑤]，运动女性主义在第二波女性主义浪潮的冲击下产生，不同思想流派也提出了各自的运动主张。

二　不同思想流派对运动的再解释

（一）自由女性主义运动观

自由女性主义是自由意识形态体现在性别层面的知识与政治框架，主要诉

① A. Hall, "Feminism and Sporting Bodies: Essays on Theory and Pracice," *Human Kineties* (1996): 69-86.
② 郑丹丹：《女性主义研究方法剖析》，北京：社会科学文献出版社，2011，第 7 页。
③ 许宁、黄亚玲：《论女性主义三次浪潮与奥运会女性项目的演进》，《北京体育大学学报》2015 年第 5 期，第 14~18、23 页。
④ 杰·科克利：《体育社会学——议题与争议》（第 6 版），管兵、刘穗琴、刘仲翔、何晓斌译，刘精明审校，北京：清华大学出版社，2003：第 39~63 页。
⑤ J. A. Hargreaves, "Gender on the Sports Agenda," *International Review for the Sociology of Sport* 25, no. 4 (1990): 287-307.

诸通过让女性接触传统意义上的男性活动来促进男女平等，在反对强调两性差异的同时，主张每个社会个体在机会与自由方面应当均等。在运动方面，认为两性间的生物学差异并不影响运动参与，因而不能以此解释女性在运动中的从属地位，女性应当拥有机会参与男性可以享受的所有运动活动①。简言之，该流派坚持女性更少参与运动的原因在于文化而非生理，且"通过合理的干预可以消除任何阻止女性参与运动的障碍"②。因此，自由女性主义试图通过法律改革的途径来消除运动（体育）中的性别歧视，如美国颁布的《1972年第九教育法修正案》（*Title IX of the Education Amendments of* 1972）在部分程度上承认了女性的社会地位。然而，它高估了法律改革的力量，因为男性地位凌驾于女性的现实是长期潜移默化的结果，"试图通过立法将性别平等作为组织原则，进而从根本上改变体育的想法都是荒谬的"③，法律和政策的改变并不能触及造成性别不平等的结构性根源。正如学者在《第九法案》颁布50年之际的反思："《第九法案》将国家力量引入女性体育，希望以此实现体育中的性别平等，但反而使国家权力不断扩大，这实际是在维持而非瓦解异性恋父权制、白人主义与资本主义的主导地位。"④

（二）激进女性主义运动观

激进女性主义强调两性生理差异是一种平等相异的立场影响着其关于女性解放的方法论主张，认为推翻父权制的颠覆性社会变革才能实现两性关系的变化。在此基础上，一些激进女性主义者主张建立完全独立于父权制度的女性话语与实践模式，即脱胎于激进女性主义的"分离主义（separatism）"。在体育方面，提出"体育父权制"概念解释体育中女性受压迫现象，并在"分离主义"的影响下认为由男性主导的体育秩序中的运动过于强调攻击性竞争⑤，女性不应效仿，而是要建立一种不同的体育模式，进而将体育分为"合适女性的"和"合适男性的"两种模式，并把这种划分视为摆脱体育中的男性控制

① E. A. E. Ferris, "Attitudes to Women in Sport: Prolegomena Towards a Sociological Theory," *Equal Opportunities International* 1, no. 2 (1981): 32-39.

② J. A. Hargreaves, "Gender on the Sports Agenda," *International Review for the Sociology of Sport* 25, no. 4 (1990): 287-307.

③ J. A. Hargreaves, "Gender on the Sports Agenda," *International Review for the Sociology of Sport* 25, no. 4 (1990): 287-307.

④ K. Hextrum, and S. Sethi, "Title IX at 50: Legitimating State Domination of Women's Sport," *International Review for the Sociology of Sport* (2021).

⑤ N. Theberge, "Toward a Feminist Alternative to Sport as a Male Preserve," *Quest* no. 37 (1985): 193-202.

以及使更多女性运动崭露头角的第一步①。然而，"分离主义"对体育的划分虽能为女性体育营造更加有利的发展环境，却也强化了运动中的性别刻板印象，且"分离主义"依旧未能摆脱男性思维的桎梏，"合适女性的"和"合适男性的"体育划分会将人们禁锢在固定的"自然"观念中，无视历史、无视两性身份认同的变迁，以及无视不同的性别关系②。

（三）马克思主义女性主义运动观

激进女性主义与马克思主义女性主义争论的关键在于，导致女性受压迫的究竟是父权制还是资本主义？激进女性主义认为父权制的意识形态制造出关于文化、社会、经济以及政治控制的体系，仅以资本主义的转型难以改变这种权力结构；与之相反，马克思主义女性主义认为阶级才是女性受压迫的根源，任何有关性的问题都是次要的③，故推翻资本主义才是女性以及其他无产阶级摆脱压迫的方式。关于运动中的性别问题，马克思主义女性主义认为其中的性别歧视是资产阶级意识形态的组成部分，它构成了对资本主义的稳定至关重要的"劳动的性别分工"（gender-based division of labor）的基础。总之，马克思主义女性主义者不认为"在资本主义下能够实现运动中的性别平等"④，因而在这一女性主义视角下的运动研究往往会将运动中的性别不平等现象与阶级、种族等问题结合进行讨论。

（四）后现代女性主义运动观

深受后现代主义代表人物福柯关于身体与权力观点的影响，后现代女性主义开始注意到性别中的身体。对于运动（尤指体育），福柯认为这是一种规训身体的手段，参与运动的个体其实并非是自我控制着身体，而是服从于医学、生理学、心理学等现代技术和规则制定者的权力来实践运动活动，这一过程中，人的身体不过是后者实施权力的场所。因此，后现代女性主义认为促使女性参与运动的原因，很大程度上在于技术的控制——现代科学话语用精细化的数字告诉女性什么才是好身材，在潜移默化中让女性开始关注自己的身体，并

① J. A. Hargreaves, "Gender on the Sports Agenda," *International Review for the Sociology of Sport* 25, no. 4 (1990): 287–307.

② J. A. Hargreaves, "Gender on the Sports Agenda," *International Review for the Sociology of Sport* 25, no. 4 (1990): 287–307.

③ H. Hartmann, "The Unhappy Marriage of Marxism and Feminism: Towards a More Progressive Union," *Capital and Class* no. 8 (1979).

④ J. A. Hargreaves, *Sporting Females: Crital Issues in the History and Sociology of Women's Sports* (London and New York: Routledge, 1979), p. 35.

反思自己与"标准好身材"间的距离，进而开始参与运动，朝着现代话语建立的标准踏上自我规训之路。

三　女性参与运动的具身体验是重塑女性地位的重要途径

"女人并不是生就的，而宁可说是逐渐形成的。在生理、心理或经济上，没有任何名誉能决定人类女性在社会的表现形象。决定这种介于男性与阉人之间的、所谓具有女性气质的人的，是整个文明。"① 西蒙·波伏娃在其被后世奉为"女性主义圣经"的著作《第二性》中对何为女性做出了如上解答。进一步来说，以家庭为代表的私领域是建构女性的重要空间，如恩格斯在《家庭、私有制和国家的起源》中所言："随着家长制家庭，尤其是随着专偶制个体家庭的产生，情况就改变了。家务的料理失去了它的公共性质。它与社会不再相干了。它变成了一种私人的服务；妻子成为主要的家庭女仆，被排斥在社会生产之外。"② 这意味着女性在家庭这种私领域中成了地位低下的仆人，她不再拥有和男性同样参与公共生活的权力。从这个意义上来看，突破私领域的限制是女性获得解放的关键，在挑战父权制家庭制度权威的同时，赋予了女性改变身体表现和自我观念的机会。

所谓身体，特纳认为它"是被体验的一种极限环境，但我们的意识表现出我既拥有身体，又是身体"③，指明了"身体"的两层含义：既指我能够控制的、在社会空间中具体存在的身体，也指一种人格、自我意识和身份。在身体分析中，"具身化（embodiment）"是常用概念，指人的生物身体在向目标物移动时，不仅人与该目标和周遭世界形成互动，人在其中也会产生新的具身体验，由此建立相应的自我身份认同。简言之，"具身化"就是社会规则体现到个体身上，与生命经验结合，让个体独一无二④。至于具身化的实践与发展，运动是众多重要情境之一⑤，在这个意义上，关于运动的女性主义研究将身体与女性的自主性作为关键落脚点，认为女性运动能够有力回击固有性别秩

---

① 西蒙娜·德·波伏娃：《第二性》，陶铁柱译，北京：中国书籍出版社，1998，第 309 页。
② 恩格斯：《家庭、私有制和国家的起源》，中共中央马克思恩格斯列宁斯大林著作编译局译，北京：人民出版社，2018，第 79 页。
③ 布莱恩·特纳：《身体与社会》，马海良、赵国新译，辽宁：春风文艺出版社，2003，第 124 页。
④ 张文义：《具身理论的空间模型与日常生活中的人类学实践》，《中央民族大学学报》（哲学社会科学版）2021 年第 5 期，第 11 页。
⑤ N. Theberge，"'No Fear Comes'：Adolescent Girls，Ice Hockey，and the Embodiment of Gender，" *Youth & Society* 34，no. 4（2003）：497–516.

序和女性受压迫的生理差异解释论。关于女性受压迫的生理性解释，女性主义思想家艾丽斯·杨批判性地继承了波伏娃的思想，后者在《第二性》中反对将男人和女人在行为和心理上的真正差异归因于自然和永恒的"女性本质"，即并不存在一种永恒"女性本质"，但波伏娃主张每个女性个体的存在有着共同的基础。然而，杨认为波伏娃的见解虽然清晰且深刻，但她过于关注生理层面的事实，而未将女性身体活动的形态和倾向与生存环境相联系，从而试图创造这样一种印象：女性的解剖学和生理学特征至少部分决定了她们的非自由地位。在对波伏娃观点的批判上，杨主张每个人的存在都由环境决定，历史、文化、社会和经济尤其限制着女性的生存环境①。女性在身体活动中表现出的胆怯、犹豫和不确定导致其整体上不相信"身体能带领我们实现目标"②，而这并非是解剖学和生物学的结果和一种神秘的女性本质，而是女性的社会经历所致，因为"这个自由开放的世界并未赋予女性充分利用她们身体能力的机会，她们也未受到和男性所受的同等鼓励去发展特定的身体技能，因而女性的行动常常比男性的更加次要和封闭"③。杨所指的身体活动是一种典型的自由女性主义运动观，在一定程度上解释了为何女性在运动中被边缘化，同时也暗示出一条女性突破非自由地位的可行之道。

1972年，夺得美国网球公开赛女单冠军的美国选手比利·简·金（Billie Jean King）因不满与同赛事男单冠军悬殊的奖金金额，以及官方对此做出的"男子比赛更激烈""男女生物学上的差异"等解释，于次年接受男子网球选手波比·里格斯（Bobby Riggs）的挑战并战胜后者，金在这场网球史上著名的"性别大战"中的获胜促使美国网球公开赛在网球四大赛事中首先实现了男女运动员同工同酬。20世纪末，西方不少学者就通过运动为女性赋权的问题做了探讨，认为强调身体对抗的团队运动是实现这一目标极有力的环境之一，不仅因为"对抗性运动所赞扬的力量与权力是联结运动与男性气质的关键"④，也在于"团队性提供的彼此关联强化了成员对运动项目的认

① I. M. Young, "Throwing Like a Girl：A Phenomenology of Feminine Body Comportment Motility and Spatiality," *Human Studies* 3, no. 1 (1980)：137-156.
② I. M. Young, "Throwing Like a Girl：A Phenomenology of Feminine Body Comportment Motility and Spatiality," *Human Studies* 3, no. 1 (1980)：137-156.
③ I. M. Young, "Throwing Like a Girl：A Phenomenology of Feminine Body Comportment Motility and Spatiality," *Human Studies* 3, no. 1 (1980)：137-156.
④ N. Theberge, "'No Fear Comes'：Adolescent Girls, Ice Hockey, and the Embodiment of Gender," *Youth & Society* 34, no. 4 (2003)：497-516.

同"①，二者共同促使这类运动成为女性证明自己柔弱形象并非天生的重要中介。西方运动界中，运动为女性赋权也早已不是理想化的设想。1996 年，美国女篮在亚特兰大奥运会中的金牌表现为 1997 年美国女子篮球职业联赛（WNBA）的建成打下基础；无独有偶，1998 年长野冬奥会中，女子冰球项目的引入促成了 1999 年加拿大女子冰球联赛的形成；1999 年本土作战的美国女足在世界杯中的优异表现为 2001 年美国女子足球大联盟的建立铺平道路。

总之，运动作为一种社会活动，对身心合一和参与者具身化的强调，与女性主义试图为女性开辟一条从家庭走向社会之路的平权诉求不谋而合。首先，运动通过彰显女性身体能力，开发其身体潜能得以改变女性柔弱消极的形象，在逐渐解放女性身体的同时也促进了她们在精神和心理层面的自我价值重塑；其次，女性在运动领域中的进场，特别是在对抗性运动中的身体参与，稀释了运动固有的浓厚男性气质——运动常被认为是男性专属的领域，并排斥女性②，渐渐弱化了文化层面上女性"柔弱无力"的形象，使挑战男性主导的性别秩序成为可能。

第三节　认识论与方法论的女性主义转向

女性主义并非单一的社会学理论，而是杂糅了不同的理论内容且在知识论、方法论以及研究方法方面具有自己的独特风格。这些特点具体到运动社会学研究中主要表现在以下方面。首先，在知识论层面，女性主义通过反思既有知识的合法性基础，开始认识到要在知识获得中关注女性经验，并在知识内容的形成上主张女性话语的建立，表现在女性主义视角下社会学研究中，则为①对女性运动的关注逐渐增加，②女性运动经验的来源上突破以往只聚焦主流女性运动的狭窄视域，③用女性自己的言说方式讲述她们自己的运动参与，④以女性自己的话语评价女性的运动经验。其次，在方法论与方法层面，女性主义中丰富的理论流派为其提供了独有的理论视角，对于性别与社会二者关系上的独到认知也为研究的实施与推进提供了纲领性的方法论指导，与之不同的是，女性主义理论的丰富性与所涉问题的纷繁复杂使其在

① M. J. Kane, "Resistance/Transformaition of the Oppositional Binary: Explosing Sport Continuum," *Journal of Sport & Social Issues* 19, no. 2 (1995): 191-218.

② 阳煜华、吴广亮：《阳刚女运动员的性别刻板印象与"污名化"溯源》，《妇女研究论丛》2014 年第 1 期，第 60~66 页。

具体的研究方法上并未局限于某一种实践手段，而是形成灵活包容的态势，这一特点在运动社会学研究中的表现与知识论的反思结果紧密相关，关于以女性话语讲述其运动经验的主张，需要借助质性研究方法进行实践，而对于女性个体具体的运动参与过程的分析，量化研究是更合适的方法，因此，借助女性主义视角进行运动社会学研究时，并没有严格固定的研究方法，而是在遵循关注女性运动经验，建立女性运动知识的认识论反思结果下灵活进行。

一　谁的运动经验：女性主义视角下运动社会学的认识论反思与方法论转向

认识论（epistemology）指认识的方式以及关于什么才算知识的思考，即关于"谁能成为认识者？什么能被认识？什么构成和验证了知识？以及知识与存在之间是什么关系或应当是什么关系？"[1] 的问题。源于希腊哲学的二元本体论一直作为西方知识的基础，赋予了男性特权和相关的品质，并在一套支配逻辑的指引下建立男性优于女性、知识和心灵优于经验与身体的认知[2]。直到20世纪女性主义的产生，这种二元认识论基础的合法性开始被反思和质疑。女性主义发现了知识的建构性和知识中存在的男性偏见，这种偏见导致女性以及西方白人男性之外的那些个体的信仰、实践和经验均被忽略在主流知识之外，女性主义因此将知识看作语境的异化[3]。尽管女性经验被二元认识论限制在特定的语境中，无法像男性经验那样主导着知识的形成，但"女性仍然作为一个思考、情感的主体和社会媒介而存在，能够在矛盾的主体立场和实践之间的冲突中进行反抗和创新"。[4] 正是在这个意义上，女性主义认为这种"不但不解释女性经验，甚至对其进行诋毁的认识论必须被取代"。[5]

确定知识有效性的标准应是研究实践中的反身性问题，而非一般规则。具

---

① L. Stanley, and S. Wise, "Method, Methodology and Epistemology in Feminist Research Processes," in *Feminist Praxis: Research, Theory and Epistemology in Feminist Sociology*, ed. L. Stanley (London: Routledge, 1990), p. 26.

② L. Code, *What Can She Know? Feminist Theory and the Construction of Knowledge* (New York: Cornell University Press, 1991).

③ L. Stanley (ed), *Feminist Praxis: Research, Theory and Epistemology in Feminist Sociology* (London: Routledge, 1990).

④ C. Weedon, *Feminist Practice and Poststructuralist Theory* (Oxford: Basil Blackwell, 1987), p. 125.

⑤ L. Code, *What Can She Know? Feminist Theory and the Construction of Knowledge* (New York: Cornell University Press, 1991), p. 251.

体而言，女性主义可以通过以下问题在知识的建立过程中进行反思①：①什么是知识主张依靠的推理形式？②知识主张具有更加普遍的意义还是仅限于局部事实？③提出知识主张的女性主义者如何形成？④女性主义者为谁发声？为何发声？以及凭借何种权威发声？⑤什么是知识主张形成的证据和基础？⑥这些证据与基础如何被建构和评估？⑦相反的证据与基础如何被认可和评估？⑧什么样的规范框架建构了知识生产的过程？⑨知识主张提出了概念、经验以及现实之间的哪些联系与分离？⑩这些联系是否以及如何被设想、否定或被置于未知状态？女性主义思想借此脱离了旧有二元认识论的限制，并由之为女性经验在知识形成中的入场建立了通道。此外，女性主义在知识的产生主体、知识的建构模式、知识的实际意义、知识形成中的差异等多方面的反思进一步促进了女性主义的方法论转向。所谓方法论（methodology），指关于理论以及研究如何实施与推进的分析，是理论内容的重要组成，从根本上指导着实际的研究实践。女性主义方法论的独特之处就在于建立了一种"人人相互尊重的规范框架，其中允许对一些不公平的观念、行为和性别化的社会组织模式，以及一些不恰当的权力关系和实践做出批判"。② 关于认识论基础的根本反思使女性主义开始思考如何将女性经验转变为知识，即如何建立女性的知识，这种反思性始终贯穿在其理论发展与经验实践里。本节真正关注的正是这种认识论转向对运动社会学研究所产生的影响。

具体而言，女性主义的方法论转向以及对运动社会学研究的影响主要表现在以下方面。

第一，知识经验的来源上规避始终占主导地位的西方白人男性的侵蚀。这意味着女性不再是知识生产中的从属者，她们的声音与经验开始被女性主义作为理论发展与经验研究的关键材料。女性主义视角下运动社会学研究在这一转向下拓宽了关于"谁的运动经验"的思考界域，有助于避免女性运动研究中男性知识的主导。男性知识在运动社会学研究中的主导表现在，首先，以男性标准评价和分析女性的运动经验，其次，男性运动研究中更多关注运动参与本身，而关于女性运动的研究则较多从文化、休闲等角度关注运动参与外的问题。比如，女性运动的研究中有相当一部分关注女性运动员的媒介形象，而类

---

① C. J. Ramazanoglu, and J. Holland, *Feminist Methodology: Challenges and Choices* (London, CA, New Delhi: Sage, 2002), p. 137.

② C. J. Ramazanoglu, and J. Holland, *Feminist Methodology: Challenges and Choices* (London, CA, New Delhi: Sage, 2002), p. 140.

似的分析在男性运动研究中却并不多见，且有关女性运动员媒介形象的讨论所遵循的依然是男性视角下的标准。因此，借助女性运动视角可以在运动社会学研究中形成这样一种研究类型，即思考如何通过女性个体的运动经验建立针对女性的身体体验与认知的标准。

第二，在女性的认知上强调多样性，并避免来自主流女性群体的女性主义者对女性认知多样性的潜在误解。这一转向使女性主义在关于"谁是女性"的思考中强调异质性，即所谓女性既包括白人精英，也包括未受过教育的少数族裔。落实到运动社会学中则是要避免将女性运动简单地等同于女性职业运动、精英女性运动和主流女性群体的运动，即更广泛地思考"哪些女性运动"的问题。对于运动的狭义理解可能是致使研究目光闭塞的原因之一，规避这一误区的方法在于从个体的身体出发而不是从已经成规模、成组织的活动类型出发来认识运动。以往的研究多将目光聚焦于女性职业运动员和精英阶层的运动项目等，但这种情况在近年来逐渐改变，已有不少研究者开始关注性少数群体中的女性运动员、女性运动员建立的民间极限运动组织、穆斯林女性运动等以往被边缘化的女性运动现象。实际上，在女性运动方面，国内有着许多有价值的现象亟待发掘和研究，如少数民族传统体育中的女性身体。只有不断反思对运动概念的认识，并辅之以更加开阔的眼光来发掘形形色色的运动形式，才能走出"将主流当整体"的误识，并为实际的研究开拓出更加宽广的施展空间。

第三，知识的叙述与运用方面建立女性自己的语言或言说方式。这一转向主要源于后结构女性主义观点，受福柯"话语即权力"观点的启发，后现代女性主义认为女性受压迫的表现之一在于女性被迫在男性思维下使用男性话语，因而女性获得平等地位的途径之一就是建立女性自己的话语，以女性的名义叙述女性自己的经验。而经验必须借助语言形式（口语、文字、身体等）来表达，即"所有的经验都经过语言的媒介化过程，因此只能研究语言或话语"[1]。在这一转向的指导下，运动社会学对女性运动的研究中，较为偏好借助质化研究的方法让女性用自己的言说方式讲述其运动经验。但这并不意味着通过女性主义视角进行的运动社会学研究只能选择质性研究方法，关于质性研究与量化研究的方法之争将在下一节展开讨论。

---

[1] T. J. Csordas, "*Introduction*," in *Embodiment and Experience: the Existential Ground of Culture and Self*, ed. T. J. Csordas (Cambridge: Cambridge University Press, 1994), p. 11.

二　方法之争：作为"男性话语"的量化研究与助于女性言说的质性研究

不同于对研究有指导意义的方法论，方法（method）指具体的研究手段和技术。关于女性主义的研究方法始终存在着围绕质性研究与量化研究的争论，但女性主义在具体研究手段上其实并不固定。研究方法的选择在很大程度上取决于实际的研究问题，因此关于运动社会学研究方法的讨论可以从此类研究的发问形式入手。从历史上来看，运动社会学研究的问题主要包括描述型、解释型、探索型和评价型四类[①]，女性主义视角下的运动社会学研究也基本遵循此归类模式。

第一，描述型问题。关注有组织的运动中的人口特征、体育与人口健康的潜在关系、国家的体育投资，以及个人与社会的运动消费等主题，常见问题有谁参与运动、参与频率如何、何时何地参与等，以此明确运动参与中的结构、事件和特征，以及运动中的身体、思想与社会。第二，解释型问题。运动社会学中演绎性实证主义分析的特征之一，这类问题主要运用现有理论预测运动与身体文化形成的"现实世界"的相关结果。第三，探索型问题。这是运动社会学中经典的归纳性研究的基础，其重点在于理解而非解释运动和身体文化现象。第四，评价型问题。此类问题在于考察运动计划或政策是否实现预期结果，从学术层面来看，则是对研究进行一种严厉批判，使研究者不断反思自己关注的问题是否紧贴社会学，对题目的定义是否简明，以及提问是否及时。在这类问题上，"sociology of sport（侧重于从运动中审视社会学）"和"sport sociology（侧重于考察社会中的运动问题）"之间有着明显的区别，前者指对运动和运动文化进行系统的、以经验为基础的，并以理论/概念驱动的分析，在研究中运动被作为一种媒介，用于发展、改善和检验其由社会学理论与概念形成的学科基础；后者常带有敏锐的社会学洞察力和论证，但它们的主题重点可能更倾向于对运动在社会中的文化意义的实质性表述，而不是作为对运动的理论/概念探索[②]。

若考虑上述四类问题的具体解答方式，可以发现前两种问题更适用于采取量化研究，而后两类问题在借助质性研究时才能得到较为理想的解答。因此，

[①] M. Atkinon，"Researching Sport，" in *Routledge Handbook of the Sociology of Sport*，*ed.* R. Giulianotti（Oxon & New York：Routledge，2015），p. 9.

[②] M. Atkinon，"Researching Sport，" in *Routledge Handbook of the Sociology of Sport*，*ed.* R. Giulianotti（Oxon & New York：Routledge，2015），p. 8.

若要使研究紧贴女性主义的目标，则有关性与性别的研究必须是跨学科的，这是应对当代学科被区分与去人化定义的根本对策①，同时也是女性主义为了反对"男性主流"而倾向于质性研究的原因，恰如社会科学领域所反对的那种不加思索地采用自然科学的研究模式一样②。在实际研究中，民族志、口述历史、跨文化研究、案例研究、内容分析、实验研究和调查研究以及其他一些统计研究等均是女性主义研究者常用的方法③，其中，内容分析、案例研究等往往综合了质性与量化的研究手段。即使田野调查等质性研究方法在纠正社会学的父权偏见方面发挥着重要作用，但它也并非女性主义研究可使用的唯一研究方法，否则文化人类学等社会科学就能够避免男性偏见④。

研究方法作为一种分析工具，其用途的优劣只在特定的研究语境下结合具体的研究问题进行讨论时才有意义。简单来说，研究方法的选择应坚持问题导向，明确方法服务于问题的逻辑关系，选取能最有效解决问题的方法。

第四节　女性主义运动研究的突破与不足

女性主义理论为运动社会学研究在认识论和方法论上均注入了新的血液。首先，女性主义视角赋予了运动社会学研究一种全新范式，突破了以往在此类问题上的单一理论视角，使研究内容得到丰富的同时进一步加深了对女性身份的认识；其次，针对近年来运动中不断出现的性少数群体以及相关争议，女性主义能够借助自身的理论优势做出相应的理论指导与建议。

一　女性主义视角下运动社会学研究的贡献

（一）为性别问题的研究启发出新的认知范式

"范式（paradigm）"概念由美国科学哲学家托马斯·库恩（Thomas Kuhn）提出，并在《科学革命的结构》（*The Structure of Scientific Revolutions*,

---

① C. W. Sherif, "Should There be a Feminist Methodology?" *Newsletter of the Association for Women in Psychology*, no. 1 （1982）: 3.

② A. Oakley, "Gender, Methodology and People's Ways of Knowing: Some Problems with Feminism and the Paradigm Debate in Social Science," *Sociology* 32, *no.* 4 （1998）: 707–731.

③ S. Reinharz, and L. Davidman, *Feminist Methods in Social Research* （New York: Oxford University Press, 1992）.

④ S. Reinharz, and L. Davidman, *Feminist Methods in Social Research.* （New York: Oxford University Press, 1992）, p. 47.

1962）一书中做了系统阐释。"范式"指人们从既有知识中总结出的一套用于理解其他未知事物的认知框架，是关于方法论和知识论的假设，包含具体的核心问题以及用于提出、思考以及回答疑问的固定内容。因此，新的范式意味着方法论与知识论以及用于描述经验世界的概念框架上的改变。

女性主义的出现意味着社会学研究开始迎来一种新的范式，这种性别化范式的意义表现在多个方面。首先，它为社会学理解阶级结构、国家、社会变革、劳动中的性别区隔、男性在家庭中的主导地位以及性暴力等问题提供了一种更好的方式，并在理解社会关系整体时将女性及其生活和性别置于中心位置①；其次，它不仅提出了关于女性和性别的新问题，也有助于社会学对工业社会做出更加综合且充足的解释；最后，女性主义范式包含着这样一种方法论，其作用并非产生"关于"不同处境中各种女性的知识，而是"为了"这些女性进行知识生产。质言之，女性主义得以成为新范式的原因在于其理论的综合性②，正如美国社会理论家查尔斯·赖默特（Charles Lemert）所言："女性主义的出色之处就在于其研究者们不断地进行着跨越视角边界的分享与合作。"③

概括来讲，运动社会学以往研究性别问题时多从结构功能论、冲突论或符号互动论等某个单一理论视角做出解释，尽管这使研究在特定的理论层面得到进一步延伸，但同时也将研究局限于性别问题的某个方面，而女性主义范式有助于运动社会学避免这一困境；此外，女性主义以女性为中心的立场能够分散弥漫于运动社会学研究中的男性经验与男性话语，比以往更加丰富的女性运动经验开始进入研究者视角，进而拓宽了运动社会学的知识生产渠道；最后，女性主义范式关于社会关系与社会过程具有性别化特征的主张，能使运动社会学研究在性别问题上的讨论视域实现从"就性别谈性别"到"就社会谈性别"的跨越。

（二）为运动中性少数群体的存在建立了理论基础

以身体为载体的运动一直被认为是进行"文化铭刻、自我调节和反抗的场所"④，运动作为大众文化的一种表现形式，是"正统的男子气概和父权制"

---

① J. Stacey, and B. Thorne, "The Missing Feminist Revolution in Sociology," *Social Problems* 32, no. 4 (1985): 301–316.

② R. A. Wallace ed., *Feminism and Sociological Theory* (SAGE Publications, INC, 1989).

③ C. Lement, "Social Theory Beyond the Academy: Intellectuals and Politics," *Perspectives* 2, no. 12 (1988): 1–2.

④ R. Patterson, and G. Corning, "Researching the Body: An Annotated Bibliography for Rhetoric," *Rhetoric Society Quarterly*, no. 27 (1997): 5–29.

的主要定义者，而这种大众文化已失去了其男性启蒙仪式①，它将霸权的男子气概定义为纯粹的异性恋和强壮的身体，而那些具有女性气质的男性运动员或酷儿男同性恋运动员则被置于阳刚之气、运动能力、统治能力的对立面②，同时，具有男性气质的女性运动员也会被置于同样的地位，并施于同性恋污名以及"男人婆""假小子"等歧视性称谓。由此导致运动在文化上被一种统一的方式构建得更加"男性化"或更加"女性化"，通过既刻画又再现"自然的"生理性别以及"建构的"社会性别规范建立表现性的层次结构，并明确作为运动员的意义，运动员若不符合男性或女性运动员的标准，就会受到排斥。这是由于几乎所有的运动都沿着性别与性的本质化和生物学二元概念进行分化，生物性别与社会性别制度在运动中的僵化有一个共同的目的：将女性和男同性恋从运动中清除出去，以确保这一领域仍然是向男性灌输异性恋男子气概的主要场所③。

然而，同性恋运动员的出现，"在更加广泛的层面上凸显出生物性别/社会性别体系的裂痕，加之近些年来性少数群体平权运动的进行引起的文化恐同的减弱，可能会使社会性别监管松懈而导致男性气概的软化"。④ 后结构女性主义在消解性别的颠覆性反思中开始认识到不仅性别是由社会建构的，甚至性取向等性别认同中的其他内容同样如此，在此基础上提出"酷儿理论"（Queer Theory）。该理论聚焦于与（运动）组织的文化和社会规范不符或被其边缘化的那些"叙事，身份认同，关系，图像，话语和文本"⑤，并质疑通过异性恋/同性恋、男性/女性以及男性化/女性化等二元体将性取向与性别本质化的人文主义本体论。简言之，酷儿理论主张打破二元性别秩序下的异性恋正统性，重构一切被认为是稳定和固定的事物⑥，并认为性别与性取向非二元的

---

① E. Anderson, "Openly Gay Athletes: Contesting Hegemonic Masculinity in a Homophobic Environment," *Gender & Society* 16, no. 6（2002）: 860-877.

② G. Hekma, "'As Long As They Don't Make An Issue Of It…': Gay Men and Lesbians in Organized Sports in the Netherlands," *Journal of Homosexuality* 35, no. 1（1998）: 1-23.

③ P. Griffin, *Strong Women, Deep Closets*（Leeds: Human Kinetics, 1998）.

④ E. Anderson, *In the Game: Gay Athletes and the Cult of Masculinity*（Albany, NY: SUNY Press, 2005）, p. 15.

⑤ K. Rudy, "Queer Theory and Feminism," *Women's Studies: An Interdisciplinary Journal* 29, no. 2（2000）: 195-216.

⑥ Y. Benschop, and M. Verloo, "Feminist Organization Theories: Islands of Treasure," October 29, 2016, accessed March 2, 2022, https://www.researchgate.net/publication/290429090_Feminist_Organization_Theories_Islands_of_Treasure.

存在，而是处于流动和相互交叉的状态，且被同时生产出来①。在这个意义上，性别认同与性取向的多样性似乎获得了合法的存在基础。性别多样性，指异性恋正统性规范之外存在的其他性取向与性别认同，即 LGBTQ②。LGBTQ群体规模的不断扩大和表现形式的多样化，以及对异性恋规范性的逻辑提出质疑的酷儿理论和推动这一群体公民权利的当代平权运动的积极结果，共同促使文化层面的恐同症相对减弱，也使得各种职业和环境中 LGBTQ 人群的持续增多，运动就是其中之一③。

总括而言，在理论与研究层面，酷儿理论为女性主义提供了合理清晰的共有议程，即揭示、挑战和消除基于社会性别形成的主导政策和实践④，具体到女性主义的运动中，即要理解和分析运动中的性别歧视以及其他基于性别的道德虐待⑤。这为女性主义视角下的社会学研究增添了新的理论解释力。在实践层面，酷儿理论关于性取向具有流动性的主张为性少数群体提供了平权实践的理论支撑，然而也可能存在理论滥用、误用的情况。

二 女性主义视角下运动社会学研究的局限

(一) 既有研究中男性经验的缺席

女性主义是女性受压迫的社会现实所催生的思想产物，"女性的解放运动推动着这个研究领域的发展，并为其创造了包容且合法的理论环境"⑥，它也正因此才能在一个世纪以来掀起一次次思想与实践的浪潮，并生发出诸多理论流派。不过，从另一个角度来看，女性主义思想的活跃恰恰说明女性解放之路道阻且长，在性别真正实现平等之前，女性始终是男性身后的"追赶者"，女性主义就像是她们的奔跑指南。因此，女性主义明确的立论对象，是造成女性

---

① K. Rudy, "Queer Theory and Feminism," *Women's Studies：An Interdisciplinary Journal* 29, no. 2 (2000)：195-216.

② L 指 lesbian，女同性恋者；G 指 gay，男同性恋者；B 指 bisexual，双性恋者；T 指 transgender，跨性别者；Q 指 queer，即酷儿，上述类别之外的其他少数性别身份。

③ E. Anderson, R. Magrath, and R. Bullingham, *Out in Sports：The Experiences of Openly Gay and Lesbian Athletes in Competitive Sport* (London：Routledge, 2016).

④ J. Hargreaves, "Querying Sport Feminism：Personal or Political?" in *Sport and Modern Social Theorists*, ed. Richard Giulianotti. (London：Palgrave, 2004), pp. 187-205.

⑤ L. Edwards, and C. Jones, "Postmodernism, Queer Theory and Moral Judgment in Sport：Some Critical Reflections," *International Review for the Sociology of Sport* 44, no. 4 (2009)：331-344.

⑥ S. Reinharz, and L. Davidman, *Feminist Methods in Social Research* (New York：Oxford University Press, 1992), p. 7.

与男性无法齐头并进的父权制。然而，作为领先者的男性其实也是父权制的受害者，这种性别专制不断通过"男子汉大丈夫""男儿有泪不轻弹"等观念隐晦地规训着男性要保持性别中的领先位置。从这个意义上看，女性主义所观照的其实不仅是女性解放，而是所有性别的解放。尽管如此，女性主义研究因强调"关注女性经验"往往从单一的女性视角出发，形成了用女性话语讲述女性经验的研究范式，而忽略了男性经验对女性主义研究的价值，这看似为女性提供了更多的言说机会，但是否会逐渐在学术研究中演变成另一种性别专制呢？若从女性主义的根本目标上进行审视，这是否真正有利于性别解放？换言之，由于父权制压迫着所有性别，故仅靠女性经验并不足以打破既有的性别秩序与父权制权威。不过，需要澄清的是，此处所指的男性经验绝非是原本意义上那些为男性本身所赞扬和乐于接受的经验，而是他们作为父权制受害者的经验。这类男性经验对于女性主义研究的深刻意义在于两个方面，一是使后者能更加完整地把握性别压迫的各种形式，二是在进一步的理论发展与实践中避免"自说自话"的尴尬困境。

　　在通过女性主义视角进行运动社会学研究时，上述男性经验更加值得关注，其原因在于运动世界会将未能完全"符合"二分性别秩序的运动员们弃之边缘，他们的种种经历会与复杂且充满争议的性别二元论和性别表征纠缠在一起。对抗性运动中的少数男同性运动员会被认为违背了父权制所强调的"异性恋正统性"而遭到歧视，因为"正如让女性远离运动并使其在运动中被边缘化一样，让男同性恋在运动中隐形也是至关重要的"。[1] 例如，英国橄榄球明星加雷斯·托马斯（Gareth Thomas）认为正是由于自己所处的运动环境过度男性化，才让他无法隐藏自己的同性恋身份而甚至一度打算自杀[2]；另外，那些并未遵循所谓"男性气质"规范的体育运动（如花样滑冰、跳水等）中的男性运动员也会因未表现出正统男性气质而招致同性恋污名化，这种污名化形成的原因与前文所提及的艾丽斯·杨对女性身体活动被视为次要的解释——她们未被赋予表现其身体能力的机会——相当吻合。

　　总而言之，女性主义反对存在一种性别本质，其关于性别由个体所处情境决定的主张在具体研究中同样适用于解释这类男性在运动内外的生活经验。未来的研究在经验获取上需要以更加广阔且深刻的眼光看到运动中纷繁隐晦的性

①　P. Griffin, *Strong Women*, *Deep Closets* (Leeds: Human Kinetics, 1998), p. 25.

②　G. Thomas, *Proud: My Autobiography* (London: Ebury Press, 2015).

别压迫形式，不断激发女性主义理论对运动中性别不平等现象的解释能力，并从女性主义视角中看到运动中更多值得深思的性别问题。

（二）未能有效解答何为运动中的性别平等及其实现方式

性别平等始终是引导女性主义思想发展的关键抓手，更是其理论与实践的终极目标。运动社会学研究与女性主义的结合使得有关运动中性别平等问题的讨论被置于更加复杂广阔的性别化社会关系中进行。西方既有的女性运动研究多集中在以下几类：有关"男性"运动中女性运动员的污名化及其原因；某个国家或地区的女性运动的发展及其阻碍；某位女性运动员的运动参与及其对抗性别歧视的个人经历；以及结合某种女性主义理论讨论运动中性别不平等的实例等。这些均为女性主义视角下运动社会学研究不可回避的话题，相关讨论既是从运动社会学角度对女性主义理论的检验，也是促进二者适配的必要过程。回看国内的相关研究，主要表现在不同女性主义运动观的梳理，女性主义运动与女性的奥运会参赛历程的总结，身体、性别与运动三者关系的探讨等话题，处于概括与梳理的起步阶段，还未深入到对具体性别不平等问题的分析。

尽管随着女性主义视角的引入，西方学界的相关研究在讨论层次与内容上实现了多元化与细致化，运动中更多性别不平等的现象和形式被发现，更大的讨论空间也由此被创造，但另一方面也导致研究的问题在整体上过于具体化和细微化，即过于关注性别不平等的表现、这些不平等具体如何形成等，对于究竟什么是运动中的性别平等以及如何实现却没有过多探讨。不过，这种研究观照的缺乏一定程度上与性别平等本身的界定困难有关。简单来说，在运动中若忽视两性在生理上的客观差异而追求表面上的性别平等，如男女混赛，其实也是一种对性别平等的简单化理解，且会诱发关于性别不平等的一系列新争论。总之，在主张男女运动员同工同酬、媒体报道中两性运动员的均等可见，以及思考国家与社会在运动教育与培养上的投入、市场的运动消费供给、女性运动的文化认知等诸多层面如何促进性别平等之外，我们需要进一步思考什么是运动中真正的性别平等，以及如何认识这种平等等问题。

思考题

1. 请简述女性主义三次发展浪潮的时间与主要运动目标。

2. 女性主义主要思想流派有哪些？它们的主要区别体现在哪些方面？

3. 女性主义各思想流派的运动观存在何种区别？

4. 女性主义视角下的运动社会学研究在研究方法的选择上需要考虑哪些

因素？

5. 试从女性主义角度谈一谈对运动中跨性别和性少数群体的看法。

推荐阅读书目

1. H. Thorpe，J. Brice and M. Clark. *Feminist New Materialisms*，*Sport and Fitness*：*A Lively Entanglement.* Cham：Palgrave Macmillan，2020.

2. J. Hargreaves and E. Anderson. *Routledge Handbook of Sport*，*Gender and Sexuality.* London and New York：Routledge，2014.

3. J. Hargreaves. *Sporting Females Critical Issues in the History and Sociology of Women's Sports.* London and New York：Routledge，1994.

4. L. Mansfield，Jayne Caudwell，Belinda Wheaton and Beccy Watson eds. *The Palgrave Handbook of Feminism and Sport*，*Leisure and Physical Education.* London：Palgrave Macmillan，2018.

5. S. Reinharz. *Feminist Methods in Social Research.* New York：Oxford University Press，1992.

代表性学者简介

1. 西蒙娜·德·波伏娃（Simone de Beauvoir，1908~1986），法国存在主义作家，女性运动的创始人之一，毕业于巴黎高等师范学院。1929 年获巴黎大学哲学学位，并通过法国哲学教师资格考试。1949 年出版的《第二性》在思想界引起极大反响，成为女性主义经典之作。

2. 朱迪斯·巴特勒（Judith Butler，1956~　　），耶鲁大学哲学博士，加州大学伯克利分校修辞与比较文学系教授。当代最著名的后现代主义思想家之一，在女性主义批评、性别研究、当代政治哲学和伦理学等学术领域成就卓著。她提出了酷儿理论中十分重要的"角色扮演"概念，也因此被视为酷儿运动的理论先驱。代表作品有《性别麻烦：女性主义与身份的颠覆》和《消解性别》等。

3. 南希·西伯奇（Nancy Theberge），加拿大滑铁卢大学运动人体学与社会学教授，美国《运动社会学》（*Sociology of Sport Journal*）杂志编辑。主要研究领域为运动中的性别关系、运动社会学与身体社会学。

第十四章　后现代理论与运动社会学

本章要点

· 后现代思想源于人们对高扬理念、贬低现实的传统形而上学的反思，其思想核心在于批判现代主义或现代性。尼采等人认识到，以笛卡尔的"身心二元论"为代表的宣扬个体性的现代主义的内核依旧试图建立一种绝对存在的传统形而上学，因而摒弃了现代主义对个体纯粹褒扬的态度而以更加深刻尖锐的视角对个体进行批判，试图以此唤醒现实世界中人类身体的内在力量来颠覆现代西方哲学中理性主义对人的压制。

· 后现代理论并不具有概念明确的内容，而是作为一种新的批判性视角。在应用至运动社会学研究中时，主要表现在打破既有只注重讨论运动对人之益处的元叙事框架，以相对主义的态度审视运动对人的影响，并立足于后现代思想的现实基础，即后工业社会中考察后现代性在运动中的具体表现，由此来发现运动社会学研究的新议题。

· 主张去中心化、去分化与解构的后现代理论对于运动社会学研究而言，首先意味着一种知识论的后现代转向，其次，这种转向将影响后现代视域下运动社会学的研究范式朝着非线性的、并置的且不寻求决断的方向转变。

关键概念

后现代性；后现代主义；运动元叙事；拟像；内爆；系谱学

第一节　后现代思想的源与形

"后现代（postmodern）"一词最早出现于19世纪70年代英国画家约翰·沃特金斯·查普曼的著作中，他认为任何超越印象派——当时的一种革命性的新艺术风格——的绘画都可被认为是"后现代绘画"①。随后几十年，"后现代"常被人论及，但直至 20 世纪后半叶，这一概念才明确其批判现代主义和现代性的确切意义。

西方资本主义的兴起源于以工业和科学为基础的工业社会秩序和工具理性对人的个性与本能的长期压抑，当韦伯在《新教伦理与资本主义精神》中所说的"禁欲苦行主义"或贝尔所说的"宗教冲动力"，这一作为资本主义起源之一的道德规范力量在工业经济迅速发展的冲击下被耗尽时，资本主义的另一个起源，"经济冲动力"的肆意奔腾反而打破了资本主义社会得以运行的理性基础，由此导致的文化变异将理性的虚幻无比怪诞地揭露于人们面前，在这一过程中，贯穿整个西方文明的现代主义精神发挥着关键的促进作用。现代主义的核心在于对个人主体性的呼唤，它认为"社会的基本单位不再是群体、行会、部落或城邦，而都要让位给个人，这种拥有自决权力且将获得完全自由的个体是西方思想中理想的独立个人"②，资本主义推崇的工作纪律与工业理性在现代主义那里被视为禁锢人们的枷锁，工业经济活动中充满对人性、自我和本能的强烈压抑，因而必须彻底颠覆工业秩序，现代主义的反叛之势以不可挡的姿态侵入各种文化领域。然而，其内部危机最终导致其走向毁灭——现代主义以宣扬个性与自我和本能来对抗工业秩序和工具理性的实质是特殊对抗普遍，试图以非理性颠覆理性，彼此特殊的个体之间无法形成普遍信念作为稳定的对抗武器，因而现代主义必须不断改变其对抗形式，这意味着它对自己的不断否定。随着后工业社会来临，后现代主义延续了现代主义的思路，但这种延续中包含着反对，后现代主义摒弃现代主义对个体与自我的单纯褒扬，用更加尖锐的表达深入分解本能中的自我。

总之，在某种意义上，后现代主义其实是一场智力振兴运动，从现代主义到后现代主义的嬗变中，对个体与自我的凸显越发强烈且具有批判性，这种批判色彩不仅体现在后现代主义对个体与自我的认识态度中，还体现在关于人与工业社会关系的反思中，与此同时，这场反思与颠覆思潮从文化领域开始向知识、艺术和文学等领域迈去。

---

① D. Higgins, *A Dialectic of Centuries* (New York: Printed Editions, 1978), p. 7.

② 丹尼尔·贝尔:《资本主义文化矛盾》，蒲隆、赵一凡、任晓晋译，北京:生活·读书·新知三联书店，1985，第 61 页。

一　后现代思想的哲学之源：对传统形而上学的颠覆

（一）权力意志："反叛者"尼采哲学中的动物性身体

"几千年来，凡经哲学家处理的一切都变成了概念的木乃伊；没有一件真实的东西活着逃脱他们的手掌。"① 在尼采眼里，17世纪以来由柏拉图奠定的传统形而上学是杀死真实的刽子手，并且是一个虚无的杀手。柏拉图的哲学思想主张存在"理念世界"和"现实世界"，前者是绝对的、先验的和真实的世界，而人们生存的现实世界不过是前者的摹本，并非真实的。这一世界图式彰显出明显的二元色彩。构成理念世界的，是绝对精神和上帝，它们永恒而合理，有序又明确，而现实世界中，是无序荒诞、混乱无常的具体生命，理念世界被赋予的绝对正确不可避免地成了人们实现自我意义与价值的必然归宿，而当下正在经历的现实世界与具体身体在绝对精神的全然压制下成为被排斥的混沌，而人们若想进入绝对的理念世界，只能借助理性对其进行认识和把握。理性思想由此借着柏拉图哲学从古希腊时期就占据了绝对的统治地位，直到尼采在《苏鲁支语录》中借疯癫之口喊出"上帝已死"，寄于理念世界的人类希望被拉回此岸的现实世界。尼采认为，由柏拉图建立并统治西方两千多年的传统形而上学所主张的理念世界不过是虚无缥缈的幻影，通过霸占人类希望而使现实世界中的人们处于慌乱无措的颠倒之中。实际上，"上帝""灵魂""精神"等绝对物不过是一种想象的目的论，它是西方基督教文明和理性主义为剥夺现实存在的价值并否定人类的现实生存所进行的发明，一种完全虚无的体现。在对传统形而上学的考察和评判中，除了对柏拉图哲学的颠覆，尼采对与柏拉图思想一脉相承的笛卡尔的哲学思想也进行了批判。他认为尽管笛卡尔"我思故我在"的著名论述突出了作为认识主体的"人"的地位，但其核心仍旧是传统形而上学——所谓"我思"不过是上帝的替代，即绝对精神由上帝变为"我思"的理性主体，因而笛卡尔思想所主张的仍旧是在感性与理性对立的基础上建立二元图式，但客观而言，笛卡尔哲学在一定程度上将目光转向人的主体价值和现实的此岸世界，贬斥了传统形而上学中最高价值，动摇了上帝的超验地位。

尼采对生存的感悟和追求很大程度上源于其人生经历，漂泊的生活与多病的身体使他深刻体悟着人生的惨淡，这让青年时期的尼采沉迷于叔本华的悲观

① 尼采：《偶像的黄昏》，周国平译，北京：光明日报出版社，1996，第20页。

主义，但他随后却在生活与身体的疼痛中感受到自己"强力"的生命意志，由此超越叔本华的悲观主义哲学，于悲剧般的人生现实中奋然寻找着生存与生命的价值，最终，尼采在颠覆传统形而上学的基础上建构起以权力意志、永恒轮回与超人学说为主要内容的新的价值原则，这里仅讨论直接涉及身体的权力意志。这一概念来自尼采对自然科学中的"力"的概念的延伸，"物理学家用以创造了上帝和世界的那个无往不胜的力的概念，仍须加以充实。因为必须把一切内在的意义赋予这个概念，我称之为'权力意志'，即贪得无厌地要求显示权力，或作为创造性的本能来运用、使用权力等等"[1]。也就是说，尼采用"意志"限定了"力"，而这种意志的本质在于一种动物性，"在我看到有生命的地方，我就发现有追求强力的意志"[2]，"只有在有生命的地方，那里也才有意志：可是这并非追求生存的意志，而是——如我所教——追求强力的意志！"[3]"一切生物最清楚不过地说明，它们所做的一切都不是为了保存自身，而是为了增长……"[4]

简言之，由尼采看来，生命的意义不能仅停留在自我保存，权力意志的提出就是要使人的生命突破这种有限价值，促使人发挥出其积极热烈、追求增长与扩大的生命之力。由此，权力意志成为现实世界中一切存在着的基本属性，作为权力意志核心的动物性成为规定人的存在根本，身体与动物性取代了理性，传统形而上学中被推崇为最高价值的理性在尼采这里不过是人的动物性身体上的附属，"我全是肉体，其他什么也不是，灵魂不过是指肉体方面的某物而言罢了"[5]。

（二）迷狂的物质体验：星丛诗人本雅明思辨中的肉体感官

星丛，即星座，在《德国悲剧的起源》中，瓦尔特·本雅明用星丛指代"理念"，将由无数星丛组成的星空格局比作客体对象："理念于客体而言就如

① 尼采：《权力意志——重估一切价值的尝试》，张念东、凌素心译，北京：商务印书馆，1991，第 154 页。
② 尼采：《查拉图斯特拉如是说》（详注本），钱春绮译，北京：生活·读书·新知三联书店，2007，第 128 页。
③ 尼采：《查拉图斯特拉如是说》（详注本），钱春绮译，北京：生活·读书·新知三联书店，2007，第 130 页。
④ 尼采：《权力意志——重估一切价值的尝试》，张念东、凌素心译，商务印书馆，1991，第 504 页。
⑤ 尼采：《查拉图斯特拉如是说》（详注本），钱春绮译，北京：生活·读书·新知三联书店，2007，第 31 页。

星丛于星空，这意味着理念既不是客体的概念，也不是客体的法则"①，它直接指向客体的本原。即理念就是人们对客体形象的感知，正如人们对抬头即见的星空格局的形象感知那样直接果断，二者之间并无概念或法则连接。由此，理念在本雅明这里被带离传统形而上学本体论范畴，成为主体把握和认识客体的方式和方法。比较来看，本雅明的星丛方法与柏拉图传统形而上学中的理念内涵存在差别。本雅明的理念是主体对客体形象的直接感知和认识，理念与客体统一于主体的内在认识中，而在柏拉图的哲学主张中，如上述所言，理念是一种绝对精神，它是先验的、脱离客体存在的，而客体作为现实世界中的具体事物，只是先验世界的"摹本"。运用星丛作为象征，本雅明认为真理就如星丛一般微小破碎，以此解释客体存在的真正矛盾，挖掘出被宏观整体淹没的历史与真理的碎片。星丛理论主张事物之间既独立又联结，处于一种无中心和零散的状态，同时又因彼此间的相异性和非束缚性而表现出松散、非强制和辩证的关系。这种去体系的、去确定性的哲学思想被阿多诺称为"无主题哲学"②。

总结起来，本雅明并不试图像传统哲学那般建立自己的思想权威，其哲学只专注于本身的状态，是关于迷狂的物质体验的思辨。通过关注物质材料和物质性的身体感官，如触觉、味觉、嗅觉和视觉等知觉类型，他认为只有物质性的觉醒才能揭露物质的本性，进而使真理显露。本雅明从直觉、体验和感性出发的思维方式使自我获得逃离理性束缚的机会，在工业理性压抑之下的个体在身体迷狂的错觉中重获自我，并认识到自我和现实本身。由此，通过将感官体验作为哲学研究的重心，本雅明也颠覆了传统形而上学，且这种颠覆并非是形而上学之间的思辨式颠覆，而是以形而下的物质体验实现的向上颠覆，在这一过程中形成了对身体的救赎；同时，需要注意的是，本雅明的颠覆思想本身就体现出一种去中心化——只是对传统形而上学的颠覆而非全然否定，只是对形而下的物质体验的强调而非将其视为唯一的存在。如阿多诺所言："本雅明的思想既不弃绝被传统工作伦理所禁止的感官幸福，也不拒绝其精神上的对等物，即与终极存在的关系。因为超自然的存在与自然的完满是分不开的，所以本雅明并不是用概念编织与终极存在的关系，而是通过与物质的肉体接触来寻

---

① W. Benjamin, *The Origin of German Tragic Drama* (England: Verso Books, 2003), p. 34.
② 西奥多·阿多诺:《本雅明〈文集〉导言》，载郭军、曹雷雨编《论瓦尔特·本雅明：现代性、寓言和语言的种子》，吉林：吉林人民出版社，2003，第117页。

找这种关系。"①

尼采与本雅明先后通过权力意志与迷狂的物质体验两种概念对传统形而上学进行了尖锐犀利的批判与颠覆，从身体这一共同思想焦点出发，二者均呼唤着被理性淹没的个体自我，希望唤起其内在的动物性冲动和错觉迷狂来打破严肃固定的理性程式、摧毁理性的中心地位、褒扬个体的差异，这种破坏性的反叛精神成为推动后现代主义思想生发的重要力量。

二　后现代思想之形：对多元与去中心化的深耕

20世纪六七十年代，主导社会科学的实证主义遭到批评，解释学、普通语言哲学等学科共同攻击实证主义传统，这一系列批评的最终核心为现代学科分化形成的基础——主张心理与身体分割的以笛卡尔为代表的"身心二元论"思想。在社会学领域，后现代这场智力振兴运动引起了一些关键的争论与思考，大批理论家的思想中开始出现后现代色彩。丹尼尔·贝尔对后工业社会——后现代社会学现实基础——的知识和社会文化矛盾等问题的讨论；利奥塔从知识的立法原则、知识的话语方式以及知识图景的变化和现代知识分子的地位与作用等方面对后现代知识问题的分析；米歇尔·福柯对疯癫和理性、话语结构以及知识类型等问题的研究（尽管福柯不愿被归为"后现代主义"或"后结构主义"）；居伊·德波以"景观社会"对后工业时代消费主义的控诉；让·鲍德里亚就消费社会提出的"拟像三序列（the three orders of simulacra）"；等等……然而，关于究竟什么是后现代，不同领域的解答因彼此相异的评判标准和认知框架而存在分歧，这里暂且借伊格尔顿之言认识后现代主义的特点与主张："后现代主义（postmodernism）一词通常指一种当代文化形式；后现代（postmodern）暗指一个特殊的历史时期；后现代性（postmodernity）是一种思想风格，它怀疑关于真理、理性、同一性和客观性的经典概念，怀疑关于普遍进步和解放的观念，怀疑单一体系、大叙事或者解释的最终根据。与这些普遍进步和解放的观念相对立，它把世界看作偶然的、没有根据的、多样的、易变的和不确定的，是一系列分离的文化或释义，这些文化或者释义产生了对真理、历史和规范的客观性，天性的规定性和身份的一致性的怀疑……后现代主义是一种文化风格，它以一种无深度的、无中心的、无根据

---

① 西奥多·阿多诺：《本雅明〈文集〉导言》，载郭军、曹雷雨编《论瓦尔特·本雅明：现代性、寓言和语言的种子》，吉林：吉林人民出版社，2003，第116页。

的、自我反思的、游戏的、模拟的、折中主义的、多元主义的艺术反映这个时代性变化的某些方面。这种艺术模糊了'高雅'和'大众'文化之间，以及艺术和日常经验之间的界限。"①

整体来看，尼采等人以人的物质性身体作为颠覆理性和声张主体性的关键落脚点，借世俗与现实的肉身作为褒扬自我和反叛权威的渠道，由此生发出以强调多元与去中心化为核心的后现代思想，为社会学提供了一种新视角来认识和解释20世纪80年代以来发达社会的一些重大变化。如探索西方权力、现代知识体系和科学间的关系；见证诸多现代二元分类体系的崩塌；认识更大的社会流动性和更多文化身份的崛起；发现虚拟的超现实文化的出现和传播等。具体到运动社会学，可以沿袭伊戈尔顿从普遍意义和学术含义对后现代的解释，从这两方面分别认识这一思潮在运动研究中的表现。首先，文化形式方面主要体现在大众媒体的兴起对运动传播，进而对运动发展及其文化内涵的关键作用；其次，学术意义上，后现代性意味着新的社会阶层将在理解和解释运动事件上产生影响，以及运动消费市场中更加广泛的社会身份（除异性恋白人男性）②；最后，因物质性身体是运动与后现代思想的实践和思源的基本场域，后现代论域中的运动社会学获得了更加广阔的研究空间。

第二节　后现代运动的颠覆与并置

一　对运动元叙事的批判

受现代西方哲学影响，现代科学秉承严格的理性主义传统，认为知识的形成基于具有普遍意义的理性事实，并将寻求这种普遍真理作为其发展的最终归旨。在现代科学或现代理论看来，普遍真理"超越了局部习俗与其他信仰体系，并且有能力为人类带来长足发展与解放"③。以事实说话的认识论不断巩固着实证主义传统在现代知识体系中的主要地位，在理性事实具有普遍性益处的主张下，现代科学以形成适用一切社会的普世理论为目标，并以存在普遍真理作为其话语体系的叙事基础，即现代科学所追求的是一种统一、宏大且普遍

---

① 特里·伊格尔顿：《后现代主义的幻象》，华明译，北京：商务印书馆，2000，第1页。
② R. Giulianotti, *Sport: A Critical Sociology (second edition)* (Cambridge and Malden: Polity Press, 2016).
③ S. Best,, and D. Kellner, *Postmodern Theory* (New York: Guilford Press, 1991).

的知识。然而，工业革命带来的技术与知识的不断发展和分化在 20 世纪 70 年代左右开始引起人们生活方式、思维模式与审美取向的变化，具体表现在经济结构、职业分布、知识性质与社会作用等方面①，世界由此开始迈入后工业社会。这场社会转型的变革触及社会生活的诸多方面，于现代科学知识，其"元叙事"话语基础遭到以后工业社会为现实基础的后现代思想的质疑。秉承去中心化的后现代思想认为现代知识的宏大理论或其元叙事或许能够实现为人类带来进步与解放的承诺，但与此同时，这些宏大理论也容易弄巧成拙，给人类带来灾难性后果②。利奥塔、罗蒂等后现代学者们摒弃了现代科学的上述主张，认为知识是相对的或不同文化特有的，其特殊性源于知识是被组织进了不同文化的"语言游戏"中，它们有各自的规范、标准与原则③，并不能够为外人所理解和认可。

　　后现代思想的核心目的是批判现代性或现代主义，需要明确的是，这种批判并非对后者的彻底否决或推翻，且这种批判本身就体现着后现代思潮所主张的去中心化。换言之，后现代希望打破的只是现代科学话语将普遍真理绝对化和中心化的元叙事，以及由此形成的知识、身份、文化等各个领域内中心与边缘的差异化存在，而非现代科学本身；在质疑现代性的同时，后现代思想并未试图将自己的思想及立场扶上中心宝座，它真正寻求的是一种去边界和去差异化的并置（juxtaposition）状态。

　　具体到运动领域，后现代思想对现代主义或现代性的批判主要有两点：第一，现代运动中西方思想的强力植入对非西方运动文化的消减；第二，现代运动元叙事对运动消极现实的忽视。首先，需要认识到今日所论及的运动是由西方运动文化主导的现代运动，借由缘起于古希腊的奥林匹克运动及工业革命带来的科技发展，西方将其运动观及运动话语植入不同的文化语境中，导致了非西方运动文化的消减。现代主义所宣扬的"运动促进发展与和平（sport for development and peace）"的实质是西方借运动将自己关于进步与发展的"语言游戏"强加于非西方世界，是现代西方运动思想占据运动世界中心地位的表现。其次，现代科学的元叙事话语认为运动能够使人更加强壮、健康和快乐，并获得更大的竞争信念和更好的身体来促进人类的身体发展与社会解放。后现

---

①　丹尼尔·贝尔：《后工业社会的来临：对社会预测的一项探索》，高铦等译，北京：新华出版社，1997，第 127 页。

②　Jean-Francois Lyotard, *The Postmodern Explained*（Minneapolis：Minnesota University Press，1993）.

③　S. Best, and D. Kellner, *The Postmodern Adventure*（New York：Guilford Press，2001）.

代思想认为这是将运动的益处置于了绝对的中心位置，而忽视了运动世界中存在的消极现实：运动员损伤、兴奋剂使用及科学知识为其提供的合法性支撑、运动暴力、性骚扰等。最后，这两点批判并非是后现代思想对西方现代运动的颠覆，而是以一种相对主义（relativism）观点在认可现代西方运动的基础上更加尖锐地审视其真相与内在矛盾，拒绝对现代运动的纯粹褒扬，以并置的目光审视运动的内涵。

二　运动与其他领域的去分化

论及后现代思想，法国社会学家让·鲍德里亚是无法绕开的一个人物。20世纪 70 年代，后现代社会成为鲍德里亚的研究重点，此后的三十年中，鲍德里亚先是沿袭传统马克思主义对符号体系和消费社会进行批判，随后转向后马克思主义，对马克思的历史唯物主义展开反思与追问。随着全球的运动产业几乎逐渐成为"媒体引导的名人娱乐活动"，未来的运动"对于绝大部分人而言将完全是一个电视现象"[①]，后现代运动文化借由媒体在全球范围内的快速发展为鲍德里亚关于消费世界与后现代模拟社会的深刻认识提供了介入后现代运动研究的重要切入点。

英国社会学家斯科特·拉什在《后现代主义社会学》（*Sociology of Post-modernism*）一书中把现代社会或工业社会的特点总结为社会生活中大部分领域的不断分化，即不同的社会结构、组织、机构和社会身份变得愈加阻隔，文化、经济、政治和社会交往领域之间也在不断分化。与此相反，后现代世界或后工业社会中出现"去分化"（dedifferenciation）过程，以往工业社会中所有边界和分隔开始崩塌，不同领域间开始发生重叠并相互作用。运动作为一种文化，在后现代世界中开始嵌入经济和社会交往等领域中，本书将主要借鲍德里亚关于消费社会与模拟社会的讨论对此作进一步介绍。

（一）消费社会中运动身份边界消解及运动商品符号价值的显现

后现代性在经济领域中主要表现为产业结构的变化，由此产生了经济重心的转向，以及经济生产模式的转变。产业结构方面，工业社会中主导的重工业和现代制造业开始衰落，以知识型（knowledge-based）就业为主导的服务业兴起；相应地，后现代世界的经济重心也从生产转向消费，且大众传播技术的提升促进了媒介消费的进一步发展；同时，这种转向引起社会结构的变化，工业

---

① 　C. P. Pierce, "Master of the Universe", *GQ*, no. 4 (1995): 185.

社会中占主导的工人阶级规模开始缩小，新生且逐渐扩大的是由服务业从业者组成的"新中产阶级"，这类人群广泛从事零售、营销、传媒以及其他知识型行业①。最后，经济生产模式上，现代社会中占主导地位的"福特主义"生产模式在后现代世界逐渐演变为"后福特主义（post-Fordism）"模式，其重点不在于追求高度的组织化和高效生产，而是服务产业的投入。

由经济发展带来的上述社会转型对运动产生了实质性影响，主要可以归结为以下几点。首先，作为服务型经济的职业赛事对现代运动文化边界的消解。20 世纪末，随着后工业社会消费文化的逐渐成熟，信息技术发展对大众传播的促进以及新中产阶级的出现，西方职业体育联盟迎来蓬勃发展的机遇，比如，美国职业棒球联盟（Major League Baseball，MLB）、美国橄榄球职业联盟（National Football League，NFL）等。这些职业联赛的核心是将赛事作为商品售卖给大众，如鲍德里亚关于"物体系"的论述，被消费的物品不再仅限于其物质性功能，而往往构成一种认同体系，凝聚在赛事消费中的认同体系其实正是对现代社会中运动文化边界的消解。棒球与橄榄球均源于英国上层阶级，原是属于少数人群的高雅运动，而在后现代社会中作为服务型经济以竞技赛事的形式被推广给社会大众，各个阶层或以现场观赛，或以媒介消费的形式实现了对同场赛事的共赏，由此，隐含于运动中的文化区隔意涵在消费社会中被消解，印证了后现代思想所主张的无中心性。与之类似，杰弗里·基德对跑酷运动与城市关系的研究也揭示了这项运动背后鲜明的现代性特征——打破了固定的建筑使用规范。跑酷"一直是年轻人特别是边缘年轻人的工具，他们在奔跑和跳跃之间掌控着那些为提升经济效率和积累财富而非为了满足个人愉悦所建的空间，并在其中彰显着自主性"②。同时，媒介消费的发展也为这项运动从经济萧条的巴黎城郊传向世界发挥了关键作用。

其次，在消费社会中，运动商品的价值内涵得到扩大。传统政治经济学认为商品只有交换价值与使用价值，而鲍德里亚在此基础上指出了商品的符号价值。消费社会的另一个经济特征转向表现在消费的重点落在了图像而非现实之中。具体而言，物品的象征意义与外在及其与特定对象之间的关系变得比物品的实际效用更重要，在运动中，商品价值内涵的这一后现代转变主要体现在运

---

① S. Lash, and J. Urry, *Economies of Signs and Space* (London：Sage，1994)，p. 164.

② K. Rodgers，"Book Review：Parkour and the City：Risk，Masculinity，and Meaning in a Postmodern Sport，Kidder Jeffrey L，Rutgers University Press：New Brunswick，NJ，2017，" *International Review for the Sociology of Sport* 0，no. 0（2018）：1-3.

动用品的时尚化和明星效应。如今，许多国际知名运动品牌的商品早已不再限于体育之用，而成为潮流之物被追捧，形成这种转换的机制在于物品背后品牌标签体系，即鲍德里亚意义上的"符码系统（code system）"，这是一种将各种稳定不变的术语集合成信息的规则系统，其实质在于控制。即体育商品凭借品牌标签价值体系的内生作用使自己获得相应的符号价值，以此刺激消费。符码对人们消费行为的控制体现在微观的个人身体方面，在鲍德里亚看来，身体作为一种文化事实，具备着反映事物关系和社会关系组织模式的功能，这种功能就意味着对运动商品符号价值的消费其实是人们将自己的身体用作对一定的事物关系和社会关系的能指符号进行控制；此外，体育明星对运动用品的代言，实则是借助其社会影响力深化了商品的符码意义，使其获得更高的符号价值，究其本质依旧是符码系统对消费的操控。进一步来看，以体育明星代言商品促进消费的模式中，体育明星其实也是被符码化的存在，如行走的广告牌一样时刻表征着品牌符码。由此，品牌标识与运动员形象的双重符码化使商品的符号价值得到强化，并使消费者产生"明星同款"这种认知，当大众通过购买并使用体育明星代言的商品，会与该明星产生类似于"我们感"的联结，这种由"同款"产生的联结感是商品借符码系统在一定程度上打破大众与公众人物间身份区隔的结果。特别是对球星专属签名球鞋的消费，当体育明星的亲笔签名被复制于球鞋上时，于消费者而言，运动鞋本身在"同款"的意涵之外表征出与该球星更加深刻的情感联结，类似地，印有职业联赛球队标识的一系列运动商品都遵循着围绕这一标识形成的符码系统。

从本质上来看，这些运动经济形态是后工业社会经济产业结构和消费模式转变后的产物，其本身不仅体现着后现代社会中个体身份边界逐渐被消解的特征，且这种消费模式的运行也充分利用了后工业社会中个人主体性深度觉醒所产生的对个体社会身份去差异化的需求。总之，运动经济在服务业主导的后现代消费社会迅猛发展，在鲍德里亚的意义上看，整个运动商品系统的中心被凝结在运动商品中的符号系统主导，而符号系统紧密围绕品牌标识与明星运动员形象而形成的现实意味着将不断有新的符号系统生成，符号激增的社会中，幻象与现实间的分异以及明星与大众之间的区别将不断消解。

（二）模拟社会中运动赛事的时空限制消失与意义内爆

鲍德里亚关于后现代的另一个关键论述在于拟像的四种序列，其中，前三种在《象征交换与死亡》中提出①，在《恶的透明性》中又提出了第四种。②四种序列的区分在于所遵循的价值基础的不同，分别为自然的、商业的、结构的以及价值的分化规律。其中，第三种序列或许能为运动社会学研究带来新的讨论议题。第三种拟像序列可被描述为媒介、计算机和信息系统的模拟符码和模型取代物质生产成为社会存在的组织原则③，换句话说，通信和信息技术的发展推动了从"冶金术社会（metallurgic）"到"符号制造术社会（semiurgic）"的转变④，催生了以媒介化模拟为中心的"新现实逻辑"⑤。

于模拟社会中的各式运动形态而言，赛事与运动活动中的个体都将被植入这种新的现实逻辑影响当中。网络游戏或电子竞技将个体深深卷入虚拟的游戏世界里，超大 3D 屏幕中进行的竞技游戏场景尽管是人造的，但却堪比真实情境。若从更广泛的意义上讲，竞技赛事实际上完全是一种媒介事件，这种深度媒介化同时体现在现场与非现场观赛中。对于现场观赛的观众（spectator）而言，从不同观赛位置所能看到的赛场画面并不相同，特别是远离比赛区域而无法看清赛场实况的观众，即使身处比赛现场，他们对于比赛的观赏依然是通过现场的巨大屏幕来实现；而非现场观赛的观众（viewer）则是借助现场转播实时获得不同角度的比赛画面，并借由社交媒体与他人就赛事进行互动，时间与空间对赛事观看的限制也在转播技术的发展中被完全消除。如鲍德里亚所说："真实并不仅仅是可以被复制，而是已经被复制的超现实。"⑥ 竞技赛事的深度媒介化使得赛事对于借由媒体镜头观赛的人们而言更像是一种虚拟的现实，⑦它以真正的现实为蓝本，通过转播镜头对画面和角度的选择、剪辑以及一系列镜头语言将其制作为全新的媒体内容，进而赋予了竞技赛事比真实更加真实的超现实之感。这在鲍德里亚的意义上是一种模拟，赛事本身被不同的转播者不断复制成不同的转播画面、不同的转播角度、不同的转播评论——竞技赛事的

① 让·鲍德里亚：《象征性交换与死亡》，车槿山译，江苏：译林出版社，1996，第 67 页。
② 让·鲍德里亚：《恶的透明性》，王晴译，西安：西北大学出版社，2019。
③ S. Best, "The Commodification of Reality and the Reality of Commodification: Jean Baudrillard and Postmodernism," *Current Perspectives in Social Theory*, no. 9 (1989): 23-51.
④ 张再林、李军学：《符号的幽灵——符号唯心主义批判》，《人文杂志》2011 年第 3 期，第 11~18 页。
⑤ T. W. Luke, "Power and Politics in Hyperreality: the Critical Project of Jean Baudrillard," *Social Science Journal* 28, no. 3 (1991): 349.
⑥ J. Baudrillard, *Simulations* (New York: Semiotext (e), 1983), p. 146.
⑦ J. Baudrillard, *The Gulf War Did Not Take Place. Bloomington* (IN: Indiana University Press, 1995), p. 104.

意义发生内爆（implosion），此时，通过转播观赛的观众根本无法分辨自己所见比赛画面的虚拟与真实，二者间的界限渐渐消散，但在完全媒介化的模拟世界里，真实与虚拟的分界似乎也不再重要了。

随着模拟社会的到来，以往现代社会的秩序和组织原则已不再适用，社会中的一切围绕符码而运转，编码、模型和符号构成新的现实逻辑。拟像的不断生成与复制，引起信息与意义的内爆，事物的边界在内爆中崩溃并混融。文化、艺术、政治、经济……彼此间的阻隔都被消退。甚至时间与空间的距离与差异也被消解，事物内爆在一起的后现代世界参照与差异不再，虚拟与现实的区分也由此失去了存在的基础，充满差异性的现代社会已然转变为去差异化的后现代社会。

第三节　运动社会学认识论的后现代转向

对于后现代主义在运动社会学研究中的基本假设与研究范式的认识，需要从其理论思想出发，尽管后现代主义并不具有一个精确明了的定义，且颇受争议，但这并不妨碍从这一思想流派的根本理论指向出发来获得上述认知。后现代主义从根本上释放着强烈的对一切固定的、规范的、普遍性的怀疑，以及对统一的本质的回避，并表现在一系列的语境中，这些质疑与回避为运动社会学带来了认识论上的根本转向，而此次转向的动力源自米歇尔·福柯。关于福柯究竟是后现代主义者还是后结构主义者，并没有严格的划分，不同研究中的归类也不尽相同。实际上，福柯思想的独特性使我们无法也并不必要从后现代主义或后结构主义的特点出发去定义福柯在这两类思潮上的身份归属，相比于此，将福柯的理论见解与方法主张作为主要渠道来认识并明晰这两类思想的内涵更有意义。

西方运动社会学研究在 20 世纪末逐渐形成两种主导的研究范式：比较性研究与批判性研究。前者以麦克阿龙（MacAloon）为主，提倡以民族志方法进行运动社会学的研究，后者则以哈格里夫斯（Hargreaves）与汤姆林森（Tomlinson）为代表，主张以英国文化研究范式来研究运动[①]。两种范式在方

---

① W. J. Morgan, "Incredulity Toward Metanarratives' and Normative Suicide: A Critique of Postmodernist Drift in Critical Sport Theory," *International Review for the Sociology of Sport* 30, no. 1 (1995): 25–44.

法论上存在激烈争议，但值得注意的是，无论是前者强调的比较性视角，还是后者所肯定的批判性立场，都囊括在后现代思想的研究主张中。然而，此时的批判性运动社会学研究所遵循的是基于元叙事的实用现实主义原则。现实主义者们将自己定义为"研究对象"，并承认自己的个人偏见、价值观、情感和文化偏好，但他们也坚持认为可以采用客观标准审查历史资料。换言之，他们承认"无法在任何意义上知晓过往社会的'真相'"[1]，但却认为自己关于过去的主张在某种程度上是可靠的。这种认为存在客观标准以及认知可靠的观念遭到此时兴起的后现代思潮的质疑，既有批判性研究的思想基础由此面临新的问题与挑战，面对社会科学中袭来的后现代思想的批判浪潮，运动社会学从福柯关于知识与权力的论述中获得了新发现。[2]

一　运动社会学研究的后现代假设

（一）去中心化的运动观

福柯认为，权力是弥散的，且无处不在，同时也是具身的和生产性的，所谓知识是权力的一种基本形式[3]。以往人们关于权力是统治阶级或统治集团以强制性方式运用的固有认知被转变，而于运动社会学而言这意味着一场认识论上的转变——从绝对的"知识和理解，以及由此对社会和自然世界的掌握"转向"多元性和碎片化，偶然性和流动性，以及建构性和自利性"[4]。

这种转向是对既有认知的起底式的更新，运动社会学中固有的基本假设面临着根本性的反思。具体来看，大致包括以下几个方面。第一，运动意涵本身。当下所讨论的运动，实际上多指现代西方运动，非西方运动在这一种主导意涵之下往往处于失语状态。源于古希腊的奥林匹克运动主导着现代运动的形成和发展，最直接体现在奥运会在世界范围内的强大影响力，以及国内外诸多运动赛事在项目设置、赛程安排、规则设定、组织运行等方面对奥运会的效仿。在后现代主义思想否定绝对知识的启发下，关于运动内涵的认知将被扩

---

[1]　M. Fairburn, *Social History: Problems, Strategies and Methods* (New York: St Martin's Press, 1999), p. 6.

[2]　M. Foucault, *The Foucault Reader: An Introduction to Foucault's Thought* ed. P. Rabinow (London: Penguin, 1991).

[3]　D. Booth, and M. Falcous, "History, Sociology and Critical Sport Studies", in *Routledge Handbook of the Sociology of Sport*, ed. R. Giulianotti (London and Newyork: Routledge, 2015), p. 158.

[4]　C. Parratt, "About Turns: Reflecting on Sport History in the 1990s," *Sport History Review* 29, no. 1 (1998): 4-17.

展，非西方运动将获得运动社会学研究的观照。第二，运动话语的形成。在运动意涵限于现代西方运动的基础上，借助福柯知识与权力关系的认识来看，西方现代运动在世界范围内的流行实际是西方运动知识的渗透与西方运动文化的传播，它们借运动将自己的"话语游戏（game of language）"引入非西方运动世界中，在潜移默化中改变后者的运动认知与运动价值。而后现代主义关于建构性与自利性的主张能够帮助非西方社会深刻地认识到运动中的隐形力量及其运作机制，以保护自身运动文化与运动话语的独特性。第三，运动中的性别划分。既有的大部分运动社会学研究均受现代科学的影响，严格遵照理性主义的二元论传统，因而研究者们习惯将性别固化地分为男性与女性，二分的性别隐晦地将运动中的性少数群体排除在外，使其被迫成为运动中的边缘群体。后现代的多元性主张恰恰为运动中的这些性少数群体、边缘群体开启了出场之门。

综合来看，后现代视域下运动社会学研究的基本假设之一就是并不存在某个特定的中心。无论是关于运动内涵，运动社会学研究的叙事话语还是对研究对象的识别等，均没有一个绝对中心化的标准，而是多元的和可被建构的。

（二）可解构的运动

后现代思想关于事物具有建构性的主张相应地隐含着其可被解构的意涵。所谓解构，起初源于海德格尔《存在与时间》一书中的"deconstruction"一词，原指分解、消除和拆除等，然而，在后现代主义与后结构主义语境下，解构的意义发生改变。这个概念无法被定义，只能被描述[1]，"解构并非拆解而是重建，并非指出错误，而是要发现结构是如何被建立的，是什么结合成了结构，以及结构产生了什么。它不是一种破坏性的、消极的或虚无主义的实践，而是一种肯定的实践"[2]。这种实践打开了那些不可能的经验并展现了文本所不知道的东西，这就是解构性实践的特征；此外，解构为那些被静默的声音带来被听到的可能，并促进人们对边缘群体的认识。简单来讲，解构解释并生产了差异，强调主导的权力结构的影响并用以颠覆阶层[3]。

结合去中心化的理论假设来看，解构其实就是去中心化的具体实践方式，

① N. Royle, "What is Deconstruction?" in *Deconstructions: A User's Guide*, ed. N. Royle (Hampshire: Palgrave, 2000), pp. 1–13.

② E. A. St. Pierre, "Poststructural Feminism in Education: An Overview," *International Journal of Qualitative Studies in Education* 13, no. 5 (2000): 477–515.

③ J. McCarthy, J. Holland, and V. Gillies, "Multiple Perspectives on the 'Family' Lives of Young People: Methodological and Theoretical Issues in Case Study Research," *International Journal of Social Research Methodology* 6, no. 1 (2003): 1–23.

以此打破和摧毁既有结构及其中心，并重新建立一个无中心的且流动着的结构。在运动社会学研究中，解构指向一种特别的研究范式。以往的大部分研究其实都是在运动中某一既有结构之下进行的讨论，是对"结构产生了什么"这一问题的直接但局部的审视。而解构思维要做的是从该结构本身入手，厘清结构形成的深层脉络，层层深入至结构内部对上述问题进行全面考察，并在此基础上建立全新的结构。概括起来，这种范式转换是从就问题分析问题的局部视角到就结构谈问题并重建结构的整体性视角。比如，关于运动是什么这个问题，一般性讨论从运动的定义、起源、发展、类型、特点、功能和意义等几个方面进行，而解构性的解释则通过"运动"这种现象本身存在的基础何在，"运动"这一概念如何形成，在其形成与发展过程中建立了怎样的叙事话语，权力与知识在其中有何影响，当下论及的运动究竟是"谁"的运动，以及这样的运动结构将如何发展等问题出发进行剖析以实现对运动的根本性认知。

二 非线性的运动历史观

赖特·米尔斯曾强调历史"是社会研究之柄"①，认为优秀的社会学一定是历史的社会学。在这个意义上，可以从历史观入手建立关于后现代视域下社会学研究的基本立场与方法论取向。后现代认识论转向中强调的所谓碎片化与偶然性，是对以往认识论中的线性历史观的否定。线性的历史观意味着历史可被认识、未来可被预测，其背后隐含的依旧是存在一种绝对的认识与理解，一种固定且普遍的事实这一基本逻辑，而后现代所批判并试图颠覆的也正是这一点。关于后现代主义所主张的非线性历史观，可以再借福柯的系谱学思想及其具体研究方式获得深入认识。

（一）福柯的系谱学方法论

福柯致力于用历史学的研究方法进行其哲学命题的探讨，其研究生涯早期主要以知识考古学（Archeology of knowledge）为主，直到 20 世纪 70 年代，系谱学（genealogy）作为考古学的补充出现在其研究中，并逐渐取代知识考古学成为福柯研究生涯后期的主要方法。系谱学原指考察家族关系、血统世系和重要人物事迹的方法，是对事物起源与演变过程的考察。福柯的系谱学思想源于对尼采思想的发展。在《论道德的谱系》中，尼采以系谱学分析道德偏见的起源，他"反对以理性作为道德规范和原则的基础，主张以最自然的感情、

---

① C. W. Mills, *The Sociological Imagination* （Oxford：Oxford University Press, 1959）, p. 143.

欲望、心理甚至病理因素，结合社会和自然环境的具体条件，探索并揭示道德的原始动力"①。在此基础上，尼采在对欧洲道德历史的梳理中摒弃了现代理论所主张的"表层-深层"这一元叙事模式，努力从微观角度重审道德起源中被历史遗忘的和不被人理解的，以及被社会排斥在边缘的话语。总之，尼采的系谱学历史观较过去而言有着认识论上的革命性，它试图质疑和颠覆整体话语及其内部的等级体系在理论上的特权地位，并解构所有看似合理的本质性假设，进而瓦解知识、话语和权力间的关系。如尼采自己对系谱学意义的认识："从前，追寻事物起源的知识探索者总是相信，他们的发现对于未来的所有行动和判断都是无比重要的，他们甚至总是预先假定，人的拯救必须以事物的起源的洞见为前提。但是现在，我们看到，我们对于事物的起源的洞见越多，这些事物呈现给我们的意义也就越少。另一方面，那些离我们最近的事物，那些就在我们身边和我们内部的事，却慢慢在我们眼前展现出了早期人类所梦想不到的色彩、美、不可思议和丰富意义。"②

对于尼采的系谱学，福柯做出了这样的理解："必须审慎克制超出单一的合目的性去发现实践的独特性，在最料想不到它们发生的地方，在情感、爱欲、意识、天赋这些被认为毫无历史可言的东西中去侦伺，把握事件的重现，以便发现他们起不同作用的不同场合，但绝不寻找缓慢的演进线，甚至还要确定它们的残漏点、未曾发生的时刻。"③ 源于这样的认知，福柯在继承尼采系谱学的基础上做了极大发展，他试图用系谱学的策略性修正特征将研究重点从话语分析转移到话语与非话语实践的关系上④。在福柯这里，"系谱"一词代表冷僻知识和局部记忆的结合，所谓"冷僻"与"局部"意味着系谱学所关注的是碎片化、"非连续性的、被取消资格的、非法的知识"⑤。

由此，福柯系谱学主张的历史观与传统历史观之间的鲜明区别得以显现。传统历史观"强调历史的因果关系，历史是围绕着所谓必然性单线展开的"⑥，

① 张守海：《福柯：用系谱学开启历史》，载张良丛主编《从解构到建构：后现代思想和理论的系谱研究》，北京：社会科学文献出版社，2017，第96页。

② 尼采：《曙光》，田立年译，广西：漓江出版社，2000，第33页。

③ 福柯：《尼采、谱系学、历史》，载杜小真编选《福柯集》，王简译，上海：远东出版社，2003，第146页。

④ 张守海：《福柯：用系谱学开启历史》，载张良丛主编《从解构到建构：后现代思想和理论的系谱研究》，北京：社会科学文献出版社，2017，第94页。

⑤ 张守海：《福柯：用系谱学开启历史》，载张良丛主编《从解构到建构：后现代思想和理论的系谱研究》，北京：社会科学文献出版社，2017，第106页。

⑥ 朱苏力：《阅读秩序》，济南：山东教育出版社，1997，第116页。

崇尚一种"大写的历史",主张发展论、进步论和决定论;而福柯的历史观"拒斥形而上学的'整体'、'同一'、'开端'、'发展'、'目的'这些历史语言,反对总括历史,反对追溯历史的内在发展,反对历史决定论和目的论,在此基础上,福柯反对所谓'历史连续性原则',认为历史是'非连续事物的有组织的游戏'、'非连续的事物的实践'"①,即秉承一种"小写的历史"。简单来讲,福柯的系谱学历史观正是对后现代主义者关于"历史是偶然的"②这一主张的充分诠释。

（二）系谱学视角中的运动

福柯的系谱学方法关注事实与权力间的关系③,对后现代系谱学的研究有着关键影响。系谱学研究方法的具体实施主要包括"追溯对象的出身"和"标出对象的发生"两个基本步骤④。

首先,关于追溯对象的出身。追溯对象的出身即寻求事物的起源,这一任务主要包括三个实践指向:①解构后的本源性建构。这要求研究者们"努力收集事物的确切本质、事物最纯粹的可能性以及精心加诸事物之上的同一性,以及先于所有外在的、偶然的和继替的东西的不变形式。寻求这样一种起源,就是要找到'已经是的东西',而这个东西的形象足以反映它自身;这就是把所有本来能够发生的转折,所有诡计和伪装当作偶发的东西;这就要求摘掉面具,最终揭露出一种原初的同一性"⑤。也即是说,我们需要揭示出是哪些外在元素构成了对象以使其获得永恒的优先地位,它又与哪些标志或元素相互纠缠形成了何种其他多样态的事件,通过对这些"偶发的""面具"的追溯和剥离,还原事物被抛却传统形而上学意义之后的自身形式。②颠覆事物的深层与表层。在实现对事物的本源性建构的基础上,我们将会发现事物是没有本质的,本质不过是由零碎的元素所"伪装"出来的"诡计",而所谓规律、基础

---

① 张守海:《福柯:用系谱学开启历史》,载张良丛主编《从解构到建构:后现代思想和理论的系谱研究》,北京:社会科学文献出版社,2017,第103页。

② W. J. Morgan, "Incredulity Toward Metanarratives and Normative Suicide: A Critique of Postmodernist Drift in Critical Sport Theory," *International Review for the Sociology of Sport* 30, no. 1 (1995): 25-44.

③ M. Foucault, "On the Genealogy of Ethics: An Overview of Work in Progress", in *The Foucault Reader*, ed. P. Rabinow (New York: Pantheon Books, 1984), pp. 340-72.

④ 张守海:《福柯:用系谱学开启历史》,载张良丛主编《从解构到建构:后现代思想和理论的系谱研究》,北京:社会科学文献出版社,2017,第107,110页。

⑤ 福柯:《尼采、谱系学、历史》,载杜小真编选《福柯集》,王简译,上海:远东出版社,2003,第146页。

和形而上学的目的等不过是这种诡计的结果。由此，相比于迷恋深层意义，专注于事件表层，积累各种细节的知识成为系谱学家们的重要探索方向。正是对深层与表层的颠覆，系谱学与传统形而上学间的界限愈加明显，后者最深刻隐晦的问题在前者那里恰恰是最表层的东西。在系谱学看来，那些看似深不可测的真理与隐晦难明的性质不过是历史的虚构。③对事物解释的多样性与任意性。综合前两种认知来看，事物的无本质性意味着事物都是一种浅层的存在，是无深度的，这意味着事物的易解释性，不仅每个事物都能被解释，且解释是多样且随意的，即并不存在严肃的唯一解释，每种解释都不会是绝对正确与必然的认识。

其次，关于标出对象的发生。对发生的标出就是要追溯新元素的出身①，考察新元素是如何被组成的，此任务背后的思想支撑依旧是事物的无本质性，即便是新的元素也并不是某一个纯粹性本质的新生，而是旧有元素的遗传。整合两大任务来看，系谱学的核心要务就是要"叙述某些元素的成分是如何分裂并重新结合起来形成某一新的元素的"②，它真正关注的是相异事物的纷争和差异，在方法论意义上来讲，系谱学是一种认识差异的手段。

由这种特殊另类的历史研究方法所支撑的非线性历史观对于运动社会学研究而言，意味着对运动的一种全新的观察视角、研究范式与叙事框架。对于运动问题的审视，在系谱学方法下可以摒弃由浅入深、从表层把握其深意的惯常路径，不必执着于明确运动事件的最终目的与其历史根源，也无须拘泥于勾画出每个运动现象和问题的发展始末，而就其现实的表层状态讨论其构成元素，从运动现象的偶然性中把握现象构成元素间的纠葛与纷争，正如福柯的建议那样，从事物的"外在"而不是"内在"去理解它，表层的东西比深层的更有价值。例如，当下对运动的审视往往具有强烈的单一目的论倾向——运动能够让人更健康、更快乐、更强壮，因而有助于身心健康，并带来社会解放，促进社会平等③。而在系谱学中，对这些不可立显的深层意义的关注将转移到表征在浅层的运动事实，比如被上述元叙事忽视的运动员损伤、性少数运动员的缺

---

① 张守海：《福柯：用系谱学开启历史》，载张良丛主编《从解构到建构：后现代思想和理论的系谱研究》，北京：社会科学文献出版社，2017，第107，111页。

② 张守海：《福柯：用系谱学开启历史》，载张良丛主编《从解构到建构：后现代思想和理论的系谱研究》，北京：社会科学文献出版社，2017，第107，111页。

③ R. Giulianotti, *Sport: A Critical Sociology* (second edition). (Cambridge and Malden: Polity Press, 2016), p. 207.

场、运动员或赛事观众中的运动暴力和性骚扰、运动员服用兴奋剂以及现代科学对兴奋剂使用的合理化等，在此基础上，审视运动中知识与权力间的关系如何呈现，等等。至于对研究范式的影响，系谱学的非线性主张体现在研究者和作者中心地位的弱化，特别是在质性研究当中，更加"注重所见事物的情境化特性以及研究对象的经历，以一种非传统的方式呈现出碎片化和多层次的故事，并对其进行多种解释，生产出一个集体性的故事"[1]。在这种倾向下，自我民族志[2]因其能通过将解读个体经验的权力在很大程度上让渡于研究对象自身来发掘以往民族志研究中被研究者的中心地位所遮蔽的多层次的个体经验故事，在近几年开始进入运动社会学研究的视野中，逐渐成为该领域中释义范式研究的常见方法之一。在叙事框架方面，关于研究对象的描述中类似"整体上是……""开端于……""其目的在于……""它将逐渐发展为……"这些当下研究中常见的话语模式在后现代视域下的运动社会学研究中将失去存在基础。

第四节　后现代运动社会学研究的优与弊

一　后现代论域下运动社会学研究的新视野

（一）从"他表述"到"自表述"的中国运动话语

如前所述，今日所谈的运动多指狭义上的现代西方运动，借由奥林匹克运动，西方运动话语在运动世界中占据主导地位，这种主导不仅表现在西方运动在世界范围内的普及，更体现在奥林匹克所宣扬的"更高、更快、更强"运动观在运动话语中的深度嵌入。面对当下由西方话语主导的运动世界，从后现代主义的主张来看，我们并不需要推翻西方运动话语的主导地位而建立非西方的话语运动取而代之（这在后现代主义者看来无非是建立一种新的普遍事实，背后依旧是其反对的传统形而上学和现代主义逻辑），而是在解构西方运动话语体系的基础上瓦解其中心地位，让非西方运动由此获得从"他表述"向

---

①　J. McCarthy, J. Holland, and V. Gillies, "Multiple Perspectives on the 'Family' Lives of Young People: Methodological and Theoretical Issues in Case Study Research," *International Journal of Social Research Methodology* 6, no. 1 (2003): 1-23.

②　M. Nash, "Gender on the Ropes: An Autoethnographic Account of Boxing in Tasmania, Australia," *International Review for the Sociology of Sport* 52, no. 6 (2017): 734-750; S. D. Forde, "Fear and Loathing in Lesotho: An Autoethnographic Analysis of Sport for Development and Peace," *International Review for the Sociology of Sport* 50, no. 8 (2015): 958-973.

"自表述"的转换。

在西方主导的运动世界中，非西方运动的叙事依照着西方运动的价值标准与逻辑框架进行，最终呈现的是他者表述中的运动样态。比如，就本质来看，中国武术入奥成功与否的关键在于西方运动世界对于自己的叙事话语是否能够表述中国的这项传统运动，以及这类非西方传统运动能否契合西方的运动价值观这两个问题的考量。后现代主义的去中心化主张尖锐有力地为非西方运动开拓出自我表述的话语空间。具体到实际，国家所强调的"讲好中国故事"，"实现中华文化的创造性转化和创新性发展"①，恰恰为中国运动话语体系的"自表述"转变提供了有力促进。在此背景下，后现代主义的运动社会学研究有助于我们发现中国运动中更加细节的、碎片的以及多元的经验与现象，以此健全中国运动的话语体系，扩大叙事话语的层次与容量，实现中国运动故事的"自表述"，进而提升中国的文化自信。

（二）多元的边缘性运动经验的再发现

后现代主义去中心化的主张对于运动社会学而言，还体现在具体研究中对主流运动经验的消解，即并不存在处于中心地位的运动经验，每个个体的运动经验都有认识和解释的可能与价值。后现代主义视角中对于多元运动经验的再发现，可以从两个方面进行。第一，边缘性运动经验容量的多元扩充。从中国的运动社会学研究领域来看，尽管既有研究的目光早已观照到职业运动、职业运动员以及大型赛事等处于所谓运动话语中心的群体和事件之外的运动经验，比如少数民族仪式性身体展演、女性运动、极限运动等，但当下的探索仍不充分，特别是对少数民族传统身体活动的实践经验而言，56 个民族的存在意味着在少数民族身体活动方面有许多运动信息等待发现并获得运动社会学视角的认识和解释。第二，在多领域交融中发现边缘性运动经验。后现代主义思想认为后现代社会中文化、经济、政治等多领域间的边界将被打破，社会将处于意义内爆、相互混融的状态。这一主张启发运动社会学研究不可就运动论运动，以免回到各领域泾渭分明的现代主义认识论，而是要注重从运动与其他领域的融合状态中认识和解释多样的边缘运动经验。比如，对于作为一种文化类型的少数民族体育，可以从它与宗教、语言、经济等领域的融合中认识其建构过程与形成元素，即进行福柯系谱学意义上的社会机制研究，以此勾勒出该少数民族身体活动的意义图景。

---

① 中共中央宣传部：《习近平总书记系列重要讲话读本》，北京：人民出版社，2016，第 203 页。

二　后现代相对主义立场的自我否定性

后现代主义秉承的是一种历史相对主义，这种历史观否定存在普遍事实的可能性，但这一主张其实暗含着后现代对自身的否定。如伊格尔顿所言："后现代主义没有提出另外一个关于历史的叙事，只是否认历史是在任何意义上的描述形态的。换句话说，这一反对意见不是以这种或那种方式在概念上给历史穿紧身衣，而是全部在概念上给历史穿紧身衣。"① 由此可见，这种认识论基础实际上是不合逻辑的，既然否定存在任何普遍事实的可能性，那么如何声称获得了事实或真相？即使后现代主义暂且摒弃做出任何事实陈述的信念，它也会将自己推入一种无根之地，从而失去判断一切主张或论点价值的依据；但若试图在反对存在普遍事实的基础上坚持事实或真相的陈述，社会科学即将失去其存在基础，因为不会再有其他领域关于事实的陈述会比社会科学的更有效②。后现代的相对主义在文化中表现为对政治希望和道德批判的摒弃③，一些后现代社会理论试图通过完全放弃人类普遍权力的概念将有关道德标准的普遍观点相对化。例如，根据相对主义的观点，我们必须忽视受压迫群体的生活状况，原因是我们并不具备在这种群体的文化环境中解释或理解这些群体行为的立场。具体到运动领域，这或许意味着西方的诸多组织将不得不停止利用运动促进发展与和平，即使在妇女权利似乎受到公然侵犯或暴力冲突造成广泛痛苦的情况下；后现代主义的立场也可能意味着，如果运动员受到运动系统内外有关部门的系统性虐待，这些组织也将不予干预。在这种情况下，我们可能会认为，"采取后现代立场似乎对社会有害大于有益；事实上，这种对其他文化'宽容开放'的立场似乎只会导致我们的道德顾忌从我们的头脑中消失"④。在相对主义立场下，历史的"深度被夷平了，历史和经验也因此被碾平"⑤。在肯定后现代主义大胆、尖锐的批判意义，以及对压迫性规范的颠覆性的同时，

①　特里·伊格尔顿：《后现代主义的幻象》，华明译，北京：商务印书馆，2000，第40页。

②　R. Giulianotti, *Sport：A Critical Sociology*（second edition）（Cambridge and Malden：Polity Press, 2016），p. 208

③　R. Giulianotti, *Sport：A Critical Sociology*（second edition）（Cambridge and Malden：Polity Press, 2016），p. 208.

④　J. A. Mangan, *Sport in society*, eds. H. Meinander and J. A. Mangan（The Nordic World, London：Frank Cass, 1998）.

⑤　道格拉斯·凯尔纳、斯蒂文·贝斯特：《后现代理论》，张志斌译，中央编译局出版社，2006，第351页。

也要认识到其相对主义立场的模糊与不确定性，这使得人们在其中陷入迷失，无法找到一种绝对可靠与真实的意义作为规范以获得稳定的基础。

总之，"后现代主义对基础主义的批判，在试图从其脚下夺取基础的时候，也不可避免地拆了自己的台"①。对于运动社会学研究而言，尽管它关于发现那些被边缘化和被主流话语压制的运动经验的主张值得我们继承和发扬，以积极回应"讲好中国运动故事"的运动话语转向，但正如后现代思想本身强烈的批判性那样，我们面对后现代主义思想时也需要秉持一种批判性态度，谨慎处理它在运动社会学研究中的使用。

思考题

1. 后现代思想的基本主张是什么？

2. 谈谈对后现代身体运动的认识。

3. 在后现代身体运动的发展过程中，媒体扮演着怎样的角色？

4. 后现代理论视域下运动社会学研究的特征是什么？

5. 后现代理论在解释当代身体运动方面的优势和局限是什么？

推荐阅读书目

1. 弗里德里希·尼采：《权力意志》，孙周兴译，上海：上海人民出版社，2018。

2. 米歇尔·福柯：《知识考古学》，董树宝译，北京：生活·读书·新知三联书店，2021。

3. 让-弗朗索瓦·利奥塔尔：《后现代状态：关于知识的报告》，车槿山译，江苏：南京大学出版社，2011。

4. 让·波德里亚：《象征交换与死亡》，车槿山译，江苏：译林出版社，2012。

5. S. Lash. *Sociology of Postmodernism*. London：Routledge，1990.

代表性学者简介

1. 弗里德里希·威廉·尼采（Friedrich Wilhelm Nietzsche，1844~1900），

---

① 张良丛．伊格尔顿：《走向政治批判的后现代之路》，载张良丛编《从解构到建构：后现代思想和理论的系谱研究》，北京：社会科学文献出版社，2017，第314页。

德国哲学家、文化评论家、诗人、思想家。著有《权力意志》、《悲剧的诞生》、《查拉图斯特拉如是说》、《希腊悲剧时代的哲学》和《论道德的谱系》等。尼采对宗教、道德、现代文化、哲学以及科学等领域提出了广泛的批判和讨论，其写作风格独特，常使用格言和悖论的技巧。尼采的思想对后代哲学产生很大影响，尤其是对存在主义与后现代主义有着深刻影响。

2. 让-弗朗索瓦·利奥塔（Jean-Francois Lyotard，1924~1998），当代法国著名哲学家，后现代思潮理论家，解构主义哲学代表。主要著作有《现象学》《力比多经济》《后现代状况：关于知识的报告》《政治性文字》等。

3. 让·鲍德里亚（Jean Baudrillard，1929~2007），法国哲学家、现代社会思想家、后现代理论家，在巴黎获得了社会学博士学位，曾任教于巴黎第九大学和巴黎第十大学。主要著作有《物体系》《消费社会》《生产之镜》《象征交换与死亡》《拟像与模拟》等一系列分析当代社会文化现象、批判当代资本主义的著作，被誉为"知识的恐怖主义者"。

第十五章　后结构主义理论与运动社会学

本章要点

·后结构主义思想源于对结构主义的反思，一般认为，结构主义的形成源于索绪尔语言学中关于符号的能指–所指功能的论述；之后，列维–斯特劳斯在此思想的基础上发展出结构主义人类学，结构主义由此正式形成。罗兰·巴特开启了结构主义思想的后结构主义转向；进一步地，德里达通过批判结构主义的根基，即逻各斯中心主义来审视语言甚至发现了整个语言系统的不稳定。

·在后结构主义运动社会学研究中，福柯的理论占据着主导地位，从后结构主义思想与福柯理论的共同点出发，特别是关于规训的论述为运动社会学研究带来不可忽视的影响。

·后结构主义为运动社会学带来了全新的研究视角，对运动的本质、运动中的身体以及运动中权力–知识的运作机制等方面做出了不同以往的解释；然而，这一思想本身的内在自我否定性警示我们在借用后结构主义进行研究时应当持谨慎态度。

关键概念

能指–所指；逻各斯中心主义；延异；身体规训；全景敞视主义

第一节　后结构主义的起源背景

结构主义是后结构主义思想的前提，后者以颠覆前者而存在。后结构主义中的"后"并非是对结构主义的取代，而是结构主义与后结构主义间存在内在相关逻辑的象征，"后"意味着后结构主义紧随结构主义之后，并寻求将结构主义延伸到其正确方向的思想诉求，是对结构主义思想遗产的利用与发展。

因此，了解结构主义的形成背景与主要特征是认识和应用后结构主义思想的必要准备。

一 结构主义的语言学根基

（一）费尔南迪·索绪尔：语言作为一种系统

一般认为，结构主义形成于索绪尔语言学对于语言的理解，以及关于语言中意义、现实与主体性建构的论述基础之上，正因此，有人认为"一切后结构主义都是后索绪尔主义"[①]。然而，为何索绪尔的语言学观点会成为结构主义形成的根源？这或许可以通过简单回溯其语言学思想的形成过程来解答，借此也能为后续理解后结构主义的核心主张做好铺垫。

索绪尔语言学的形成受到欧陆心理学研究格式塔学派的影响。在索绪尔之前，欧洲语言学界重点关注个体语言中的事实，一定程度上涉及微观的心理学研究。19 世纪末，奥地利心理学家艾伦费斯最初使用"格式塔"（德语 gestalt 的音译，有结构、形状、完全或整体之意）概念；随后，德国心理学家韦特海默完善了此概念并创立格式塔心理学派。此学派主张一切现象都应置于系统中研究，而不是被单独分析，并强调心理、意识活动的整体性和现象性，认为每一种格式塔现象都是一个完整的结构系统，其中各组成部分的性质和意义都取决于整体[②]。受此影响，索绪尔开始用格式塔概念进行语言学研究，在他看来，语言首先是一个具有准则和规律（或内部语法）的体系，控制着其中各元素相互作用的方式，它不仅仅是传达既存事物秩序的中性工具或标签，而是构成人类经验和社会性的社会互动的产物[③]。总结起来，索绪尔的语言学主张主要有三点。第一，语言（language）和言语（speech）的区分。前者是表达观念的符号系统，后者为个体声音的表达。第二，历时语言学与共时语言学的区分。在引入时间的基础上，主张对语言系统进行不同的时间性研究。前者关注个别语言要素的转变过程，后者则聚焦于作为系统的语言。第三，能指（signifer）系统与所指（signified）系统的区分。索绪尔认为语言体系包括能

---

① C. Weedon, *Feminist Practice and PostStructuralist Theory*（second edition）（Oxford：Blackwell Publishing，1997），p. 22.

② 刘文宇：《德里达：延异的颠覆与建构》，张良丛主编《从解构到建构：后现代思想和理论的系谱研究》，北京：社会科学文献出版社，2017，第 154 页。

③ S. King，"Post-Structuralism and the Socioogy of Sport"，in *Routledge Handbook of the Sociology of Sport*，ed. Richard Giulianotti（London and NewYork：Routledge，2015），p. 95.

指（图像、词语、声音）与所指（图像、词语和声音的指涉）两部分，二者结合成为符号，且其关系是"任意的"①，但这种任意性指的是能指系统与所指系统间的关系——符号——并非是内在的和自然的，在索绪尔看来，符号的意义存在（resides）于词语或能指符号之间的语音差异中，符号的意义一旦被相对固定的语言系统所建立，就变成了直接、统一且稳定的②。

总之，在索绪尔那里，语言并非对现实世界的反映，而就是这个世界，语言中的能指系统与所指系统间存在着稳固的关联，即符号意义的确定性，只不过该意义的确定过程受到符号或词语语音差异所产生的任意性的影响，而这也就意味着符号的意义确定于该符号与其他符号的差异。索绪尔的这些开创性见解促使了欧洲语言学的研究转向，在索绪尔逝世后，他的语言学思想被其学生整理成《普通语言学教程》并出版，欧洲语言学界大受影响，其分析重点由此从过去对无法形成结构的语言演变的历时性研究，转向对旨在理解知识与行为关系的共时性语言学结构的考察。

（二）克劳德·列维-斯特劳斯：结构主义人类学的建立

索绪尔开启了语言学研究中的结构主义转向，但将其结构主义思想从单一的语言学研究领域带向丰富的哲学领域中去的，是法国人类学家列维-斯特劳斯。

在20世纪中期逃亡美国期间，列维-斯特劳斯结识了俄国语言学家罗曼·雅各布森，在后者影响下，列维-斯特劳斯开始注意到索绪尔的语言学思想。在《野性的思维》一书中，列维-斯特劳斯在批判萨特的存在主义倾向的基础上，阐述了明确反对存在主义的结构主义的本体论和认识论基础。在列维-斯特劳斯看来，存在主义主张的是一种以人类能动性为中心的唯意志论本体论，对于理解存在的本质毫无贡献③，并将本体论认知主体转移到了结构。在从本体转向结构的过程中，列维-斯特劳斯主张一种激进的反人道主义，认为客观且普遍的结构是人类存在的主要定义者，以此消解了人类主体。在随后的几

---

① F. Saussure，"Course in General Linguistics，" eds. and trans. C. Bally，A. Scheheye，and R. Harris（London：Duckworth，1983）.

② R. Coward，，and J. Ellis，"Structuralism and the subject：a critique，" in *Culture，Ideology and Social Process*，eds. T. Bennett，G. Martin，C. Mercer and J. Woollacott（Milton Keynes：Open University Press，1981），pp. 153-164.

③ D. Andrews，"Post Up：French Post-Structuralism and the Cristical Analysis of Contemporary Soprting Culture"，in *Routledge Handbook of the Sociology of Sport*，eds. J. Coakley，and E. Dunning（London，Thousand and New Delhi，2000），p. 110.

年，列维-斯特劳斯将索绪尔的开创性语言学思想应用至其人类学研究中，包括神话［《生与熟》（1964）、《从蜂蜜到烟灰》（1967）、《餐桌礼仪的起源》（1968）、《裸人》（1971）］、图腾［（《图腾制度》（1962）］、亲属关系以及诸多原始社会的交换仪式［《结构主义人类学》（1973）］等，结构主义人类学由此逐渐形成。本质上看，所谓结构主义人类学，就是对"无意识的普遍心理结构的系统性研究"①，这种人类学研究范式以符号为中心术语，将结构主义的概念移至人类学资料的分析中，但并不限于对发挥意义的符号的传递过程的分析，而是完全将结构作为符号系统，即结构人类学要分析的是那些产生意义的结构安排②。

简单来说，结构主义，就是专注于通过细致的观察式分析来勾画出详尽的解释网格，以此认识人类世界③。与此同时，在索绪尔所主张的语言在塑造人类思维方面具有重要作用的观点上，列维-斯特劳斯指出，构成人类社会的所有意义和物质系统基于一套普遍的二元对立而直接相关④，比如自然/文化、生命/死亡、神圣/世俗、男性/女性、生/熟、光明/黑暗。

在列维-斯特劳斯看来，存在一种真正的普遍逻辑，且特定文化形成的各种语言和物质表达不过是无处不在的二元符码的排列组合，在这种认识下，"人类主体的形成并不受自我的控制，而是一种脱离个体意识的普遍结构（比如语言）形成了个体，因此，人类主体并不是同质的"⑤。在其结构人类学的影响下，列维-斯特劳斯关于"一切存在于文化、社会和意识中的事物均被同一种普遍且无意识的结构所控制"⑥ 的主张推动了社会科学对于客体、理性以及可预知的有关人类状况的普遍知识的结构主义研究。

---

① E. Kurzweil, "The fate of structuralism," *Theory, Culture and Society* 3, no. 3 (1986): 113-124.

② R. Coward, and J. Ellis, "Structuralism and the Subject: a Critique", in *Culture, Ideology and Social Process*. eds. T. Bennett, D. Martin, C. Mercer, and J. Woollacott (Milton Keynes: Open University Press, 1981), pp. 153-164.

③ R. Harland, *Superstructuralism: the Philosophy of Structuralism and Post-structuralism* (London: Routledge, 1987).

④ D. Andrews, "Post Up: French Post-Structuralism and the Cristical Analysis of Contemporary Soprting Culture", in *Routledge Handbook of the Sociology of Sport*, eds. J. Coakley, and E. Dunning (London, Thousand and New Delhi, 2000), p. 112.

⑤ R. Coward, and J. Ellis, "Structuralism and the Subject: a Critique", in *Culture, Ideology and Social Process*. eds. T. Bennett, D. Martin, C. Mercer, and J. Woollacott (Milton Keynes: Open University Press, 1981), pp. 153-164.

⑥ E. T. Bannet, *Structuralism and the Logic of Dissent: Barthes, Derrida, Foucault, Lacan* (Urbana, IL: University of Illinois Press, 1989), p. 259.

二 从结构主义到后结构主义

后结构主义的兴起离不开法国现实社会的催化。1968 年五月，不满于社会不平等与戴高乐政府压迫性官僚统治的反动情绪从大学校园蔓延向巴黎街头，法国"五月风暴"爆发。面对当时高度政治化的社会气候，结构主义的僵化和非历史性的科学主义逐渐显出其理论弊端，因为它难以再批判性地解读复杂、矛盾且不稳定的法国现代化过程，结构主义对建立语言与社会秩序普遍规则的主张开始遭到质疑，被认为这种思想的实质是知识对权力结构的屈从，以及对权力结构的再生产[1]。最终，结构主义在现实动荡面前显现出的不稳定性促使一些在哲学或理论上立场一致的法国知识分子开始不约而同地相聚在"无形的"[2] 后结构主义阵营之下，提出有关政治的颠覆性知识，以识别和滋养在法国现代性压迫中形成的差异、无序与不团结的因素。

（一）罗兰·巴特：后结构主义转向的桥梁

在结构主义转向后结构主义的法国知识分子中，罗兰·巴特被认为是具有代表性的一位，甚至被看作是结构主义与后结构主义之间的桥梁[3]。在其观点转向后结构主义之前，巴特是索绪尔观点的追随者。值得注意的是，巴特是法国结构主义者中为数不多的涉足过运动社会学研究的学者，在热衷于挪用索绪尔的语言学观点来讨论现代神话意义的著作《神话学》（1972）中就有关于摔跤的研究，以及在别处对环法自行车赛的讨论[4]。

对结构主义的背离，源于他在《文本的愉悦》（1975）中开始注意到阅读中的碎片化与主观性。在其著名文章《作者之死》中，巴特扩展了结构主义有关语言具有社会建构功能的主张来分析作者的角色，但却发现一种关键的对于文本解释的后结构主义观点，即作者并非是能在文本形式中表达的独特天才，而更像是擅于调度和利用既有符码的工匠[5]。通俗地说，即"写作是一种

---

① D. Andrews, "Post Up: French Post-Structuralism and the Cristical Analysis of Contemporary Soprting Culture", in *Routledge Handbook of the Sociology of Sport*, eds. J. Coakley, and E. Dunning (London, Thousand and New Delhi, 2000), p. 113.

② N. K. Denzin, *Images of Postmodern Society: Social Theory and Contemporary Cinema* (London: Sage, 1991), p. 2.

③ S. King, "Post-Structuralism and the Socioogy of Sport," in *Routledge Handbook of the Sociology of Sport*, ed. R. Giulianotti (London and NewYork: Routledge, 2015), p. 96.

④ R. Barthes, *The Eiffel Tower and Other Mythologies* (New York: Hill and Wang, 1979).

⑤ A. McLaverty-Robinson, "Roland Barthes: Death of the Author," *Ceasefire Magazine*, October 14, 2011, *accessed April* 5, 2022, https://ceasefiremagazine.co.uk/in-theory-barthes-4/.

符号自身进行实践的功能性过程，因而文本真正的源起在于语言，而非作者"①，我们真正要寻找的并非我们自以为能有助于理解文本真实含义（作者权威之下被视为绝对且唯一的写作意图）的那些潜藏在词语背后的东西，而是文本本身。

巴特呼吁将文本的自由从作者手中释放，转而提倡对文本符号的多元的解释，读者的主体性也由此获得挣脱作者权威的出口。概括起来，巴特揭示出文本中围绕作者权威形成的意义结构对读者主体性的压制，从语言和文本的角度打破了普遍逻辑与唯一真实意义的绝对地位，这些观点逐渐在 20 世纪下半叶成为后结构主义的核心原则。

（二）雅克·德里达：对语音中心主义的颠覆

1966 年，德里达发表题为《人文科学话语中的结构、符号和游戏》的演说，宣布后结构主义到来，这种鲜明立场源于他指出了结构主义哲学中的内在弊端——逻各斯中心主义。

在《文学行动》（1967）一书中，德里达表明了自己对逻各斯的认识："任何交流或话语之前，首先要有见解（doxa），看法、感觉或与此同时在我心中产生的评价，以及与真实的表象类似或有关的东西，然后我把那个见解大声地喊出，表述给在场的一个与我对话者，它就变成了话语（逻各斯）。"逻各斯（logos）一词源于希腊语中的动词 legein，其意义之一就是指描述、言说与话语②，该词名词化后即为逻各斯，也就是语音，而逻各斯中心主义（logocentrism）就是语音中心主义（phonocentrism）。在语音中心主义者看来，"言语，是第一符号的创造者，与心灵有着本质的和直接贴近的关系，作为第一能指的创造者，它不只是普普通通的简单能指，它表达了'心境'，而心境本身则反映或映照出它与事物的自然相似性"③。

在德里达看来，逻各斯中心主义通过赋予言语一种存在和直接性将其置于高于文本与书写的首要位置，这假定了真实的口头对话比写作更能保证意义，而文本不过是一种次级的衍生品④。逻各斯中心主义钟情于语音的原因主要有四种：①语音的无空间形态性使其能够与同样没有空间形态的意义与真理建立

---

① A. McLaverty-Robinson, "Roland Barthes: Death of the Author," *Ceasefire Magazine*, *October* 14, 2011, *accessed April* 5, 2022, https://ceasefiremagazine.co.uk/in-theory-barthes-4/.

② 柏拉图：《柏拉图文艺对话集》，朱光潜译，北京：人民文学出版社，1963，第 169 页。

③ 德里达：《论文字学》，汪堂家译，上海：上海译文出版社，1999，第 15 页。

④ J. Derrida, *Of Grammatology*（Baltimore: Johns Hopkins University Press, 1976）.

关系；②语音的内在性与意义本身的内在性强化了二者的关系，语音接近内在的灵魂与高尚的道德，而文字存留在低俗的外部世界，紧靠着堕落的欲念；③语音被认为是自然的，进而是无限的，而文字仅仅是一种记录与模仿，因此是有限的；④西方传统形而上学的观点多以对话形式存留，而文字不过是口头内容的记录工具，加之宗教赋予了语音以神圣性。在此基础上，逻各斯中心主义的核心主张可以理解为，文字是对语音的模仿，而语音是对意义的模仿，即表现为"意义—语音—文字"的模仿链条。然而，德里达拒斥语音和文字间的这种二元等级关系（需要注意的是，德里达反对的不是语音本身），他与列维-斯特劳斯一样，认为二元划分是"暴力等级"的基础，在每一对二元划分中，后者均屈从于前者，比如男性/女性、现实/神话、在场/缺席、言语/书写①。但德里达也认为列维-斯特劳斯陷入了一种对一个（不存在的）中心或一个普遍结构的"怀旧"。对此，德里达试图解构二元等级制度，以此揭示这种等级的任意性与内在的不稳定性；同时，德里达思考了这一意义模仿链条的起源和意义究竟是什么，逻各斯中心主义何以坚信语音比文字更接近这种本原，甚至这样一种本原是否真的存在等问题。

德里达认为，语音背后其实并不存在逻各斯中心主义所认为的那种绝对意义上的本原，存在的只有语音的延异（différance）的痕迹（trace）。différance一词与difference（差异）的读音完全相同，若仅凭读音则无法立即确认言说者究竟何指，而文字却能立即表明，这意味着语音与意义之间并非逻各斯中心主义认为的那样存在一对一的对应关系，二者间并不必然存在联结，索绪尔语言学关于能指系统与所指系统间存在确定稳定联系的主张在德里达这里被颠覆。在语音与意义之间的断裂与分化中，语音留给人们的只是一种处于运动中的"延异"过程，这是一种无法借助"在场/缺席"二元等级来认识的运动和结构，是一种差异的结构，是差异的踪迹②。

总结来讲，在德里达的解构主义视角下，我们的世界是被无限的、多元的、相异的、动态的符号赋予了意义。沿着索绪尔语言学所主张的语音比文字更接近意义的核心观点，后来的学者逐渐发现此既定结构长期以来对文字的抑制，并在质疑和打破语音/文字二元划分体系的过程中，意识到这种划分机制以知识与权力的深度联结为基础，并因此暗含着暴力的等级关系，且二者的关

---

① J. Derrida, *Dissemination* (Chicago: University of Chicago Press, 1981).
② 雅克·德里达：《论文字学》，汪堂家译，上海：上海译文出版社，1999，第14页。

系不单限于语言学，而是一切二元的结构划分之中。从严格意义上讲，后结构主义是对结构主义所追求的普遍有效的二元结构的瓦解，而非颠覆——颠覆的结果不过是形成另一种二元对立，后结构主义真正关心的，是揭示出既定结构中知识和权力如何勾连，以此瓦解这些看似合理的结构的深层基础。

第二节　知识-权力与运动身体

在后结构主义运动社会学研究中，最常见的理论运用来自福柯的思想，甚至于有人将运动社会学中后结构主义视角的分析形容为福柯主义研究[①]，二者的紧密关系源于"身体"这一共有的核心议题。身体不仅是运动的物质核心，更是运动活动最直接的表现[②]，而福柯的许多研究都明确指出现代知识的兴起如何与权力关系的发展密切吻合，以及权力关系的扩张如何进入控制身体实践与主体存在的领域之中[③]。福柯对于"现代社会中围绕规训与愉悦的话语"[④]的理解源源不断地为运动社会学研究带来启发与灵感，曾经认为运动与自己的研究领域截然不同或相距甚远的学者，正是在福柯的思维方式和理论观点的影响下，逐渐认识到运动对其研究工作的重要意义[⑤]。整体而言，福柯的学术生涯和人生轨迹可以大致分为三个时期——早期专注于剖析人类社会的"知识体系"，中期转为对"话语"和"权力-知识"关系的探索，到后期则聚焦于对规训的思考。尽管每个时期侧重的问题发生变化，但归纳来看，各个时期的核心问题其实都指向了现代知识权力结构下的个体生存。若以福柯对主体问题的思考为线索进一步审视其学术思脉，则能够划分为四个具体的演变阶段[⑥]：第一个阶段：1946~1965 年，以精神病治疗史和知识史为主要研究；第二阶

---

① D. Andrews, "Post Up: French Post-Structuralism and the Cristical Analysis of Contemporary Soprting Culture", in *Routledge Handbook of the Sociology of Sport*, eds. J. Coakley, and E. Dunning (London, Thousand and New Delhi, 2000), p.121.

② J. Hargreaves, "The Body, Sport and Power Relations," in *Sport, Leisure and Social Relations*, eds. J. Horne, D. Jary and A. Tomlinson (London: Routledge & Kegan Paul, 1987), pp.139-159.

③ B. S. Turner, "The Discourse of Diet," *Theory, Culture and Society* 1, no.1 (1982): 23-32.

④ D. Whitson, "Discourses of Critique in Sport Sociology: A Response to Deem and Sparks," *Sociology of Sport Journal* 6, no.1 (1989): 60-65.

⑤ C. L. Cole, M. D. Giardina, and D. L. Andrews, "Michel Foucault: Studies of Power and Sport", in *Sport and Modern Social Theories*, ed. R. Giulianotti (NewYork: Palgrave Macmillan, 2004), p.207.

⑥ 张守海：《福柯：用系谱学开启历史》，张良丛主编《从解构到建构：后现代思想和理论的系谱研究》，北京：社会科学文献出版社，2017，第 91 页。

段：1966~1970 年，关于解构和知识考古学的研究；第三阶段：1971~1975 年，转向西方权力系谱学、规训制度及其历史的研究；第四阶段：1976~1984 年，自我技术与性的问题成为福柯的关注焦点。在其思想演进的四个阶段中，尤其是 70 年代中期《规训与惩罚：监狱的诞生》中的思想对运动社会学研究带来不可忽视的影响，本节将以此为重点，深入阐释福柯理论视角下运动社会学研究的主要指向。

一 被规训的身体运动

在《规训与惩罚：监狱的诞生》一书中，福柯认为人体是能被操纵和塑造的。这种机器性源于以笛卡尔等哲学家和医师所主导的解剖学－形而上学领域，和以拉美利特为主的技术－政治领域的双重阐释。前者关注的是服从与使用的问题，而后者聚焦于功能与解释的问题[1]，但二者的共同性在于肉体的规训性。这种规训性产生于一套微观的权力技术对人体的控制，"使人们有可能对人体的运作加以精心的控制，不断地征服人体的各种力量，并强加给这些力量一种规训－功利关系"[2]，这套技术就是"纪律"，正是从其精细且细致的观察与关注中产生了现代人道主义意义上的人[3]，这套规训技术从其控制的肉体中创造出了以下四种特性。

（一）空间分配下的单元性

纪律的实现首先要从对人的空间分配开始。在运动活动中，绝大多数运动项目都有一定的场地要求，这就将运动者限定在一定的空间中。特别是于职业运动员来说，日常的训练与比赛都有其固定的训练场馆，这种空间对运动中不同身体的限定在运动赛事中尤其明显——运动员与观众的活动空间被严格封闭。然而，福柯认为这种封闭性并不是绝对的，即便运动者们被限制在固定的场地空间中，但在这一空间内部却呈现为分散且动态的状态，每个个体的身体都处在一个可解析的单元性空间中，彼此之间又形成一种有用的联系。同时，规训空间的单元性又体现为一种抑制和分割的功能，即消除各种非法活动和罪

---

① 米歇尔·福柯：《规训与惩罚：监狱的诞生》（修订译本），刘北成、杨远婴译，北京：生活·读书·新知三联书店，2019，第 146 页。

② 米歇尔·福柯：《规训与惩罚：监狱的诞生》（修订译本），刘北成、杨远婴译，北京：生活·读书·新知三联书店，2019，第 147 页。

③ 米歇尔·福柯：《规训与惩罚：监狱的诞生》（修订译本），刘北成、杨远婴译，北京：生活·读书·新知三联书店，2019，第 152 页。

恶。例如，赛事和训练场馆中的人员进出情况、各类安全检查、座位间隔等，这些都要求对空间进行严格划分以保证创造一个有益的空间。最后，规训的空间分配中肉体的单元性是一种流动着的等级关系。换言之，虽然分配通过定位来区别对待各个肉体，但这种定位不是给它们一个固定的位置，而是在一个关系网络中分布和流动。比如，不同级别的运动队在训练计划、训练资源等方面存在差异，但运动员可以依据自身的运动水平在不同级别的队伍间实现流动，另外，运动赛事的商品特征决定了赛事的不同观看座次的可购买性，这就意味着即便赛事举办者分配了不同价格的观赛位置，但各个位置的使用者并不固定。

（二）被编码的身体活动的有机性

1. 时间表的设定与对身体动作的时间性规定

医生、运动专家等知识权威者会根据其知识体系给运动者提出相关的指导和建议，比如"最佳运动时间""最佳运动时长"等。一系列时间表的设定和专家知识话语的权威性共同规训着运动中的人类肉体，在获得可见的成效后，被规训者对时间表的遵嘱逐渐成为习惯，知识-权力的规训作用就在人们的遵从向自觉的转变过程中变得更加隐晦，人们也由此自认为获得了主宰身体的自主性；此外，还要确保时间使用的质量，通过监督、鞭策等手段制造出一段被充分利用的时间，"精打细算并支付费用的时间也必须是毫无瑕疵、毫无缺损的。这段时间应是高质量的，肉体应自始至终被投入其中，精确、专注以及有条不紊，是有纪律的时间的基本优点"[1]。网络时代中，时间表的划定变得更加精细化，对于时间的利用也愈加充分。运动中的身体在各类可穿戴设备、健身软件等技术的辅助下将运动时间不断精确，且这些软件与设备还以定期向运动者汇报累计时长的方式对运动者形成鞭策，加之将打卡签到功能移植其中，有效地实现对运动者在时间表的遵守和时间的充分使用方面的监督，并且将来自专家的各种健身教程商品化，赋予运动者在课程选择与购买上的自主性，而这种自主体验还延伸到运动者对自我身体掌控的感受上，进而获得对自己身体的掌控感。然而，这种获得感在福柯知识-权力的机制中来看，不过是权力隐身后的表面现象，其核心意义在于使专家知识与其权威力量间的深度结合愈加隐蔽以至于难以发现。

---

[1]　米歇尔·福柯：《规训与惩罚：监狱的诞生》（修订译本），刘北成、杨远婴译，北京：生活·读书·新知三联书店，2019，第163页。

当进一步思考时间表的内涵与其效用的生成过程，可以发现它"并不是一个时间表，或一般的活动框架，而是从外面施加的一种集体的和强制性的节奏。它是一种'程序'，确保了对动作本身的精细规定，从其内部控制着动作的发展和阶段。这样，我们就从一种衡量或强调某些姿势的命令要求，过渡到一种在接连不断的动作中约束姿势的网络。由此界定了一种有关行为的解剖-计时模式，动作被分解成各种因素，身体、四肢和关节的位置都被确定下来，每个动作都规定了方向、力度和实践，动作之间的联结方式也被规定好了。时间渗透进肉体之中，各种精心的力量控制也随之渗透进去"[1]。一些运动项目便强调对运动身体的时间性规定，在福柯这里，它更倾向于一种作用于身体上的微观限制。例如，竞速类运动项目以规定时间内的运动速度为竞技核心，对于如何通过改善运动者身体动作的各种因素来提升速度等问题，需要通过知识的力量来加以改变，不同领域的专家汇聚各自的知识以确定出一套身体动作的连接程度，人的肉体在这种源于外部的集体性和强制性的动作约束下习得相应的能力，这其实是对无实质形态的知识进行的肉身化检验，无论检验结果如何，其本质均是对知识-权力结构的实践。

2. 肉体与姿势的关联和肉体与对象的联结

在遵守时间上的规定性的同时，规训控制还将教授或强加一系列特殊姿势，使姿势与全身位置间获得最佳的联系，以作为"最优竞技姿势"的条件。这种最佳联系不仅仅针对身体的特定部位，而是在"正确地使用身体从而可能正确地使用时间，身体的任何部位都不会闲置或无用：全身都应调动起来，支持要求的动作。一个训练有素的身体是任何姿势甚至最细小的运作条件"[2]。也就是说，最优竞技姿势的获得是以被规训的肉体为前提，跳跃时与地面的夹角、身体倾角、起跑时关节的位置等都是最优姿势成功实现的基础。进一步来说，所谓"最优"实际上是专家根据相关知识与技术演绎出的理想类型，而专家权威为该理想姿势与肉体之间的联结提供了合法基础，在这种力量控制之下，原本自然的肉身被嵌进固定的程式中，以表征知识所建构的那种理想姿势。

此外，肉体与对象的联结可以理解为固定的动作符码对肉体的规训，其中

---

[1] 米歇尔·福柯：《规训与惩罚：监狱的诞生》（修订译本），刘北成、杨远婴译，北京：生活·读书·新知三联书店，2019，第 163 页。

[2] 米歇尔·福柯：《规训与惩罚：监狱的诞生》（修订译本），刘北成、杨远婴译，北京：生活·读书·新知三联书店，2019，第 163 页。

可能还包括与必需的外在之物的关系。例如，某些身体运动中对相应器材的操纵，这种操纵关系可以理解为肉体与器材之间一种更为细致的啮合，决定具体啮合过程的手段被"让位给明确的和强制性的规定，在肉体与其对象之间的整个接触表面，权力被引进，使二者啮合得更紧。权力造就了一种肉体-机器、肉体-工具、肉体-机器复合"[①]。换言之，肉体与对象的联结就是对肉体进行的工具符码化过程，在肉体与姿势联结的基础上，将姿势分解成两个平行的系列："被使用的身体部位系列和被操纵对象的各部位系列"[②]，两个系列在特定姿势中实现联系，并规定了动作的规范，不同的姿势联结在其中占据着特定的位置，最终结合起来保证身体动作的连贯完成。

（三）时间积累后的创生性

现代规训权力通过控制个体的时间，并调节时间、肉体和精力之间的关系来保证时间性的成果积累，力图实现利润的持续增长或最大限度地使用稍纵即逝的时间，所谓创生性就是经过时间累积所实现的增长。个体经历一定时间实现创生后在微观身体上形成的"个体-创生的小型时间连续统一体似乎更像是个体-细胞或个体-有机体一样，是规训的后果和对象"[③]。这种时间系列化主要通过四个方面实现：第一，时间被分解为连续的片段，每个片段在规定时间内结束；第二，依照一种分解计划由简到繁地将这些片段组合起来；第三，确定每个片段的具体时长并以考核作为结束；第四，依据个人水平与资历制定更加细致的时间系列。具体到运动中的身体而言，上述四个方面实际上就是肉体逐渐习得身体技能的完整过程——起初，制订出包含不同阶段的具体运动训练计划；接着，按照身体实际状况与特定运动项目的特点进一步对各个阶段做出进阶性排序；然后在每个阶段结束后检验训练成果；最后，再一次按照实际的训练与身体情况更进一步地做出针对性的时间性规定。由此，每一阶段结束后身体的变化与技能的习得即为下一阶段开始的基础，也是福柯意义上的创生性成果。从根本上看，福柯认为这一系列程序的核心是操练，它是人们把任务强加给肉体的技术，这些任务兼有重复性与差异性，且总是被分成不同等级。操

---

① 米歇尔·福柯：《规训与惩罚：监狱的诞生》（修订译本），刘北成、杨远婴译，北京：生活·读书·新知三联书店，2019，第165页。

② 米歇尔·福柯：《规训与惩罚：监狱的诞生》（修订译本），刘北成、杨远婴译，北京：生活·读书·新知三联书店，2019，第164页。

③ 米歇尔·福柯：《规训与惩罚：监狱的诞生》（修订译本），刘北成、杨远婴译，北京：生活·读书·新知三联书店，2019，第172页。

练的目的在于"更经济地利用人生的时间，通过一种有用的形式来积累时间，并通过以这种方式安排的时间中介行使统治的权力。操练变成了有关肉体和实践的政治因素技术中的一个因素，它不是以某种超度为终点，而是追求永无止境的征服"[①]。

（四）力量编排下的组合性

此处的力量指的是单个肉体的力量，故力量编排产生的组合性即为通过无数微观身体的组合而实现一种更高层面的社会力量。正如马克思所主张的："单个劳动者发挥的机械力量的总和，与许多人手共同完成同一不可分割的操作所发挥的力量有本质差别。"[②] 在这个意义上，福柯进一步认为规训"不再仅仅是一种分配众多身体，从身体中榨取时间和积累时间的艺术，而是把单个力量组织起来，以期获得一种高效率的机制"[③]。这种现实需求由三个方面得以凸显，结合运动领域来谈。首先，单个肉体成为多环节机制的部件。运动机制意味着一种社会性的运动发展样态，微观的运动身体在其中首先是这个机制中的片段，然后才是其个体勇气的体现，无数运动个体的创生性后果成为可被安置、移动和与其他肉体结合的因素，最终凝结成社会性的运动发展力量。其次，不同年龄系列也是机制的部件。社会性运动力量的发展不能仅靠某一年龄群体的运动创生性积累，"每个年龄系列的时间必须和其他年龄系列相适应，应能从每一时序中获得最大数量的力量，应能获得最佳结果"[④]。从这个意义上，就不难理解国家运动事业发展中对于全民运动的强调，但福柯认为这同样是权力对身体的占有——"只要懂得如何分析每一时刻并将它与其他时刻结合起来，从人生的每一时刻都能榨取出力量"[⑤]。最后，精确的命令系统对多力量结合的指导。这种命令不需要解释，被规训的所有人员的一切行为都依此命令系统所维系，人们仅仅需要对这种人为的、预先编排的符码系统释放的信号立即做出反应，不得拖延也不得质疑。

① 米歇尔·福柯：《规训与惩罚：监狱的诞生》（修订译本），刘北成、杨远婴译，北京：生活·读书·新知三联书店，2019，第173页。
② 马克斯、恩格斯：《马克思恩格斯全集》（第5卷），北京：人民出版社，2009：第378页。
③ 米歇尔·福柯：《规训与惩罚：监狱的诞生》（修订译本），刘北成、杨远婴译，北京：生活·读书·新知三联书店，2019，第176页。
④ 米歇尔·福柯：《规训与惩罚：监狱的诞生》（修订译本），刘北成、杨远婴译，北京：生活·读书·新知三联书店，2019，第176页。
⑤ 米歇尔·福柯：《规训与惩罚：监狱的诞生》（修订译本），刘北成、杨远婴译，北京：生活·读书·新知三联书店，2019，第177页。

二　运动中的全景敞视主义

福柯从 18 世纪的惩罚形式着手，为的是通过表明现代权力与传统权力间的不同来使我们更加容易地理解其本人对现代权力的认识。全景敞视是上述权力技术发挥作用的关键，并促使权力运行的机制发生变化。在福柯看来，"古典时代的人发现人体是权力的对象和目标"，那时的人体是被操纵、被塑造、被规训的，它服从、配合，变得灵巧。因此，让民众观看断头台上的行刑过程在一定程度上成功地体现出君主至高无上的统治权力，但更为关键的是可视于该惩罚过程的观看者，以此对观看者直接产生威慑作用并在其意识中得到强化，权力对人们行为的规训作用也由此实现。全景敞视监狱的出现，使其"在被囚禁者身上造成一种有意识的和持续的可见状态，从而确保权力自动地发挥作用，这样的安排出于监视具有持续的效果，即使监视在实际上是断断续续的；这种权力的完善应趋向于使其实际运用不再必要；这种建筑应该成为一个创造和维系一种独立于权力行使者的权力关系的机制"[1]。

这种带有监视性和实验性的建筑分解了观看/被观看的二元机制，并使"权力自动化和非个性化，权力不再体现在某个人身上，而是体现在肉体、表面、光线、目光的某种统一分配上，体现在一种安排上"[2]。用以展示君主权力的各种仪式和标志已不再有效，行使权力的主体变得匿名、分散，且具有临时性，这种"虚构的关系自动地产生出一种真实的征服，无需使用暴力来强制犯人改邪归正，只需要实行鲜明的隔离并妥善地安排门窗开口"[3]，人们就能够沉浸在对于权力的想象当中，仿佛权力仍旧集中于某个空间内，或者它已成为一种拟人化的存在，又或者被某个特定的个体所有。在监狱之外同样如此，在福柯眼里，日常生活中的每个人都是权力的主体和工具，人们像被囚禁者一样"被一种权力局势（power situation）所制约，而他们本身就是这种权力局势的载体"[4]。

---

[1] 米歇尔·福柯：《规训与惩罚：监狱的诞生》（修订译本），刘北成、杨远婴译，北京：生活·读书·新知三联书店，2019，第 217 页。

[2] 米歇尔·福柯：《规训与惩罚：监狱的诞生》（修订译本），刘北成、杨远婴译，北京：生活·读书·新知三联书店，2019，第 217 页。

[3] 米歇尔·福柯：《规训与惩罚：监狱的诞生》（修订译本），刘北成、杨远婴译，北京：生活·读书·新知三联书店，2019，第 218 页。

[4] 米歇尔·福柯：《规训与惩罚：监狱的诞生》（修订译本），刘北成、杨远婴译，北京：生活·读书·新知三联书店，2019，第 217 页。

由此，现代权力通过将权力行使者与承担者化为一体把自我控制和主导身体的权力赋予个体，但这种权力的让渡带给人们的只是一种表面上的主体性获得，权力与知识间相互维护的紧密关系依旧是真正的幕后主使者，二者借各种专业科学话语和"专家"等名号在社会的各个层面，特别是涉及人类身体方面订立的一系列"正常化标准"，隐晦地发挥着对人的规训能力。

第三节 后结构主义的运动观

一 去二元化的运动身体

（一）非自然性身体的出场

当德里达质疑索绪尔语言学所秉承的语音中心主义的时候，他反对的并不是语音本身，而是划分出语音和文本并将前者置于优先地位的二元结构。在德里达眼里，一切的二元结构都是一种暴力符号机制，这种暴力不仅体现在二元关系中前者的绝对优势地位对后者的暴力，还指涉二元结构对事物与现象的生硬划分以及这种划分对人们思考与行为的规定。德里达对二元结构的批判并不限于语音与文本，关于身体，德里达反思了结构主义下自然/非自然的划分模式。人们一般认为完整的、健康的身体才是自然的，中国人"身体发肤，受之父母"的身体观在某种程度上就蕴含着这种认知；相对地，残缺的、病痛的身体则是一种非自然的状态，因而，所谓正常化的身体状态一般被等同于良性的、完整的且未受损害的身体。德里达对这种结构的反思和打破，源于对人造假肢使身体功能得到补充的讨论。他认为，在我们对于身体的理解中，普遍面临的挑战出现在"人工授精、精子银行、代孕母亲、器官移植、安乐死、变性、竞赛中的兴奋剂使用，以及艾滋病等话题中"[①]。可以看到，这些在现代社会直接涉及身体的众多话题具备一个共同点，即挑战了上述自然/非自然身体二元划分机制的权威。借此，德里达尖锐地指出，那种被修辞策略所预先假定的自然的、原始的、有机的身体状态正在遭受着这些人造工程的破坏和瓦解。

借德里达的见解，考尔进一步反思了围绕身体运动的以下假设：运动理所

---

① C. L. Cole, "Addiction, Exercise, and Cyborgs: Technologies of Deviant Bodies", in *Sport and Postmodern Times*, ed. G. Rail (New York: State University of New York Press, 1994), p. 265.

应当是一种用于进行真实工作的自然空间，且运动是一种展示有机的且自然的身体的合理媒介①。需要说明的是，此处的真实应从游戏公平的角度理解，即一种完全基于自然身体的运动活动。简言之，上述假设的要旨在于，运动往往将身体假定为一种自然的存在。然而，考尔认为这种假设反而使运动放大了"自然危机"，因为它忽视了运动活动中必备的技术条件和"非自然"的身体存在。具体来看，运动中的"非自然"身体体现在诸多层面：兴奋剂服用者，运动员身体损伤，残疾人运动员，等等，他们在自然身体基本处于绝对优势地位的运动语境下似乎是一种非正常化的存在，而后结构主义下的运动观就是要挖掘出自然/非自然划分结构在运动中的不稳定，以此瓦解这对二元话语对"正常化"的运动身体概念的限定，进而揭示出运动中身体存在的完整图景。

竞技比赛中使用兴奋剂被视为非法，因为它威胁到身体、身体政治以及运动活动中个体身体是自然和正常的这一假设②。为了维持自然/非自然身体划分标准以及保护身体运动的自然性，人们发明了一系列精细的技术手段，以明确哪些药物是可接受的和能够保持身体纯洁性的因素，而哪些因素又是外在的和使身体成为非自然的。从本质上来看，面对层出的新兴药物，相应检测手段的持续优化其实是通过瓦解自然身体的既有内涵才得以实现，并在这一过程中不断重塑着人们对自然身体的认知，最终，任何有关自然身体的概念都将不可避免地过时，因为所谓自然的概念总是被不自然的概念所污染，也可以说，自然/非自然的二元结构处于永恒的流动状态。但如考尔所言，与其将那些药物检测制度视为对运动身体自然性的破坏，不如说正是这些制度和手段建立并推进了一种对有机的自然身体的政治怀旧，以及通过对自然身体进行药物检测而获得的道德价值③。

（二）性少数群体对性别结构的挑战

在性别层面，男女的划分模式依旧作为基本的运行原则，特别是在运动这一被男性所主导的领域中。男性在运动中的主导位置可以结合两方面来认

---

①　C. L. Cole, "Addiction, Exercise, and Cyborgs: Technologies of Deviant Bodies", in *Sport and Postmodern Times*, ed. G. Rail (New York: State University of New York Press, 1994), p. 271.

②　Derrida, and Michael Israel, "The Rhetoric of Drugs: An Interview", *Differences* 5, no. 1 (1993): 13-15.

③　C. L. Cole, "Addiction, Exercise, and Cyborgs: Technologies of Deviant Bodies", in *Sport and Postmodern Times*, ed. G. Rail (New York: State University of New York Press, 1994), p. 272.

识，从运动层面上讲，力量与强壮是其最本质追求；从身体层面来看，两性身体在力量上存在着男强女弱的先天差异。由此，由身体生发的性别差异是谈及运动身体时无法绕开的议题之一。从后结构主义视角来看，男女的传统划分机制在运动中同样面临着质疑与挑战，这股反叛动力源于性少数群体。具体包括同性恋者与跨性别者，特别是在生理性身体上直接打破既定属性的跨性别群体。在竞技赛事中，如何划定此类运动员的参赛身份的现实问题如同抛向运动中的男女划分模式根基的一块巨石，无论将这类群体归为男或女都将招致基于竞技公平性的声讨，男女二元身份的划分结构不再稳定有效。为了既保证跨性别者的参赛权力，又实现能让各方接受的公平性竞技，和兴奋剂问题中一系列药物检测类似，一些技术手段被用于跨性别者运动员的参赛身份的鉴定中，甚至已深入人的身体内部，通过精确的性激素数值水平作为评判依据。

二元术语间的界限其实是不断被逾越的，每一对二元关系并不具有稳定的包含一切的能力，其内部也从来不是简单的相互对应。二元结构的存在实际上恰恰依赖于它们所试图支配甚至消除的那些缺席者，也就是说，正是那些不被二元结构所涵盖的事物和现象才凸显了该结构的存在，外界是通过这些缺席者和差异才获得了对结构的认识。正如德里达一直主张的，并不存在一种普遍化的意义，存在的只有事物留下的痕迹。因此，二元结构越是稳固，意味着围绕在这个结构外围的颠覆性力量也越强大，最终，结构开始松动，二元之间的界限逐渐模糊，一切都呈现出多元且分散的状态。

二 运动作为一种身体规训形式

人们思考与践履那些身体发挥中心作用的各种行为与活动方式的变迁[1]，是福柯真正关心和思考的问题。通过对酷刑、疯癫和监狱的知识考古，福柯认为酷刑、公开鞭刑与公开处决其实是国家或政府保持秩序的主要工具[2]，"在我们今天的社会里，惩罚制度应该置于某种有关肉体的'政治经济'中来考察：尽管它们并不使用粗暴的、血腥的惩罚，尽管它们使用禁闭或教养的'仁厚'方法，但是，最终涉及的总是身体，即身体及其力量、它们的可利用

---

① 鲁思·华莱士、艾莉森·沃尔夫：《当代社会学理论：对古典理论的扩展》（第六版），刘少杰译，北京：中国人民大学出版社，2008，第345页。

② 米歇尔·福柯：《规训与惩罚：监狱的诞生》（修订译本），刘北成、杨远婴译，北京：生活·读书·新知三联书店，2019。

性和可驯服性、对它们的安排和征服"①，这样的身体是经过权力的规训、宰制、教化和矫正后的规范化身体，福柯关注的就是将刑罚技术安置于身体本身的"身体政治"。

这一切的前提在于身体的可变性或可塑性，在福柯那里，若"我们总认为身体只服从生理规律，无历史可言，这又错了。身体处于流变过程中，它顺应工作、休息、庆祝的不同节奏，它会因药物、饮食习惯和道德律等所有这一切而中毒，它自我阻抗"②。正是基于身体的这种可塑性，权力找到了进入身体的入口，惩罚技术获得实施的场地，惩罚效果得以被直观地表征。从后结构主义角度来理解，福柯意义上可变的身体是一种非中心化的身体，流动、变化且灵活，永远处于一种未完成的状态，因而有着巨大的可能性和可开发性，由此，身体一定将与各种权力遭遇，作为生理组织的生物身体在权力视野中是可利用和可生产的产品，这种处于流变中的"'身体'——个人的与大众的身体——作为一种新变化的标志而存在"③。在各种机构对身体的矫正与改造中，"权力否定了身体的现实状况，而去支持灵魂、意识和幻想。事实上，没有比权力的实施更加物质的、生理的和肉体的了"④。换句话说，"身体如果不予箝制，就会像太空的星球，隔一段时间就互相碰撞，解决的办法就是创造一种管制身体运动的绝对权力"⑤，而同样以处于运动流变中的身体为存在基础的运动也因此成为权力作用身体的一个典型场所。

1917 年 4 月，毛泽东在《体育之研究》一文中面对国家积贫积弱和人民体质不佳的情况，提出"欲文明其精神，先自野蛮其体魄，苟野蛮其体魄矣，则文明之精神随之"⑥。1942 年，战争期间他更是在《新华日报》中题词"锻炼体魄，打好日本"⑦，明确指出当时发展身体运动的目的在于增强体质，直接为革命战争服务。进入 21 世纪，《全民健身计划纲要》、《体育强国规划纲要》以及"三亿人上冰雪"等一系列关涉身体的国家政策相继出台。在这些

---

① 米歇尔·福柯：《规训与惩罚：监狱的诞生》（修订译本），刘北成、杨远婴译，北京：生活·读书·新知三联书店，2019，第 26 页。
② 米歇尔·福柯：《尼采、谱系学、历史》，杜小真编选《福柯集》，王简译，上海：远东出版社，2003，第 157 页。
③ M. Foucault, *Power/Knowledge: Selected Interviews and Other Writings 1972-1977*, ed. Colin Gordon, trans. C. Gordon, L. Marshall, J. Mepham and K. Soper (Brighton: Harvester Wheatsheaf, 1980), p. 172.
④ 米歇尔·福柯：《权力的眼睛：福柯访谈录》，严锋译，上海：上海人民出版社，1997。
⑤ 布莱恩·特纳：《身体与社会》，马海良、赵国新译，沈阳：春风文艺出版社，2000，第 160 页。
⑥ 二十八画生：《体育之研究》，《新青年》，1917 年第 2 期，第 47~65 页。
⑦ 毛泽东：《锻炼体魄，打好日本》，《新华日报》，1942 年 9 月 9 日，第 4 版。

政策话语中，运动在很大程度上作为一种为国服务的事业而获得发展，在政府统治权力的实施下，身体自身作为"一种物质或者生物现象消失了……被还原为一种惰性物质，并被关注心智的话语所抑制"①。总之，在不同的历史时期，运动改变和塑造人身体的能力都被不同程度地开发和利用，以服务于国家的宏观发展目标。但需要进一步讨论的是，在早期，运动这种规训形式的运行主要沿袭着主体/客体的划分模式，人们是政策与口号的奉行者；而进入21世纪以来，尽管运动依旧存在于国家的政策话语当中，但规训作用实现的具体过程已经悄然发生变化。

三 运动规训权力实施的主体化

福柯在《规训与惩罚》中对监狱、学校、军队、修道院以及工厂等机构对其人员日常生活的控制做了详尽的讨论，从中可以发现，过去的权力实施过程鲜明地表现出权力主体与权力客体间的对立关系，前者作为权威在各个机构中的代言人，制订出明确精细的计划将人的身体行为限制其中，并严格监督以保证权力的顺利实施。而到了现代，罪犯主要被监禁，这是一种重要的转变。和中世纪不同的是，现代政府不再实施过去那种由国家控制的以肉体惩罚为基础的具有争议的法典，而是用一套专门的机器和专家话语通过观察（gaze）和监视（surveillance）来实现"治理术（governmentality）"，这是一种新的权力机制与策略。比较而言，尽管现代监狱中惩罚制度的改变以及死刑的减少通常被认为是社会进步的标志，但在福柯看来，这不过是社会权力实施方式的改变，其本质依旧是一种纪律或规训，用于剥夺身陷现代监狱中的那些人的自由，以此满足权威者的利益。以往的刑罚方式是直接夺取犯人的生命本身，刑罚的过程和方式短暂、强烈又直接，而现代监狱的惩罚则是剥夺自由，剥夺犯人的生命意义，漫长、隐晦且间接。

然而，神奇的变化就产生于这种长期的监督和对自由的剥夺中，各种行为准则在这一过程里逐渐内化为那些权力客体，即权力受施者们的惯常行为，他们从过去的被动遵从转为主动执行，甚至不再需要权力实施者的监视。即在现代规训权力中，权力主体/权力客体这对二元关系之间的界限逐渐模糊。

对于这种变化的理解，可以结合德里达的话语（discourse）概念进行——权力的主体化实施与规训话语的转变密切相关。实际上，现代社会中对运动规

---

① 克里斯·希林：《身体与社会理论》，李康译，上海：上海文艺出版社，2021，第80页。

训权力实施主体化的理解应当从两个方面入手。其一，国家运动话语的演变；其二，消费社会的到来。首先，关于国家运动话语。与前期不同的是，"健康"一词开始逐渐出现在政策话语当中，作为"强国"在国家成员身体层面上的表征，正是这种话语的更新进一步推动了运动规训权力实施的主体化转变：运动发展不再是完全为强国之用，而更是为了个体的身体健康，规训的意义借此从宏观的国家发展被转嫁到微观的个人健康上，最终，人们对国家运动政策的态度从过去被动的奉行者转变为现在主动的参与者。

其次，关于消费社会对规训权力实施方式的转变。国家政策对"健康"与"运动"的话语联结其实强化了人们对"运动使人健康"的认知，进而将关于身体健康的向往寄托于运动。消费社会的到来使一切都商品化，其中就包括身体健康，人们将运动作为健康寄托的心理被市场和广告商转化成吸引消费者的手段，各种层次、程度、功能各异的健身课程被制作成明码标价的商品，再以"自律才能自由""掌控自己的身体，才能掌控自己的未来"等话语刺激人们的消费欲望。然而，值得注意的是，即便健康作为一种话语形态被纳入运动发展当中，但有关什么是健康并没有统一明确的标准，而广告商们通过体态健美的模特将其标准化，这背后其实"藏着偏见，并且这种偏见可能是所有偏见中最邪恶的一种。人们憎恨与蔑视肥胖，肥胖者受到主流社会的外在限制——如果他们试图进入主流社会而成为其中的一部分时，就会这样"①。结果，人们开始自主地进入健身房和运动场，开始通过运动锻炼进行身体的自我规训。恰如福柯所认为的，现代社会的特征是行政的理性扩张，它借助一种前所未有的极其详尽的管理制度和控制手段来调节人们，进而教育人们进行自我调节。

第四节　后结构主义运动社会学研究的突破与制约

一　运动社会学研究视角的重构

后结构主义的出现为社会学带来一种全新的且充满挑战的视角，在此之前，我们对于社会现象的思考基本沿袭着自由主义与马克思主义，经济、国家、组织动力与文化价值是最主要的讨论范畴。不同于此，后结构主义将分析

---

① S. Bovey, *Being Fat Is Not a Sin* (Boston：Pandora Press，1989)，p. 13.

社会现象的重点集中在涉及身体、性、身份的过程，消费主义，医学科学话语，人文科学的社会地位，控制的规训技术等方面①。思维方式的这种转变对于运动社会学研究而言更是一次研究视角的重构，产生这种关键意义的基础在于，后结构主义与运动社会学分别作为理论倾向与研究实践，二者有着深层的呼应：后结构主义的理论焦点在于话语、过程以及形塑现代性的各种机构上，强烈呼唤着人们对于现代知识、权力以及主体间性关系的探讨；运动因被牵涉进现代性的话语（进步、理性、个人主义）和过程（工业化、城市化、全球化）中，可以被视为一种明确的现代制度。"后结构主义让我们意识到没有一种理论范式是毫无瑕疵的，也没有一种理论范式是永远有效的。后结构主义对历史与权力关系的聚焦让我们理解并且可能转变我们的世界。目前而言，这可能是我们掌握的审视世界、社会与人类自身的最佳的理论视角，至少暂时是这样。"②

（一）现代运动话语逻辑的解构

就话语逻辑的解构来说，在运动层面上，德里达的解构思想一直用于阐释现代运动与僵化的现代性话语间的联系，在他看来，对于事实的"单一性陈述"③ 构成了西方哲学和现代社会的基础，这种单一性在现代运动话语中也得到形象地体现和暗示。首先，就"运动"一词的所指而言，它被隐晦地等同于现代西方运动，其他运动类型在陈述中需要其他的限定词加以修饰才能实现具体的意义指向；其次，前文所提的关于运动身体的含义，同样被简单地理解为完整的、自然的、能动的身体，在这种单一话语的垄断下，残疾人运动、遭受运动损伤的身体被排除在主流的关于身体的运动话语之外；最后，性别方面的单一性话语更是运动身体议题中的一大复杂问题。在性别视域内，这种单一性话语的表现主要有两个方面：其一，两性之间以男性运动员处优先地位；其二，"正统性"的性多数群体相对于"非正常"的性少数群体的优先地位。也就是说，现代运动话语一直以来所遵从的，是这种以建立一系列后者服从于前者的二元结构为基础的单一性话语模式，运动社会学的研究视角也相应地被统摄在这种单一性之下。基于"单一性陈述"的发现，德里达借"延异"与"痕迹"概念的提出反驳了语言学领域中"语音优于文本"的单一性陈述，并

① S. Seidman, *Contested Knowledge: Social Theory in the Postmodern Era* (Cambridge, MA: Basil Blackwell, 1994), p. 229.

② D. Kondo, "Poststructuralist Theory as Political Necessity," *Amerasia Journal* 21, no. 1-2 (1995): 99.

③ C. Calhoun, *Critical Social Theory: Culture, History, and the Challenge of Difference* (Oxford: Basil Blackwell, 1995), p. 113.

通过否定存在着可被理解的普遍意义彻底瓦解了这种话语模式的基础。立足运动社会学研究，这种瓦解意味着我们无法真正发现现代运动话语所言说的各种运动现象的意义，因为根本不存在这种意义，存在的只有各种运动现象发生过后的痕迹，我们能捕捉到并能加以研究的也只有这些缥缈的痕迹。一切以某种存在为中心的等级划分就此被消解，无论是自然身体和非自然身体，或是男性和女性，抑或是异性恋者和同性恋者，运动中的这一系列划分都失去了其存在的基础。"后结构主义为打破运动（后）现代性令人窒息和压抑的形式提供了重要的解释工具，通过发展替代性的思维模式和更进步的表达工具，以及更具潜力的（后）现代运动自我体验。"① 在后结构主义下，运动社会学研究的视角被完全重构，它不再沿袭二元的划分模式而展开，以单一性的话语阐释各类运动现象，而是抛却一切等级性的结构观念，聚焦于不同的运动现象以及不同现象间去等级化的差异本身。

（二）运动规训本质的挖掘

身体具有可变性或可塑性的特点被统治者发现并充分利用，但需要强调的是，这种可变与可塑本身是多方向的，而在国家政策话语下，可变性的内涵被窄化为更好、更强、更健康的趋向，而消极变化的可能被权威力量隐藏在单一性陈述之外；加之现代医学、运动生理学等科学话语对"正常化"身体标准的确立，强化了可变性与可变好性之间的这种问题化的对等关系。单一性话语能够有效运行的基础在于一系列二元划分模式，这些二元关系的表述话语严格遵循着"前主后次"的顺序性，此顺序性的本质是一种等级暴力，所谓单一性话语指的就是仅仅将二元关系中的"前者"纳入叙事当中，而减少甚至消除"后者"出现在话语中的机会。然而，这正是旨在瓦解这种二元结构的后结构主义对运动社会学产生关键意义之处——后结构主义帮助运动社会学研究发现了单一性话语对研究视角的垄断，运动活动中那些以往被抑制的叙事话语和身体表达，即二元关系中被隐匿的"后者"被挖掘出土，并与那些原本在二元等级关系中占统治地位的"前者"被共同置于同一个话语空间中，一切都是平等且分散的共在，后结构主义并不对它们作优与劣的评判与划分，它所关心的是这些多元共在的现象如何形成，以此最终剖析出事物和现象的本质。

---

① D. Andrews, "Post Up: French Post-Structuralism and the Cristical Analysis of Contemporary Soprting Culture", in *Routledge Handbook of the Sociology of Sport*, eds. J. Coakley, and E. Dunning (London, Thousand and New Delhi, 2000), p. 131.

福柯思想的后结构主义特征就体现在他对身体的上述反思当中，通过将知识和权力引入分析过程，福柯揭示出身体的建构性与知识-权力的联合对身体形成的规训作用，在这个意义上，以身体作为最直接的活动基础的运动便成为知识-权力结构施展其规训技术的领地之一。

二 关于后结构主义运动社会学研究的批评

尽管后结构主义为运动社会学研究带来诸多启发，但也必须认识到具体研究中的潜在危险。关于后结构主义研究的第一个批评，是针对其思想本身的内部危机。让·皮亚杰批评福柯"在聪明之下只有毫无遮掩的断言和遗漏"[1]，且他关于知识的阐述中并没有实际的方法，只是"依赖直觉并以推测性的即席创作代替有条不紊的步骤"[2]；此外，雷蒙·布东将福柯的基本论题视为仅仅是功能主义的过分单纯化的形式，每个事物在福柯那里不过是履行某种特定的功能[3]。针对后结构主义思想本身的批评还存在于它没有提出实际的替代理论[4]，批评者认为这种思想流派主张"没有整体的现实，而且宣布权威是不完全的和变化的，那么就让人对他们自身的立场产生怀疑。他们自身关于社会的普遍宣言在此界定下也是局部的、不完整的，而且不能比任何其他人的观点更强烈地宣称为真理"[5]。换言之，后结构主义关于不存在可被理解的普遍意义的主张其实也暗含着对自我的否定。

再者，后结构主义彻底的瓦解性一方面赋予其在思想世界中的独特地位，但另一方面，这反而使很多与后结构主义有关的研究常常淹没在单调且表面的内容里，而并未深入触及该思想的核心主张。也就是说，他们将仅仅是简单借用德里达或福柯的思想所做的讨论看作后结构主义视角的分析，这在斯图亚特·霍尔眼里就像"一个又一个时髦的理论家在追寻一场无止境的时尚循环，使用某个理论就像穿一件短袖那样"[6]，随意且肤浅。简单来说，后结构主义

---

① J. Piaget, *Structuralism*, trans. and ed. C. Maschler (London: Routledge and Kegan Paul, 1971), p. 130.

② J. Piaget, *Structuralism*, trans. and ed. C. Maschler (London: Routledge and Kegan Paul, 1971), p. 133.

③ R. Boudon, *The Analysis of Ideology*, trans. M. Slater (Cambradge, UK: Polity, 1989).

④ E. Gellner, *Postmodernism*, *Reason and Religion*. (London: Routledge, 1992).

⑤ 鲁思·华莱士、艾莉森·沃尔夫：《当代社会学理论：对古典理论的扩展》（第六版），刘少杰译，北京：中国人民大学出版社，2008，第424页。

⑥ S. Hall, "On Postmodernism and Articulation: An Interview with Stuart Hall", in *Stuart Hall: Critical Dialogues in Cultural Studies*, *eds.* D. Morley and K. H. Chen (London: Routledge, 1996), p. 149.

的独特性有时会使一些研究者们的工作只停留在对相关理论观点的简单运用当中，而忽视了从根源上审视其思想全貌的重要性，由此导致一些所谓后结构主义研究不过是福柯主义式的分析或德里达主义式的分析，这是后结构主义研究招致的另一个批评。走出这一陷阱的关键在于，对后结构主义的理解不能简单地将其等同于德里达主义或福柯主义，而是从其深层的思想指向出发——它是一种将政治因素纳入关于知识实践解释过程中的批判思想。

　　具体而言，可以进一步拓展霍尔所代表的文化研究伯明翰学派的相关主张来获得突破。在考克雷和邓宁看来，后结构主义的知识实践与文化研究密切相关，后者本身也受到后结构主义思想很大影响[1]。在这种亲和关系的基础上，格罗斯伯格通过总结文化研究的重点指向来暗示后结构主义视角下运动社会学研究的几大要点[2]：①规训（并未沉溺于"后学"的相对主义传统当中，而是不断寻找新的知识权威形态）；②跨学科互动（打破学科界限）；③自反性（时刻意识到自身所产生的知识的不足与矛盾之处）；④政治性（从根本上关心和理解人们的生存现实，并寻求改变）；⑤理论性（并非强调单一的理论立场，而是强调理论的必要性）；⑥完全的情境化（批判研究的对象、方法、理论与政策要与其所涉的情境紧密贴合）。沿着这一研究路径，后结构主义运动社会学研究或许能够通过展示其作为一种能够批判地分析运动的普遍复杂性工具的活力来打破它所遭受的质疑——"后结构主义，不过是一些追赶学术潮流的无聊学者们在喋喋不休地闲谈之际用来磨牙的早已变味的饼干，它无法与足球令人眼花缭乱的分析复杂性相匹敌"[3]。

思考题

　　1. 如何理解后结构主义与结构主义的关系？

　　2. 后结构主义批判结构主义的核心之处何在？

　　3. 简述身体进入后结构主义视域的逻辑思脉。

　　4. 如何借福柯思想理解运动中的身体？

---

①　D. Andrews, "Post Up: French Post-Structuralism and the Cristical Analysis of Contemporary Soprting Culture," in *Routledge Handbook of the Sociology of Sport*, eds. J. Coakley, and E. Dunning (London, Thousand and New Delhi, 2000), p. 131.

②　L. Grossberg, "Cultural Studies, Modern Logics, and Theories of Globalisation", in *Back to Reality? Social Experience and Cultural Studies*, ed. A. McRobbie (Manchester: Manchester University Press, 1997).

③　C. Paglia, "Gridiron Feminism," *The Wall Street Journal*, no. 12 (1997): 22.

5. 试总结后结构主义思想对运动社会学研究的关键意义。

推荐阅读书目

1. 费尔迪南·德·索绪尔：《普通语言学教程》，高名凯译，北京：商务印书馆，1980。

2. 罗兰·巴特：《一个解构主义的文本》，汪耀进、武佩荣译，上海：上海人民出版社，1997。

3. 米歇尔·福柯：《规训与惩罚：监狱的诞生》（修订译本），刘北成、杨远婴译，北京：生活·读书·新知三联书店，2019。

4. 米歇尔·福柯：《性经验史》（增订版），佘碧平译，上海：上海人民出版社，2005。

5. 雅克·德里达：《论文字学》，汪堂家译，上海：上海译文出版社，1999。

代表性学者简介

1. 罗兰·巴特（Roland Barthes，1915~1980），法国作家、思想家、社会学家、社会评论家和文学评论家。在20世纪将结构主义建立为一种具领导性的文化学术运动。早期著作阐述语言结构的随意性并对大众文化的一些现象提供类似的分析。《论拉辛》在法国文学界造成轰动，使其成为敢与学院派权威相抗衡的人物。后来逐渐转向后结构主义。著有《一个解构主义的文本》、《S/Z》和《符号帝国》等。

2. 雅克·德里达（Jacques Derrida，1930~2004），法国哲学家，20世纪下半叶最重要的法国思想家之一，西方解构主义的代表人物。其思想在20世纪60年代以后掀起了巨大波澜，成为欧美知识界最有争议性的人物。德里达的理论动摇了整个传统人文科学的基础，也是整个后现代思潮最重要的理论源泉之一。主要代表作有《论文字学》、《书写与差异》、《哲学的边缘》、《胡塞尔现象学中的起源问题》、《马克思的幽灵》和《文学行动》等。

第十六章　运动社会学研究成果选介

本章要点

　·运动行为不仅是身体活动的表现形式，更是一种符号交流系统，通过特定的动作、仪式和事件，展现了个体与群体的身份认同、社会观念和社会关系。对运动行为中的符号象征与身体叙事的社会学剖析，揭示出隐藏在运动现象背后的深层社会意义与文化动力机制。

　·在技术与人体交互乃至技术嵌入人体的语境下，一方面，身体运动作为人主体性的重要表征，在与智能技术的互动过程中得以展现和重塑；另一方面，非人行动者因其技术能动性得以参与到与人类主体的交互实践中，共同构建数智时代新型的人机互动实践格局。

　·运动中的身体既是生物性实体，又是社会文化意义的载体。新唯物主义理论认为对运动身体的研究应关注其物质性与社会性的交融。拉图尔"学着受影响"的动态性身体观使得运动社会学在人与非人行动者的联结中窥见全整的身体经验，并提供解读现代个体能动性、生命赋魅与冒险精神等议题的新路径，使之成为从身体运动层面思考现代性与个体关系的关键论域。

关键概念

　社会秩序；文化记忆；社会行动；身体技术；运动的身体

第一节　社会秩序中的运动文化、分层与记忆

一　运动文化与共同体意识建构

现代化作为人类社会不断发展的潮流推动社会学的诞生与发展，社会学的

开创者普遍将现代性的文明化进程作为研究的起点，体育现代化是体育社会学秉承学科之术与社会学母学科接轨的关键。《建构意义之网：体育强国建设的文化维度》一文依循人类学的解释机制借格尔茨的文化阐释范式对体育强国建设的文化维度进行深入考察，认为加快建设体育强国和实现体育现代化的本质并不是自我言说的"本体"叙事，而是基于体育文化所建立起的意义结构①。正如韦伯所阐述的那样，个体被自身编织的意义网络所牵引，在这个网络中，人们创造出各种规模的概念体系来引导和组织社会生活。其中，"体育现代化"与"体育强国"这样的概念构成了这一意义网络的组成部分。沿袭韦伯的观点，美国人类学家格尔茨认为，"所谓文化就是这样一些由人自己编织的意义之网"，并以"意义"和"符号"将文化界定为体现在象征符号中的意义结构，主张"对文化的分析不是一种寻求规律的实验科学，而是一种探求意义的解释科学"②。在此基础上，格尔茨吸取符号学与阐释学思想形成文化研究的"阐释学取向"，即对文化实质深层意义的系统性探讨。

在上述理论基础上，体育文化在社会体系维度上的价值通过人的行为来彰显，作为一种可被公众认知的社会性编码，体育文化本身就是指导人们社会行动的一种生活方式图式。面对"加快建设体育强国"的新目标，体育文化的图式功能与内涵也面临着更新，即在引导人的体育行为基础上不断深化体育文化对社会整合的价值。首先，体育"生物性身体活动的社会化表征"的象征符号为体育文化的社会整合功能提供了拓展身体活动表征内涵的前提。其次，"使人自由的教育手段"的符号功能体现在使人们从中国传统体育的实践中回溯本土体育智慧并进行现代性转化。最后，"延续人类种内竞争"的体育文化符号在整合社会的层面上可以为中国体育智慧的向外传播提供进路。在"加快建设体育强国"的新阶段，体育文化正是通过丰富身体的社会化表征，以中国化的体育认知体系为现代人提供一种在地性的生活方式图式，以及与世界共享中国体育文化，分别从文化本身、社会个体以及本土与世界的联系三个层次逐渐深化其社会整合价值。

整体而言，通过对"体育强国"图式价值与文化景观作用的剖析、运动文化"意义之网"的建构要素的明确，以及"加快建设体育强国"背景下体

---

① 王智慧、旸洁卓玛：《建构意义之网：体育强国建设的文化维度》，《北京体育大学学报》2023年第2期，第11~21页。

② 克利福德·格尔茨：《文化的解释》，韩莉译，南京：译林出版社，1999，第5页。

育文化时代使命的讨论，对"体育强国"的共时性奋斗史和历时性演变的文化维度进行了深入分析。首先，"体育强国"桥接宏观历史情境与微观社会现实的双重文化内涵，一方面，在于其形成过程是中国作为世界之地方以体育为擎的共时性奋斗史，另一方面，在于其具体内涵是体育角色随国家发展而经历的历时性演变。同时，在承担二者转化图式中介的过程中把握着时代的演进脉络，并及时反馈于自身的意义结构，据此及时调适具体实践策略，在与社会其他层面的关联中发挥着建构文化景观的作用。其次，运动文化的意义结构不仅在体育层面为人类提供了一幅文化图景，更作为一种生活方式的图式为个体的运动行为秩序提供了基准。最后，"体育强国"的新时代建设应当注重运动参与社会心态的"强国化"转向，在此，通过对中国体育"乡土"的回溯发掘具有中国特色的体育智慧，实现运动文化内涵的本土化更替，从在地文化中获得运动参与社会心态"强国化"的根源性力量。总而言之，人类学视角为我们呈现出不同于以往自我言说的"体育强国"，在将其作为"他者"来反观的过程中，从其与外部情境的关联以及与个体行为的互动中得以窥视其意义之网的一隅。

　　沿着文化阐释路线，民族传统体育作为一种文化实践，通过仪式化操演和构建共同价值认同说明文化与共同体构建间的深刻互动关系。《认知、连接与团结：铸牢中华民族共同体意识的理论机制基于民族传统体育价值论域的建构与解释》一文从认知、连接与团结的宏观递进关系入手，探寻铸牢中华民族共同体意识的理论机制①。首先，民族传统体育在其本质属性上体现为通过具体的身体实践活动及仪式化的再现，承载并传达族群集体记忆，其长远目标在于彰显代表全体国民团结一致的共有价值观，并展示人类文明进步的新范式，从而成为铸就中华民族共同体意识的时代趋向。其次，民族传统体育具备整合中华民族共同体身份认同的功能，它搭建起一个跨越个体、社群乃至国家层面的文化与情感交融平台。这一平台借助共识的交织与利益共享，为实践中强化中华民族共同体意识提供方向，并且作为原动力与反馈机制，对于实现从包容差异到凝聚共识的共同体建设进程至关重要。最后，民族传统体育通过符号信息的传播与仪式文化的扩散，有力地催生了共同体内部的团结机制；群体文化认同与个体深度参与行为构成了共同体意识稳固的基础。民族传统体育所蕴含

---

① 　王智慧：《认知、连接与团结：铸牢中华民族共同体意识的理论机制——基于民族传统体育价值论域的建构与解释》，《上海体育学院学报》2023 年第 8 期，第 1~11 页。

的"事件团结"效应，能够触发并激发共同体成员的行为响应和情感共鸣，进而引导中华民族共同体由抽象的"想象团结"逐步过渡至具象的"真实团结"。民族传统体育与中华民族共同体意识形成的逻辑在于双重内核，即文化层面上的认同与政治意识上的自觉，这一过程遵循着文化共同体、社会共同体直至中华民族共同体的渐进演化规律。

虽然运动本身不能简单化约为符号性事物，但具有"想象性质"的符号性事物（如共同体、国家等）在体育竞技过程中得以具象化。从这个意义上看，运动是人类的通用"语言"，基于这种"语言"的有机连接机制，不同种族、地域的个体和群体得以"团结"。民族传统体育作为这一"语言"的分支"语系"，表征了不同族群得以生存、整合以及凝聚的方式。同时，作为民族文化的重要表现形式，以通过身体实践的仪式化操演表征族群记忆为本质的民族传统体育文化为铸牢中华民族共同体意识提供了原初动力。在历时传承与共时发展中，民族传统体育以"事件激活"的方式，通过民族传统体育赛事等促进责任、文化、利益、族际与命运的共生体系建构，在"事件团结"和"仪式性团结"机制作用下，为铸牢中华民族共同体意识提供了支撑。如果说"文化是人类行为的全部基质"①，那么，基于民族传统体育文化而建立的铸牢中华民族共同体意识的交互机制并不能完全涵盖二者之间的所有耦合要素。需要补充的是，民族传统体育作为民族文化的原初动力，对中华民族文化的过去、现在和未来，以及从传统向现代转型的文化变迁过程有着独特的反馈机制。民族传统体育与铸牢中华民族共同体意识交互机制不仅在现代性语境中占有独特的位置，更是洞悉中华传统文化与民族共同体意识的关键。

二 社会结构中的运动分层与区隔

（一）生态系统理论视域下的运动网络与资本

运动参与行为差异所展现的身体价值与性别属性的社会构建映射社会等级和阶层分异的现状变化，也可以更好地理解运动活动如何影响社会结构、文化认同和个体行为，以及这些活动如何在现代化语境中被重新解读和赋予新的意义。阿莱西奥·诺雷图等人的《"难民足球运动员"：意大利与德国精英足球体系中被强制移民者的社会生态解释》一文结合欧洲移民危机背景，使用民族志材料与访谈法，考察了意大利与德国有难民背景的足球运动员进入顶级足

---

① 赵鼎新：《社会与政治运动讲义》（第2版），北京：社会科学文献出版社，2012，第232页。

球竞技领域的过程①。具体而言，该文采用定性研究方法对民族志资料进行了细致剖析，并运用生态系统理论（ecological systems theory，EST）进行阐释，指出难民足球运动员向职业球员角色转变是一个复杂的过程，他们在追求职业生涯过程中不仅要应对一般挑战，还要克服因被迫移民所带来的特有困境和后续影响。这些难民运动员在移居后的社会再适应阶段构建起了自己的社会关系网络，然而其职业道路并不清晰，具有很强的个体故事性。不过那些成功实现职业转型的个案也呈现出了一定的共性，即主要依赖其所在环境的微观系统中关键个体的支持以及微观系统内行动者与中观系统的互动作用，由此突显出社会关系网络在职业发展历程中的决定性作用。

相比之下，除因被迫移民产生的固有难题外，外部系统（exosystem）和宏观系统（macrosystem）的制约因素进一步限制了难民运动员涉足职业足球的可能性。在此动态变化中，运动成为这类运动员的核心社会资本，他们的生活往往紧密围绕着运动活动展开。尽管强制移民构成其运动生涯的主要屏障，在多数情况下，他们展现出极强的进取精神与主体能动性，持续探索各种途径以进入职业足球领域。运用 EST 框架有助于构建一个多维度互动结构化的分析模型，以灵活解析职业发展中的社会交互作用，这一灵活性有助于研究者辨识其中"结构性"的阻碍和促进因素，并透过足球这一媒介，更深刻地理解难民运动员在新环境中如何通过技能提升、知识创造以及跨国联系等方式进行适应和发展。

（二）齐美尔形式社会学与亚文化群体

齐美尔是早期最具影响力的社会学家之一，但其理论在运动社会学等领域未得到充分利用。Giulianotti 的《体育的社交性：齐美尔社会学视角中的苏格兰足球迷》一文借齐美尔的社会学理论思想分析了特定的体育亚文化现象：苏格兰的"塔坦军团"（Tartan army）②。基于对齐美尔形式社会学视角的关注，特别是他对社会文化形态分异、二元逻辑演进、人际交往本质的探讨，以及关于"探险者"与"外来者"身份建构的研究，加之对现代城市文化中个体经验的独特洞察，该文旨在深入剖析"塔坦军团"作为一种新型球迷文化

---

① A. Norrito, E. Michelini, R. Giulianotti and C. Mason, " 'Refugee footballers': A socioecological exploration of forced migrants in the Italian and German elite football system," *International Review for the Sociology of Sport* 59, no. 1 (2024): 119-138.

② R. Giulianotti, "The Sociability of Sport: Scotland Football Supporters as Interpreted through the Sociology of Georg Simmel," *International Review for the Sociology of Sport* 40, no. 3 (2005): 289-306.

的形成与自发演进机制。如同众多体育社群案例所示,"塔坦军团"同样为检验齐美尔社交性理论提供了实践例证,揭示了在现代大都市文化背景下集体行为如何为个体提供了一种抵抗同质化压力的空间。

在社会学视域内,关于体育观众的研究焦点多分布于暴力亚文化与社会管控机制、文化政治对抗与大众赋权现象、观赏品位的社会划分、性别与民族认同构建及其在媒体表述中的呈现等多个议题。然而,相较于人类学研究视角,社会学界虽对此主题有所涉猎,但在探讨体育观众的日常社会互动实践,尤其是体育集会中的社交模式方面存在显著空白。虽然该文旨在利用齐美尔的理论洞察构筑分析架构,通过具体剖析"塔坦军团"的社会实践状况,填补社会学在该领域的理论欠缺。然而考虑到历史情境的复杂性,齐美尔的理论在处理社会阶层划分和宏观社会进程的理论化问题时确有局限性;不过齐美尔形式社会学理论对体育观众这一特殊娱乐化组织的社会实践场景却显现出有效的解释力。

与此同时,有必要探究齐美尔的理论框架是否适用于解读具有与"塔坦军团"迥异公共形象的体育亚文化群体。"足球流氓"因其鲜明的暴力特性看似难以套用齐美尔所述的社交性范畴,但这仍需深入分析:一方面,在非暴力情境中,"足球流氓"的集结行为确实体现出齐美尔社交性的某些特质,诸如热烈的相互调侃、积极体验各类社会冒险、对社会等级结构的有意淡化、维护某种形式的社会互惠,并似乎提供了一种摆脱现代社会纷繁复杂的客观文化现象的途径。另一方面,尽管存在敌对性,各"足球流氓"群体之间却表现出对暴力形式的排他性和一定程度的默契,值得注意的是,它们共享一套亚文化价值观念,有时甚至会在某种程度上进行友好的交流对话,这在一定程度上支撑了其特定而矛盾的内部社会秩序。在足球赛事为"塔坦军团"营造的文化情景中,冲突与和谐相互交织且相对平和地展现出来,这种张力体现在"塔坦军团"与其他球迷群体间的显著区别与对抗上,表现为穿着不同的足球队服或具有国家象征意义的服饰,使用专属的交流信号和语言,以及对本群体共有集体意识的坚守。这些区分和对立系统形塑了"塔坦军团"与其他球迷群体间的互动模式,在赛场环境中,两方球迷自然被置于竞争与对抗的状态。

三 社会变迁中的运动文化记忆

随着我国现代社会的发展,体育以及与运动相关的问题研究逐渐呈现复杂化和多元化趋向,学术界也越来越重视多学科交叉在体育研究中的作用,其中口述史和运动记忆的研究正成为拓展运动社会学研究历史和社会维度的典范。
《记忆的创造与表达：口述史与体育记忆的建构机制》一文提出口述史对记忆
产生与创造的双重构造机制①。一方面，从口述史与体育记忆的生成角度来看：
内隐记忆与外显记忆的耦合是体育文化记忆生成的内在机制；体育口述史料是
由体育交往记忆向体育文化记忆转变的重要线索和依据；体育口述史是对体育
社会记忆的形塑，同时也建构了与"集体表象"相对应的"自我感觉"；记忆
与遗忘博弈下的口述叙事促进了体育记忆建构。另一方面，从口述史对体育记
忆的创造来看：口述史料背后的意义和时间构成了体育记忆研究的文化社会学
和历史社会学转向；"小人物"的口述史为体育记忆研究提供了"回归人本"
的思路；运动员等体育精英的口述史促进了共同体建构，延伸了体育记忆研究
视域；代际"革命"与文化继替是体育记忆和体育口述史研究的未来向度。
在经验研究层面，口述史和民族志都是记忆研究的重要方法。使体育口述史研
究摆脱"故事会"的困扰进而实现深层次的理论转向是目前需要努力的方向
之一。

　　通过"口述史与体育记忆的生成""口述史对体育记忆的创造"建构了体
育口述史与体育记忆生成和创造的联结机制，为体育口述史研究摆脱"故事
会"的困扰、实现体育口述史研究与体育记忆研究的理论转向提供了思路。
整体而言，对于体育参与者和体育事件的亲历者而言，运动实践本体感觉的口
述史实研究与主观口述背后的意义研究同等重要。口述叙事虽然是体育行为与
体育运动实践表述的重要手段之一，但这种表述同样也面临困难。首先，自表
述的口述史料的真实性与否决定了行为实践表述的价值，要追求真实性。对过
去的事件进行追寻，保存"即将逝去的、过去的声音"，通过"述"来展现自
己过去的经历和见闻，则是"口述史"史实趋向的重要表现②。其次，运动行
为和情景的表述不可避免会受到生理因素、个人立场、社会原因、信息通道的
流畅性以及个人情感世界的影响，进而导致信息采集的可靠性受到质疑，这就
要求我们准确确立研究主体和研究目标。从社会学的角度来看，亲历者口述事
件的真实性并不是田野考察的终极目标，即使访谈对象口述的内容失真对于研
究者而言也是客观真实的，因为访谈对象口述过程中对事实歪曲表述的动机正

---

①　王智慧：《记忆的创造与表达：口述史与体育记忆的建构机制》，《上海体育学院学报》2021
　　年第 8 期，第 41~51 页。

②　吴晓萍：《口述史访谈在田野调查中的应用》，《南京社会科学》2019 年第 12 期，第 19~23 页。

是社会学学者所要研究的。作为"方法"的口述史所追求的是"主观事实"，而作为历史学学科的口述史分支要关注的则是"客观事实"。在主观事实与客观事实之间不仅存在着不同的学科分野，同时也隐含着与"集体表象"及与之相对应的"自我感觉"。未来对运动行为自表述和运动实践本体感觉的语义化呈现将是口述史作为学科和方法研究的重要趋向，对于"本体论事实"的探究也将为体育文化记忆以及口述研究开辟新的思路。

体育口述史中的自我运动行为志不仅为整体的体育记忆研究提供了路径反思，也将拓展新的身体训练与体育文化习得的理论边界。《社会记忆的生成与书写：体育口述史研究的社会学路径及转向》一文从个体与社会、个体生命史与国家历史、个体与国族认同等层面展开，为通过体育以及体育中的身体视角来形塑社会文化运行机制、揭示社会变迁中的体育发展逻辑提供了可能①。首先，构建个体运动行为志、个体经验与群体结构互动叙事、社会网络视角下体育亲历者叙事与社会记忆建构等三个层面的研究指向，是"自下而上"实现"小故事与大社会"互联的理论基础；其次，从口述史角度出发，其理论转向在于对体育亲历者生命叙事背后的制度变迁、文化传承人生命叙事背后的族群文化生态、个体口述叙事中的意义指涉与文化抒写等三个层面的社会学研究；最后，体育口述史的社会学研究转向还在于对个体与国族认同的关注、高水平竞技背后的共同体再生产与共同体认同机制、国族认同背后的个体价值实现及心灵轨迹等三个方面。处于"运动队共同体"之中的运动员，在自身对成为"奥运冠军"的渴望以及自我效能的内在和外在价值激励的共同作用之下，不仅确立了个体行动的动力来源，而且在践行集体价值过程中完成了个体化。

无论是体育社会记忆研究还是体育史实研究，口述史方法不可能包打天下。这是因为嵌入在现代性场域之中的个体背后，都有着超越自身的"局部"限制，并在社会框架内形成时间和空间意义上的交错与融合。值得肯定的是，在西方社会学传统中，韦伯、莫斯、福柯、布迪厄、吉登斯等都从不同的视角建立了身体与社会抑或是体育运动与社会的理论探索。在运动全球化尤其是改革开放以来，在"时空压缩的现代化"背景之下的中国运动以及中国社会，急需建立身体与社会、运动中的身体与社会等相互影响的本土化理论体系②，

---

① 王智慧：《社会记忆的生成与书写：体育口述史研究的社会学路径及转向》，《西安体育学院学报》2021年第4期，第424~433页。

② 王智慧：《解组与重构："健康中国"背景下的社会心态适应——基于大众体育参与的分析》，《体育与科学》2020年第2期，第20~30页。

进而生成运动社会学的学科、学术和话语体系，并实现与经典理论的对话。体育口述史与社会记忆生成研究的社会学路径及其转向在运动社会学研究领域具有两个层面的重要意义：第一，作为一种社会现象，运动的社会性和文化性值得关注，将运动作为因变量的社会学研究，对透视人性和维持社会秩序的意义重大；第二，运动嵌入我国的政治和社会文化运行体系之中，体育赛事、体育文化以及体育中的身体在政治和社会中的影响不可忽视，将运动作为自变量的社会学研究同样具有重要的理论价值和实践意义。

第二节　社会行动中的运动符号、社会心态与身体呈现

一　运动行为中的符号象征与身体叙事

运动行为承载着丰富的符号象征意义与身体叙事功能。运动行为不仅是身体活动的表现形式，更是一种符号交流系统，通过特定的动作、仪式和事件，展现了个体与群体的身份认同、价值观以及社会关系结构。对运动行为中的符号象征与身体叙事进行深入的社会学剖析，旨在揭示隐藏在运动现象背后的深层社会意义与文化动力机制。

（一）运动员身体再造的符号与图式

身体不仅是承载和传达意义的载体，其动作、形态、能力及表现都被纳入一个更为复杂的象征系统之中，各个符号相互联系、交织，共同构建出特定的社会文化语境和意义空间。《精英运动员身体再造的符号解读与图式建构》一文以精英运动员的身体再造为切入点，通过揭示其价值认同、符号意涵，建构出内在机理所蕴含的身体图式①。首先，精英运动员无限接近人类身体潜能的再造过程可以被定义为"意指进阶"；其次，精英运动员的身体再造是规训话语表征于运动展演和行为互动的镜像，同时也是社会文化表征于身体价值与观念的镜像；再次，精英运动员身体再造具有形塑社会秩序、推进社会再生产以及树立文化符号标识三重属性，并在"身体消费"和表征社会变迁的结构化行动中使运动态身体、商品态身体以及社会态身体形成联结；最后，精英运动

---

①　赵妍、杨冠强、王智慧：《精英运动员身体再造的符号解读与图式建构》，《成都体育学院学报》2024 年第 2 期，第 87~94 页。

员的身体再造图式是该群体在以身体实践感为基础，以互动情境链为桥连、以身体仪式嵌入为核心的运作机制中，通过"存在—规训—展演—象征"复合性实践型构的一种特定文化样态。支撑精英运动员身体再造的生存之意的生成和生存之境的存续的核心要素是对再造后身体的价值认同。精英运动员再造身体的价值认同是由运动员自我的"过程认同"和他者的"结果认同"两个方面构成的。

一方面，"过程认同"遵循"结构—心理"路径①，使自我意识与身体行为达到整体融合状态。价值认同对精英运动员的个体形塑是生成再造身体符号的内生机制，而"符号"是一个作用于实体之上因其意涵而抽象出的概念表达。精英运动员身体既是符号的生产者也是符号的持有者，因再造而产生的符号表征于不同的身体形态之上，在横向与纵向交互的共识之中解析出其运动态、商品态以及社会态身体中蕴含的符号价值。其一，运动态身体表征社会秩序空间。在历时和共时的空间之下，在爱欲与文明的对立中所表达的运动秩序和文化隐喻，实则是通过身体与身体的对抗以及身体与意志的对抗表征了精英运动员训练系统本身的规训逻辑，也映射了社会秩序的运行逻辑。其二，商品态身体促进社会再生产。身体符码是精英运动再造后的身体所具有的商品态身体特质作为工具属性的自我呈现（self-presentation），同时也是对再造身体价值认同的延伸体现，是实现社会再生产的重要推动力。其三，社会态身体树立身体文化标识。精英运动员社会态身体是一种社会条件下结构化性情和实际运动行为的结合体，身体再造的价值也是置于社会背景下而被确立的，是社会文化表征于身体价值与观念的镜像。

另一方面，"结果认同"遵循了"心理—结构"路径，他者对精英运动员的认同使再造身体的资本得以积累，进而打破了原有的以"身体"为核心的社会结构体系。身体实践感（sens pratique）是在精英运动员与运动项目规则契合的过程中产生并用来表达训练宗旨、化解训练冲突、传递意志情感、实现身份转变、完成身体再造的基础，也是生成身体再造图式的基调。精英运动员身体实践感的觉知往往都伴随着重重阻力，其中有两个实践过程的形成路径会对身体实践感产生较强刺激性，一是身体认知结构的形成过程，二是对项目规则的适应过程。身体是社会的起源又受制于社会，身体在社会中开展的一切活

---

① 徐晓军、张楠楠：《社会边缘化的"心理—结构"路径——基于当代中国失独人群的经验研究》，《社会学研究》2020年第3期，第145~168页。

动都具有情境性，精英运动员所拥有的再造身体作为身体中的典型，所释放的情境能量具有很强的带入性和连续性，形成的一个个情境可以串联成构成身体图式的互动情境链。由此，也可以解构出构成精英运动员互动情境链的三大要素："情境"是明晰事件发生背景的特定存在；基于情境所形成的"互动"是连接各主体搭建链条的关键行为；因互动而激生的"情感能量"则是维系互动链条持久性的重要纽带。神圣性身体仪式内化为精英运动员行为的精神支撑，形塑了身体再造图式的内生性文化，而世俗性身体仪式所蕴含的为大众所接受的展演性文化是精英运动员身体再造图式恒久性的力量。身体仪式的双重属性共同建构了社会对精英运动员身体的认同，进而会因为共识而产生对内生性和展演性文化的认同，从而使精英运动员身体再造的图式处于稳态的平衡中。

"过程认同"和"结果认同"在福柯的"知识权力"和梅洛-庞蒂的"现象"之间形成互嵌，实现价值认同，进而衍生了对再造身体符号和图式的探讨。通过精英运动员的身体规训、身体展演、身体互动以及身体仪式，该文建立精英运动员身体再造符号与图式的探讨机制，通过价值认同导向所呈现出的精英运动员身体再造过程分析框架为深度解析精英运动员的再造身体以及拓展身体社会学理论边界提供了完整图景。

（二）客体化身体叙事

身体客体化是指将身体视为独立于个体主观意识之外的客观实体，其功能和存在受到人的支配与操控而被当作一个工具性的实体，服务于特定目的和功能性任务。Mlozniak 和 Schier 的《作为客体的身体：社会文化视角下的青年叙事研究》一文分析了身体客体化的问题，并探究这一现象的文化根源与后果[①]。身体的客体化指涉将身体视为具有工具性和任务指向性的实体，并着重强调其在达成特定目标时的功能性价值。该文的核心关注点在于青年人对自我身体认知的表述方式。通过收集 136 位青年人对"身体对你而言意味着什么"的回答，并进一步运用叙事分析法进行深入探讨，该文的研究结果显示，青年人群普遍倾向于将身体客体化表现为五种基本形式，即工具性使用、作为连接媒介、作为展示陈列、类机械运作以及物化存在。

个体对自身身体的认知方式是由多元社会文化语境所塑造的，个体在日常

---

① E. Mlozniak and K. Schier, "The Body as an Object-A Sociocultural Perspective: The Study of Young Adults' Narratives," *Sociological Research Online* 21, *no.* 1 (2016): 17-34.

生活中浸润于社会话语的构建中。我们可将"话语"理解为特定文化背景下,围绕某一主题所形成的陈述和观念的整体集合。一旦某个社会采纳了特定的身体认知模式,这些认知便会在有关身体的社会话语中固化下来,而这种话语不仅涵盖了信息的具体内容,还包括其表达形式。因此,话语是由特定社群通过语言共同构建出来的,这进而决定了个体对现实世界的认识。语言关系假设存在一个高于身体的主体,即所有者,他可以声称对身体拥有所有权①。在社会学的语境下,话语不仅限于语言层面,还囊括了特定社群关于身体理解的典型隐喻特征。个体在构建自我意义的过程中,从其所处的社会文化背景中筛选并接纳与其信念相符的话语元素,从而创造了一套个性化的、主观意义和隐喻系统,用以理解和诠释自身的身体存在。这种主观隐喻反过来又会塑造个体在处理自我-身体关系上的具体行动和行为。

个体对待身体的方式因内在身体隐喻的不同而异,持有内在身体工具隐喻的个体侧重于身体的功能性,将其视为类似机械的存在,而持有内在身体展示隐喻的个体则更多关注身体的视觉表现。至关重要的是,这些各异的对待身体的方式与个体在生活中所遭遇的社会后果息息相关:将身体视为工具的个体在建立亲密的身体关系时可能遇到挑战。以上因果链关系可总结为:社会话语(语言中的主导隐喻及社会对身体的规范)→主观隐喻→对身体的态度和行为→不同的身体体验方式及相应的社会后果。这一分析层面虽然揭示出与特定个体有关现象的主观理解,但依然受到社会建构的强烈影响。身体认知的两种常见范式为:一是将身体视为独立于精神自我并受其支配的工具,二是将身体视为与精神自我紧密相连且不可分割的一部分。尽管这两种身体感知模式看似相互排斥,但实际上在某些个体身上可能共存。

在特定社会情境框架内,普遍存在的身体客体化隐喻强化了将身体视作个人财产或工具的倾向,导致个体过度使用乃至剥削自身身体并忽视身体的自主性及其传达的生理信号。总而言之,身体客体化隐喻的盛行抑制了个体对维持健康行为的追求和持久关注身体健康的意识,通常只在身体机能受损或丧失时才会关注身体。唯有深入剖析和理解预设隐喻所构建的认知框架,个体才能从中解脱出来,并创造真正反映自我身体认知的全新隐喻。要转变个体对身体的认知方式,其中一个策略就是引入全新的、非物化身体的隐喻,引发个体对身

---

① J. Z. Segal, "Public Discourse and Public Policy: Some Ways That Metaphor Constrains Health (Care)," *Journal of Medical Humanities* 18, no. 1 (1997): 217-231.

体感知的根本认知变化，并进一步催生与身体相关的积极行为变革。然而，尤为重要的是个体将身体视为自我内在不可分割的一部分所带来的深度领悟、自我反思和心理慰藉。

二　运动行为中的治理实践

"健康"作为一种生活方式，是由社会机会结构与个体能动性共同构建的结果①，社会成员实现目标的一致性体现在个人在日常生活中对身体意义的确认、生产、维护和呈现上。Ekman 的《将肥胖理论化为秩序问题：一个分析肥胖作为结构失序的概念框架》提出可以用维持秩序（maintaining order）和整序秩序（putting in order）概念来理解根据身体特征进行社会排序的过程②。在社会秩序的构建与维护过程中，分别存在两种不同的实践：一种是对瘦与胖的区分以确保社会秩序的稳定延续，表现为通过区分标准体型与超重体型来维持现有的社会规范；另一种则是将肥胖的身体纳入现行社会秩序的努力，如通过推行减肥活动来调适社会对体型的认知和接受度。按照玛丽·道格拉斯和朱迪思·巴特勒有关分离（separating）与净化/包容（purifying/subsuming）的理论讨论，理想秩序与现实秩序之间的对比对于深入理解社会如何管理和调整秩序具有关键作用。理想秩序设想的是一个全员拥有标准体型（瘦）的完美社会状态，而现实秩序则承认并面对个体体型差异的社会现状。现实社会秩序的管理采取两种策略并行：一是"维持秩序"，通过区分和隔离标准体型与非标准体型（肥胖）以维持既有秩序；二是"整顿秩序"，尝试将所有体型统一纳入理想秩序的框架之下，进行重构与整合。

秩序实践的路径可具象化为四个环节。首先是将人们排除在社会群体之外的实践。特定个体因身体特征（如肥胖）而被社会群体边缘化，无法完全融入某些环境，其中包括那些被认为拥有标准体型（瘦）的人群。其次是启动差异化制造过程。基于特定属性（如肥胖）将个体区隔开来，通过强调和附加与该特定社会群体或类别相关的负面特征，进一步放大个体的"与众不同"，从而限制其在心理属性和社会角色方面的可能性。再次是建构威胁阶段。社会将肥胖定义为一种潜在的风险，暗示此类个体不易融入特定社会类别

---

① 李路路、王煜：《"健康"作为生活方式的模式：机会结构和个体能动性的双重建构——基于潜类别分析的研究》，《江苏社会科学》2018 年第 5 期，第 70~81 页。

② A. Ekman, "Theorising Fatness as an Ordering Issue: A Conceptual Framework for Analysing the Construction of Fatness as Disorder," *Body & Society* 29, no. 4 (2023): 79-104.

并可能破坏既有社会秩序，进而将肥胖塑造成一种威胁性的身体存在。最后是整序秩序环节。社会通过将肥胖的身体纳入既有秩序并施以干预，如医学关注、控制和规训措施，力求使肥胖身体变得更为瘦削、接近社会认可的标准体型。以上对减肥实践的关注，实际上体现了社会对肥胖身体进行修正并使之趋于"正常化"的努力。从秩序角度审视，这一系列做法旨在使个体顺应社会常态，进而达到秩序井然的状态。

该文分别探讨肥胖如何作为社会排序问题以及肥胖如何被视作偏离秩序的过程。其中，"维持秩序"这一概念关注的是社会现实中将瘦与胖进行区分的过程，而"整序秩序"则关注通过减重塑形以使肥胖身体趋近理想体型的过程，两者均旨在维系社会秩序的稳定。前者反映出在现存社会秩序框架内实施区分与隔离的实践，后者则致力于将身体改造过程纳入理想秩序的构建之中。相比于将肥胖问题与其他社会议题如性别、种族、规范结构、话语实践、社会不平等以及身体压迫相结合的讨论，该文更聚焦于身体特征如何在社会秩序建构中发挥作用，为理解身体问题提供了一种新的理论视角。然而在探讨过程中尚未深入触及肥胖问题中的变化性、流动性及其复杂性，并且明显受到性别、种族/民族、社会阶层、性取向以及其他社会结构排序过程的影响。

与前文从秩序结构视角探讨健康实践不同，下文将身体视为感知环境的主动载体，或者说是一个在更宽泛意义上具备特定感知能力的亲密感知器官，进而这种感知活动又反哺于个体的身体与情感健康。Easkey 和 Ronan 的《感知水：发现海洋和冲浪中的健康与幸福》一文探讨各类休闲运动参与者是如何将海洋用作促进健康的蓝色空间[①]。基于对健康与幸福感的关切，从多元视角分析冲浪者和游泳者如何描述他们在水中获得的直观体验，以此呼应现象学、动态性关系地理学、具身化理论、情感地理学以及运动与休闲实践等相关地理学研究路径。在具体的分析过程中，研究视海洋为一个广泛的健康增进环境，以此捕获并解析沉浸于蓝色空间中的情感与具身描述，从而揭示这些体验在蓝色空间内外动态涌现的本质。

"沉浸式场所陶冶"阐明其多面向的影响机制。在特定场所中的沉浸体验并非僵化不变或排他孤立，而是通过个体与自我、他人以及非生命物质间的互动联系而发挥效用。核心在于，"身临其境"的体验促成了一种独特而强烈的

[①]　B. Easkey and F. Ronan, "Sensing Water: Uncovering Health and Well-Being in the Sea and Surf," *Journal of Sport and Social Issues* 45, no. 1 (2020): 60–87.

幸福感与力量感，这对于那些感到与周围环境疏离的个体至关重要。与此同时，游泳和冲浪等活动作为一种非正式的支持方式，既能促进个人层面的心理成长与联结，也能在社群层面发挥积极的联结与推动作用。与 Throsby 的观点相似，对于许多海泳者来说，沉浸于海洋中能够使他们"拥有一种脱离于他人的身份感的机会"[①]。当他们沉浸在水中，他们的身份不再由其生活环境所决定，而是在共同经历和情感中形成新的团结和更紧密的联系，这既有助于社区建设和友情维系，也有利于自然联系和健康促进。

综上所述，通过汇总不同群体在相同环境中的不同体验，加深对共享空间的认知，能够全面解读游泳和冲浪场所的复杂性及其体验差异，并揭示它们如何通过非常规的移动方式恢复疲倦和损伤的身体。当个体沉浸在海浪中时，也意味着沉浸在一种流动的时间体验中，这种体验空间充满了差异性与情感多样性，允许冲浪者或游泳者暂时忘却生活的忧虑和压力，重新建立与身体和自我之间的联系。冲浪者和游泳者的经验和行动以各自特有的方式提示我们对场所的敏感度，以及在运动中人与地点之间建立的深层次联系。从心理学角度看，终身参与冲浪和游泳所积累的情感反应与个体在不同社会身份（如家庭、朋友、社区）中的互动相互作用，并作为特定的身体事件，在转化为个体记忆的过程中不断回响。

三　运动行为中的身体社会性隐喻

人体不仅表现为生物性的物质实体，亦承载着丰富的社会文化含义。新唯物主义将运动身体视为兼具物质性和意义性的复合体，为在理论上理解身体的自然与文化含义提供了有效的途径。Markula 的《运动中的身体：物质化的操演性内在互动》阐释了 Barad 对实在论科学和社会建构主义的批判，以明确其关于如何操演性地通过物质身体生产的关系本体论实现与万物妥协的观点，并以 Barad 的哲学框架来思考运动身体的研究者如何才能实现上述"妥协"，以探究身体活动的物质性与社会意义[②]。Barad 提出的能动实在论（agentic realism），在分析身体活动的社会-物质实践性质时，凭借其对自然科

---

①　K. Throsby, "'If I go in like a Cranky Sea Lion, I Come out like a Smiling Dolphin': Marathon Swimming and the Unexpected Pleasures of Being a Body in Water," *Feminist Review* 103, no. 1 (2013): 5-22.

②　P. Markula, "Human Bodies in Motion: The Performative Intra-Actions of Materialization," *Cultural Studies↔Critical Methodologies* 23, no. 2 (2022): 146-156.

学与社会建构主义融合的洞察力，要求我们重新审视自然科学和社会科学研究的本质，以便更透彻地把握身体活动的复杂性。但这并不表示模糊身体的物质属性和社会属性之间的界限，而是主张在不割裂二者的前提下，深刻理解科学实在论与社会科学的社会建构主义是如何交织的。

在社会科学与自然科学交织的语境下，如何阐明身体活动作为操演性内在互动中的物质与话语交融？Markula受到Barad能动实在论的启示，旨在探寻将"衍射"（diffractive）跨学科方法论应用于对运动中身体的社会与自然属性的综合分析。在能动实在论框架内，研究者将自然科学与社会科学概念视为相互依存、相互渗透的统一体，旨在寻觅那些在研究项目中可以清晰刻画和再现的身体活动现象。对现象的研究应当摒弃过分侧重物质或话语任一方的做法，而应在研究工具的运作过程中揭示二者间的互动关联。在这一理论中，测量与语言并非被动反映世界，而是以相互关联的方式镶嵌于世界之中。对于特定身体活动、灵活性及工作现象的研究，需要开发超越现有自然科学体验式设计和社会科学定性方法的替代方案，以便在物质参与的实际辩证实践中衡量结构、效应及其因果链，以现象本身为研究起点，而非依赖预测性假设来推断结果。能动实在论通过引入自然科学意义上的纠缠、内在互动和衍射概念代替文化反射，揭示实在论与表征主义在反映模式或本体论取向上既相互区分又相互联系的特点。Barad对这两者的批判性融合，使得研究者不再仅仅是客观的观察者，文化也不再是对研究对象的简单反映，而是转而聚焦于相互缠绕的"自然—社会"现象，以及由内在互动元素塑造的"局部化"现象。

沿着上文所述身体的自然意义和社会意义的主线，《撕掉"标签"：视障跑者的具身显现》在"具身显现"的理论面向讨论中借鉴"生物-心理-社会"模式剖析视障跑者在日常世界中的身体呈现[①]。视障者渴望撕掉被社会贴上的"失能"标签和打破束缚自我呈现的边界，对身体再定义的过程表征了"不一样的我"和"奋斗的我"的逐渐形成。视障者肉身性特征在一系列的"操持"和"整饰"的身体实践和策略下呈现出"意识反抗""认知转变"等更具复杂社会意义的新身体。视障者在多重知觉互构与平等互动关系下，建立了不同于"视觉优越"的感官世界和社会融合的新秩序。

"生物-心理-社会"模式的核心特征在于其多元维度的整合。首先，"生

---

① 张忠石、王智慧：《撕掉"标签"：视障跑者的具身显现》，《武汉体育学院学报》2024年第3期，第41~47页。

物"是指肉身性特征，是生物与生俱来的能力，能用技术附加强化自身、改变所处环境等①。从"自在"到"自为"的身体认知转变过程也是个体在自己生命历程中不断"冒险"的过程。个体最终不是要脱离社会独立审视身体的生物性特征，反而应该要回到社会层面思考如何在生活的引导下使得生物性的身体充满"冒险"生机。其次，"心理"是指理性意志，包括认知、情感、动机、理性等方面。视障者意识反抗的过程经历了两个阶段，第一个是身体"操持"和"整饰"阶段，以身体为媒介和基础，进行一系列的身体实践策略而超越原有身体的生物性意义；第二个是心理转换阶段，视障者主体突破原有社会观念所营造的区隔，表达出个体的反抗性与能动性。但是视障者"我者"和陪跑者"他者"不一定按照这种被社会规训的路径去形成单一的行动认知，而是基于主体意识反抗的前提下重构理性秩序。最后，"社会"是指社会结构、文化背景和环境条件等外部因素对个体和群体的影响。"挑战"原有社会环境固然重要，但最终的指向应在重塑社会环境上，以此形成"挑战-重塑"之间的双向互动。视障者没有"视力"生物特性，但却能在马拉松比赛中以触觉和听觉等去认识客观存在的世界，重塑信息获取的渠道以及行动的能力，以建立一个不需要"视力"的感官世界。由此说明身体个体性具有的两个特征，其一是话语目标、对象和范围的系列转换，导致现代性下的个体化趋势加剧，其二是个体运用各种自我技术，塑造自身的认同。

第三节 数智时代的运动观照与身体技术革新

一 数智时代中人机互动的新型实践

在数智时代背景下，新型的人机互动实践表现为两个核心维度。一方面，身体运动作为人主体性的重要表征，在与智能技术的互动过程中得以展现和重塑。另一方面，非人行动者以其技术能动性参与到与人类主体的交互实践中，共同构建新型的人机互动格局。

（一）作为人主体性表征的身体运动

科技对人类的助力是一个动态过程，其内涵随人类社会的发展而变化。人工智能不仅是简单的技术革命，还是一种愈加"关乎存在的革命"。《在识变

---

① 克里斯·希林：《身体与社会理论》（第3版），李康译，上海：上海文艺出版社，2021。

中求变：ChatGPT 时代的体育学反思——关于"ChatGPT 时代的体育学术：以身体为方法"主题叙事的质性研究》一文认为人工智能目前还未威胁到人类的存在论主体地位，但其强大的知识整合能力对于当下人类社会的知识生产与社会互动已然带来了新的挑战与问题①。首先，ChatGPT 取代学术知识生产中部分"平庸之辈"的同时，以其作为物的"能动者"角色影响知识生产空间中的个体行动边界，若机器继续取代人类劳动，劳动的生活意义、生产价值以及人与人的关系或将面临深度异化。其次，人类独有的行动意向性是数字时代变动秩序中的恒常存在，体育因其身体性基础联结起社会秩序与自然秩序，从而避免人类的深度异化。再次，机器进步的现实与体育的上述价值共同倒逼体育学人进一步关注身体，以此呼唤体育学研究的"体认"范式转向，在此，对身体的体育经验发挥体育学学科想象力，是当下体育学研究的优势所在。

面对当下的生存难题与未来可能的生命困境，人类在与类人机器的博弈中究竟是否拥有获胜的把握，或者说人类挣脱技术系统之笼的出路何在？ChatGPT 基于对人类创造力结果进行重复性模仿而实现的知识输出能力实际上取决于人类的创造力水平，若进一步从人的创造力出发探寻人类在与机器博弈中的优势，或许能够让我们获得更多信心。从创造力的本质看，它是一种由复杂元素构成的综合能力。具体来说，对于既有知识系统的破坏与新知识系统的重建，源于对既有规则的亲身实践并以此发现它在解释或处理现实问题上的局限，进而从无到有地做出针对性的重设，其中，对既有规则的实践以及对新生规则的思考均与身体经验联系在一起。尽管技术的每次进步都在重塑着社会运行中的各种秩序，包括知识的分布结构、社会分工形态以及人际交往模式等，但人的意志所具有的意向性及其赋予人类行动的自由能力却始终无法被技术更改。同时，机器与技术作为物的本质属性本身就决定了它无法拥有这种意向性与自由能力。

总之，人类的创造力是技术与机器无法替代的独属于人的恒常存在。技术的工具性本质决定了它的存在目的在于代替人类劳动，尽管会造成上述技术性失业问题，但仅仅就这种替代过程本身来看，被劳动占据的人类身体得以释放，人们获得了更加自由使用自己身体的可能。在这一点上，体育作为人类身体活动的社会表征，通过对自然秩序的展现而实现对社会秩序的维持。换言

---

① 旸洁卓玛、王智慧：《在识变中求变：ChatGPT 时代的体育学反思——关于"ChatGPT 时代的体育学术：以身体为方法"主题叙事的质性研究》，《体育与科学》2023 年第 2 期，第 1~8 页。

之，体育成为人工智能时代为人类提供生活意义的重要空间，联结起以生物身体为载体、以自然秩序与人际交往为表现的社会秩序。人工智能确已出现在人类生活中并为人类的知识生产带来挑战，面对人工智能的不断进步，人类的优势何在，想必是人人都会发出的朴素之问。作为本身从事知识生产工作的学术研究者，更会产生复杂"情愫"——对于机器对知识生产过程的进一步入侵感到危机，对于进一步发掘自身学科的优势以应对这种入侵而心生使命感。机器对人类行动的持续替代，倒逼着体育学人将目光凝聚于无法被机器替代的体育身体，从中发现数字时代不断变迁的社会秩序中的恒常人性，在把握这些变动与不变的基础上做出权宜性的应对，实现学科知识的再启蒙。

（二）非人行动者的技术能动性

现代社会与媒介设备交互的显著特点是触觉的回归。在当前技术与人体交互乃至嵌入人体的语境下，Ladewig 和 Schmidgen 的《触摸的对称性：普适计算时代的触感审思》一文构建"对称性"触摸理论，通过批判性地借鉴拉图尔的"对称性人类学"，将触觉能动性重新定义为"技术能动性"，将历来被认为仅属于人类特性的触觉概念拓展至非人行动者[①]。在探讨数字现代性中触觉维度及其经济脉络时，该文旨在促进人与非人的交互触感，并在普适计算时代重新评估身体与技术的关联。当前的媒介技术已发生了根本转变，不再局限于笛卡尔式物理接触的传统理解，而是转变为一种颠覆性的配置，超越了人类与机器、生物与技术之间的传统界限，从而为重新分析所有生命体（包括人类、动物及植物）与其环境间的相互联系与边界的本体论提供了新的理论基础。

人类的主体性被卷入由社会、文化、政治、经济、技术所组成的复杂系统中，成为一种由技术、感觉和文化组成的不断变化的组合。触觉的能动性不再专属于"人类行动者"，而是扩展至"非人类行动者"，即在普适计算时代，触摸行为已不再仅是人类独享的能力，而是由传感器、扫描仪、跟踪器等设备接管并执行。尽管实现了"对称性"，但这并不等同于"同一性"，现代媒体装置依旧以其独特的方式与目标物互动，人类的触觉感知仍然受限于传统的"笛卡尔式"物质与身体认知框架。一方面，国家对相关数据的追踪蕴含着深刻的经济和政治意图；另一方面，个体主体或整个群体接触媒介的表面动机各

---

① R. Ladewig, and H. Schmidgen, "Symmetries of Touch：Reconsidering Tactility in the Age of Ubiquitous Computing," *Body & Society* 28, no. 1-2（2022）：3-23.

有差异。尽管存在这些差异，但不可否认的是，媒介正在以自身的方式切实地"触摸"着我们。

那么该如何超越一般意义上的触觉，去反思这种"非人类触摸"呢？非人类触摸与世界的一个总体特征相关，其在当代哲学中被称为"折叠"。德勒兹将"弯曲"或"曲率"现象视为一种"纯粹事件"（pure event）①，而塞尔则认为身体的自触是意识的最终来源②。媒介技术的触觉能动性可被理解为世界普遍折叠的一个子集，任何通过工具媒介与物质进行的交互都可视为非人类触摸。科学领域出现的非人类触摸也逐渐扩展到人体。在技治主义（technocracy）的影响下，各种动作被分解为时间片段，以便捕捉、展示并随后优化和标准化，特别是使用工具的动作，从较为简单的砌砖任务到复杂精细的手术器械操作。鉴于其旨在塑造"规训的身体"，这些过程显然可归入纪律规训的传统中③。在《规训与惩罚》中，福柯描述了一台用于纠正少年行为的机器，它能自动鞭打未成年人的身体。手势动作在人类学中被视为承载文化意义的载体。在莫斯的研究中，手势构成"身体技术"的核心。他关注兼具生物性和社会性的身体实践及其相应的身体手势，并指出"身体是人第一个也是最自然的工具，或者更确切地说，不讲工具，人的第一个也是最自然的技术对象，同时也是技术手段，就是他的身体"④。在 20 世纪 20 年代，卡茨指出触觉作为一种近距离感觉，表现为"将主观的身体成分与物体的特性相结合"⑤。触觉不仅位于可触摸或触摸中的人体维度，还应当转移到外界物体反过来作用于摸索的指尖以及抚摸或抓握的手感。正如梅洛-庞蒂认为触觉的独特之处在于"可逆性"（reversibility），即每一个触碰的行为同时也是一种接收触碰或被触碰的行为。巴特勒则指出触觉在梅洛-庞蒂的研究中并不仅是"单一的触碰行为"，更是"使得一个实体得以存在的假设条件"⑥。对触觉能动性的重新审思需实现"对称性"。人的身体和媒介不再被视为相对静态和明确界

---

①　G. Deleuze, *The Fold. Leibniz and the Baroque*, trans. T. Conley (London: Athlone, 1993).

②　M. Serres, *The Five Senses. A Philosophy of Mingled Bodies I*, trans. M. Sankey, and P. Cowley (London and New York: Continuum, 2008).

③　M. Foucault, *Discipline and Punish. The Birth of the Prison*, trans. A. Sheridan (New York: Pantheon Books, 1977).

④　M. Mauss, "Techniques of the body," *Economy and Society* 2, no. 1 (1973): 70-88.

⑤　D. Katz, *Der Aufbau der Tastwelt* (Leipzig: Johann Ambrosius Barth, 1925).

⑥　J. Butler, "Merleau-Ponty and the Touch of Malebranche," eds. T. Carman and M. B. N. Hansen, *The Cambridge Companion to Merleau-Ponty* (Cambridge and London: Cambridge University Press, 2006), p. 181-205.

定的实体，在普适计算时代，媒介已成为动态的主体，并不断重新定义着人机边界。

二　虚拟空间的运动形式与社群关系

虚拟空间中的身体运动的动态演变与无限可能性得到展现，伴随着科技发展，虚拟现实技术为个体提供了全新的运动体验形式。同时运动参与者围绕共同的兴趣与目标在虚拟场域中形成了"微社群"，通过网络互动和在线协作，呈现出超越物理空间限制的新型社群关系，不仅改变了运动的参与模式，也重塑了人们在虚拟世界中的集体认同与社会交往机制。

（一）身体运动的动态与可能

基于以 Sora 为代表的人工智能发展下的身体运动转变，不仅是技术与身体运动碰撞的技术事件，也是社会发展的缩影。《Sora 来了，运动世界还会是真实的吗？——基于"Sora 工具与体育知识新理解"工作坊的研究》一文以 Sora 带来的身体运动转变事件为切入口，对 AI 全方位模拟物理世界趋势下的运动世界进行了探讨。历时联结的体育与技术在代际更迭中，为我们展现了身体运动的动态可变性以及无限可能性[①]。在以 Sora 为代表的人工智能的快速发展与社会嵌入下，人与人工智能共同作为行动者，参与到身体运动中，并在联结、互动中促进了身体运动体验、形式、主体的丰富，同时引起了后人类时代身体运动是否异化的思考。面对多样的身体运动转变，通过整体观察可知，在人类与人工智能共建的运动世界中，无需将 AI "神化"或"恶魔化"。在对人工智能技术与身体运动技术祛魅的同时，重置运动边界、新建运动秩序，有助于我们在后人类时代的身体运动开展。为减少被边缘化的恐慌，人类在后人类时代的身体运动参与中，除了关注身体感，还可在自我技术调整中强化主体性。在 being 与 becoming 的运动世界中，在关注"如何"与"为何"的解释之外，也可围绕"何"的说明，展开身体运动的探讨。

首先，从置身事内（参与者视角）来看，集体表象、数字表象、虚拟表象并非替代关系，而是共存于当代社会。三种表象的共在使得人类在获得更丰富的个体体验的同时，也获得了更多样的身体运动形式。随着 Sora 等人工智能发展，人类在集体表象、数字表象、虚拟表象中，不仅身体运动体验日益丰

---

① 于海渤、王智慧：《Sora 来了，运动世界还会是真实的吗？——基于"Sora 工具与体育知识新理解"工作坊的研究》，《体育与科学》2024 年第 2 期，第 18~27 页。

富，而且身体运动形式也随着身体"在场"方式的改变日益多样。在此期间，人工智能重塑了身体运动，也重塑了运动的身体，给人类带来更多的运动体验和形式。人类时代的新社会关系并非指人与非人行动者刚刚建立关系，而是指人与非人在原有关系基础上的革新和拓展。也正是这种革新和拓展，令长期习惯于将自身视为主体的人们产生恐慌和焦虑，一方面恐慌和焦虑去人类中心化下的主体性削弱，另一方面恐慌和焦虑奇点临近①，人类被边缘化的主体替代。人工智能在不同运动情境中也以不同分工扮演不同参与者角色。有加无已的身体运动参与主体，丰富了身体运动形式，也拓宽了身体运动的观者与理解视角。伴随身体运动形式的日益丰富、身体运动参与主体的日益多元，智能时代的身体运动也发生了从表到里的转变。在此期间，面对身体现实"在场"，或身体虚拟"在场"，或肉体不在场但意识"在场"的身体运动，人们也产生了体育是否异化、运动是否真实的思考。通过不同视角的体育转变之思，差异化的体育本质、身体获得感的理解等，都在影响体育是否异化、异化至何种程度的判断。

其次，从超然物外（观察者视角）来看，人工智能与人类同为身体运动参与者，促进了原本有距离感的身体运动技术祛魅。一方面，人工智能等技术的发展，不仅拓展了身体运动空间，而且使人们可以参加原本无法参加的身体运动。另一方面，人工智能作为"展演者"，令人类更清楚地认识身体运动的逻辑，使身体运动不再神秘。基于人与自然的关系、人与人造物的关系、人与社会的关系三种关系的规则与伦理思考，也为人类生命与数字生命共在下的运动新秩序建构提供了思路。其一，维持现实空间身体运动秩序的同时，基于人与自然、人与人造物、人与社会关系发展，及时调整秩序。其二，虚拟空间身体运动的秩序，除了基于现实空间既有秩序建构，也应关注到虚拟空间技术介入下的复杂性，建立具有更强虚拟空间适用性的新秩序。其三，基于新运动世界的身体运动既在现实空间又在虚拟空间开展，在根据人与自然、人与人造物、人与社会关系建立的新秩序之外，将人造物等非人与非人关系也纳入思考。

最后，从回归本体（主体视角）来看，伴随人工智能发展，身体在生物性、社会性之外，在技术嵌入中也表现出一种技术性/数据性。这种技术性/数据性对身体、身体运动的影响程度，在虚拟空间与现实空间中具有差异。一方

---

① 雷·库兹韦尔：《奇点临近》，李庆诚、董振华、田源译，北京：机械工业出版社，2011，第1页。

面，相较于人类在现实空间中身体的生物性与社会性，虚拟空间的身体具有社会性，但在此之外，其身体是生物性的还是技术性/数据性的，抑或既是生物性的也是技术性/数据性的等，尚未达成共识，这也使得对虚拟空间的身体运动的研究变得复杂。另一方面，伴随"技术科学将越来越多的人（的身体）转变为后人类身体"[①]，现实空间中的身体与身体运动属性，也在技术身体化和身体技术化的叠加下变得复杂。

面对以 Sora 为代表的高仿真能力人工智能所呈现的运动世界，在探讨其真实性时，无论按照将实体在抽象的、概念层面的"属性"看作现实经验中具体存在的"实体论"，还是按照将"具体"放置在经验之中寻找现实存在的"关系论"[②]，答案都不尽如人意。尤其结合让·鲍德里亚提出的"拟像理论"来看，Sora 等人工智能处于鲍德里亚"拟像三序列"（仿造、生产、仿真）的第三序列，为我们呈现的是从二元平面世界逐渐过渡到三元立体世界的真伪难辨的拟像社会[③]。这时的超越客观真实、打破空间界限的"超真实"，使我们在思考"Sora 来了，运动世界还会是真实的吗?"问题时，似乎进入了另一个层面，即探讨的不是客观真实，也不是真实感，而是何者的真实。这里的"何者"不固定指向运动参与者和非运动参与者，也不固定指向人类或非人，而是既包含行动者，也包含关系，同时包含情景等。对于个体而言，可依据自身体验和解释界定其是否真实，也可不在意真实与否，只专注于身体运动和身体本身。由此，"Sora 来了，运动世界还会是真实的吗?"是寻找可能答案，也是通过这一问题反思"变"，即包含但不限于运动的主体之变、形式之变、空间之变、环境之变等系列变化。

（二）虚拟空间中的"微社群"

随着虚拟空间的扩大，"微社群"以及短视频创作成为观察与揭示社会文化走向的重要生发地，体育类短视频也成为通过身体表征透视社会文化的重要视角。《身体符号与圈层关系："微社群"中的情理与人伦——基于体育类短视频的创作、点赞与评论》一文沿着身体的自然意义和社会意义主线，分析基于体育类视觉作品的创作与点赞行为背后的身体隐喻和社会结构新面向，探

---

① B. Carke, and M. Rossini, *The Cambridge companion toliterature and the posthuman* (NY: Cambridge University Press, 2016), p.153.

② 马文武、周文杰:《社交机器人情感真实性的伦理争议："实体论"与"关系论"两种进路及其关系》,《自然辩证法研究》2024 年第 1 期, 第 73~79 页。

③ 孙祺:《拟像社会视域下新闻真实性再探讨》,《传媒》2024 年第 4 期, 第 93~95 页。

讨"微社群"中的情理与人伦①。随着互联网等技术的嵌入,以身体为载体的体育类作品在创作与展演中包含身体图像化、符码操持、身体—身份转换等隐喻,蕴含着情感消费、模拟亲缘关系,并在身体奇观化叙事中呈现出丰富的亚文化趋向。由身体视觉景观等构成的体育类作品的点赞与评论彰显了"情感资本"和"账面资本"的积累,表征了"伞状社会结构""圈层社会结构""他人导向型社会心态"的逐渐形成,在"人机互构"下的"微社群"产生了身体规训和社会交往的新秩序。

伴随网络社交平台的迅速发展,社会结构与文化也在一定程度上发生了改变。"流量社会"的到来铸就了鲍德里亚和卡斯特的理论和观点在万物互联时代的相遇,信息流动成为一种新的社会整合逻辑。首先,自媒体所具有的更低的表达门槛和更大的信息自由度使得身处自媒体时代的社会个体实现了信息创作发布者与接收者的"双重"身份整合。以往集中于精英群体的知识和信息生产控制权开始松动,大量"草根"群体进入知识与信息生产序列,人人平等的知识和信息生产关系逐渐显现。不同于工业社会技术推动生产的社会演进方式,后工业社会呈现出明显的技术带动消费的社会演进特征。在互联网技术的推动下,人们的欲望界域被拓展的同时产生了新的消费诉求。从体育文化传播的角度看,自媒体时代为体育文化传播提供了前所未有的平台。媒介平台的视觉作品发布者借助身体符号以及身体所营造的视觉景观记录并展现身体实践,体育文化则借助身体展演的视觉景观践行从个体行为记录到身体奇观化叙事的不同符号历程。其次,作为当前网络流行的常用符号,点赞不仅代表对信息发布者的关注和支持,也兼具多元的复杂情感。从常用的"爱心"符号,到大拇指、笑脸、玫瑰等,再到经过设计"拼贴"的动画,点赞行为实则是符号再造和意义再生产的实践过程。在以差序关系为连接的网络社会交往过程中,点赞呈现了新的圈层特征,这不仅是网络社会交往所独有的关系确认行为,更是当今社会结构和关系的镜像。网络社群的互动打破了传统社会结构中长幼尊卑的等级差异,呈现为一种"平等"符号叙事,即不同阶层、年龄、性别的个体在其中都可以相对自由和平等地表达观点、发布状态。

---

① 王智慧:《身体符号与圈层关系:"微社群"中的情理与人伦——基于体育类短视频的创作、点赞与评论》,《上海体育学院学报》2022年第12期,第22~33,69页。

第四节　身体运动研究的其他指向

一　身体运动与能动"物"社会运行机制

(一)"学着受影响"的身体习得过程

鉴于讨论身体议题的困难，布鲁诺·拉图尔的《如何言说身体？从科学研究的规范性维度说起》一文并不打算直接对身体进行理论化的抽象，而是以"身体言说"（body talk）——身体参与解释自身行为的方式来理解身体[①]。

如何在惯常的二元论和一元论之外思考身体？首先，必须理解"学着受影响"（learning to be affected）的含义。当我们不断地以新的形式记录（register）世界的构成时，我们的身体相应地逐步形成和发展其感知部分，这意味着身体的获取是一个累积性的过程，它同时衍生出感知媒介并塑造对世界的理解。寻求精准表述"学着受影响"（learning to be affected）的方式非常重要，因为它可与潜藏在身体描述中的另一种认知模式相对照，在该模式中，身体被构建成主体，世界被视为客体，而语言则充当连接主体与世界的中介。然而，若采用此种模式诠释身体，将难以洞察身体学习的动态性质，因为在该视角下，主体（身体）被视为内在固有的本质，从而排除了学习的可能性，而客体（世界）则被认为是外在的，其对主体的影响在本体论层面上缺乏实际意义。此外，当主体与客体之间建立起联系时，作为中介的语言亦迅速消解，因其仅作为联结的手段而存在。最终，我们将处于一个由初级要素（primary qualities）为基质所构成的世界中，主体仅在这些基本属性之上叠加了源自意识、想象与文化叙事的次级要素（secondary qualities）。在此逻辑架构下，那种丰富多样的身体体验不复存在，取而代之的是要么还原为生理意义的身体（physiological body），要么仅作为众多异质性元素相互作用的现象学身体（phenomenological body）而存续，不论我们如何积极地增进对世界的认识，也只是强化了对自我局限性的遵从，而非触及世界的本来面目。于是，我们面临一种非此即彼的局面：要么我们拥有世界、科学和事物，却缺失主体性；要么我们拥有主体性，却失去了对世界（事物真实状态）的拥有。这样的二元对

[①]　B. Latour, "How to Talk About the Body? the Normative Dimension of Science Studies," *Body & Society* 10, no. 2-3（2004）：205-229.

立构成了持久存在的身心问题的基础，并为一系列关于如何在一个单一同质的世界观中协调上述两种身体观念的无穷整体论争埋下了伏笔。

如何解决身心二元论并非根本难题，其根源在于缺乏对身体动态性的认知，即所谓"学着受影响"。每个行动者均可视为通过人工装置持续记录各种异质性要素的身体过程的参与者。通过"链接"（articulation）这一概念，我们可以阐述不同行动者在这一过程中如何逐步获得并构建其身体感知，一个"链接的"主体学会如何受到他者而非自我的影响。在本质上，一个仅依赖自我存在的主体并无特殊之处，唯有当它与他者共振，以新颖且未曾预期的方式记录其他实体的异质性要素并受其驱动和塑造时，主体才变得有趣、深刻且有价值。倘若我们重新解读科学理念，并严肃对待不同学科间的"链接"作用，那么我们便不会拘泥于生理身体与现象身体的二元对立。在传统科学视角下，世界由可还原的基本要素构成，现象层级可以通过还原至更低层级或被消除来理解；然而，在詹姆斯和怀特海的科学哲学中，并未设定世界的初级要素，科学家不能仅凭还原论对世界做出科学解释，而是承认不同学科在世界现象层面上不断叠加而无法削减任何现象。这并非对还原主义的否定或对纯粹主观性的绝对捍卫，而是强调应当尊重并保持身体主观性的完整性，避免对其进行"碎片化"理解。

（二）能动"物"的社会生命

金牌作为奥运冠军夺冠的"见证者"及其之后人生的"参与者"，在特定的"语境"和文化场域空间之中，成了拉图尔与贝奈特意义上的"能动之物"[①]，它不但焕发出社会生命活力，而且形塑着社会事实、表征着社会运行机制。《奥运金牌的社会生命——关于金牌与行动者的交互性社会解释》一文以奥运金牌的物质性和社会符号意义为视角，试图在"社会的社会学"和"联结的社会学"两种对立范式之间寻找交互融合的解释机制，以探讨金牌嵌入社会文化之中的行动逻辑，考察金牌与其他行动者交互所建构的社会事实[②]。

该文在探寻行动者网络理论与符号理论的互动机制的同时，尝试分析以金牌为主线的社会网络关系和社会事实。首先，物质化金牌经过仪式化操持与奥

---

① B. Latour, *Reassembling the Social: An Introduction to Actor-Network-Theory* (Oxford: Oxford University Press, 2005).

② 王智慧：《奥运金牌的社会生命——关于金牌与行动者的交互性社会解释》，《社会学评论》2023年第4期，第137~165页。

运冠军耦合后被"激活"，成为"活力之物"。金牌的"活"，是抽象而非具象意义上的。金牌在与奥运冠军耦合为价值符号浓缩体后，通过奥运冠军的社会网络行动来施展动作。在一些看似奥运冠军主体性行为的背后，实则都有着金牌作为"活力之物"的参与。其间，金牌不但转化为一种社会生产力，使奥运冠军实现社会阶序跃迁，也成为社会文化期许和表征体育价值幻象的象征物，激励了竞技体育从业者行为、阐释了社会文化逻辑、促进了社会互动，并隐喻着竞技体育参与过程中的社会价值秩序，在群体中形成了区隔与联结。其次，随着金牌被"激活"，金牌作为具有"社会生命"的"行动者"的能动性被进一步激发，并作为"能动之物"发挥作用。尽管金牌的能动性体现在方方面面，但最直观的莫过于在和奥运冠军有着深刻情感连接的礼俗社会中，奥运冠军及其所属的不同共同体的成员间，围绕人情、脸面和权力展开的社会行动，这既是世俗情理仍发挥作用的证明，也是金牌所具有的能动作用的反映。金牌给人情关系和社会互动注入活力并培育与激活社会资本的同时，揭示了现代性背景下人情关系互动的变异趋势和价值属性，以及社会交换互动和权力运行的微观生态。最后，金牌的"活力"与"能动"既以具体语境为支撑，又促进着语境的建构，并作为"语境之物"发挥作用。如果说作为"活力之物"与"能动之物"的金牌以"身体在场"发挥作用，那么作为"语境之物"的金牌，则更多以"意义在场"的形式发挥作用。金牌作为个体生命记忆和国家形象化的象征，以及奥林匹克运动和现代体育文化领域之中的通用"货币"，在不同场域间的穿梭和跨越中实现社会记忆的再语境化、延续"物之活力"的同时，表意了新文化空间的生成，形塑了一种社会网络体系和文化传承机制。

值得注意的是，金牌虽然属于客观存在的物质，但其作为"物"先验性的存在，以及与"人"耦合发挥的能动性等，使其区别于其他物质。首先，自上而下赋予的原初符号性使得金牌区别于文物等物。相较于在跨时空存在中逐渐具有符号性的文物等物，奥运金牌的符号性从物态出现之初便被赋予，即先验性的存在，并在自上而下的赋予及自下而上的广泛认同中得到保持与强化。其次，金牌的社会生命具有持续性和再生性，不会因其消失而消解。不同于文物等损坏时社会生命的戛然终止，在时代情境下基于人类特定需求而制造的金牌作为整体性概念，其符号意义和价值是长期存在的，这种存在不围绕某一具体金牌展开，而是在金牌从被仪式化授予而"激活"到展陈的社会生命过程中被不断强化。再次，金牌的价值随着持有者的改变而变化，在真正通过竞技赢取金牌的奥运冠军手中体现着更完整的价值，而在博物馆等展陈空间主要发挥符号价值。相较于以制成年代、外形、功能等作为价值基础，且不因收藏者身份而发生改变的文物等，金牌的价值往往因持有者而变，因为金牌的价值不拘于其材料价值与符号价值，还有隐形的荣誉感、获得感、满足感，以及努力付出后的认同感等。社会情境决定了即便有人能够从奥运冠军手中购买或获赠金牌，但所获得的更多是制成材料价值与符号价值，而其隐形价值则难以通过交易或赠予来获得。最后，区别于文物等物作为"行动者"而相对"独立"地与其他行动者互动，金牌作为"行动者"与其他行动者的互动很多时候是在与奥运冠军耦合为"一体"时实现的，金牌的能动性也主要通过这种一体化发挥作用。总体来说，在以金牌作为"物"的研究中，金牌所具有的原初符号性、社会生命再生性和价值随持有者改变的变动性，以及物与人耦合下的"一体化"行动与能动性发挥等，使其区别于行动者网络理论所主张的舍弃先验性、与人具有异质性对称关系、独立"行动"的"物"等观念，这也表明了行动者网络理论在以部分以物为主线所建构的复杂社会事实面前遇到的解释局限。

二 表征运动实践的城市空间体验

街头滑板作为一种城市空间的"隐性知识"，其实践过程要求身体与城市环境进行深度互动。在新自由主义城市空间的语境中，街头滑板运动逐渐兴起并成为一个值得关注的社会现象。Vivoni 和 Folsom-Fraster 的《打造共享城市：街头与滑板的空间实践》一文以滑板运动、公共空间以及城市空间塑造为核心议题，通过定性研究方法探讨了街头滑板与日常生活的关系[①]。该研究揭示了滑板活动在新自由主义公共空间中所扮演的社会实践角色，并突显了滑板运动中的身体实践如何挑战新自由主义秩序，从而促进城市空间更具包容性。文中将滑板活动中体现的关于物质性身体的知识视为日常生活生态体系的关键组成部分，并通过分析街头艺术和对空间"公平性"的实践追求，进一步反思了新自由主义秩序下日益严重的社会不平等现象。

现代城市的新自由主义公共空间是在市场化经济发展的驱使下，通过一系列城建项目构建而成的，其目的在于通过新的调控和净化机制来优化居民和游

---

① F. Vivoni, and J. Folsom-Fraster, "Crafting Cities for All: Qualitative Inquiry of the Street and the Spatial Practice of Skateboarding," *Cultural Studies↔Critical Methodologies* 21, no.4 (2021): 311-318.

客的生活体验，进而实现城市环境的净化与资本的有效流通。然而，面对无所不在的资本主义现实钳制，情境主义者（situationist）提倡在日常生活中直接践行"表演性抵抗"，通过这种方式，行动者能够从强制的社会管控中重新夺取自我生活的掌控权。街头滑板者展示了"形式、物质及其感知性身体之间如何相互回应的"，从而成了"在环境中移动的个体，他们感知到城市遭遇的可能性"①。通过日常实践实现的空间转变，街头滑板者正在"对抗新自由主义"②。滑板者们集体表达了对日益排他性的公共空间规定的不满，倡导公共空间向全社会的开放与包容性转变。通过占据和重新定义空间，街头滑板者以共享的体验方式和创新的具身表达，与城市共同塑造并解读了城市景观。

同样聚焦于新自由主义空间秩序下运动身体实践的批判性反思，Poteko 和 Doupona 的《城市漫步："行走"作为新自由主义空间中的颠覆性身体实践》一文将行走作为研究对象，并将其诠释为一种颠覆性的身体运动实践③。虽然当代社会学和人文主义研究在一定程度上关注了行走这一日常实践活动，但却未能深入探讨其时空表现与主流社会秩序间的关系。在当前新自由主义主导的语境中，行走这一身体实践具有打破常规时空逻辑的潜力。文章借鉴"翻花绳"游戏（cat's cradle game）的思维方式，在方法论层面对行走进行了系统理论化探讨。行走这一实践要求跳出既定的时间与空间框架，以身体作为实践原点，创造出一种享乐型的时空情境，这种情境以断裂的方式与现时新自由主义的霸权逻辑相勾连，构建出一种异托邦空间，同时展现出一种对新自由主义秩序的另类身体实践路径。

人们的日常行走实践及其行走路径选择被视为一种嵌入日常情境的社会化实践。具体到行走的多种形式，尤其是"闲逛、漫步"（flânerie）这一概念，有助于我们深入理解行走所蕴含的颠覆性特质。闲逛的无明确目的性表明，这是一种有意消耗时间的身体活动，本杰明将这种悠闲与随意解读为对劳动分工制度的潜在抵制④。不过相较于劳动，闲逛者认为从漫步中获得的收益更为珍

---

① Å. Bäckström, and A. Sand, "Imagining and making material encounters: Skateboarding, emplacement, and spatial desire," *Journal of Sport & Social Issues* 43, no. 2 (2019): 122-142.

② M. D. Giardina, and N. K. Denzin, "Confronting neoliberalism: Toward a militant pedagogy of empowered citizenship," *Cultural Studies↔Critical Methodologies* 13, no. 6 (2013): 443-451.

③ K. Poteko, and M. Doupona, "In praise of urban walking: Towards understanding of walking as a subversive bodily practice in neoliberal space," *International Review for the Sociology of Sport* 57, no. 6 (2022): 863-878.

④ W. Benjamin, *The Arcades Project* (Cambridge, Mass.: Harvard University Press, 2002), p. 427.

贵①。不过并非所有行走形式都具有明确对抗和瓦解城市空间的意向。作为一项涉及空间占有、使用、居住和体验的身体技术，行走实践在某种程度上呼唤着回归被遗忘或忽视的维度，如对空间的多感官体验。同时，人们通过行走实践慢生活的权利，回应空间的使用价值，充实空间的内涵与多样性，并在无形中塑造了社区等公共场所的特质与氛围。

三　运动与身体文化民族志研究

运动与身体文化研究常与探讨主体性、结构、权力与不平等的社会理论对话。Gibson 和 Atkinson 的《超越边界：体育与身体文化民族志研究的发展与潜能》一文透过社会学与人类学的双重视角，回顾了民族志在体育与身体文化领域的演进历程及其跨学科的拓展，强调了与体育相关的民族志研究中理论、语境以及学科传统的关键性②。文章批判性地概述了民族志在身体文化研究（PCS）中的定位，不仅揭示了关于 PCS 原创性和独特性的讨论，更着力指出，高度自反性的研究者应让出在研究中既有的中心地位，转而关注人类在身体运动中体验到的愉悦，以实现 PCS 研究者所设定的干预性目标。运动与身体文化民族志研究具体包括以下六项要求。研究者需在个人、情感、认知、身体和社交层面全方位向研究对象开放；研究者需要与研究对象在日常生活实践中共同在场（在思考、感觉、互动上追求主体间性）；研究者需将民族志与 PCS 实践视为一种串联的努力，以揭示个体鲜活经验与人类境遇的普遍性，并消解被用作排斥、支配和剥削工具的结构性物质差异；研究者需创造性地探讨人类的情感与非情感如何在身体文化实践中得以体现；研究者需允许自己在研究过程中经历社会、情感、认知和意识形态上的转变；研究者需以革新的民族志范式展现田野调查中揭示的人类生存状况。对于关注身体运动的研究者而言，以第一人称视角进行的 PCS 是一种人文的、具有情感感知的、具身的，且深入个体之间的探索路径，以挖掘体育、身体运动以及其他基于身体活动的人类经验的相似性。

---

① W. Benjamin, *The Arcades Project* (Cambridge, Mass.: Harvard University Press, 2002), p.453.

② K. Gibson, and M. Atkinson, "Beyond Boundaries: The Development and Potential of Ethnography in the Study of Sport and Physical Culture," *Cultural Studies ↔ Critical Methodologies* 18, no.6 (2018): 442-452.

思考题

1. 简述运动文化与铸牢中华民族共同体之间的逻辑关系以及社会机制。

2. 如何理解兼具生物性和社会性的运动身体，以及运动身体的社会性隐喻？

3. 人类如何在数智时代的人机交互过程中凸显身体的主体性？

4. 思考拉图尔"学着受影响"身体观在运动社会学研究中的应用。

推荐阅读书目

1. 克利福德·格尔茨：《文化的解释》，韩莉译，南京：译林出版社，1999。

2. 王智慧：《文化继替：体育文化记忆的现代性社会理论解释之路》，北京：人民出版社，2023。

代表性学者简介

克里斯·希林（Chris Shilling），英国肯特大学社会学教授，现代身体社会学研究的领军人物，主要研究领域为身体社会学、古典及当代社会学与社会学理论、情绪与社会生活。学术代表作为《身体与社会理论》（首版1993，二版2003，三版2012）、《社会学何为》（2007）、《文化、技术与社会中的身体》（2005）和《改变中的身体》（2008）。

图书在版编目（CIP）数据

运动社会学研究的理论边界 / 王智慧等著. -- 北京：
社会科学文献出版社，2024.9. -- ISBN 978-7-5228
-3808-3

Ⅰ. G80-051

中国国家版本馆 CIP 数据核字第 2024UJ9931 号

运动社会学研究的理论边界

著　　者 / 王智慧 等

出 版 人 / 冀祥德
责任编辑 / 李会肖　谢蕊芬
责任印制 / 王京美

出　　版 / 社会科学文献出版社·群学分社（010）59367002
　　　　　　地址：北京市北三环中路甲 29 号院华龙大厦　邮编：100029
　　　　　　网址：www.ssap.com.cn
发　　行 / 社会科学文献出版社（010）59367028
印　　装 / 三河市龙林印务有限公司

规　　格 / 开本：787mm×1092mm　1/16
　　　　　　印　张：23.75　字　数：426 千字
版　　次 / 2024 年 9 月第 1 版　2024 年 9 月第 1 次印刷
书　　号 / ISBN 978-7-5228-3808-3
定　　价 / 128.00 元

读者服务电话：4008918866